波澜壮阔　浙货行天下

——浙江省“十三五”对外贸易发展解析

韩杰、倪洪中、陆海生、陈志成等著

西泠印社出版社

图书在版编目（CIP）数据

波澜壮阔 浙货行天下 : 浙江省“十三五”对外贸易发展解析 / 韩杰等著. -- 杭州 : 西泠印社出版社, 2021.12
ISBN 978-7-5508-3541-2

Ⅰ. ①波… Ⅱ. ①韩… Ⅲ. ①对外贸易－贸易发展－研究－浙江 Ⅳ. ①F752.855

中国版本图书馆CIP数据核字(2021)第208507号

波澜壮阔　浙货行天下——浙江省“十三五”对外贸易发展解析

韩 杰 倪洪中 陆海生 陈志成等 著

出 品 人 江 吟
顾　　问 盛秋平
责任编辑 张月好
责任出版 李 兵
装帧设计 王 欣
出版发行 西泠印社出版社
（杭州市西湖文化广场32号5楼　邮政编码　310014）
经　　销 全国新华书店
制　　版 杭州美虹电脑设计有限公司
印　　刷 浙江海虹彩色印务有限公司
开　　本 787mm×1092mm 16开
印　　张 34
印　　数 0001—3000
书　　号 ISBN 978-7-5508-3541-2
版　　次 2021年12月第1版　第1次印刷
定　　价 198.00元

西泠印社出版社发行部联系方式：（0571）87243079

序言

“十三五”期间是全面建成小康社会决胜阶段，改革创新不断深化，对外开放持续扩大，共建“一带一路”成果丰硕。浙江坚决贯彻中央决策部署，积极践行“干在实处永无止境，走在前列要谋新篇，勇立潮头方显担当”光荣使命，努力发展更高层次的开放型经济。2018年，全省对外开放大会吹响了开放新号角，浙江迈出了从“外贸大省”向“开放大省”跨越的新步伐。

五年来，身处百年未有之大变局的时代背景，面对外贸高质量发展的时代之问，浙江对外贸易交出了一份亮丽的答卷。“十三五”期间，全省货物贸易进出口总值迈上3万亿元新台阶，年均增长9.5%，高出全国3.9个百分点；出口占全国份额从“十二五”末的12.2%提升至“十三五”末的14.0%，增长贡献率三年居全国各省市之首；服务贸易年均增长21.0%，占对外贸易总值比重达到11.2%；有外贸进出口实绩企业数由“十二五”末的62407家扩大至“十三五”末的89731家，市场主体活力不断增强。回首过往，这是浙江外贸人辛勤付出的五年，这是浙江外贸发展硕果累累的五年，这更是浙江开放型经济跨越式发展的五年！

五年攻坚稳外贸，纵使沧海横流，浙江外贸的巨轮行稳致远。面对新冠肺炎疫情、世界经济衰退、中美经贸摩擦等重大风险挑战，浙江深入贯彻习近平总书记考察浙江重要讲话精神，积极落实“六稳”“六保”决策部署，实现外贸发展稳中有进。各类外贸主体坚定信心，迎难而上，开拓创新，共克时艰，通过“订单+清单”系统加快数字化转型，通过“四体联动”积极应对经贸摩擦，浙江连续三年获得国务院稳外贸稳外资专项激励。

五年提质调结构，把握转型窗口，浙江外贸走向“优进优出”的脚步不曾停歇。以贸易结构优化为目标，浙江推进“品质浙货行销天下”，贸易“朋友圈”遍及全球；推动进口贸易，以省内市场打通国际市场；强化外贸竞争力，补齐短板、巩固长板，在技术、品牌、质量、渠道、服务等领域不断构建起外贸竞争新优势。

五年改革促创新，更新发展动能，浙江外贸的活力不断迸发。浙江坚持以改革创新助力外贸突围，各类外贸“试验田”结出丰收果。跨境电商综试区基本实现省域全覆盖；市场采购试点数量和规模均居全国首位；服务贸易节节攀升，各类服贸基地齐头并进，“浙江服务・服务全球”品牌影响力显著提升；外综服企业培育发展进入快车道；二手车出口走在全国前列；保税维修业务取得新进展；保税物流快速增长；贸易便利化改革不断深化，通关效率不断提高。

五年搭台唱大戏，培育壮大发展载体，深耕多元市场，浙江开放迎来百花齐绽放。以中国（浙江）自由贸易试验区为龙头，海关特殊监管区、经济开发区等开放平台对改革的促进、对发展的支撑不断增强。以中国—中东欧国家博览会等涉外机制性展会为牵引，重大展会成为国际经贸交流的重要舞台。

我们共同走过的这五年，见证了我国国内生产总值迈上100万亿元新台阶，见证了开放型经济水平显著提升，也见证了广大浙江人民在党的领导下艰苦奋斗、攻坚克难、创业创新，迈出了从“贸易大省”向“贸易强省”华丽转变的新征程。习近平总书记在第三届进博会开幕式上提出：“中国将挖掘外贸增长潜力，为推动国际贸易增长、世界经济发展作出积极贡献。”对外贸易，始终是开放浙江发展过程中最鲜明的底色，更是后疫情时代全球经济复苏背景下的一抹亮色。在构建更高水平开放型经济新体制的征程上，浙江必将做出新的更大贡献！

队伍强，则外贸兴。面对复杂多变的国际经贸形势和百年未有之大变局，浙江各级政府主动作为、上下协同，想企业所想，急企业所急；民营企业、国有企业、外资企业迎难而上，开拓进取，与政府同呼吸、共命运；各类商协会、行业联盟等第三方机构戮力同心，精准服务，政府、企业、社会三方联动，心往一处想，劲往一处使，全省上下形成发展壮大对外贸易的强大合力，有效应对国际经贸格局调整和新冠肺炎疫情带来的冲击，历经风雨，巍然屹立，充分展示了浙江政府干在实处、走在前列、勇立潮头的使命担当，浙江企业开拓创新、坚韧不拔的优秀品质，浙江社会各方联动、整体智治的体制优势，也彰显了浙江经济的活力和韧性。

商务、海关、税务、外汇、金融、贸促等外贸职能部门，在对外贸易和国际经济合作、开放平台建设等领域发挥着重要作用。特别是在加快构建新发展格局的要求下，外贸领域各项工作成为国内大循环的重要组成部分，也是联结国内国际双循环的重要枢纽，外贸有关部门在其中大有可为。长期以来，发改、经信、财政、科技、市场监管、银保监等职能部门，履职尽责、勇攀高峰，在对外经贸工作中紧扣高质量、竞争力和现代化，全力支持和促进浙江外贸事业发展，在全省开放型经济事业中留下了浓墨重彩的一笔。

五年春华路，秋实看今朝。为回顾“十三五”期间浙江省对外贸易发展历程，全面反映浙江外贸取得的历史性成就，浙江省商务厅、杭州海关有关人员共同纂写《浙江省“十三五”对外贸易发展解析》，邀请读者同我们一道，通过一串串数据细数浙江外贸成就，通过一个个鲜活的案例展示浙江外贸典范，透过一项项缜密的政策总结外贸发展举措，透过一张张图片见证浙江外贸事业的点滴变化。我们相信，本书的出版，能够更好地帮助读者总结浙江外贸的过去，思考浙江外贸的未来。

上九天揽月，下五洋捉鳖。历史经验告诉我们，浙江对外贸易的发展，既是“时势造英雄”，又是“英雄造时势”。当前，我国已全面进入“十四五”期间，这是我们实现第一个百年奋斗目标之后，乘势而上开启全面建设社会主义现代化国家的新征程。中央提出，要适应新形势，把握新特点，持续深化要素流动和制度开放，在进出口协同发展、国际双向投资、国际合作等领域提出了新的发展目标。时势催人进，我辈自奋蹄。我们要准确把握新发展阶段，深入贯彻新发展理念，加快构建新发展格局，坚持以习近平新时代中国特色社会主义思想为指导，忠实践行“八八战略”，坚定走好第一方阵，奋力打造“重要窗口”，以数字化改革为牵引，以外贸铁军之姿、携钱塘江潮之势、行先行省份之为、探共同富裕之路，努力形成浙江样板、浙江经验，为全国外贸高质量发展做出新的更大贡献！

浙江省商务厅　中华人民共和国杭州海关

2021年11月1日

编写说明

除特别标注外，本文涉及的货物贸易进出口数据均使用中国海关统计数据，服务贸易数据均使用商务统计数据。全球货物贸易进出口数据引用自全球贸易信息系统（GTA）。本文涉及的中国海关统计数据均采用人民币数据，为便于比对，主要贸易数据同时发布美元数据。关于数据范围、数据来源、统计原则、数据使用和处理方法等问题说明如下。

一、数据范围

根据《中华人民共和国海关统计条例》（国令〔2005〕454号），列入海关统计的货物包括实际进出境并引起境内物质存量增加或者减少的货物，以及进出境超过自用、合理数量的行邮物品和其他物品，没有实际进出境或者虽然实际进出境但是没有引起境内物质存量增加或者减少的货物、物品，不列入海关统计。

二、数据来源

按照海关总署相关规定，浙江省外贸进出口数据按照报关单经营单位/收发货人注册地为浙江的货物进行统计。海关总署会在发布数据的第二年上半年对上年度的数据进行持续更正。本书使用的数据为海关总署进行数据更正后的数据，同时，由于统计口径的变动，可能与历史公布的数据存在一定的差异。

三、统计原则

（一）统计时间

进口货物按照海关放行日期进行统计；出口货物按照海关结关日期进行统计。本书中的数据均按照公历月和公历年汇总。

若未特别说明，本书所用的对比数据均为同比数据。“同比”一般指“与上年同期相比”，“十三五”数据的“同比”专指与“十二五”同期数据的对比。

（二）统计数量和金额

进出口货物按照《中华人民共和国海关统计商品目录》规定的法定计量单位统计数（重）量。进出口货物的价格以海关审定的完税价格为基础进行统计。进口货物的价格按照成本、保险费加运费价格（CIF价格）进行统计，出口货物的价格按照船上交货价格（FOB价格）进行统计。

（三）统计国别（地区）

本书中所涉的贸易国别（地区），进口按原产国（地区）统计，出口按最终目的国（地区）统计。

因欧盟成员国范围在2020年有所变化，为便于比较，本书在计算对欧盟贸易相关数据时仍按照2019年的成员国范围（含英国），但欧盟篇除外。

“一带一路”沿线国家包括64国，其中涉及欧盟、东盟、中东欧、非洲等多个地区，其数据一般单列，不与其他地区合并计算或进行排名比较。

（四）统计商品

本书中所涉的进出口商品名称以及编码按照《中华人民共和国海关统计商品目录》所列的商品名称以及编码进行归类统计。为便于对比分析，本书涉及的统计商品编码均按照2020年版《中华人民共和国海关统计商品目录》所列的商品名称以及编码进行归类统计，可能和历史公布的商品编码和统计数据存在差异。

根据浙江省外贸发展实际，本书所称的“机电及高新技术产品”为“机电产品”与“高新技术产品”的总和，已剔除重复产品；本书所称的“初级产品”，商品编码与国际贸易标准分类SITC中的“初级产品”相同；本书所称的视频摄录设备，商品编码包括8521909090、8525801390。

为便于阅读，正文中所用进出口商品名称大都采用简称，常用的商品简称为：“高新技术产品”简称“高新产品”，“劳动密集型产品” 简称“劳密产品”，“服装及衣着附件”简称“服装”，“纺织纱线、织物及制品”简称“纺织品”，“家具及其零件”简称“家具”，“家用电器”简称“家电”，“灯具、照明装置及零件”简称“灯具”，“箱包及类似容器”简称“箱包”，“煤及褐煤”简称“煤炭”，“美容化妆品及洗护用品”简称“化妆品”，“铁矿砂及其精矿”简称“铁矿砂”，“石油气及其他烃类气体”简称“石油气”，“鲜、干鲜水果及坚果”简称“水果”。

正文表格中带“*”商品为综合大类产品，主要包括机电产品、农产品、高新技术产品、劳动密集型产品、化工产品等，与其他产品有交叉。其中，本书中的“劳动密集型产品”包含服装、纺织品、家具、塑料制品、鞋类、箱包和玩具等七类商品；化工产品为《中华人民共和国海关统计商品目录》第28—38章所列产品。表格和表注中的商品名称仍用全称。

全球货物贸易中的相关产品类别数据，为根据《中华人民共和国海关统计商品目录》与国际贸易通用商品编码比对产生，可能与实际数据存在差异。

（五）统计企业主体

本书中所涉的企业主体主要包括：国有企业、外商投资企业（含外商独资企业、中外合资企业和中外合作企业）、民营企业（含私营企业、集体企业和个体工商户）。

（六）统计贸易方式和业态

本书中所涉的货物贸易方式主要包括：一般贸易（统计代码：10）、加工贸易（统计代码：14、15）、保税物流（统计代码：33、34）、旅游购物（监管方式代码：0139）、市场采购（监管方式代码：1039）。

因旅游购物与市场采购间有历史延续性，故在综述篇、金华市篇、义乌国际贸易综合改革试验区篇、市场采购篇中，市场采购贸易方式数据包含了旅游购物贸易方式数据。

因外贸新业态发展变化快，全面分析难度大，本书重点对跨境电商进行分析。跨境电商业态有不同的统计口径，自2021年1月起，海关总署调整跨境电商统计口径，对外发布以跨境电商业态全口径统计为准。为便于历史比较，本书中所涉的跨境电商统计数据均为2020年前的公开数据，仍采用通过海关跨境电商管理平台进出口的统计口径，涉及的监管方式代码包括1210、1239、9610、9710、9810，与一般贸易在统计口径上有交叉。为便于区分跨境电商统计与货物贸易方式统计，本文表格中凡涉及跨境电商统计数据的，均表示为“XXX贸易方式（业态）统计表”。

（七）贸易区域统计

本书中所涉的贸易区域包括各市地和各特定区域。其中，各市地根据进出口收发货人所在地行政区划确定；海关特殊监管区域根据进出口收发货人所在地行政区划、特定经济区划确定，包括保税区、出口加工区、保税物流园区、跨境工业区、保税港区、综合保税区；浙江自贸试验区统计数据根据海关总署确定的历年自贸试验区企业参数表提取产生。

（八）统计表格

因个别指标统计口径有交叉，本书部分进出口市场统计表、进出口商品统计表、进出口贸易方式（业态）统计表中的数据，分项与总值间不是简单的加总关系。

四、数据处理方法

本书统一使用1位小数进行取舍，但涉及万亿、亿吨等数据则保留2位小数。部分非海关统计数据因无法追溯原始数据故保留原来的数据形式。部分表格数据为兼顾计量单位的统一和实际效果，保留2位小数。涉及增长率、比重等计算时，一般会使用原始数据（未取舍小数位数）进行计算。另外，受表格小数位数和四舍五入取舍限制，分项值相加之和可能与总值存在微小差异。

（二）增速计算

本书用到的“年均增速”为反映最终年份值与最初年份值比值变化的等效增速。例如：2015年的进出口值为A亿美元，2020年的进出口值为B亿美元，则“十三五”期间的年均增速为$[(B/A)^{1/(2020-2015)}-1]\times 100\%$。

（三）贸易依存度计算

以海关正式发布的人民币计价的历年货物贸易进出口、出口、进口总值数据除以统计局正式发布的全省及各地市历年GDP数据计算得出。

五、全书用到的简称或缩写

本书用到的简称或缩写较多，为方便读者阅读，以下为简称或缩写与原名的对照表，书中不再另行说明。

原名	简称或缩写
固体废物	固废
电子商务	电商
综合保税区	综保区
跨境电子商务综合试验区	综试区
外贸综合服务	外综服
东部沿海主要外贸省市（广东、江苏、上海、浙江、山东、福建）	外贸主要省市
自由贸易	自贸
中国国际进口博览会	进博会
中国进出口商品交易会	广交会
中国华东进出口商品交易会	华交会
世界华侨进口商品博览会暨青田进口葡萄酒交易会	侨博会
中国国际消费品博览会	消博会
中国国际渔业博览会	渔博会
中国（浙江）自由贸易试验区	浙江自贸试验区
中国—拉美和加勒比国家共同体论坛	中拉论坛
浙江石油化工有限公司	浙石化
亚太经济合作组织	APEC
企业对企业的电子商务	B2B
企业对消费者的电子商务	B2C
世界电子贸易平台	eWTP
二十国集团	G20
国内生产总值	GDP
竞争力系数	NTE
全球贸易信息系统	GTA
经认证的经营者	AEO
区域全面经济伙伴关系协定	RCEP
原始品牌制造商	OBM
原始设计制造商	ODM
原始设备制造商	OEM
全面与进步跨太平洋伙伴关系协定	CPTPP

目 录

贸易区域篇

贸易市场篇

贸易商品篇

业态方式篇

贸易主体篇

主要举措

2018年5月9日，浙江召开全省对外开放大会，全面推进开放强省建设

综述：外贸典范　成绩斐然

对外贸易是中国开放型经济的重要组成部分和国民经济发展的重要推动力量。“十三五”期间，浙江省以“一带一路”建设为统领，突出“开放强省”工作导向，聚焦聚力竞争力提升、现代化建设，全力做好“六稳”“六保”，打好高质量发展组合拳，圆满完成“十三五”规划目标任务，对外贸易发展走在全国前列，取得显著成就。2019年，浙江省货物贸易进出口规模首次迈上3万亿元台阶。2020年，全省货物贸易进出口占全国的份额达到10.5%，首次突破十分之一，出口份额首次达到14.0%。“十三五”期间，浙江省出口增长对全国贡献三年居首位，连续三年获得国务院稳外贸稳外资专项激励，是全国唯一获此殊荣的省份。

一、主要成效

（一）持续发展外贸，对国民经济贡献增强

出口是拉动经济增长的“三驾马车”之一。浙江是外贸大省，“十三五”期间外贸对国民经济贡献进一步增强。

外贸依存度稳中有升。“十三五”期间，浙江省外贸依存度在47.0%—52.4%之间波动，远高于同期全国外贸依存度（31.7%—33.4%）。尤其在新冠肺炎疫情暴发、全球经济面临挑战的2020年，浙江省外贸依存度（52.4%）为

“十三五”期间最高，较2015年高2.9个百分点。

外贸对GDP增长贡献突出。按照GDP支出法计算，2020年浙江省货物贸易净出口占了GDP的25.6%，成为拉动浙江经济增长的重要因素。

外贸带动就业明显。根据商务部2020年10月分析材料，全国外贸带动就业达1.8亿人，以此测算，浙江外贸带动就业人数超过1800万人，在稳定和扩大就业方面发挥了重要作用。

外贸拉动消费增长。“十三五”期间，浙江省消费品进口年均增长28.5%，满足了多样化的消费需求，一批“头部”跨境电商进口平台引领了消费习惯和风向，社会消费品零售总额由2015年的19785亿元增至2020年的26630亿元，有效拉动内需增长。

外贸稳定金融。浙江省已连续多年保持货物贸易顺差第一大省地位，2020年经常项目顺差（2115.3亿美元）占全国（2740亿美元）的77.2%，为保持外汇储备稳定、保障国家金融安全做出重要贡献。

外贸稳定经济主体。在新冠肺炎疫情暴发的背景下，浙江省扎实推进“六稳”“六保”，2020年全省有进出口实绩外贸企业共89731家，其中，有出口实绩的企业81263家，有进口实绩的企业31547家，较2015年分别增加43.8%、40.7%和81.6%，较2019年分别增加8.2%、8.2%和13.6%。浙江通过稳外贸稳定了市场主体。

外贸平台支撑作用显著。自2017年4月1日正式挂牌以来，浙江自贸试验区进出口呈现快速增长态势，进出口总值[1]由2017年的301.1亿元增长到2020年的1137.7亿元，年均增长55.8%。“十三五”期间，浙江省海关特殊监管区域累计进出口6333.8亿元，较“十二五”增长35.1%，年均增长16.0%。2020年，全省开发区实现进出口总值1.88万亿元，同比增长12.2%。

外贸带动基础设施建设。2020年，宁波舟山港完成货物吞吐量11.7亿吨，比2015年增长31.7%，继续保持全球第一。2020年，浙江口岸中欧班列进出口总值为276.5亿元，比2015年增长54.6%。国际航空货运线路增加，货运量快速增长。市场采购贸易方式试点有力地带动温州港成为宁波舟山港、嘉兴乍浦港之后的省内第三大港。

[1] 本文涉及的浙江自贸试验区进出口数据提取自历年区内企业清单。

表1　2011—2020年浙江对外贸易年度情况表

单位：亿元，%

年份	进出口		出口		进口		GDP	对外贸易依存度
	总值	同比增长	总值	同比增长	总值	同比增长		
“十二五”期间	103991.0	49.3	77608.7	54.7	26382.3	35.4	187103.0	55.6
2011年	20085.2	16.8	14047.7	14.7	6037.5	21.9	31854.8	63.1
2012年	19725.5	−1.8	14177.0	0.9	5548.5	−8.1	34382.4	57.4
2013年	20843.4	5.7	15439.7	8.9	5403.8	−2.6	37334.6	55.8
2014年	21810.2	4.6	16790.8	8.8	5019.4	−7.1	40023.5	54.5
2015年	21526.6	−1.3	17153.5	2.2	4373.2	−12.9	43507.7	49.5
“十三五”期间	141001.9	35.6	106526.9	37.3	34475.0	30.7	284735.0	49.5
2016年	22208.9	3.2	17666.1	3.0	4542.8	3.9	47254.0	47.0
2017年	25605.1	15.3	19439.5	10.0	6165.6	35.7	52403.1	48.9
2018年	28511.6	11.4	21174.5	8.9	7337.1	19.0	58002.8	49.2
2019年	30838.2	8.2	23076.3	9.0	7761.9	5.8	62462.0	49.4
2020年	33838.3	9.7	25170.6	9.1	8667.7	11.7	64613.0	52.4

（二）持续稳步增长，对全国贡献显著提升

浙江省进出口规模从“十二五”末的2.15万亿元，扩大到2020年的3.38万亿元，年均增长9.5%，高于全国3.9个百分点，是“十二五”期间年均增速（4.6%）的2.1倍。

“十三五”期间，浙江省拉动全国外贸增长3.0个百分点，其中，拉动全国出口增长4.3个百分点，拉动进口增长1.4个百分点。

“十三五”期间，浙江省进口快速增长，年均增速为14.7%，增幅高于全国；累计进口总值3.45万亿元，比“十二五”期间增长30.7%。2018年，进口首次突破1000亿美元大关。

2020年，浙江省实现人均外贸5.3万元，较全国平均水平高1.3倍，较2015年增长45.5%，居全国第4位。其中，2020年人均出口3.9万元，较全国平均水平高2.1倍，较2015年增长35.8%，居全国第2位。

2018年以来，面对全球市场不振、中美经贸摩擦、新冠肺炎疫情等多重因

素影响，浙江省外贸进出口规模接连迈上4千亿美元、3万亿元的新台阶。2020年，出口首次突破2.5万亿元，达到2.52万亿元（合3631.3亿美元）。2020年，外贸进出口规模再创历史新高，对全国货物贸易进出口、出口的增长贡献率分别达到46.7%、30.3%，继2019年后进出口、出口贡献率再次双双位列全国第一，其中出口贡献率在“十三五”期间三年排第一。

占全球比重不断增加。2020年，浙江省进出口、出口、进口占全球进出口、出口、进口比重分别为1.5%、2.2%、0.8%，占比较2015年分别上升0.4、0.4、0.3个百分点。2020年，浙江省进出口规模与波兰、澳大利亚相当，出口规模与新加坡、俄罗斯相当，进口规模与印度尼西亚、匈牙利相当。

表2　浙江省“十三五”对外贸易主要指标完成情况

指标名称	2015年	2020年预期目标（占比）	2020年完成情况（占比）
货物贸易进出口值（亿元）	21526.6	> 8.8%	10.5%
货物贸易出口值（亿元）	17153.5	> 12.2%	14.0%
货物贸易进口值（亿元）	4373.2	> 4.2%	6.1%
机电产品和高新技术产品出口占比（%）	42.7	45	47.1

注：进出口值、出口值、进口值占比为占全国的比重。“>”表示预期目标大于此值。机电产品和高新技术产品出口占比，为机电产品和高新技术产品去重后的合计值占全省出口的比重。

（三）持续优化商品结构，核心竞争优势稳步提升

出口方面。“十三五”期间，浙江省机电产品、劳密产品、高新产品出口值分别为4.58万亿元、3.83万亿元、7412.3亿元，分别占全省出口总值的43.0%、35.9%、7.0%。

“十三五”期间，浙江省机电产品出口年均增长9.9%，较“十二五”提升4.0个百分点；劳密产品出口年均增长5.1%，较“十二五”放缓1.9个百分点；高新产品年均增长14.2%，较“十二五”上升13.1个百分点，拉动浙江省出口增长3.4个百分点，成为浙江省“十三五”期间出口增长的重要引擎。

至2020年底，全省累计培育“浙江出口名牌”836个，基本建成省、市、县三级出口名牌培育体系。2020年，全省自主名牌出口3632.9亿元，占出口总值的比重达到14.4%。

表3 “十三五”期间浙江主要出口商品统计表

单位：亿元，%

出口商品	“十三五”期间			2020年			年均增速
	出口值	同比	占比	出口值	同比	占比	
总值	106526.9	37.3	100.0	25170.6	9.1	100.0	8.0
* 机电产品	45753.4	43.4	43.0	11355.5	14.9	45.1	9.9
其中：电工器材	3844.9	44.0	3.6	908.3	9.9	3.6	8.7
通用机械设备	3233.5	49.5	3.0	807.5	11.6	3.2	10.6
家用电器	3158.1	55.7	3.0	851.4	23.4	3.4	13.7
汽车零配件	2852.6	36.9	2.7	613.7	–2.0	2.4	6.8
灯具、照明装置及其零件	2110.0	51.5	2.0	521.7	24.9	2.1	5.7
* 劳动密集型产品	38262.0	27.2	35.9	8451.6	2.0	33.6	5.1
其中：纺织纱线、织物及其制品	13461.5	26.3	12.6	3175.0	9.0	12.6	7.3
服装及衣着附件	9503.0	0.5	8.9	1763.3	–11.8	7.0	–1.8
塑料制品	5702.4	80.2	5.4	1459.3	15.9	5.8	11.0
家具及其零件	4173.5	50.4	3.9	1026.6	17.5	4.1	10.1
* 高新技术产品	7412.3	54.2	7.0	2025.4	26.2	8.0	14.2
基本有机化学品	2192.4	30.8	2.1	511.9	6.1	2.0	9.0

进口方面。“十三五”期间，浙江省进口以大宗商品为主,且增长较快，前20位大宗商品合计占进口总值的45.2%，高出“十二五”2.3个百分点。其中，初级形状的塑料、铁矿砂、成品油、未锻轧的铜及铜材分别进口2786.8亿元、2516.4亿元、1518.8亿元、1332.7亿元，分别较“十二五”增长39.0%、28.0%、28.0%、45.8%。

“十三五”期间，农产品进口年均增长13.9%，高新产品进口年均增长14.1%，消费品进口年均增长28.5%，其中，化妆品进口年均增长率高达72.2%。

表4　“十三五”期间浙江主要进口商品统计表

单位：亿元，%

进口商品	“十三五”期间			2020年			年均增速
	进口值	同比	占比	进口值	同比	占比	
总值	34475.0	30.7	100.0	8667.7	11.7	100.0	14.7
* 机电产品	6015.4	25.1	17.4	1455.9	6.2	16.8	12.2
其中：集成电路	1274.0	113.2	3.7	304.8	–5.3	3.5	15.2
基本有机化学品	3893.0	–14.9	11.3	666.8	–23.1	7.7	1.7
* 高新技术产品	3809.3	44.7	11.0	914.3	2.2	10.5	14.1
* 消费品	2878.9	238.4	8.4	845.8	18.6	9.8	28.5
初级形状的塑料	2786.8	39.0	8.1	667.2	1.9	7.7	12.3
铁矿砂及其精矿	2516.4	28.0	7.3	740.7	20.3	8.5	27.3
* 农产品	2487.0	51.4	7.2	632.4	13.6	7.3	13.9
成品油	1518.8	28.0	4.4	254.1	–35.6	2.9	8.8
未锻轧铜及铜材	1332.7	45.8	3.9	496.9	84.5	5.7	32.4
原油	900.4	138.7	2.6	539.3	143.9	6.2	49.6
纸浆、纸及其制品	853.8	34.2	2.5	212.5	22.3	2.5	12.7
木及其制品	829.9	44.0	2.4	140.2	–16.9	1.6	–1.1

（四）持续开拓国际市场，国际营销网络加快构建

市场多元化步伐不断加快，进一步增强了外贸的韧性和活力。2020年，浙江与232个国家（地区）有进出口实绩，几乎遍布世界各地，其中对135个国家（地区）进出口实现正增长，占贸易国家（地区）数的58.2%。

传统市场保持稳定。“十三五”期间，浙江省对欧盟、美国和日本等传统市场分别累计出口2.35万亿元、1.97万亿元和4204.5亿元，年均增长7.9%、8.9%、5.0%。对美国出口比重由“十二五”期间的16.9%上升到“十三五”期间的18.5%，提高1.6个百分点。欧盟和美国继续保持浙江省第一大贸易市场和最大单一出口国的地位。

新兴市场快速发展。“十三五”期间，浙江省对“一带一路”沿线国家累计出口2.68万亿元，年均增长8.6%。对东盟、拉美和非洲等新兴市场分别累计出口1.08万亿元、9532.7亿元和8492.5亿元，占出口总值的10.1%、8.9%和

8.0%。东盟在浙江省主要贸易市场中增长最快，为浙江省第三大贸易市场，“十三五”期间进出口年均增长率高达16.7%，增速比“十二五”高5.7个百分点，较“十三五”期间全省进出口增速高7.2个百分点，2020年进出口比重较2015年上升3.6个百分点。

表5 “十三五”期间浙江主要进出口市场统计表

单位：亿元，%

国家（地区）	“十三五”期间			2020年			年均增速
	进出口值	同比	占比	进出口值	同比	占比	
欧盟	27496.4	30.8	19.5	6417.8	9.0	19.0	8.3
美国	21857.8	43.3	15.5	5144.9	20.6	15.2	8.5
东盟	16167.4	70.3	11.5	4428.7	16.6	13.1	16.7
日本	7499.6	3.7	5.3	1615.6	1.2	4.8	5.6
韩国	5784.4	37.2	4.1	1416.2	11.0	4.2	13.4
澳大利亚	4649.4	50.2	3.3	1168.1	10.2	3.5	14.2
印度	4586.7	58.1	3.3	1042.0	−3.0	3.1	9.8
俄罗斯	3630.2	22.5	2.6	903.2	11.1	2.7	13.6
巴西	4031.4	35.5	2.9	895.5	9.4	2.6	4.2
中国台湾	3617.4	31.0	2.6	877.4	−1.0	2.6	12.0

（五）持续壮大队伍，民营企业优势更加凸显

外贸主体是稳外贸、促发展的根本。“十三五”期末，全省外贸经营者登记备案企业数达273224家，比“十二五”期末增加137359家，增长1.0倍。2020年底，全省海关注册企业达19.4万家，居全国第2位，较2015年增加8.1万家。

进出口实绩企业逐年增加。2015年有6万多家，2017年7万多家，2019年8万多家，2020年浙江省进出口实绩企业数达到89731家，较2015年增长43.8%。龙头企业实力增强。2020年，全省年进出口规模1亿元以上企业有5849家，较“十二五”末年均增加10.8%；进出口值2.45万亿元，占全省进出口总值的比重达到72.5%。同期，年进出口规模10亿元以上企业逐年增长，2020年共计386家，较“十二五”末增加121家。

民营企业稳定出口的作用进一步增强。“十三五”期间，民营企业累计进出口规模达10.25万亿元，占全省累计进出口总值的72.7%，年均增长11.7%，

高出全省平均增速2.2个百分点。2020年，浙江民营企业进出口规模达到2.56万亿元，是2015年的1.7倍，占全省进出口的比重较2015年提升7.3个百分点。

国有企业进出口年均增长率扭负转正，由“十二五”的-33.0%上升为“十三五”的11.9%。2020年，浙江省国有企业进出口占全省的8.1%，较2015年提高0.9个百分点。

表6　“十三五”期间浙江进出口贸易主体统计表

单位：亿元，%

贸易主体	“十三五”期间			2020 年			年均增速
	进出口值	同比	占比	进出口值	同比	占比	
民营企业	102496.3	60.2	72.7	25633.0	13.4	75.8	11.7
外商投资企业	27299.5	-11.6	19.4	5431.4	-4.5	16.1	0.8
国有企业	11061.8	22.3	7.8	2732.7	10.7	8.1	11.9

（六）持续改革创新，新业态新模式成形成势

“十三五”期间，浙江省一般贸易进出口继续占据主导地位，累计进出口11.12万亿元，比“十二五”期间增长38.0%，年贸易规模由2015年的1.66万亿元增至2020年的2.67万亿元，年均增长10.0%，增速高出全省整体0.5个百分点，占全省外贸比重由2015年的77.0%上升至2020年的79.0%，比重不断提升。加工贸易规模扭转了“十二五”期间的下降趋势，由2015年的2480.8亿元上升至2020年的2578.7亿元，年均增长0.8%。保税物流进出口增长较快，年均增速为16.3%，高出全省整体增速6.8个百分点；2020年进出口规模达1407.1亿元，占浙江省进出口比重为4.2%，较2015年上升1.1个百分点。

据海关统计，“十三五”期间，浙江省通过海关跨境电商管理平台进出口1379.6亿元，比“十二五”期间增长14.4倍，年均增长41.9%，年均增速高于全省平均水平32.4个百分点，占浙江省外贸总值的1.0%，其中跨境电子商务进口占全省外贸进口的3.3%。

“十三五”期间，市场采购累计出口1.14万亿元，规模居全国首位，年均增长11.1%。2020年，市场采购出口2977.5亿元，是2015年的1.7倍，试点数量和规模均居全国首位，是浙江省第二大出口贸易方式。

“十三五”期间，外贸综合服务（以下简称“外综服”）企业规模日渐壮

大。至2020年，全省已认定外综服企业87家，其中示范企业37家、成长型企业12家、试点企业38家。

（七）持续快速发展，出口大省地位更加巩固

浙江省外贸出口总量自2011年超过上海后，一直稳居广东、江苏之后，排名全国第三，并呈现良好发展态势。

对全国出口增长的贡献扩大。2020年，浙江省出口增量达到2094.3亿元，高于广东、江苏，对全国出口增长的贡献率达到30.3%，居全国首位。

在长三角地区出口优势扩大。2015年至2020年，浙江与江苏的出口差距，从2015年的3847.9亿元缩小到2020年的2265.0亿元。

表7 “十三五”期间全国及主要外贸省市进出口情况表

单位：亿元，%

区域	“十三五”期间			2020年			年均增速
	进出口值	同比	占比	进出口值	同比	占比	
全国	1464160.7	17.3	100.0	322045.3	2.0	100.0	5.6
广东省	345221.7	8.3	23.6	70862.6	-0.9	22.0	2.2
江苏省	205298.3	19.2	14.0	44510.0	2.6	13.8	5.6
上海市	163830.7	17.0	11.2	34859.3	2.4	10.8	4.5
浙江省	141001.9	35.6	9.6	33838.3	9.7	10.5	9.5
山东省	95293.1	20.2	6.5	22120.7	8.1	6.9	8.2
福建省	61674.6	20.8	4.2	14080.6	5.8	4.4	6.1

表8 “十三五”期间全国及主要外贸省市出口情况表

单位：亿元，%

区域	“十三五”期间			2020年			年均增速
	出口值	同比	占比	出口值	同比	占比	
全国	807518.3	19.7	100.0	179293.3	4.0	100.0	4.9
广东省	211330.6	11.3	26.2	43493.1	0.2	24.3	1.7
江苏省	126933.1	22.7	15.7	27435.6	0.8	15.3	5.5
浙江省	106526.9	37.3	13.2	25170.6	9.1	14.0	8.0
上海市	66326.6	3.0	8.2	13720.9	0.0	7.7	2.4
山东省	53757.5	26.6	6.7	13051.7	17.3	7.3	7.8
福建省	38317.4	16.9	4.7	8473.2	2.3	4.7	3.9

（八）持续促进融合，贸易发展更加均衡

“十三五”期间，浙江省外贸结构持续优化，在货物贸易快速发展的同时，服务贸易比重持续上升。2018—2020年，浙江省服务贸易出口占比[1]逐年增加，从2018年的4.8%上升至2019年的5.1%，再上升到2020年的8.7%。2020年，全省知识密集型服务进出口2876.3亿元，同比增长22.0%，占服务进出口总值的比重达到67.1%，较2019年提升4.4个百分点。

回顾过去，五年来，浙江省按预期完成了“外贸出口份额不下降，增速高于全国”的目标。

二、主要举措

（一）聚焦工作机制建立，不断强化工作保障

为实现浙江省外贸高质量发展，省政府成立了浙江省外贸工作领导小组，建立完善专班工作机制，由省商务厅牵头组建外贸企业复工复产专班、省出口专班（浙江省稳外贸稳外资协调机制）和防疫物资出口专班，按照“整体智治”现代政府理念，以省市县三级出口专班为工作载体，加强省市县联动、政银企协同，促进全省外贸稳定增长。

在政策层面上，持之以恒抓好落实，精准施策服务企业。“十三五”期间，省级层面出台落实多项外贸政策措施，充分发挥政策叠加效应，助力稳外贸。建立健全了重点地区、重点产业和重点企业联系机制，实施“百千计划”，共同研究解决问题。

面对始于2018年的中美经贸摩擦，浙江省16个省级部门建立了工作专班，实施“日研判、周会商、月例会6+9”工作制度。召开全省稳外贸工作现场会，出台多项稳外贸政策，帮助外贸企业渡难关、稳增长、防风险。在全国首创“订单+清单”监测预警系统，做到决策前移。组织实施“精准服务外贸企业行动”，对相关企业分类实行全覆盖走访服务，对困难问题逐条研究解决，帮助企业渡难关。

面对2020年的新冠肺炎疫情，浙江省迅速组织成立应对疫情工作专班，在积极防控疫情的同时，及时出台全省外贸企业复工复产指导意见，争取了“窗

[1] 指服务贸易出口值占货物贸易出口值、服务贸易出口值之和的比重。

口期”，浙江外贸企业复工复产早于全国1个月，经验做法获商务部两次推广。同时，浙江实施了“拓市场百日攻坚行动”，创新举办出口网上交易会，精心组织外贸企业参加网上广交会、网上华交会，积极挖掘特殊时期出口新增长点。2020年，759家企业成功列入“白名单”，出口防疫物资1415.8亿元，拉动全省出口增长4.1个百分点，助力全球疫情防控。浙江还及时捕捉“宅经济”消费需求，塑料制品、家具、家电、灯具、体育用品等产品出口均实现两位数以上增长。

（二）聚焦多元市场开拓，不断挖掘市场潜力

通过展会拓市场。多年来，浙江省商务厅坚持每年统一发布国际性展会支持目录，把组织企业参加各类展会作为开拓国际市场最有效的方式。一方面，每年组织1万多家企业参加广交会、华交会，展位数近2.5万个，是全国参展展位最多、规模最大的省份，参展效果得到企业充分肯定。另一方面，坚持在境外自主办展。浙江省自2008年正式启动境外自主办展工作以来，经过10多年培育，展会数量逐年增加，办展模式日趋成熟，影响不断扩大，如浙江出口商品（大阪）交易会已成为我国在日本举办的规模最大的自办类展会。同时积极培育展览公司，其中浙江远大国际会展有限公司出国展览规模稳居全国第一。

开辟线上拓渠道。受新冠肺炎疫情影响，2020年境外绝大部分线下展会取消或延期。浙江省聚焦外贸企业出口成交需求，紧盯“优质境外采购商”核心环节，在全国首创浙江出口网上交易会模式，围绕重点国别市场、重点产业，组织开展网上供需配对洽谈交易会。全年组织举办524场货物贸易及服务贸易类出口网上交易会，洽谈次数超8.7万次，累计意向成交金额达30亿美元，“一国一展”模式获国务院办公厅发文推广。2020年，浙江省精心组织1.2万家企业参加网上广交会、网上华交会，展位数和参与直播人数全国第一。

加快国际营销网络建设。“十三五”期间，浙江省加快推进国际营销体系建设，截至2020年底，浙江省分五批评定了32个省级外贸公共海外仓，总面积达40余万平方米，基本形成了与浙江省全球贸易格局相匹配的智能化、本地化的跨境外贸服务体系。另一方面，浙江省通过出台政策，加快业务培训，为企业提供政策咨询、信息服务，引导和鼓励有条件的企业在境外建立营销网络，着力构建跨国营销体系。“十三五”期间，浙江省投资境外营销网络项目总共3026个。

（三）聚焦扩大进口贸易，不断促进贸易平衡

高质量参与进博会。浙江省三年累计组织采购企业近5万家参加进博会，意向进口采购金额累计达数百亿美元，招商、采购工作居全国前列。浙江在三届进博会期间举办文化交流、国际合作、进口采购、投资促进和消费促进5大类共计近百场配套活动，积极为参展商和采购商搭建合作平台，影响力居全国前列。

推动进口促进体系建设。积极创建进口创新示范区，提升进口便利化水平。在全国率先开展省级进口贸易促进创新示范区和重点进口平台的创建工作，2020年，确定了第一批9个浙江省进口贸易促进创新示范区和54个浙江省重点进口平台。2020年11月，义乌入选国家级进口贸易促进创新示范区。

扩大优质产品进口。修订出台《浙江省鼓励进口技术和产品目录》，鼓励先进技术、设备进口，支持产业链安全所需的“卡脖子”技术、重要设备和关键零部件进口。“十三五”期间，实现设备、技术和关键零部件产品进口30.7亿美元。浙江省充分利用中国（浙江）自由贸易试验区、各类海关特殊监管区等功能平台，开展油品、铁矿砂、液化天然气等大宗商品进口业务。

（四）聚焦主体队伍建设，不断增强内生动力

“十三五”期间，浙江省通过制定对外贸易主体培育行动计划，实施万企贸易成长计划和外贸小微企业成长三年行动计划，积极培育外贸经营主体，新增企业成为外贸稳定增长的重要力量。

做好外贸备案登记。外贸经营者备案登记企业逐年增加，“十三五”末累计达273224家。其中，内资企业265085家，增长101.9%；外资企业3940家，增长90.9%；个体经营者4199家，增长66.4%。

支持民营企业发展。“十三五”期间，浙江省深入贯彻习近平总书记在民营企业座谈会上的重要讲话精神，全面落实《浙江省民营企业发展促进条例》，着力解决民营企业发展遇到的瓶颈制约和突出问题，进一步优化民营企业发展环境。2020年，有进出口实绩的民营企业达到82017家，比2015年增加28159家。

助推外贸小微企业发展。浙江省积极开展线下培训和“师徒制”培养，2017—2020年，全省累计线下培训和“师徒制”培养企业4.4万家。推动搭建小微统保平台，实现全省小微统保平台覆盖所有县（市、区），有效降低小微企

业投保费用。同时，通过保单融资有效带动银行等金融机构为小微企业提供融资支持，2016—2020年，累计帮助小微企业获得融资5.7亿美元。

提升外贸主体竞争力。浙江省积极鼓励企业创立自主品牌，支持有实力的企业收购国外品牌，大力培育行业、区域性品牌，推动企业开展国外商标、专利注册，提升浙江省出口产品竞争力。截至“十三五”末，累计培育出口领军企业80家、“浙江出口名牌”836个。

培育国际贸易总部。出台并落实浙江省加快培育外贸竞争新优势行动计划（2018—2020年），积极开展国际贸易总部建设，培育了一批以进出口为主，具有一定国际影响力、较强产业带动力，海外布局业内领先，总部设在浙江的本土跨国企业。

（五）聚焦外贸改革创新，不断增强发展后劲

市场采购试点不断拓展。2018年，新增温州市场采购国家级试点。2020年，新增湖州、绍兴、台州3个国家级试点。浙江省市场采购出口值从2015年的1760.3亿元增至2020年的2977.5亿元。其中2020年，对全省出口增长贡献率达18.1%。

梯次培育外综服企业。浙江省根据外综服企业出口规模、业务成熟度等情况，将其分为试点企业、成长型企业和示范型企业，完善了认定培育体系。2020年，全省外综服企业带动出口638亿元。

创新发展服务贸易。“十三五”期间，推动杭州入围首批国家服务贸易创新发展试点城市，推动杭州、宁波入围国家服务外包示范城市，杭州滨江区物联网小镇入围首批国家数字出口基地，中国浙江影视产业国际合作区入围首批国家文化出口基地。

加快发展跨境电商。“十三五”期间，浙江省跨境电商综合试验区（以下简称综试区）数量达到10个。跨境电商实现了年均41.9%的快速增长（据海关跨境电商管理平台统计数据），进出口规模居全国第二。

加快发展二手车出口。在已有台州试点的基础上，2020年新增义乌、宁波两个二手车出口试点城市，总数达到3个，列全国首位。外贸新业态新模式的先发优势持续转变为规模优势和领跑优势。

打造对外贸易公共服务平台——“品浙行”，创新推出“订单+清单”系统，支持企业开展外贸数字化改革，开创了外贸公共服务数字化的浙江新模式。

（六）聚焦对外贸易救济，不断促进安全发展

建立健全公平贸易工作机制。在原有浙江省出口反补贴应对工作联席会议基础上，于2017年制定了浙江省贸易救济工作联席会议制度。落实商务部、地方商务主管部门、行业协会和涉案企业“四体联动”机制。

完善外贸监测、预警网络。截至2020年底，浙江省共有省级预警点104个，包括纺织、服装、机电、轻工、钢铁以及初级产品等诸多行业，基本覆盖了全省传统优势产业、特色块状经济及产业集聚区。

打造“‘浙’里有‘援’”法律服务品牌。“十三五”期间，在每年举办的外经贸法律服务月活动中，共有超过154人次的省内外律师和专家，为1万多家企业提供了110多场“外经贸法律大讲堂”系列讲座和个性化法律问题咨询服务。

持续推进贸易政策合规工作。“十三五”期间，浙江省坚持世界贸易体制规则，从制度安排、机制建设、工作层面，持续推动贸易政策合规和企业合规工作，在拟定贸易政策中进行合规性评估，加强与世界贸易组织协定等国际经贸条约、协定之间的衔接，不断提高国际贸易规则意识。同时，积极推进企业合规管理体系建设。

（七）聚焦贸易便利化，不断完善营商环境

“十三五”期间，浙江省扩大口岸开放，推进数字化转型，着力优化营商环境，取得明显成效。

推进口岸营商环境建设。出台《浙江省口岸监管一体化工作方案》等系列政策措施，推动杭州、宁波同步开展跨境贸易便利化专项行动。完善收费目录清单制度，精简收费项目，降低收费水平，高效推进口岸营商环境健康发展。积极推进“单一窗口”数字化转型，为企业提供国际贸易相关的政务、物流、金融、税务、数据等各类服务600余项。加强长三角“单一窗口”互联互通和整合共建研究，大力推进口岸信息一体化建设。

推动通关效率不断提升。完善压缩通关时间措施机制，2018年底浙江省提前两年完成“整体通关时间比2017年压缩一半”的目标任务。在全国海关率先开展进口货物“两步申报”改革试点，截至2020年11月应用率达到24%，超过全国平均水平10个百分点。

推动退税便利化不断提升。“十三五”期间，全省（含宁波）办理出口退

（免）税11082.2亿元，居全国前列。浙江省全面下放出口货物退（免）税审核核准权限，实行县（市、区）局“一级审核核准制”，平均缩短退税时间3—5个工作日。全面推广无纸化退税，浙江省无纸化管理企业退税额占比在99%以上，出口退（免）税事项已实现“零次跑”全覆盖。

着力破解企业融资问题。通过搭建政银战略合作框架，支持企业缓解融资难、融资贵问题。推动金融机构为全省中小微外贸企业提供纯信用的普惠金融服务。2020年，在稳定金融、促进外贸增长的各项举措的推动下，全省1.1万家外贸企业新增贷款4811亿元。

三、值得总结的经验

（一）坚定不移地扩大开放，推进对外贸易发展

体现在不同形势下坚定不移地扩大开放。国际形势复杂多变，2018年开始中美经贸摩擦加剧，到2020年新冠肺炎疫情暴发，每个时期，省委省政府都坚定不移地扩大开放，重视外贸发展，积极出台稳定外贸发展的政策。

体现在坚持四个多元化上坚定不移地扩大开放。“十三五”期间，浙江省继续深入推进外贸领域的四个多元化战略，即市场多元化、主体多元化、方式多元化、商品多元化。不断拓展市场空间，增强应对国际市场变化的回旋余地。不断壮大新的外贸主体，培育新的增长点。不断推进科技创新，促进机电高新产品进出口发展。不断推进贸易方式创新，大力发展外贸新业态、新模式。

体现在拉动经济增长上坚定不移地扩大开放。“十三五”期末，浙江外贸依存度超过50%，进出口、出口、进口规模比“十二五”期间规模的增速均超过30%，外贸是拉动经济增长的重要力量。

体现在高质量发展上坚定不移地扩大开放。2018年，浙江省委省政府在全省对外开放大会上提出“开放强省”的目标要求。2020年，出台《关于推进贸易高质量发展的实施意见》，强调浙江外贸要高质量发展和创新发展，进一步稳住外贸基本盘。

体现在稳定主体上坚定不移地扩大开放。企业主体是稳外贸、促发展的根本。截至2020年底，浙江省外贸经营者备案登记企业超过27.3万家，其中有实绩的企业近9万家。主体的稳定壮大，成为外贸持续发展的关键之一。

（二）坚持精准应对，以快制变，稳住外贸基本盘

积极应对中美经贸摩擦。2018年中美经贸摩擦加剧，浙江省第一时间成立应对工作专班，出台稳增长防风险政策，组织实施“精准服务外贸企业行动”，积极开拓多元市场。2020年，浙江省对美国有出口实绩的企业计有35730家，比上一年增加2505家；对美国出口4668.4亿元，比上一年增长18.2%，稳住了美国市场。

快速应对新冠肺炎疫情。面对突如其来的新冠肺炎疫情，浙江省第一时间做好国内疫情防控，引导防疫物资出口企业将产能及时转到满足国内需求上来，同时扩大口罩、防护服等防疫物资进口。第一时间指导外贸企业复工复产，积极协调解决复工复产过程中遇到的港口物流问题、上下游供应链问题、用工短缺问题等。第一时间探索举办出口网上交易会，利用线上展会持续拓展国际市场，加强与新老客户的联系，新增出口订单。第一时间推动防疫物资出口，2020年浙江省防疫物资出口占全国防疫物资出口的三分之一，位居全国第一，仅口罩就出口400多亿只，为全球疫情防控做出了积极贡献。

（三）坚持发挥市场主体和政府作用相结合，推进协调发展

充分发挥民营企业优势。在市场主体培育方面，支持企业从无资质到有资质，从无进出口实绩到有进出口实绩，从小规模到上规模，从上规模到成为龙头企业，不断培育各类外贸主体。浙江省还相继实施万企贸易成长计划、外贸小微企业成长三年行动计划，开展“师徒制”外贸业务知识培训，帮助企业提高外贸业务能力。在贸易总部培育方面，鼓励企业从只做国内贸易到内外贸并举，从做进出口贸易到在海外投资建设国际营销网络，从海外投资建设国际营销网络到在浙江设立全球贸易总部，充分发挥市场主体作用。

充分发挥政府协调作用。面对复杂多变的外贸形势，浙江省各级政府主动作为，通过省、市、县三级联动，相关部门通力配合，合力攻坚，解决新问题，增强外贸主体发展外贸的信心，为浙江省外贸稳定发展提供坚实保障，营造良好营商环境。

（四）坚持持续创新，推进贸易高质量

发展创新是永恒的主题，也是浙江对外贸易稳定发展的源泉之一。

模式创新。市场采购贸易方式发源于义乌，目前已扩展到浙江省5个地区，

成为浙江省第二大出口贸易方式，是全省外贸新增长点。起草《外贸综合服务企业服务规范》浙江省级标准，首个省级外综服务标准化试点落户浙江宁波。浙江是中国首个设立跨境电商综试区的省份，也是首个在网上举办展会的省份，英富曼会展集团亚洲执行副总裁表示“浙江是全球出口网上交易会的发源地”。

管理创新。浙江省建立并迭代升级“订单+清单”监测预警系统，了解企业的出口订单情况，分析其产品、行业等分布情况，监测预测外贸运行，并根据企业需求研究制定支持外贸发展的新政策，为外贸企业提供金融、信保等相关服务。

机制创新。“十三五”期间，国际形势复杂多变，针对汇率波动、原材料价格涨跌、国际物流供需失衡等不确定性因素对外贸进出口带来的冲击，浙江省积极发挥民营企业经营灵活、适应性强、反应快等优势，不断进行创新。省委省政府充分发挥省市县联动，政银企协同能力，建立外贸企业应急处置机制，出台稳外贸政策，深化“三服务”，形成合力，稳住外贸基本盘，实现外贸持续稳定增长。

（韩　杰　倪洪中　陆海生　陈志成　徐　虎　陈丹青）

主要成就

杭州：数智天堂　提质增效

杭州是浙江省省会，长三角外贸重要节点城市，经济基础扎实，交通网络发达，人才资源汇聚，区位优势明显，多年来进出口规模稳居全省第二位。“十三五”期间，杭州坚定不移贯彻新发展理念，紧紧围绕“数智杭州·宜居天堂”的发展导向，牢牢把握长三角一体化、城市国际化、拥江发展和筹办亚运会等重大机遇，以数字化引领创新，奋力展现“头雁风采”，着力打造国际一流营商环境，发展更高层次开放型经济。“十三五”期间，杭州市进出口总值达2.64万亿元，较“十二五”期间增长29.4%，占全省进出口总值的18.7%；年均增长7.6%，较“十二五”年均增速提高4.5个百分点，年均进出口值突破

2019年第六届中国（土耳其）贸易博览会

5000亿元大关。其中，视频摄录设备、医药等新兴产业发展全国领先。杭州外贸稳健发展，为杭州加快建设社会主义现代化国际大都市，奋力展现“重要窗口”的“头雁风采”打下了坚实基础。

一、“十三五”期间杭州市外贸主要成就

（一）杭州对外贸易概况

1. 货物贸易进出口基本情况

（1）规模迈上新台阶，增速逐年正增长。“十三五”期间，受进口良好发展趋势带动，杭州市进出口总值逐年递增、屡创新高，从“十二五”末的4128.1亿元增长到2020年的5953.8亿元。其中出口年均增长3.5%，2020年达到3690.0亿元；进口年均增长17.2%，2020年达到2263.8亿元。“十二五”中后期全市进出口发展放缓的趋势在“十三五”初期得以改观，并连续五年实现较快增长。

按美元计，“十三五”期间杭州市进出口总值3898.1亿美元，较“十二五”期间增长19.9%，从“十二五”末的665.0亿美元增长到2020年的858.9亿美元，年均增长5.3%。其中出口年均增长1.3%，2020年达到532.4亿美元；进口年均增长14.7%，2020年达到326.6亿美元，顺利完成到2020年实现进出口770亿美元的杭州市“十三五”规划进出口值目标。

表1　2011—2020年杭州对外贸易年度统计表

单位：亿元，%

年份	进出口			出口			进口		
	总值	同比	占全省比重	总值	同比	占全省比重	总值	同比	占全省比重
“十二五”期间	20386.5	26.3	19.6	14203.7	28.9	18.3	6182.8	20.7	23.4
2011年	4152.8	16.9	20.7	2696.5	12.5	19.2	1456.3	26.2	24.1
2012年	3893.2	-6.2	19.7	2604.9	-3.4	18.4	1288.3	-11.5	23.2
2013年	4037.0	3.7	19.4	2777.3	6.6	18.0	1259.7	-2.2	23.3
2014年	4175.4	3.4	19.1	3020.0	8.7	18.0	1155.4	-8.3	23.0
2015年	4128.1	-1.1	19.2	3105.0	2.8	18.1	1023.1	-11.4	23.4
“十三五”期间	26377.5	29.4	18.7	17490.1	23.1	16.4	8887.4	43.7	25.8
2016年	4487.3	8.7	20.2	3313.5	6.7	18.8	1173.7	14.7	25.8
2017年	5086.0	13.3	19.9	3450.7	4.1	17.8	1635.3	39.3	26.5
2018年	5246.5	3.2	18.4	3417.0	-1.0	16.1	1829.5	11.9	24.9
2019年	5603.9	6.8	18.2	3618.9	5.9	15.7	1985.0	8.5	25.6
2020年	5953.8	6.2	17.6	3690.0	2.0	14.7	2263.8	14.0	26.1

（2）全国份额稳中升，对全省贡献较突出。“十三五”期间，杭州市外贸占全国外贸总值的1.8%，整体保持稳中有升。其中，2020年最高，占1.85%；2018年最低，占1.72%。出口占全国份额的2.2%。其中，2016年最高，占2.39%；2020年最低，占2.06%。进口占全国份额的1.4%，整体呈上升趋势，2016年占1.12%，至2020年已达到1.59%。“十三五”期间，杭州仍是全省外贸增长的重要助力，对全省进出口增长贡献率为16.2%，其中出口增长贡献率为11.4%，进口增长贡献率为33.4%。同时，外贸继续为全市经济发展做出积极贡献。“十三五”期间，杭州外贸依存度为38.3%，其中出口依存度25.4%，进口依存度12.9%。进口依存度持续震荡走高，至2020年，进口依存度达14.1%，为2014年以来最高值。

2. 服务贸易进出口基本情况

（1）服务贸易规模不断扩大，重点领域出口持续增长。“十三五”期间，杭州市服务贸易领先多数服务贸易创新发展试点城市。2020年，杭州市服务出口值138.4亿美元，增长10.8%。新兴服务出口占比不断扩大，市场活力激增。数字服务、文化服务、金融服务和旅游服务四大重点领域出口规模持续增长，2020年出口104.5亿美元，占全市服务出口总值的75.2%。此外，杭州市服务贸易伙伴日趋多元化，“一带一路”沿线国家成为杭州服务出口第一大市场，2020年对“一带一路”沿线国家服务贸易出口32.3亿美元，比重升至23.4%。

（2）服务外包业务不断拓展，高端业务聚集日益显著。2020年，杭州市承接服务外包合同签约额99.6亿美元，合同执行额80.8亿美元，创历史新高，连续两年位居全国第二位。其中信息技术外包和知识流程外包出口达76.4亿美元，占总值的96.1%。依托数字技术优势，杭州市通信服务、物联网研发服务和金融服务外包发展迅速，2020年离岸执行额达23.8亿美元，占30.7%，带动服务外包向高技术、高附加值、高品质、高效益转型升级。

（3）服务产业基础良好，利用外资不断攀升。2020年，杭州市服务业增加值突破万亿，达到10959亿元，增长5.0%，在全市GDP中的比重为68.0%。服务业产业结构日益优化，现代服务业贡献突出，数字经济持续领跑。2020年，数字经济核心产业增加值4290亿元，增长13.3%，高于杭州市GDP增速9.4个百分点，占杭州市GDP的26.6%。电子信息产品制造、软件与信息服务、数字内容和机器人产业分别增长14.7%、12.9%、12.7%和12.3%。2020年，杭州市新引进外商投资项目804个，实际利用外资72.0亿美元，增长17.5%，其中服务业实际利用外资48.7亿美元。

（二）杭州对外贸易结构

1. 出口结构日益优化，进口商品不断充实

（1）高新产品比重持续提升，渐成出口增长新引擎。近年来，杭州市大力开展人才引育和科技创新，继续向“全国数字经济第一城”目标迈进，高新技术产业发展持续上扬。“十三五”期间，杭州高新产品出口2635.9亿元，占全省高新产品出口总值的35.6%，继续稳居全省各地市第一；“十三五”期间年均增长10.4%，较“十二五”提高4.7个百分点；占杭州出口总值的15.1%，比重超越纺织品（12.6%）和服装（10.0%），逐步成为杭州出口“火车头”。其中，生命科学技术产品年均增速达14.7%。同期，机电产品出口7611.4亿元，年均增长5.3%，占全省机电产品出口的16.6%，占杭州出口的43.5%。其中，音视频设备、计量检测分析自控仪器、家用电器、汽车年均增速分别达16.7%、21.6%、11.4%和1.1倍。劳密产品出口在改造调整中基本保持稳定，年均下降0.6%，占全市出口总值的31.5%。此外，医药品出口增长较快，年均增长19.4%。

表2 “十三五”期间杭州主要出口商品统计表

单位：亿元，%

出口商品	“十三五”期间			2020年			年均增速
	出口值	同比	占比	出口值	同比	占比	
出口总值	17490.1	23.1	100.0	3690.0	2.0	100.0	3.5
* 机电产品	7611.4	32.7	43.5	1656.6	3.9	44.9	5.3
其中：音视频设备及其零件	933.8	280.1	5.3	218.1	5.8	5.9	16.7
计量检测分析自控仪器及器具	247.7	100.5	1.4	78.0	47.3	2.1	21.6
家用电器	226.1	33.0	1.3	61.5	30.8	1.7	11.4
汽车（包含底盘）	33.1	652.6	0.2	21.8	219.5	0.6	108.3
* 劳动密集型产品	5507.4	7.3	31.5	1057.1	–3.5	28.6	–0.6
其中：纺织纱线、织物及其制品	2208.2	11.5	12.6	480.3	6.9	13.0	3.4
服装及衣着附件	1746.1	–11.0	10.0	290.0	–16.6	7.9	–6.1
* 高新技术产品	2635.9	55.8	15.1	646.4	13.7	17.5	10.4
其中：计算机与通信技术	1459.3	59.2	8.3	324.5	3.9	8.8	7.9
生命科学技术	590.8	56.3	3.4	173.8	49.5	4.7	14.7
基本有机化学品	573.5	17.7	3.3	138.5	10.9	3.8	7.3
医药材及药品	340.7	51.0	1.9	106.0	73.3	2.9	19.4

（2）大宗商品引领进口，产品两端化趋势明显。杭州充分利用我国主动扩大进口的机遇，积极引进和培育进口主体，推进跨境电子商务进口体系建设，完善进口支持政策，加快推进杭州产业和消费升级，进口产品向原材料和终端消费品的产业链两端发展趋势明显。“十三五”期间，杭州市进口金属矿砂1841.3亿元，年均增长36.0%，大幅领先全市17.2%的进口年均增速，占杭州外贸进口值的20.7%；初级形状塑料、煤炭、橡胶、钢材等大宗商品也保持20.4%、20.5%、17.7%和61.6%的较高年均增速。同期，进口消费品1326.7亿元，较“十二五”期间增长1.5倍，占杭州外贸进口值的14.9%，占比上升6.2个百分点，其中化妆品年均增速达51.0%。由于国内制造业快速发展、相关产品国产化率提升，机电产品和高新产品进口速度放缓。

表3 “十三五”期间杭州主要进口商品统计表

单位：亿元，%

进口商品	“十三五”期间			2020年			年均增速
	进口值	同比	占比	进口值	同比	占比	
进口总值	8887.4	43.7	100.0	2263.8	14.0	100.0	17.2
* 机电产品	1844.6	21.7	20.8	417.7	−1.5	18.4	10.8
其中：集成电路	510.9	100.2	5.7	116.3	−8.4	5.1	13.8
金属矿及矿砂	1841.3	79.6	20.7	539.0	13.3	23.8	36.0
其中：铁矿砂及其精矿	1181.1	41.6	13.3	341.3	20.1	15.1	34.1
铜矿砂及其精矿	476.8	404.8	5.4	133.8	1.7	5.9	34.0
* 高新技术产品	1588.3	79.4	17.9	350.7	−10.6	15.5	13.6
* 消费品	1326.7	146.0	14.9	305.9	−1.3	13.5	16.2
其中：美容化妆品及洗护用品	209.9	1345.9	2.4	72.6	31.8	3.2	51.0
医药材及药品	622.0	115.9	7.0	128.5	−14.3	5.7	11.0
初级形状的塑料	584.6	81.9	6.6	153.2	10.0	6.8	20.4
煤及褐煤	320.5	148.9	3.6	68.8	9.2	3.0	20.5
天然及合成橡胶（包括胶乳）	288.5	140.6	3.2	60.8	31.8	2.7	17.7
钢材	105.6	174.5	1.2	76.1	736.1	3.4	61.6

2. 市场拓展成效显著，新兴市场提档加速

“十三五”期间，杭州外贸对传统发达经济体依赖程度降低，对东盟等新兴市场，以及与我国签署自由贸易协定的国家和地区的进出口比重提升。

（1）坚守传统市场，稳住外贸基本盘。以欧盟、美国、日本为代表的传

统市场继续占据杭州外贸的重要版图。“十三五”期间，杭州对欧盟、美国、日本进出口年均增长分别为5.8%、1.7%和3.3%，虽均低于整体增速，但合计仍占到杭州外贸逾四成比重，其保持正增长对于稳住外贸基本盘起到重要作用。

（2）拓展新兴市场，培育外贸增长点。“十三五”期间，杭州继续加速新兴市场开拓力度，对东盟进出口年均增长12.7%。2019年起，东盟超越美国，成为杭州第二大进出口市场。同期，对巴西、俄罗斯、印度和拉美表现明显好于全市整体外贸，自非洲进口也保持年均增长29.9%的较高水平。

（3）参与国际合作，自贸协定迎契机。杭州高质量推进“一带一路”建设，着力开拓多元化市场。“十三五”期间，对共建“一带一路”国家进出口年均增长10.9%，其中出口年均增长4.6%，进口年均增长27.2%，均高于全市外贸平均增幅。2020年“一带一路”沿线国家占杭州外贸总值的33.2%，高于2015年4.7个百分点。

此外，杭州迅速把握自贸协定契机，加速布局，扩大贸易规模。2020年，对已与我国签署自贸协定的25个国家和地区进出口1868.4亿元，“十三五”期间年均增长11.2%，占杭州外贸总值的31.4%。

表4 “十三五”期间杭州主要进出口市场统计表

单位：亿元，%

国家（地区）	“十三五”期间			2020年			年均增速
	进出口值	同比	占比	进出口值	同比	占比	
总值	26377.5	29.4	100.0	5953.8	6.2	100.0	7.6
“一带一路”沿线国家	8096.4	45.3	30.7	1974.3	12.3	33.2	10.9
欧盟	5506.2	24.0	20.9	1199.7	4.6	20.2	5.8
美国	3839.1	17.3	14.6	784.6	10.1	13.2	1.7
东盟	3450.2	60.5	13.1	841.0	9.3	14.1	12.7
巴西、俄罗斯、印度	2465.2	43.0	9.3	698.0	31.7	11.7	16.8
拉丁美洲	2242.6	57.1	8.5	563.2	7.8	9.5	13.6
日本	1726.6	−1.9	6.5	348.3	−6.1	5.9	3.3
澳大利亚	1359.6	58.8	5.2	317.6	4.0	5.3	16.3
非洲	1108.3	23.8	4.2	242.2	1.9	4.1	4.7

3. 跨境电商走在前列，一般贸易稳步提高

（1）跨境电商茁壮成长。作为新兴贸易业态——跨境电子商务的先发

地，杭州跨境电商进出口业务保持良好的发展态势。2020年进出口值146.9亿元，增长29.3%，直接带动杭州市外贸增长0.6个百分点。“十三五”期间，杭州市跨境电商进出口年均增长22.7%，其中出口年均增长14.3%，进口年均增长27.4%；跨境电商进出口、出口、进口占全市比重分别从2015年的1.3%、0.7%、3.0%提升至2020年的2.5%、1.2%和4.6%。

（2）保税物流快速发展。杭州以综保区“保税+”功能为基础，以制度创新和产业培育为核心，以数字赋能为手段，着力打造有国际影响力的数字贸易先行示范区、全球一流跨境电商示范中心、全国领先的数字赋能新制造业基地。2020年，保税物流进出口136.9亿元，“十三五”期间年均增长32.3%，增速列主要贸易方式第一。

（3）一般贸易稳步提高。“十三五”期间，一般贸易实现进出口2.28万亿元，增长34.7%，年均增长7.3%，占同期杭州外贸总值的86.5%，比重较“十二五”提升3.4个百分点。此外，加工贸易虽面临调整，比重下降，但“十三五”期末呈现回升态势，年均增长4.8%。

表5　“十三五”期间杭州主要贸易方式（业态）统计表

单位：亿元，%

贸易方式（业态）	“十三五”期间			2020年			年均增速
	进出口值	同比	占比	进出口值	同比	占比	
总值	26377.5	29.4	100.0	5953.8	6.2	100.0	7.6
一般贸易	22816.3	34.7	86.5	5086.3	6.5	85.4	7.3
加工贸易	2912.5	−6.6	11.0	644.4	1.7	10.8	4.8
跨境电商	524.9	872.1	2.0	146.9	29.3	2.5	22.7
保税物流	380.5	123.0	1.4	136.9	36.9	2.3	32.3

4.外贸主体量质并举，民营国有各显神通

（1）企业总数突破万家。“十三五”期间，全市有进出口实绩企业数逐年递增，从2015年的9793家增至2020年的13819家，年均增加7.1%，外贸领域“大众创业、万众创新”形势喜人。其中，进出口值列全省前100位的龙头企业数量，从2015年的22家增至2020年的27家。民营企业仍是杭州市外贸“主力军”，企业数量年均增加8.7%，2020年达12274家，占全市有进出口实绩企业

总数的88.8%，较2015年提升6.3个百分点。

（2）民营企业活力强劲，国有企业提振进口。“十三五”期间，杭州民营企业继续发挥杭州外贸尤其是出口“压舱石”和“推进器”的作用，进出口年均增长8.3%，2020年占杭州进出口总值比重达57.4%，较2015年提升1.9个百分点。其中，出口年均增长6.8%，2020年出口比重突破七成，达到70.1%，较2015年提升10.2个百分点。国有企业在进口端的作用日益凸显。“十三五”期间，国有企业进口年均增长33.5%，2020年占全市进口总值的43.6%，较2015年提升20.8个百分点。

表6 “十三五”期间杭州进出口贸易主体统计表

单位：亿元，%

贸易主体	“十三五”期间			2020 年			年均增速
	进出口值	同比	占比	进出口值	同比	占比	
总值	26377.5	29.4	100.0	5953.8	6.2	100.0	7.6
民营企业	15651.1	57.1	59.3	3419.0	2.5	57.4	8.3
外商投资企业	5687.0	−12.1	21.6	1131.2	−2.4	19.0	−0.02
国有企业	4945.8	26.4	18.8	1377.8	30.4	23.1	14.4

5. 区县外贸提质增效特点分明，你追我赶百舸争流

“十三五”期间，杭州各区县不断发挥自身外贸优势，呈现你追我赶、奋勇争先之势。滨江区得益于高新技术产业的快速发展，实现追跑到反超，从2015年的全市第二到2020年的第一。进出口、出口年均增长率分别为14.8%和11.1%，均列全市各区县首位；进口年均增长23.3%，居全市第二，是全市外贸发展最快的区县，也是全省高新产品占进出口比重最高的区县，达到64.0%。2020年，滨江区对杭州外贸增长贡献率达77.7%，在杭州各区县中居首。萧山区凭借成熟的传统外贸产业优势，继续担当出口“火车头”，为稳住出口基本盘发挥重要作用。2020年，萧山区进出口788.7亿元，年均增长1.3%，居全市第二，其中出口609.1亿元，继续稳居第一。余杭区展现出传统产业和数字经济齐头并进的良好发展态势，进出口、出口、进口年均增长分别达到9.7%、9.7%和10.1%，增速较快且发展均衡，外贸值居全市第三。江干区则以42.9%的年均进口增速成为全市进口增长最快区县。

此外，钱塘新区[1]自2019年成立后，充分发挥杭州经济技术开发区等国家级平台和杭州综保区的带动作用，以打造世界级智能制造产业集群、全省标志性战略性改革开放大平台、杭州湾数字经济与高端制造融合创新发展引领区为契机，推进区内外贸产业高质量发展。2020年，钱塘新区进出口892.2亿元，占杭州外贸总值的15.0%。

（三）杭州对外贸易比较优势

1. 在主要省会城市中，外贸规模和首位度居前

2020年，杭州进出口规模在27个省会城市（不含台北，下同）中仅次于广州、成都，位列第三。近年来，各大省会城市都在努力提高自身的首位度。[2]2020年，杭州外贸首位度为17.6%，在沿海省份双中心或者多中心的省会城市中排名靠前（福州17.8%、沈阳15.7%、广州13.5%、南京12.0%、济南6.3%）。

2. 民营经济活跃度高，新兴市场开拓见效

2020年，杭州市民营企业进出口规模在省会城市中列第二，在15个副省级城市中居第五。民营企业出口值占全市出口总值的70.1%，占比高于深圳（55.2%）、广州（60.0%）、青岛（69.6%）、南京（50.4%）、成都（20.0%）、厦门（46.3%）等外贸大市，拉动杭州外贸出口增长3.8个百分点。在继续发挥民营经济“嗅觉”敏锐、机制灵活的优势下，杭州对新兴市场国家贸易实现较快增长，2020年对“一带一路”沿线国家、拉丁美洲、非洲、印度、东盟的进出口值，在全国省会城市中分别排名第三、第一、第二、第一、第三位，为“稳外贸”做出较大贡献。

3. 医药等战略新兴产业蓬勃发展，且在全国有较强优势

近年来，杭州在数字经济引领下，加快高新技术和战略型新兴产业的培育与发展，高新产品进出口始终稳居全省第一。如杭州市不断加大生物医药产业布局力度，积极培育千亿级产业集群，打造具有全球影响力的生物医药创新城市。2020年，医药品和生物医药分别出口106.0亿元、61.5亿元，分别占全国的6.7%和11.6%，在全国各城市中份额仅次于上海。此外，全市视频摄录设备产

---

[1] 正式行政区划于2021年4月9日发布，故2020年以前未列入区县正式排位。

[2] 经济总量占所在省份的比重，反映了省会城市对全省外贸的带动力。

业快速发展，2020年，全市视频摄录设备出口205.2亿元，占全国的38.0%，高居全国所有城市第一。

4. 进出口平衡度较好，进口对全省带动作用明显

近年来，杭州市进出口平衡较好且呈向好趋势。2020年，杭州市出口与进口的比值为1.6:1（全省平均值为2.9:1），为省内各地市中进出比例最平衡的地市。与此同时，杭州市进口规模长期保持在全省第二，2020年对全省进口增长贡献度为30.8%，居全省首位。

5. 外贸出口申报境内自主品牌比重保持省内领先

杭州在外贸出口的品牌申报规模、占比、增速等方面均保持省内领先，体现了出口质效的提升。2020年，杭州申报境内自主品牌出口803.6亿元，增长21.3%，占杭州出口总值的21.8%，占外贸出口比重居全省首位。

6. 领先多数服务贸易创新发展试点城市

在信息服务领域，以通信服务、物联网服务和金融服务外包为龙头，积极培育软件和信息服务基地，推进重点项目，促进信息服务出口。杭州市人力资源丰富，人才净流入率、海外人才净流入率、互联网人才净流入率保持全国第一，连续9年入选“外籍人才眼中最具吸引力的中国城市”。人才的聚集为信息经济、跨境电商、金融、文化等关键性服务领域的发展注入持久动力。

二、“十三五”期间杭州市外贸主要举措

“十三五”期间，杭州市坚持数字化引领新发展，积极应对中美经贸摩擦和新冠肺炎疫情，力争多措并举，尽最大努力增主体、拓市场、强服务，稳定外贸，实现经济高质量发展，奋力展现“重要窗口”的“头雁风采”。

（一）做好外贸主体队伍建设

1. 加强出口品牌培育

创立杭州外贸品牌，提升国际竞争力，鼓励有实力的外贸企业创建自主品牌，“十三五”期间出口名牌数量保持稳定。2016—2018年，杭州全市共有出口品牌379个，其中省级出口名牌130个、市级出口品牌249个。2017—2019年，共有出口品牌369个，其中省级出口品牌128个、市级出口品牌241个。2018—2020年，共有出口品牌287个，其中省级出口品牌56个、市级出口品牌231个。

2. 推动企业国际化运营

开展境外外经贸综合服务体系建设试点工作。经过3年时间（2018—2020年），目前共有52家企业设立国际营销网络375个，其中境外分支机构55个、零售网点132个、批发中心9个、售后维修网点96个、海外仓80个，其他3个。全市5家企业建有国际营销公共服务平台，如浙江大华美国营运中心、海康威视欧洲仓储物流基地、浙江米奥兰特中国商品全球采购服务中心、杭州巨星美国外贸综合服务中心等，累计向5812家业内企业提供国际营销服务。

（二）打造全流程综合服务平台

1. 打造“海外杭州”自办展会平台

2016年，开始扩大“海外杭州”办展规模。2019年，在“一带一路”沿线国家举办9个系列“中国贸易博览会”。其中，波兰、土耳其、埃及、阿联酋、巴西，由杭州市政府主办；印度、约旦、南非、墨西哥，由杭州市商务局联合其他省市主办。上述展会均获得国际展览业协会（简称UFI）认证，总面积达18万平方米，展位数7500多个，参展企业超过3600家，吸引50多个国家10多万采购商到场。其中在阿联酋迪拜举办的展会有1100多家外贸出口企业参展，展位2100多个，是目前中国在海外举办的规模最大、最专业的国际性展会。2020年，因新冠肺炎疫情影响，“中国贸易博览会”转型为线上举办，“线上一国一展”模式被商务部评为深化服务贸易创新发展试点“首批最佳实践案例”，由国务院办公厅发文在全国推广。

2. 率先培育外贸产品质量控制新模式

“贸点点”质量控制服务平台于2016年上半年成功上线，为全球贸易采购商提供验货、验厂、监装到专项质量问题解决等服务，开创“人无我有”的外贸综合服务新模式，降低了外贸企业产品质量监控风险和经营成本，在2018年入选国家共享经济典型平台，编入《中国共享经济发展报告》。

3. 创新贸易融资闭环新模式

在全国首创“信保+担保”的“杭信贷”贸易融资模式，被商务部评为深化服务贸易创新发展试点“首批最佳实践案例”，创新经验写入《国务院办公厅关于进一步做好稳外贸稳外资工作的意见》，并在全国推广。此模式自2020年4月10日启动以来，已向近3000家外贸企业进行宣传推广，合作银行已有14

家。2020年，银行为84家企业提供“杭信贷”授信5.40亿元，发放贷款4.75亿元，其中，发放“杭信贷”专属贸易融资贷款近8000万元。

（三）培育外贸新业态、新模式

1. 创建全国第一个跨境电商综试区

杭州综试区创新构建了信息共享、金融服务、智能物流、电商信用、统计监测和风险防控“六体系”，以及线上单一窗口和线下综合园区“两平台”的顶层设计框架，实现了制度体系的再造、商业模式的创新、贸易体系的重塑、产业水平的提升。“六体系、两平台”顶层设计框架目前已作为杭州综试区的先行试点经验在全国范围内推广，成为全国新增跨境电商综试区的基本制度。

2. 数字贸易取得重大突破

杭州已成功开展两轮服务贸易创新发展试点，在体制机制创新、政策体系优化、服务平台搭建等方面形成多项可复制可推广的经验，入选国家深化服务贸易创新发展试点“最佳实践案例”数全国第一，超额完成“争取全国前5位”的任务。2020年8月30日，《中国（浙江）自由贸易试验区扩展区域方案》印发，中国（浙江）自由贸易试验区杭州片区正式设立，聚焦数字贸易、数字产业、数字金融、数字物流、数字治理五大重点领域，建设数字经济高质量发展示范区。

3. 探索外综服企业的发展

杭州市认真培育全省第一家引进的外综服企业——浙江一达通企业服务有限公司，该公司2017年出口高达223亿元，为全省其他“一达通”公司的建立打下了坚实基础。有15家外综服企业入选浙江省商务厅2020年认定的全省外综服企业。其中，浙江融易通企业服务有限公司、浙江国贸云商控股有限公司、浙江物产安橙科技有限公司为示范企业。

（四）积极实施扩大进口战略

1. 组织参与进口采购活动

杭州市连续三届组织进口企业参与进博会，累计报名参会企业9712家，参会人员2.2万人次，实现意向采购74.5亿美元，举办了城西科创大走廊、钱塘新区招商推介会、“武林洋淘”等投资促进活动，良渚古城遗址、杭州湖滨步行街、杭州亚运会、杭州非遗老字号等在展馆展示。连续两届参加中国—中东欧国家博览会暨国际消费品博览会，扩大中东欧商品进口，累计实现意向采购31.5亿美元。

2. 积极培育重点进口平台

经浙江省商务厅等9部门认定，天猫国际、明日控股等9家单位被列为浙江省第一批重点进口平台，杭州综合保税区被评为浙江省进口贸易促进创新示范区。

（五）积极应对国际贸易风险

1. 多层次应对贸易摩擦

全市共建成12个省（市）级对外贸易预警点，充分发挥商务部、地方商务部门、行业组织、涉案企业“四体联动”作用，为企业稳定出口提供有力的支持。2019年，余杭区家纺协会主动派遣浙江千寻律师事务所朱海成律师赴美参加“301调查”听证会，最终使得美方在后续公布的加征关税的2000亿美元中国商品清单中，剔除了18个涉及家纺装饰布产品的类目，金额超过5200万美元。

2. 多渠道降低企业风险

2020年6月，杭州率先开展外贸企业进湖滨步行街展销活动，央视新闻进行了专题报道。7月25日，“外贸优品汇、扮靓步行街”出口产品转内销活动在杭州启动，千余种外贸优质产品线上线下同步发力，带动7265万元成交。依托“聚划算”“1688产业带”“网易严选”“新零售”等众多载体，杭州通过市县联动共促、线上线下融合、B端C端发力，帮助企业开拓国内市场。杭州市商务局与浙江信保营业部联合推出“杭城出口风险直播间”，2020年共举办3场直播，吸引近1.8万人次企业代表在线听取、学习全球贸易风险资讯和防范手段。

（六）营造外贸营商环境

1. 建立健全预警监测系统

“十三五”期间，杭州利用外贸监测、预警点、产业损害和海关数据四大系统，为企业开拓市场提供信息服务。建立海关、外管、税务、市场监管等涉外部门联系机制，协商解决外贸企业遇到的困难问题，推进贸易便利化建设，营造良好的出口环境。

2.提高跨境贸易服务便利化水平

2020年，杭州依托稳外贸协调机制，将外贸出口船期紧张物资纳入三堡船闸优先通行范畴；打通国际物流通道，开通了莫斯科、比利时、纽约、香港等货机空运航班，推出经阿拉山中转到波兰的公铁快线，打通了到香港和韩国仁川的中转通道。全市共培育134个海外仓，其中浙江执御信息技术有限公司经营的平台型海外仓被商务部评为首批优秀海外仓。

三、“十四五”期间杭州市外贸发展展望

（一）总目标

“十四五”期间，杭州将认真落实国家和浙江省关于贸易高质量的意见精神，抢抓RCEP、中欧投资协定机遇，以自贸区杭州片区建设为引领，充分发挥数字经济领先优势，建强外贸主体队伍，培育外贸增长新动能，实现出口份额全国占比稳中有升，力争2025年外贸进出口总值突破7000亿元大关。

（二）行动计划

1.以高质量发展为主题，实施外贸优进优出战略

对标国际和区域贸易规则，加强数字外贸高质量发展和RCEP课题研究，落实贸易高质量发展三年行动计划，从线上展会、出口信保、品牌建设、金融融资、物流仓储、内外双循环等方面加大政策支持。持续开展第三轮深化服务贸易创新发展试点，保持全国第一方阵地位，建成服务贸易强市，成为长三角地区服务经济开放发展新高地。鼓励实施优质外贸企业招引计划、实力外贸企业品牌提升计划、小微企业成长培育计划，不断壮大和优化外贸主体队伍，培育1家外贸进出口全国百强企业。

2.以自贸区建设为依托，加大外贸新动能培育

充分发挥自贸区杭州联动片区和跨境电商建设的优势，加大对跨境电商出口物流仓储的支持,实施跨境电商综试区与eWTP实验区联动发展和一体化推进战略，借助电商平台优势助力外贸企业转型发展。鼓励各地采取“一地一策”模式培育外贸新增长点，推动外综服企业、公共海外仓、跨境电商2B出口以及保税维修、保税物流、二手车出口等新业态、新模式发展，不断提高外贸出口贡献度。

3. 以数字化转型为根本动力，打造更高能级开放平台

高水平推进浙江自贸区杭州片区建设，在建立数字贸易的制度框架及规则体系上发挥更加积极的作用，为我国积极参与全球经济治理体系改革贡献力量。推进国家级平台申建，推动杭州空港综保区、国家级外贸转型升级基地建设，举办全球数字贸易博览会，发挥平台和产业集聚效应。依托杭州会展、品控、金融、知识产权等各领域外贸服务生态优势，实现企业与政府数据融通，集成打造统一的数字外贸服务平台，为企业提供全生命周期、全生意周期服务。

4. 以双循环发展为主线，服务构建新发展格局

提升境外外经贸综合服务体系建设水平，加强海外品牌推广和服务运营，完善国际营销服务网络。瞄准“一带一路”沿线国家、与我国签署RCEP的国家等重点国家加快布局，举办十个国别线上、线下“海外杭州”展会，助力企业开拓新兴市场。扩大国内展会参展支持范围，帮助外贸企业在国内建立获取订单的新渠道，实现双循环融合发展。

5. 以进出口平衡为引领，不断激发进口需求潜力

积极组织企业参与中国国际进口博览会、中东欧博览会等进口展会，提供更多进口市场、进口商品、进口渠道机会，扩大展会溢出效应。推进杭州综保区进口创新示范区建设，重点培育一批进口平台企业，招引一批进口重点平台企业。积极落实国家贸易便利化措施，激发企业进口潜力。

6. 以主动应对为重要抓手，降低企业出口风险

针对杭州贸易摩擦案件高发态势，积极探索建立多主体协同的贸易摩擦应对体系性工作机制，形成监测分析、行业预警、风险发布、法律援助、贸易合规、知识产权等全链条一站式服务，将贸易摩擦工作重心由案件应对转为风险防范，化被动为主动，为外贸企业发展保驾护航。

（林　巍　李竹竹　郑　娴）

宁波：甬立潮头　港通全球

宁波是浙江"双城记"和"一体两翼"发展格局的重要一极，港口优势突出，对外开放水平高，制造业基础雄厚，多年来进出口规模稳居全省第一位。"十三五"期间，面对大变局、大变革、大事件的深刻影响，宁波贯彻新发展理念，推动"八八战略"再深化、改革开放再出发，着力稳住外贸基本盘，增强外贸主体竞争力，提升外贸产品增加值，优化调整外贸结构，为新时期锻造

2019年6月，在宁波举办首届中国—中东欧国家博览会暨国际消费品博览会

硬核力量、唱好“双城记”、建好示范区、当好模范生，加快建设现代化滨海大都市提供了强有力的支撑。

一、“十三五”期间宁波市外贸主要成就

（一）宁波对外贸易概况

1. 货物贸易进出口基本情况

（1）规模迈上新台阶，增速实现新跨越。“十三五”期间，宁波市外贸进出口总值4.14万亿元，较“十二五”期间增长32.2%，从“十二五”末的6206.9亿元增长到2020年的9806.1亿元，年均增长9.6%，较“十二五”年均增速提高7.6个百分点。其中出口年均增长7.7%，2020年达到6404.7亿元；进口年均增长13.7%，2020年达到3401.4亿元，。

表1　2011—2020年宁波对外贸易年度统计表

单位：亿元，%

年份	进出口		出口		进口	
	总值	同比	总值	同比	总值	同比
“十二五”期间	31333.4	40.7	20817.0	41.9	10516.4	38.2
2011年	6374.6	13.3	3949.4	12.0	2425.3	15.5
2012年	6096.3	-4.4	3878.7	-1.8	2217.6	-8.6
2013年	6227.0	2.1	4077.4	5.1	2149.5	-3.1
2014年	6428.6	3.2	4490.8	10.1	1937.8	-9.9
2015年	6206.9	-3.4	4420.7	-1.6	1786.2	-7.8
“十三五”期间	41412.5	32.2	27266.1	31.0	14146.4	34.5
2016年	6264.5	0.9	4358.8	-1.4	1905.7	6.7
2017年	7598.3	21.3	4983.2	14.3	2615.1	37.2
2018年	8574.5	12.8	5549.5	11.4	3025.0	15.7
2019年	9169.1	6.9	5969.9	7.6	3199.2	5.8
2020年	9806.1	6.9	6404.7	7.3	3401.4	6.3

（2）全国份额提升，全省贡献突出。2020年，宁波市进出口、出口、进口占全国份额分别为3.0%、3.6%、2.4%，分别比2015年提高了0.5个、0.4个、

0.7个百分点。2020年，宁波进出口、出口、进口占全省比重分别为29.0%、25.4%和39.2%，均稳居全省第一位。外贸进出口对宁波经济发展贡献巨大，外贸依存度从2016年的69.8%上升至2020年的79.0%。

表2 “十三五”期间宁波对外贸易依存度统计表

单位：亿元，%

年份	进出口总值	增幅	GDP	增幅	外贸占 GDP 比重
2016 年	6264.5	0.9	8972.8	8.2	69.8%
2017 年	7598.3	21.3	10146.6	13.1	74.9%
2018 年	8574.5	12.8	11193.1	10.3	76.6%
2019 年	9169.1	6.9	11985.1	7.1	76.5%
2020 年	9806.1	6.9	12408.7	3.5	79.0%

（3）争先进位取得新进展。“十三五”期间，宁波外贸进出口规模先后超过天津、广州，2020年跃居全国城市第4位；出口规模超过广州，2020年跃居全国城市第4位；进口规模超过大连、厦门，2020年跃居全国城市第5位。相比“十二五”期间，宁波在进出口规模上与深圳、上海、苏州、东莞等城市的差距均大幅缩小。

2. 服务贸易进出口基本情况

2020年，宁波市服务贸易进出口达到833.8亿元，增长21.5%，其中出口565.0亿元，增长45.6%，占全省比重达23.4%。2020年，服务外包执行额455.6亿元，增长28.5%；离岸服务外包执行额283.1亿元，增长30.4%，在全国31个服务外包示范城市中列第9位。2018—2020年，宁波市服务贸易进出口年均增长17.6%，占全省比重达19.5%。

（二）宁波对外贸易结构

1. 出口商品结构优化，大宗商品引领进口

（1）出口方面，机电产品和高新产品比重持续提升。2020年，机电产品和高新产品出口值分别为3532.8亿元和483.2亿元，“十三五”期间年均分别增长8.3%和11.2%，高于全市平均水平（7.7%），比重与2015年相比分别提升1.6个和1.1个百分点；劳密产品出口值为1766.4亿元，“十三五”期间年均增长6.8%，低于全市平均水平，比重与2015年相比下降1.2个百分点。

表3 “十三五”期间宁波主要出口商品统计表

单位：亿元，%

出口商品	“十三五”期间			2020年			年均增速
	出口值	同比	占比	出口值	同比	占比	
全市总值	27266.1	31.0	100.0	6404.7	7.3	100.0	7.7
* 机电产品	14920.6	33.1	54.7	3532.8	7.3	55.2	8.3
其中：家用电器	2123.1	45.0	7.8	535.6	15.2	8.4	11.3
电工器材	1402.9	31.5	5.1	317.4	6.6	5.0	7.4
通用机械设备	967.6	56.3	3.5	233.9	10.9	3.7	10.4
灯具、照明装置及其零件	915.3	42.7	3.4	209.1	8.0	3.3	4.8
汽车零配件	805.5	46.8	3.0	187.4	4.4	2.9	9.6
* 劳密产品	7491.9	26.5	27.5	1766.4	10.5	27.6	6.8
其中：服装及衣着附件	2484.8	−0.1	9.1	457.9	−10.6	7.2	−2.2
纺织纱线、织物及其制品	1944.3	37.2	7.1	556.6	44.2	8.7	13.5
塑料制品	1499.3	52.5	5.5	379.8	12.1	5.9	11.2
家具及其零件	713.3	56.4	2.6	196.0	27.9	3.1	13.6
* 高新技术产品	1911.5	31.5	7.0	483.2	6.2	7.5	11.2
* 农产品	438.2	0.2	1.6	87.4	−3.1	1.4	0.3

（2）进口方面，大宗商品和日用消费品增长较快。2020年，未锻轧铜及铜材、铁矿砂、成品油等大宗商品分别进口316.9亿元、272.3亿元和62.6亿元，“十三五”期间年均增速分别高达53.0%、16.4%和24.0%，显著高于全市平均水平（13.7%）；日用消费品进口高速增长，如化妆品，2020年进口89.7亿元，“十三五”期间年均增速高达93.9%。

表4 “十三五”期间宁波主要进口商品统计表

单位：亿元，%

进口商品	“十三五”期间			2020年			年均增速
	进口值	同比	占比	进口值	同比	占比	
全市总值	14146.4	34.5	100.0	3401.4	6.3	100.0	13.7
* 机电产品	2372.3	18.3	16.8	546.5	2.1	16.1	9.9
其中：集成电路	671.7	158.2	4.7	166.1	−4.4	4.9	20.4
液晶显示板	303.3	−52.2	2.1	64.4	7.5	1.9	−2.6
基本有机化学品	2088.6	0.5	14.8	346.2	−24.5	10.2	−0.5
其中：二甲苯	582.0	−12.1	4.1	104.6	−29.7	3.1	−2.8

续表

进口商品	"十三五"期间			2020 年			年均增速
	进口值	同比	占比	进口值	同比	占比	
初级形状的塑料	1807.6	52.4	12.8	436.1	–0.1	12.8	12.7
* 高新技术产品	1532.0	19.8	10.8	355.0	–0.9	10.4	12.2
* 消费品	1015.0	480.9	7.2	311.7	26.5	9.2	34.3
其中：美容化妆品及洗护用品	241.2	5623.0	1.7	89.7	24.0	2.6	93.9
铁矿砂及其精矿	925.7	–8.1	6.5	272.3	30.2	8.0	16.4
未锻轧铜及铜材	886.9	167.8	6.3	316.9	65.9	9.3	53.0
* 农产品	814.2	127.8	5.8	238.5	24.7	7.0	30.1
成品油	360.7	188.6	2.5	62.6	–25.8	1.8	24.0

2. 积极开拓新兴市场，扎实深耕传统市场

"十三五"期间，宁波市对新兴市场的开拓成效显著，对"一带一路"沿线国家、东盟的进出口比重分别提升2.7个、1.7个百分点。2020年，欧盟、美国和东盟保持宁波市主要进出口市场前三位。出口方面，欧盟、美国和东盟是宁波市前三位出口市场，分别占全市出口的26.5%、24.0%和9.0%；进口方面，东盟、韩国和我国台湾是宁波市前三位进口来源地，分别占全市进口的14.8%、9.9%和9.4%。

表 5　"十三五"期间宁波主要进出口市场统计表

单位：亿元，%

国家（地区）	"十三五"期间			2020 年			年均增速
	进出口值	同比	占比	进出口值	同比	占比	
总值	41412.5	32.2	100.0	9806.1	6.9	100.0	9.6
"一带一路"沿线国家	11213.4	46.5	27.1	2746.7	5.2	28.0	12.2
欧盟	8602.9	32.0	20.8	2008.0	6.7	20.5	8.8
美国	7218.8	44.9	17.4	1735.2	22.0	17.7	9.8
东盟	4021.5	59.6	9.7	1080.9	10.6	11.0	16.2
拉丁美洲	3274.2	29.1	7.9	773.5	4.7	7.9	11.5
日本	2460.3	12.0	5.9	553.5	1.1	5.6	7.2
韩国	2094.8	45.7	5.1	506.9	10.2	5.2	12.8
中国台湾	2023.5	–14.5	4.9	410.5	–5.0	4.2	0.4
澳大利亚	1979.3	57.4	4.8	506.9	5.5	5.2	14.7
非洲	1698.5	28.2	4.1	383.8	–6.6	3.9	7.1
俄罗斯	1114.3	51.2	2.7	292.4	12.9	3.0	18.4

3. 一般贸易继续提高，跨境电商迅猛发展

“十三五”期间，一般贸易方式继续居主导地位。2020年，一般贸易进出口值达8585.1亿元，占宁波外贸总值的87.5%，比2015年提高了6.5个百分点，年均增长11.3%。保税物流进口增长较好，年均增长8.0%，2020年达到250.9亿元。跨境电商发展迅猛，2020年网购保税跨境电商进口单量达1.2亿票，货值260亿元，均占全国的25%；跨境电商9810模式出口货值占全国近一半。

表6 “十三五”期间宁波主要贸易方式统计表

单位：亿元，%

贸易方式	“十三五”期间			2020 年			年均增速
	进出口值	同比	占比	进出口值	同比	占比	
一般贸易	35406.4	45.3	85.5	8585.1	8.1	87.5	11.3
加工贸易	4451.6	-17.3	10.7	861.3	-4.7	8.8	-1.0
保税物流	1465.2	-1.5	3.5	332.4	12.8	3.4	4.6
贸易方式	“十三五”期间			2020 年			年均增速
	出口值	同比	占比	出口值	同比	占比	
一般贸易	23887.8	41.1	87.6	5716.3	8.4	89.3	9.1
加工贸易	3020.9	-12.4	11.1	589.9	-2.2	9.2	-1.2
保税物流	310.6	-26.0	1.1	81.4	9.9	1.3	-3.1
贸易方式	“十三五”期间			2020 年			年均增速
	进口值	同比	占比	进口值	同比	占比	
一般贸易	11518.6	54.9	81.4	2868.8	7.6	84.3	16.6
加工贸易	1430.7	-26.0	10.1	271.4	-9.7	8.0	-0.5
保税物流	1154.6	8.1	8.2	250.9	13.8	7.4	8.0

4. 民营企业持续发力，拉动全市外贸增长

“十三五”期间，宁波民营企业展现出强大的活力与韧性，2020年分别实现进出口、出口和进口6991.6亿元、4894.4亿元和2097.2亿元，占全市的71.3%、76.4%和61.7%，比2015年提高了10.3个、10.5个和12.8个百分点，年均增长13.1%、10.9%和19.2%。国有企业和外商投资企业进口发展势头良好，2020年分别进口398.5亿元和902.9亿元，年均增长20.7%和3.6%。

表7 "十三五"期间宁波进出口贸易主体统计表

单位：亿元，%

贸易主体	"十三五"期间			2020年			年均增速
	进出口值	同比	占比	进出口值	同比	占比	
民营企业	27481.6	60.0	66.4	6991.6	12.9	71.3	13.1
外商投资企业	10808.3	−6.7	26.1	2139.5	−7.1	21.8	1.4
国有企业	3101.1	20.7	7.5	669.5	1.0	6.8	9.4
贸易主体	"十三五"期间			2020年			年均增速
	出口值	同比	占比	出口值	同比	占比	
民营企业	19644.4	57.8	72.0	4894.4	10.8	76.4	10.9
外商投资企业	6187.2	−8.0	22.7	1236.7	−1.5	19.3	0.0
国有企业	1421.4	−13.4	5.2	270.9	−6.7	4.2	−0.1
贸易主体	"十三五"期间			2020年			年均增速
	进口值	同比	占比	进口值	同比	占比	
民营企业	7837.2	65.9	55.4	2097.2	18.1	61.7	19.2
外商投资企业	4621.1	−5.0	32.7	902.9	−13.8	26.5	3.6
国有企业	1679.6	80.9	11.9	398.5	7.1	11.7	20.7

5. 区县外贸发挥区域优势，协同错位发展

海曙区成立国际贸易发展联盟，提供通关、金融、法律等多方面贸易便利化举措，并于新冠肺炎疫情期间打造全省首个区县级数字外贸平台，帮助外贸企业稳订单拓市场。

江北区持续壮大外贸主体队伍，外贸规模实现翻番。跨境电商新业态实现从无到优，被评为省级电商示范区、省级产业集群跨境电子商务发展试点。

镇海区打造能源及大宗商品交易中心，实施外贸实力效益工程、临港油品全产业链建设工程、外贸新动能培育工程和外贸营商环境优化工程等四大工程。

北仑区落地全省首个LNG（液化天然气）保税仓，全市首个"集团保税"业务试点投入运作；贸易外汇收支便利化试点突破试点范围至服务贸易；实现国产燃料油出口直供；跨境投融资便利化试点业务突破7000万美元。

鄞州区一手抓传统贸易方式，“十三五”期间外贸进出口规模保持全市第一；一手抓新兴贸易业态，2016年“世贸通”被列为国家级外综服试点企业，第127届广交会开幕式上跨境电商企业乐歌科技公司获李克强总理连线点赞。

奉化区发展气动元件特色经济，气动元件出口占全国总量的50%以上，2018年成功创建国家出口气动元件质量安全示范区。

余姚市发挥家电产业集群优势，培育小家电出口企业近1000家，家电出口量占出口总量的48%，2020年被列为国家外贸转型升级基地。

慈溪市积极优化出口产品结构，到2020年，机电和高新产品出口580.3亿元，是宁波唯一一个机电和高新产品出口超过出口总量八成的区县（市）。

宁海县主攻优势产业升级，举办文具出口线上、线下展，打造文具出口“金名片”；助推未来产业培育，培育“东方日升”等高新技术企业，铸就光伏发电产品出口“发动机”。

象山县助力传统针织产业转型升级，培育2家上亿美元出口规模企业；优化外贸产品结构，机电和高新产品占比提升5个百分点。

二、“十三五”期间宁波市外贸主要举措

（一）稳住外贸基本盘

1. 锻造港口硬核力量

宁波牢牢把握港口这个最大资源，以宁波舟山港为龙头，全力服务国家战略和宁波开放发展。2020年3月，习近平总书记在浙江考察期间，首站来到宁波舟山港穿山港区,了解复工复产情况。他强调，宁波舟山港在共建“一带一路”、长江经济带发展、长三角一体化发展等国家战略中具有重要地位，是“硬核”力量；要坚持一流标准，把港口建设好、管理好，努力打造世界一流强港，为国家发展做出更大贡献。“十三五”期间，宁波港航建设投资达150亿元，新增万吨级以上泊位15个、沿海航道42.7公里。五年来，宁波舟山港货物吞吐量稳居全球第1位，集装箱吞吐量跃居全球第3位。港口班轮航线总数达244条，连通全球100多个国家和600多个港口，连通度居全球第4位。在全国率先创建集装箱进出口全程无纸化港口，每年降低物流成本1.5亿元。

2. 加大外贸政策支持力度

宁波高度重视外贸工作，外贸支持政策逐年增加。五年间，先后出台系列

外贸政策。2019年，提出“225”外贸双万亿行动[1]，制定了2025年实现宁波外贸进出口2万亿元的目标，为新时代宁波外贸工作设立了总纲领。

3. 大力开拓海外市场

加大出口市场开拓力度，着力扩大外贸市场份额。重点依托宁波组织举办的境内外展会平台、其他地区组织举办的展会平台和网络贸易平台，巩固深耕传统市场，积极拓展新兴市场。引导企业完善国际市场营销和售后服务体系，设立境外地区性营销基地，强化市场渗透。

（二）深化中国—中东欧国家合作

1. 经贸合作机制日趋完善

2014年，首届中东欧国家特色商品展和首届中国—中东欧国家经贸促进部长级会议在宁波召开。2015—2018年，宁波连续成功举办4届中国—中东欧国家投资贸易博览会。2017年，李克强总理宣布在宁波设立“17+1”经贸合作示范区，并写入《布达佩斯纲要》。2019年3月，经国务院批准，中国—中东欧国家投资贸易博览会正式升格为国家级展会，更名为中国—中东欧国家博览会暨国际消费品博览会。

2. 双向经贸合作领先全国

2020年，宁波与中东欧国家贸易总值近300亿元，占全国份额超4%，占全省比重约30%。双向投资项目160个，投资额达到5.6亿美元，占全国份额超5%，其中宁波对中东欧国家投资项目59个，投资额3亿美元；中东欧国家在宁波投资项目101个，投资额2.6亿美元。宁波中东欧国家特色商品常年展商品馆达28个，展览面积1.5万平方米，展示商品4000余种，实现了17个国别全覆盖。宁波海关推出“17+1”专项贸易便利化服务，出台了开通中东欧商品进口查验绿色通道等便利化措施32项。

3. 互联互通建设扎实推进

积极推进与中东欧国家港口合作，连续举办5届海丝港口国际合作论坛，

---

[1] 2019 年 9 月，宁波市提出实施“225”外贸双万亿行动。具体含义为：第一个“2”，到 2025 年，通过存量扩张和增量突破，实现货物和服务贸易总值翻一番，达到 2 万亿元，其中进口值、出口值分别达到 1 万亿元；第 2 个“2”，到 2025 年，机电及高新技术产品出口值、能源及大宗商品进口值分别达到 5000 亿元；“5”，到 2025 年，跨境电商、数字贸易、服务贸易、优质商品进口、转口贸易值分别达到 2000 亿元。

与中东欧五港[1]在港航经营、投资管理、技术人才等方面开展交流合作。2020年，宁波舟山港与中东欧五港集装箱运输量近60万标箱，较2014年增长1.7倍，约占宁波舟山港与欧洲集装箱运输量的16%。

（三）增强外贸主体竞争力

1. 培育外综服企业

宁波市鼓励企业开展外综服企业业务，“十三五”期间国家级、省级、市级外综服企业分别增加1家、13家、11家。落实《宁波市外贸综合服务全国试点工作方案》，积极推进“世贸通”国家外综服试点工作，“世贸通”进出口值五年年均增幅达27.6%。在全国率先开展原产地证便利化措施，中小微外贸企业可以通过外综服企业实现“一次都不跑”和“即报即签”。

2. 促进中小微外贸企业发展

2019年，设立“甬贸贷”融资业务，支持宁波中小微外贸企业融资，鼓励银行向中小微外贸企业发放贷款。2020年，“甬贸贷”被商务部列为地方稳外贸经验予以推广。开展中小微企业“师徒制”培训工作，线下培训企业超4000家次。

3. 推进外贸实力效益工程

开展外贸实力效益工程，为龙头外贸企业提供政策帮扶，与上海交通大学等优质教育资源合作开展企业培训，“十三五”期间，首批18家外贸实效企业进出口规模平均增长3倍。2020年，启动新一轮外贸实力效益工程，认定56家重点外贸企业为新一轮外贸实效企业，进一步支持龙头外贸企业做大做强。

4. 促进跨境电商集群发展

2020年7月，宁波海关被列为全国跨境电商B2B出口监管试点海关。立足先行先试，为国家制度创新贡献“宁波智慧”，宁波跨境电商综试区制度创新清单的58条措施，有39条被商务部等14部委综合融入《关于复制推广跨境电商综试区探索形成的成熟经验做法》，向全国复制推广。结合监管部门“放管服”改革，出台多项跨境电商便利化措施。到2020年，建成海外仓203个，面积突破200万平米，分别占全国的1/9和1/6。

---

[1] 中东欧五港：希腊比雷埃夫斯港、波兰格但斯克港、罗马尼亚康斯坦察港、斯洛文尼亚科佩尔港、克罗地亚里耶卡港。

（四）提升外贸产品附加值

1. 促进出口基地转型升级

积极推荐申报国家外贸转型升级基地，截至2020年，全市共有外贸转型升级基地15个，占全省总数的1/4。出台并落实《关于推进宁波市出口产品质量安全示范区建设的指导意见》，全市国家级出口产品质量安全示范区达到5个，省级出口产品质量安全示范区达到6个。

2. 推进企业出口品牌建设

积极开展浙江出口名牌暨宁波出口名牌评选工作，截至2020年，评选出有效期内的“浙江出口名牌”189个，总量在全省排名第一，占全省总数的23%；评选出有效期内的“宁波出口名牌”133个。开展品牌企业轮训活动，组织4期5场次品牌企业培训，培训企业400余家。

3. 支持机电和高新产品贸易

推进梅山保税港区汽车平行进口工作，新增10家试点企业。依托“保税展示交易”政策，形成城市展厅看车下单、梅山口岸现场提车的新消费模式，充分发掘平行进口车市场潜力。推进二手汽车出口业务发展，宁波被列入二手车出口国家试点地区。

（五）优化调整外贸结构

1. 着力扩大大宗商品进口

打造大宗商品贸易中心，巩固进口基础设施，加强港口铁矿砂、液体化工品专业化码头建设。整合政银企资源优势，发挥大宗商品进口龙头企业引领作用。积极发展海铁联运，2019年底，宁波穿山港铁路开通，打通了穿山港区海铁联运最后1公里。

2. 补齐贸易业态短板

支持进口平台建设，梅山保税港区入围省级进口贸易促进创新示范区，13家进口平台企业入围省重点进口平台。积极参与进博会，在第二、三届进博会上达成的意向采购额均居全国交易团第5位。推进进口业务发展，推动宁波进口商品展示交易中心建设，积极招引在宁波口岸有进口业务的重点企业。支持加工贸易发展，30家企业被评为省级加工贸易创新发展示范企业。

3. 加快服务贸易发展

积极推进服务外包发展，实施服务外包转型升级行动，2016年被列为全国服务外包示范城市，并在最新一轮全国服务外包示范城市综合评价中首次进入前十。加大服务贸易龙头示范企业培育引进力度，评选认定81家市级服务贸易示范企业。研究出台《宁波市服务贸易认定管理暂行办法》，评选认定8家服务贸易特色园区和4家服务外包示范园区。加大文化重点出口企业培育力度，10家企业进入国家文化出口重点企业名单，占全省企业总数的37%。

三、“十四五”期间宁波市外贸发展展望

（一）总目标

以“225”外贸双万亿行动为统领，大力发展数字贸易、跨境电商等新型贸易形式，着力推动外贸数字化、智能化转型，积极扩大进口贸易，推进外贸从“大进大出”向“优进优出”转型，打造新型国际贸易中心。

（二）行动计划

1.推进传统贸易转型升级

引导企业加大在自主品牌建设、境外销售网络、物流配送体系、售后服务体系、研发设计、精益制造等方面的投入，推动企业由贴牌生产向自有品牌转型。支持企业利用线上展会、电商平台等线上渠道开拓市场。培育外贸新增长点，推动二手车出口试点，争取市场采购贸易方式试点，鼓励企业拓展国际组织大宗采购业务。

2.打造全国跨境电商标杆城市

深化跨境电商综试区建设，推动跨境电商企业对企业出口监管试点建设。深化跨境电商网购保税进口业务，鼓励跨境电商模式创新。推动境内外跨境电商基础设施建设，发挥跨境电商出海联盟作用，打造一批跨境电商新型出口园区。

3.做大做强进口贸易

拓展能源及大宗商品进口，扩大优质商品进口，鼓励企业扩大先进技术、设备和关键零部件进口，做大做强平行汽车进口，打造全国重要的中高端装备进口中心、消费品集散中心。

4.打造数字贸易发展引领区

创建国家数字服务出口基地，争取国家数字服务出口政策优先落地。高标

准建设数字贸易港，打造数字贸易集成服务枢纽。加快发展转口贸易和离岸贸易。推动跨境易货贸易试点，搭建易货贸易综合服务平台，进一步扩大试点企业和产品范围。

5. 推动服务贸易突破发展

落实国家全面深化服务贸易创新发展战略，复制推广试点经验，推动先进制造业和现代服务业深度融合发展。提升发展服务外包，深化全国服务外包示范城市建设，全面促进与新技术相融合的知识密集型和高附加值的新兴服务贸易的发展。

（徐远家　李旭君）

温州：瓯江弄潮　商行天下

温州地处长三角与海峡西岸经济区的交会处，是改革开放先行区、民营经济重要发祥地。“十三五”期间，温州在变局中抢抓机遇，在逆势中砥砺奋进，对外贸易取得丰硕成果。中国（温州）华商华侨综合发展先行区、综保区、跨境电商综试区、自贸区联动创新区等相继获批，“义新欧”中欧班列“温州号”开行，温州（鹿城）市场采购贸易方式稳步推动，海、空、铁、邮四大口岸全方位开放格局正式形成，顺利完成温州市“十三五”规划纲要对外贸易目标。

一、“十三五”期间温州市外贸主要成就

（一）温州对外贸易概况

1. 货物贸易进出口基本情况

“十三五”期间，温州市进出口总值8118.1亿元，较“十二五”期间的6455.0亿元增长25.8%，年均增长12.6%；其中出口7082.5亿元，增长25.9%，年均增长12.1%；进口1035.6亿元，增长24.6%，年均增长16.4%。

以美元统计，“十三五”期间，温州市进出口总值1196.4亿美元，较“十二五”期间增长16.3%，年均增长10.2%。

2. 服务贸易进出口基本情况

2020年，温州市服务贸易进出口总值为83.4亿元，其中出口31.3亿元，进口52.1亿元。服务外包注册企业达87家，离岸合同执行额达15亿元。其中软件

2020年11月第三届浙江（温州）进口消费品博览会开幕仪式

研发服务、工业设计等业务占比逐步上升，分别较2018年上升8.0个百分点、1.2个百分点。2020年，全市技术贸易进出口总值4002.9万美元，增长133.3%。签订引进技术和进口设备合同金额2953.0万美元，增长410.7%。“十三五”期间，温州鹿城（中国）鞋都产业园区被批准为浙江省货物贸易和服务贸易协调发展基地，浙江工贸国际服务外包示范园、温州高新技术产业开发区国际服务外包示范园被评为浙江省在岸服务外包示范园区。

（二）温州对外贸易特点

1. 触底走出大V线，破局冲出2000亿

“十三五”期间，温州市努力化解“两链三险”[1]问题，持续推进营商环境优化行动。2017年，温州进出口总值实现两位数增长。2018年，温州出台“两个健康”先行区[2]41条实施意见和80条政策措施，实施对外开放“十大举措”，民营经济获得强力支撑，全年进出口总值站上1500亿元关口。2019年，温州市场采购等新兴业态蓬勃发展，全市进出口总额增长26.2%，增速居全省第一。2020年，温州外贸更是经受住新冠肺炎疫情和全球经济不确定性的冲

[1] “两链”指企业资金链、担保链；“三险”指企业风险、金融风险、房地产市场波动风险。
[2] 2018年8月，中央统战部和全国工商联复函同意温州创建新时代“两个健康”先行区。“两个健康”即非公有制经济健康发展和非公有制经济人士健康成长。

击，进出口总值突破2000亿元，达到2189.2亿元，进、出口分别超额完成温州市“十三五”规划纲要制定的年均增长5%和3%的目标。

表 1　2011—2020 年温州对外贸易年度统计表

单位：亿元，%

年份	进出口			出口			进口		
	总值	同比	占全省比重	总值	同比	占全省比重	总值	同比	占全省比重
“十二五”期间	6455.0	34.9	6.2	5623.6	40.7	7.2	831.4	5.	3.2
2011 年	1401.4	20.9	7.0	1179.2	19.6	8.4	222.1	28.3	3.7
2012 年	1290.6	–7.9	6.5	1117.4	–5.2	7.9	173.2	–22.0	3.1
2013 年	1278.6	–0.9	6.1	1125.9	0.8	7.3	152.7	–11.8	2.8
2014 年	1276.5	–0.2	5.9	1139.4	1.2	6.8	137.1	–10.3	2.7
2015 年	1208.0	–5.4	5.6	1061.7	–6.8	6.2	146.2	6.7	3.3
“十三五”期间	8118.1	25.8	5.8	7082.5	25.9	6.6	1035.6	24.6	3.0
2016 年	1193.2	–1.2	5.4	1060.3	–0.1	6.0	132.9	–9.1	2.9
2017 年	1327.0	11.2	5.2	1157.7	9.2	6.0	169.3	27.4	2.7
2018 年	1506.7	13.5	5.3	1302.1	12.5	6.1	204.6	20.9	2.8
2019 年	1901.9	26.2	6.2	1685.2	29.4	7.3	216.7	5.9	2.8
2020 年	2189.2	15.1	6.5	1877.3	11.4	7.5	312.0	43.9	3.6

2. 市场采购后发优势突出，跨境电商发展势头良好

“十三五”后期，温州市场采购、跨境电商等新业态成为拉动温州外贸增长的强劲新动能。温州市场采购贸易方式试点于2018年9月获批，11月开始出口并迅速发展。2019年，一举跃升为温州出口第二大贸易方式，占全市出口总值的16.2%，拉动全省市场采购出口增长13.3个百分点，拉动全省出口增长1.3个百分点。2020年，占比提升至21.5%，对全市出口的增长贡献度达到68.1%。截至2020年底，温州市场采购累计出口678.5亿元，出口占全国市场采购份额从2019年的4.8%提高到2020年的5.7%。温州跨境电商起步较晚，但自2019年6月跨境电商1210模式（B2B）获批以来，跨境电商进出口业务发展势头较好。“十三五”期间，温州跨境电商累计进出口20.4亿元，其中2020年为11.8亿元。

3. 机电产品出口规模超越劳密产品，高新产品出口增势强劲

“十三五”期间，温州机电产品出口总值达3259.1亿元，同比增长41.9%，年均增长14.6%；劳密产品出口总值达2968.5亿元，同比增长9.1%，年均增长8.0%。机电产品出口比重提升至46.0%，超越劳密产品成为第一大出口产品类别。高新产品出口快速发展，特别是生命科学技术、电子技术、计算机集成制造技术等高新产品出口增势强劲，年均增速分别达到18.4%、16.5%和31.2%。

表 2　“十三五”期间温州主要出口商品统计表

单位：亿元，%

主要商品	“十三五”期间			2020 年			年均增速
	出口值	同比	占比	出口值	同比	占比	
出口总值	7082.5	25.9	100.0	1877.3	11.4	100.0	12.1
* 机电产品	3259.1	41.9	46.0	894.2	14.9	47.6	14.6
其中：电工器材	618.8	30.6	8.7	153.1	9.1	8.2	9.6
阀门及类似装置	203.8	17.4	2.9	50.8	3.4	2.7	9.7
* 劳动密集型产品	2968.5	9.1	41.9	724.8	5.1	38.6	8.0
其中：鞋靴	1284.8	–9.9	18.1	204.0	–32.2	10.9	–4.4
服装及衣着附件	502.0	–10.5	7.1	98.1	–12.4	5.2	1.0
纺织纱线、织物及其制品	496.2	51.4	7.0	205.6	125.4	11.0	26.1
玩具	56.3	530.1	0.8	25.7	54.0	1.4	64.2
* 高新技术产品	210.1	31.9	3.0	60.9	14.0	3.2	19.1
其中：生命科学技术	79.5	35.9	1.1	22.7	22.0	1.2	18.4
计算机集成制造技术	50.6	193.9	0.7	14.3	–20.2	0.8	31.2
电子技术	45.2	31.8	0.6	13.5	34.6	0.7	16.5

4. 进口以原材料为主，消费品进口迅速增长

“十三五”期间，温州进口仍以生产性原材料为主。钢材、橡胶进口增长较快，年均增长分别为128.2%、51.9%。随着人民生活水平不断提升，加上跨境电商快速发展，温州消费品进口增长迅速，2020年进口24.6亿元，较2015年增长2.4倍，其中日化用品、食品烟酒类进口猛增，分别增长17.7倍和2.2倍。

表3 “十三五”期间温州主要进口商品统计表

单位：亿元，%

主要商品	“十三五”期间			2020年			年均增速
	进口值	同比	占比	进口值	同比	占比	
进口总值	1035.6	24.6	100.0	312.0	43.9	100.0	16.4
初级形状的塑料	76.5	−16.8	7.4	14.6	−4.5	4.7	7.1
钢材	69.2	2217.0	6.7	20.3	1.4	6.5	128.2
金属矿及矿砂	67.7	31.5	6.5	18.3	−15.7	5.9	40.1
木及其制品	62.6	12.4	6.0	8.1	−35.3	2.6	−6.4
* 消费品	59.9	79.9	5.8	24.6	149.9	7.9	28.1
* 机电产品	47.9	−32.4	4.6	9.1	−13.3	2.9	−0.4
未锻轧铜及铜材	36.2	−42.7	3.5	32.2	21215.5	10.3	46.3
天然及合成橡胶（包括胶乳）	28.6	76.2	2.8	10.2	74.6	3.3	51.9
皮革、毛皮及其制品	22.2	−30.9	2.1	3.4	−32.1	1.1	−10.5

5. 传统欧美市场依然稳固，东盟等新兴市场迅速崛起

“十三五”期间，温州对欧盟、美国进出口1943.1亿元和1075.7亿元，年均增长率分别为8.1%和6.5%，保持稳定增长。东盟、非洲、拉丁美洲和中东等新兴市场的开拓成效显著。特别是东盟市场，“十三五”期间进出口总值达1265.6亿元，超越美国成为温州第二大贸易市场，年均增速高达42.2%；2020年，温州对东盟进出口总值达500.4亿元，东盟成为当年温州最大贸易市场。“十三五”期间，温州对“一带一路”沿线国家进出口保持高速增长势头，进出口总值达3289.3亿元，年均增长20.7%，在全市进出口总值中的比重逐年扩大，其中2020年进出口总值达1007.2亿元，占全市总值的46.0%。

表4 “十三五”期间温州主要进出口市场统计表

单位：亿元，%

国家（地区）	“十三五”期间			2020年			年均增速
	进出口值	同比	占比	进出口值	同比	占比	
总值	8118.1	25.8	100.0	2189.2	15.1	100.0	12.6
“一带一路”沿线国家	3289.3	44.8	40.5	1007.2	23.6	46.0	20.7
欧盟	1943.1	15.5	23.9	475.9	14.8	21.7	8.1
东盟	1265.6	167.3	15.6	500.4	50.1	22.9	42.2
美国	1075.7	28.6	13.3	235.9	0.9	10.8	6.5
拉丁美洲	691.9	5.1	8.5	155.3	−3.0	7.1	4.2
非洲	686.1	30.4	8.5	190.4	8.0	8.7	9.8
印度	266.0	42.2	3.3	57.0	−29.0	2.6	10.1
日本	191.8	−3.3	2.4	44.8	15.8	2.0	7.4
韩国	174.5	19.6	2.1	51.7	48.3	2.4	14.6

6. 民营企业占比进一步提升，外贸拉动作用持续扩大

温州民营企业始终占据外贸发展主导地位，对外贸的影响力持续增强。“十三五”期间，温州民营企业进出口总值高达7366.5亿元，同比增长38.7%，年均增长14.8%。2015年,民营企业进出口总值达1034.5亿元，占全市货物进出口总值的85.6%。到2020年，民营企业进出口总值达2064.1亿元，同比增长17.6%，占全市进出口总值的 94.3%，高出全省平均18.5个百分点。温州民营企业充分发挥自身嗅觉灵、反应快、措施活的优势，快速适应外贸形势的剧烈变化，成为拉动外贸增长的主力军。与此同时，温州国有企业和外资企业在“十三五”期间占全市进出口比重相应减少，外资企业进出口总值为457.4亿元，国有企业为294.2亿元。

表 5　“十三五”期间温州进出口贸易主体统计表

单位：亿元，%

贸易主体	“十三五”期间			2020 年			年均增速
	进出口值	同比	占全市比重	进出口值	同比	占全市比重	
全市总值	8118.1	25.8	100.0	2189.2	15.1	100.0	12.6
民营企业	7366.5	38.7	90.7	2064.1	17.6	94.3	14.8
外商投资企业	457.4	–25.5	5.6	81.0	–7.2	3.7	–3.8
国有企业	294.2	–44.4	3.6	44.1	–26.4	2.0	–10.1

7. 区县立足特色出实招，百舸争流显实效

鹿城区着重于市场采购贸易方式的试点和跨境电商综试区等开放平台的建设，狠抓企业参展拓市场。龙湾区以对外投资带动对外贸易发展，做好进出口平衡发展文章。瓯海区着力培育眼镜、锁具等特色行业，相关行业先后被列入国家外贸转型升级基地。洞头区加大进口领军行业的培育力度，做大工业生产原料进口规模。

乐清市强化外综服企业建设，积极开展外贸回归工作，被列入国家外贸转型升级基地（低压电器）。瑞安市通过实施“市场采购增量”“云上展会拓市”和“跨境电商赋能”行动，实现外贸出口V型反转。平阳县被列入国家外贸转型升级基地（宠物用品），出口名牌培育成效显著。永嘉县加大教玩具行业培育力度，被列入国家外贸转型升级基地（教玩具）。

瓯江口产业集聚区依托跨境电子商务综试区建设，温州综保区进出口迎来爆发式增长。

二、“十三五”期间温州市外贸主要举措

（一）深化高能级开放平台建设，增强外贸发展动能

1.推进市场采购贸易方式试点工作步入“快车道”

深化市场采购全域联动，强化政策支撑，给予试点参与主体审慎包容监管。市场主体建设稳步推进，交运物流中心改造基本完成，加速推进“双金”市场、“环贸港”建设，推动组货拼箱基地落户温州港状元岙码头。建成重点县（市、区）市场采购产品特色馆，逐步完善产品布局，加大市场采购货源宣传、组货力度。成绩获商务部、省政府的充分肯定。

2.加速推进跨境电商综试区发展

成立综试区建设工作领导小组，先后赴杭州、宁波等地考察学习，谋定综试区“两大平台、六大体系、六大模式、六大载体”建设框架。积极创新综试区项下业务模式，率先在全省第四、五批综试区中启动综试区项下1210保税区进口业务首单，率先在105个综试区中实现9810、9710、1210、9610等综试区项下模式全覆盖。

3.着力建设进口重点平台

打造以“一中心、一基地、多平台”建设为支撑的浙闽赣进口消费品集散地。核心区全球商品贸易港建成营业面积达6.6万平方米，入驻进口商130家，拥有多个全国、区域品牌代理权，商品种类3万多，建成希腊、德国、西班牙、瑞士、日本、台湾、韩国等7个特色馆。瓯海区被列入省级进口贸易促进创新示范区，全球商品贸易港、浙江（温州）进口消费品博览会被评为省级重点进口平台。创新打造温州展会品牌，不断提升浙江（温州）进口消费品博览会规格。“十三五”期间，累计举办三届浙江（温州）进口消费品博览会，其中第三届邀请了50多位驻华使节出席，302家企业参展，达成意向成交额3.7亿元。

（二）着眼强化外贸主体培育，提升市场竞争优势

1.做大做强外贸转型升级基地

出台市级出口转型升级基地认定办法，开展市级外贸转型升级基地认定，形成国家、省、市三级出口转型升级基地阶梯培育机制。深入挖掘产业优势，积极发挥外贸转型升级基地品牌效应，提升产业知名度，扩大重点行业集聚规

模。截至2020年，全市拥有各级外贸转型基地14个，其中国家外贸转型升级基地7个，数量居全省第二。

2. 持续壮大经营主体规模

深入开展“万企贸易成长计划”及“外贸小微企业成长三年行动计划”，截至2020年底，全市有出口实绩的企业达到8527家，较2015年增长42.9%。“十三五”期间，新增进出口经营权备案登记企业10775家，较“十二五”期间增长67.2%，年均增长10.8%。持续壮大外综服企业，为中小微企业提供零门槛、低成本的通关、结汇、融资、信保、退税、物流等一站式服务。“十三五”期间，全市外综服企业出口年均增长19.7%，其中温州“一达通”出口年均增速达32.8%。

3. 聚焦出口名牌建设

引导企业积极创建自有品牌，进行中国出口商品品牌认证。制定出台对外开放政策，对企业开展国际商标注册、国际认证等方面予以支持。支持企业在外建立品牌推广运营中心。出台市级出口名牌认定办法，积极组织企业申报浙江省出口名牌。截至2020年，全市共有省级出口名牌59个，市级出口名牌16个，其中2020年新增省级出口名牌12个。

（三）助力企业拓展国际市场，加速市场多元化布局

1. 加大政策引导力度

依据各展会实际成效，修订年度重点支持的国际性展会目录，引导企业深耕发达经济体等传统市场，持续拓展“一带一路”沿线国家市场。出台温州市重点线上数字展会目录，制定线上展会参展政策，提升企业参展积极性。出台跨境平台政策，截至2020年底组织发动全市近7000多家企业入驻阿里巴巴国际站、环球资源网等跨境外贸平台。

2. 全力推进企业参展拓市场

积极组织企业参加广交会、华交会等传统重点展会，认真做好展会组展和管理工作。创新开展广交会工作制度改革，展位分配权全部下移。先后在南非、俄罗斯、印度自办展览，深入扩大对应市场规模。为适应新冠肺炎疫情带来的国际环境变化，与香港贸发局、米奥兰特展览公司签订合作协议并启动线上展会。“十三五”期间，共组织3万余家企业参加浙江省出口网上交易会、广交会、华交会等重点展会，收获意向订单超19亿美元。

3. 积极对接“义新欧”中欧班列

2020年9月，成立温州市“义新欧”中欧班列运营机构和温州西站铁路海关监管场所管理公司，温州铁路口岸封关运营。“义新欧温州号”中欧班列首发仪式成功举行，“义新欧温州号”本地始发常态化运营模式正式启动，实现“温州组货、起运、查验、直通目的地”。2019年，全市对接“义新欧”中欧班列货值达10.6亿元，较上年增长73.8%，折合货运量约35.9列。2020年，完成对接“义新欧”班列货值达16.5亿元，较上年增长56.3%，折合货运量约56.1列。

（四）不断提升对企帮扶水平，优化企业营商环境

1. 加强新冠肺炎疫情风险应对

建立出口专班工作机制，推动成立外贸专家服务团。举办“稳外贸促发展”外贸企业金融培训会，与中国银行、中国农业银行、中国工商银行等5大银行的温州分行分别签订战略合作协议，提高外贸企业融资额度。与中国人民保险集团股份有限公司、中国出口信用保险公司等4大保险公司合作建立政府联保信息平台，对平台内小微企业提供全方位的金融风险保障，提供市场开拓、资信调查、信息服务等方面优质服务。持续深化“最多跑一次”改革，推行“网上办”“掌上办”“邮寄办”等多种办件形式，为特急企业（如口罩生产企业）开辟绿色审批通道。

2. 强化贸易救济服务

依托全市外贸预警点，建立完善贸易救济“四体联动”应对工作机制，组织各行业预警点开展调研，掌握动态信息。建立相关部门、重点企业联络机制，发挥部门协同、市县联动工作机制效能，组织做好贸易救济案件排查，指导企业有效开展应对工作。

3. 及时做好法律服务

编制发布法律解答，组织企业参与线上法律讲堂和微视频课堂。邀请省律师服务团来温，为外贸企业举办现场法律授课培训和提供法律咨询服务。创新工作机制，降低外贸企业海外维权成本。打造“温州商法助企云”平台，为全市外贸企业免费提供法律咨询、谈判指导、合同审核、法治体检、纠纷调解、仲裁和诉讼代理六大服务项目。

三、“十四五”期间温州市外贸发展展望

（一）总目标

到2025年，全市货物贸易实现进出口总值3000亿元，服务贸易进出口总值106亿元，跨境电商出口值190亿元。

（二）行动计划

1.提升平台开放能级，深挖外贸发展潜能

加快市场采购贸易试点基础设施和组货基地建设，深化全域联动，加快市场采购贸易与跨境电商、“义新欧”中欧班列、外综服融合发展。加快中国（温州）跨境电商综试区核心监管区、跨境电商综合服务平台建设。推动专业化线下园区发展，全面提高温州跨境电商的覆盖面和渗透率。加快建设浙南闽北赣东进口商品集散中心、全球商品贸易港、瑞安侨贸小镇、瓯江口综保区等进口平台。高水平办好浙江（温州）进口消费品博览会。

2.畅通外贸物流通道，织密境外营销网络

提升“义新欧”温州班列平台，完善温州监管作业场所建设，提升通关便利化水平，做强温州铁路口岸。以“政府支持+企业运营”的模式，加强周边货源集聚，依托侨商优势做强海外货源组织。创新“义新欧+跨境电商”模式，构建长效市场化发展机制。打造“一带一路”沿线国家营销网络体系，建设“一带一路”沿线国家产品展示、营销与交易中心，发展合作商业网点，完善国际物流与海外仓等基础设施建设。

3.紧盯新型业态培育，构建服务贸易新格局

推动服务外包试点城市、国家文化出口基地等试点示范区建设，探索服务贸易开放与便利化措施，支持服务贸易业态创新。建设服务外包公共服务平台，推动研发设计、数据分析和挖掘、系统设计服务等高附加值服务发展。打造以数字贸易为发展重点的服务贸易示范区，搭建一体化数字服务体系，围绕跨境电商、数字内容、信息技术等领域，引育数字贸易骨干企业，做大数字贸易集聚效应。

（孙　斌　胡　璋　郑伟川）

嘉兴：秀水泱泱　开放跃升

嘉兴是长三角中心腹地、江南文化发祥地之一、世界互联网大会永久举办地、浙江省全面接轨上海示范区。“十三五”期间，全市上下高举习近平新时代中国特色社会主义思想伟大旗帜，以习近平总书记南湖重要讲话精神和“八八战略”为指导，全面贯彻落实中央和省委部署，大力弘扬“红船精

嘉兴港码头

神”，深入实施全面融入长三角一体化发展首位战略，全面推进外贸高质量发展，奋力打造“重要窗口”的“最精彩板块”和具有嘉兴辨识度的“七张金名片”[1]，展现“五彩嘉兴”的外贸风采。

一、“十三五”期间嘉兴市外贸主要成就

（一）嘉兴对外贸易基本情况

“十三五”期间，嘉兴货物贸易进出口总值为1.32万亿元，较“十二五”增长37.4%。其中，出口9720.9亿元，同比增长45.1%；进口3521.0亿元，同比增长19.9%。“十三五”期间，进出口、出口、进口的年均增长率分别为9.6%、9.8%和9.0%。2020年，进出口总值达3050.4亿元，外贸规模稳居全省前列。有进出口实绩的企业数从2015年的5789家增至2020年的7931家。

“十三五”期间，嘉兴服务贸易进出口总值为485.6亿元，出口193.1亿元，进口292.5亿元。2020年，全市服务贸易进出口总值为110.0亿元，出口57.9亿元，进口52.0亿元。

至2020年，全市技术贸易注册企业有138家，技术出口值累计2亿美元，技术进口值累计7.7亿美元；服务外包注册企业有673家，累计离岸合同执行额16.8亿美元。服务贸易、服务外包产业发展迅猛，嘉兴市因此入围首批省级服务外包示范城市，另有8个基地被评为省级服务贸易发展基地，居全省前列。

（二）嘉兴对外贸易特点

1. 出口占全省份额稳步提升

2018年，嘉兴市出口规模首次迈上2000亿元台阶，同比增速达13.6%。2019年和2020年，分别达到2106.1亿元和2272.3亿元。“十三五”期间，嘉兴市外贸出口依存度稳定在40%左右。

“十三五”期间，嘉兴市出口年均增速高于全省1.8个百分点，对全省外贸出口的增长贡献度达10.4%，占全省出口比重较“十二五”期间上升0.5个百分点。

---

[1] “七张金名片”，即党建高地、长三角一体化发展新增长极、“互联网+”高地、城乡融合发展示范区、绿色低碳循环城市、营商环境最优市、市域社会治理现代化先行市。

表 1　2011—2020 年嘉兴对外贸易年度统计表

单位：亿元，%

年份	进出口			出口			进口		
	总值	同比	占全省比重	总值	同比	占全省比重	总值	同比	占全省比重
“十二五”期间	9635.9	51.3	9.3	6699.1	47.1	8.6	2936.8	62.0	11.1
2011 年	1849.4	19.4	9.2	1251.4	15.0	8.9	597.9	30.0	9.9
2012 年	1814.8	−1.9	9.2	1237.6	−1.1	8.7	577.2	−3.5	10.4
2013 年	1971.4	8.6	9.5	1334.9	7.9	8.6	636.5	10.3	11.8
2014 年	2072.1	5.1	9.5	1452.9	8.8	8.7	619.2	−2.7	12.3
2015 年	1928.3	−6.9	9.0	1422.4	−2.1	8.3	506.0	−18.3	11.6
“十三五”期间	13241.9	37.4	9.4	9720.9	45.1	9.1	3521.0	19.9	10.2
2016 年	2068.1	7.2	9.3	1549.7	9.0	8.8	518.4	2.5	11.4
2017 年	2469.8	19.4	9.6	1775.9	14.6	9.1	693.9	33.9	11.3
2018 年	2820.4	14.2	9.9	2016.9	13.6	9.5	803.6	15.8	11.0
2019 年	2831.8	0.4	9.2	2106.1	4.4	9.1	725.7	−9.7	9.4
2020 年	3051.7	7.8	9.0	2272.3	7.9	9.0	779.4	7.4	9.0

2. 机电产品出口首次超过劳密产品

“十三五”期间，机电产品、高新产品出口分别较“十二五”期间大幅增长70.1%和173.6%。机电产品出口值从2015年的479.9亿元增至2020年的1027.6亿元，年均增速为16.5%，高于外贸整体增速6.7个百分点，占全市出口比重从2015年的33.7%上升至2020年的45.2%，超过劳密产品；高新产品出口值在2020年达到343.4亿元，较2015年增长3.8倍，年均增速达36.8%，占全市出口比重从2015年的5.0%提升至2020年的15.1%。“十三五”期间，全市劳密产品出口增长31.2%，年均增长4.7%。

表 2 “十三五”期间嘉兴主要出口商品统计表

单位：亿元，%

出口商品	“十三五”期间			2020 年			年均增速
	出口值	同比	占比	出口值	同比	占比	
总值	9720.9	45.1	100.0	2272.3	7.9	100.0	9.8
* 劳动密集型产品	4425.5	31.2	45.5	905.2	−6.2	39.8	4.7
其中：纺织纱线、织物及其制品	1607.9	45.8	16.5	358.8	0.9	15.8	7.7
服装及衣着附件	1207.6	−5.4	12.4	215.4	−15.7	9.5	−2.1
家具及其零件	727.8	54.2	7.5	138.9	−6.2	6.1	4.7
塑料制品	478.2	138.4	4.9	132.9	17.1	5.9	21.8
* 机电产品	3760.4	70.1	38.7	1027.6	26.9	45.2	16.5
其中：电子元件	388.0	188.1	4.0	119.8	33.8	5.3	30.4
紧固件	351.1	19.4	3.6	76.7	0.9	3.4	8.0
汽车零配件	259.9	35.5	2.7	55.1	−4.8	2.4	8.2
电工器材	243.2	61.3	2.5	59.2	3.6	2.6	11.6
* 高新技术产品	880.1	173.6	9.1	343.3	102.0	15.1	36.8
其中：太阳能电池	281.5	453.9	2.9	87.6	25.2	3.9	39.8
计算机与通信技术	274.6	341.9	2.8	173.2	456.5	7.6	70.1

3. 消费品进口增长较快

“十三五”期间，嘉兴市机电产品和高新产品进口快速增长。两类商品的进口总值分别从2015年的107.6亿元和45.7亿元增至2020年的267.9亿元和144.2亿元，年均增速分别为20.0%和25.8%，高于整体11.0个和16.8个百分点，占全市进口总值比重分别从2015年的21.3%和9.0%大幅提升至2020年的34.4%和18.5%。同期，全市进口消费品从2015年的6.8亿元增至2020年的19.4亿元，年均增速为23.4%。

表 3 "十三五"期间嘉兴主要进口商品统计表

单位：亿元，%

进口商品	"十三五"期间			2020 年			年均增速
	进口值	同比	占比	进口值	同比	占比	
总值	3521.0	19.9	100.0	779.4	7.4	100.0	9.0
* 机电产品	901.0	47.4	25.6	267.9	47.8	34.4	20.0
其中：电工器材	79.5	25.7	2.3	18.9	-9.5	2.4	10.1
集成电路	69.4	7.7	2.0	17.7	40.6	2.3	5.3
基本有机化学品	775.2	16.1	22.0	156.6	-13.9	20.1	12.7
其中：二甲苯	301.6	139.1	8.6	82.7	-3.6	10.6	25.8
* 高新技术产品	398.0	64.3	11.3	144.2	117.1	18.5	25.8
其中：计算机与通信技术	128.8	435.1	3.7	91.4	526.4	11.7	83.8
* 农产品	383.9	20.7	10.9	64.0	-20.4	8.2	0.2
羊毛及毛条	129.4	60.2	3.7	20.3	-27.4	2.6	1.6
木及其制品	126.8	-19.5	3.6	18.4	-14.5	2.4	-10.9
初级形状的塑料	109.6	-8.7	3.1	21.9	-3.1	2.8	0.6
纺织纱线、织物及其制品	103.5	-25.1	2.9	18.1	-9.6	2.3	-4.0
纸浆、纸及其制品	85.9	41.0	2.4	17.4	-4.6	2.2	8.9
* 消费品	73.4	148.0	2.1	19.4	18.1	2.5	23.4

4. 新兴市场提档加速

"十三五"期间，对美国进出口规模从2015年的413.7亿元增至2020年的572.7亿元，年均增长6.7%；对欧盟、日本进出口年均增速分别为9.8%和3.1%。2020年，欧美日三大传统市场合计占嘉兴市外贸总值的47.1%；东盟取代日本成为嘉兴市第三大贸易市场，对东盟的进出口规模从2015年的184.5亿元增至2020年的459.1亿元，年均增速达20.0%，比重由2015年的9.6%提升至2020年的15.0%。此外，对"一带一路"沿线国家的进出口规模从2015年的481.1亿元增至2020年的960.5亿元，年均增速为14.8%。

表 4 “十三五”期间嘉兴主要进出口市场统计表

单位：亿元，%

国家（地区）	“十三五”期间			2020 年			年均增速
	进出口值	同比	占比	进出口值	同比	占比	
总值	13241.9	37.4	100.0	3051.7	7.8	100.0	9.6
“一带一路”沿线国家	3727.3	64.1	28.1	960.5	13.6	31.5	14.8
欧盟	2676.7	36.7	20.2	622.9	7.0	20.4	9.8
美国	2651.3	45.1	20.0	572.7	14.0	18.8	6.7
东盟	1600.8	99.1	12.1	459.1	25.5	15.0	20.0
日本	1256.1	3.3	9.5	241.2	–8.4	7.9	3.1
韩国	730.7	21.7	5.5	169.3	–3.1	5.5	12.4
拉丁美洲	633.7	25.3	4.8	151.5	4.9	5.0	10.7
非洲	568.7	54.6	4.3	125.7	9.3	4.1	9.0
中国台湾	388.8	6.4	2.9	80.1	6.1	2.6	3.3
澳大利亚	381.8	44.7	2.9	83.8	1.6	2.7	7.6
印度	340.4	82.9	2.6	83.7	11.7	2.7	14.7

5. 一般贸易比重提升

嘉兴市一般贸易进出口规模从2015年的1539.7亿元增至2020年的2494.2亿元，年均增长10.1%，增速高出整体0.5个百分点，占嘉兴外贸总值的比重由2015年的79.8%上升至2020年的81.7%。加工贸易进出口规模从2015年的373.7亿元增至2020年的487.1亿元，年均增长5.4%。2020年，加工贸易的进出口增速达23.4%，为近10年来最高。

表 5 “十三五”期间嘉兴主要贸易方式统计表

单位：亿元，%

贸易方式	“十三五”期间			2020 年			年均增速
	进出口值	同比	占比	进出口值	同比	占比	
总值	13241.9	37.4	100.0	3051.7	7.8	100.0	9.6
一般贸易	10916.5	48.6	82.4	2494.2	3.3	81.7	10.1
加工贸易	2158.9	–1.2	16.3	487.1	23.4	16.0	5.4
保税物流	117.9	140.2	0.9	59.3	363.5	1.9	45.3

6. 民营企业增长迅猛

“十三五”期间，民营企业外贸进出口规模在2020年达到1915.1亿元，比2015年增长91.5%，年均增长13.9%，占2000年嘉兴市外贸总值的62.8%。“十三五”期间，民营企业累计进出口总值7758.7亿元，同比增长63.5%，对嘉兴市外贸的增长贡献率为83.6%，拉动外贸增长31.3个百分点。

同期，外资企业的进出口规模从2015年的824.2亿元增至2020年的1054.3亿元，年均增速为5.0%。

表 6　“十三五”期间嘉兴进出口贸易主体统计表

单位：亿元，%

贸易主体	“十三五”期间			2020 年			年均增速
	进出口值	同比	占比	进出口值	同比	占比	
总值	13241.9	37.4	100.0	3051.7	7.8	100.0	9.6
民营企业	7758.7	63.5	58.6	1915.1	10.3	62.8	13.9
外商投资企业	4961.3	12.5	37.5	1054.3	5.2	34.5	5.0
国有企业	521.8	8.2	3.9	82.3	–12.2	2.7	–4.6

7. 各地百舸争流，各有特点

以“十三五”期末的2020年与“十二五”期末的2015年相比，各县（市、区）外贸均实现了较快的增长。其中，嘉善县年均增长18.4%，增速领先全市，高于全市年均增速8.8个百分点。海宁市进出口规模居首位，2020年占全市外贸比重为17.9%。“十三五”期间，秀洲区的外资企业，海宁市、桐乡市的龙头企业，南湖区的高新产品出口，平湖市的进口，均发展较快，是各县（市、区）外贸发展的亮点。

嘉兴市海关特殊监管区域进出口值由2015年的9.5亿元增至2020年的85.9亿元，年均增长55.3%，高于全市年均增速45.7个百分点。

二、“十三五”期间嘉兴市外贸主要举措

（一）强化政策服务保障，赋能惠企“稳外贸”

1. 稳外贸机制不断健全

面对国际贸易摩擦不断、保护主义抬头等复杂国际形势，以及新冠肺炎疫

情等的影响，嘉兴市先后建立稳外贸、稳外资协调机制，成立外贸工作领导小组、中美贸易摩擦领导小组、出口等工作专班；建立统筹协调、分析研判、清单管理、应急响应、督查评价和市县联动等工作机制，实施“开放嘉兴”大会战，统筹推进应对国际贸易摩擦、发展总部经济、培育外贸主体、精准服务企业等专项工作。

2. 稳外贸政策体系不断完善

嘉兴市持续完善支持外贸发展的政策体系，有效提升外贸企业信心，稳定外贸发展预期。“十三五”期间，先后制订出台系列外贸政策，全力支持企业开拓市场、防范风险和高品质发展，培育外贸新优势。

3. 外贸经营环境不断优化

聚焦贸易便利化，嘉兴市推进外贸领域“最多跑一次”改革，创新服务企业机制，推进数字化转型，提升通关效率，推动退税便利化，破解企业融资问题，加强信保防控风险，优化营商环境。税务部门全面落实增值税税率简并和出口退税率调整政策，对除“两高一资”产品[1]以外的出口产品实行全额退税，全面推广无纸化退税，实现出口退(免)税“零次跑”全覆盖。“十三五”期间，累计办理出口退（免）税总额1148.7亿元，同比增长41.2%。金融系统创新支持企业方式。2020年，依托“订单+清单”外贸监测预警系统和嘉兴市金融信用共享平台，推动重点外贸企业贷款扩面增量，1294家外贸企业获得授信总额1011.36亿元，发放贷款576.6亿元，企业支持率达72.41%，居全省第一。积极创新并推广“嘉贸贷”金融产品，累计办理信用融资56亿元，实现强化金融资源精准直达外贸企业，为外贸企业节约财务成本近4000万元。出口信用公司加大对企业开展境外资信调查的力度，累计为2.2家海外新买方开展资信评估。“十三五”期间，全市信保支持出口金额455.11亿美元，支持中小微外贸企业5000多家。

（二）全力推动市场多元化，融入构建“双循环”格局

1. 线上线下拓市场

制定发布《嘉兴市重点支持的国内外展会目录》，深化与专业会展公司的合作，为企业搭建开拓市场的平台，鼓励支持企业参与各类展会，通过展会抢

[1] “两高一资”产品，即高能耗、高排放和资源性产品。

订单、拓市场。“十三五”期间，组织全市外贸企业参加广交会、华交会、消博会、进博会等国内外重点线下展会1500余场，参展企业1万余家。2020年，受新冠肺炎疫情影响，组织企业参加“网上参展、线上拓市”行动，参加各级线上交易会500余场，参展企业累计4000余家，拓展了订单获取渠道。

2. 积极实施“品质浙货，行销天下”行动

贯彻落实浙江省加快培育外贸竞争新优势行动计划（2018—2020年），组织开展嘉兴制造全球贸易推广活动。大力培育行业、区域性品牌，推动企业开展国外商标、专利注册，累计培育省、市出口名牌113个。发挥示范企业作用，支持企业扩大与“一带一路”沿线国家的合作，形成境外产能合作基地。“十三五”期间，对“一带一路”沿线国家累计出口2757.5亿元，年均增长12.3%。发挥头部企业带动作用，推进全产业链发展，通过重点“走出去”企业和劳务外包企业，带动境外企业所需的机器设备、原材料等出口。“十三五”期间，新批对外投资项目310个，对外直接投资备案额达103.9亿美元，带动企业出口超过60亿美元。

3. 全力推动出口转内销

抓住政策窗口期，支持和帮助外资企业参与内循环，精准打开内销市场，鼓励外贸企业内外销产品一体化营销，推动外贸企业通过电商、直播等方式拓展国内外市场。与“抖音”等平台合作，打造网红直播基地。2020年，组织开展南湖工业品展销会、海宁出口商品展等出口转内销展会30多场，带动出口商品销售1.9亿元。

（三）持续推进外贸平台建设，提升外贸竞争新优势

1. 进一步夯实外贸发展基础

推进外贸与产业升级联动，围绕嘉兴新制造“555”行动[1]，大力引育汽车零部件、集成电路等高端制造业和新兴产业，支持引导紧固件等产业改造提升，引育高新机电产品头部企业，鼓励高新机电企业品牌“出海”，形成示范引领、集聚发展的重点产业高地，为外贸高质量发展夯实基础。

---

[1] 嘉兴新制造“555”行动：到 2025 年，嘉兴市要形成“555”制造业现代产业体系，即打造 1 个世界级、1 个国家级、1 个长三角区域级、2 个省级共 5 大先进制造业产业集群，培育 5 大新兴产业，形成 5 条标志性特色产业链。

2. 推进外贸转型升级基地建设

加快推进国家外贸转型升级基地建设，培育行业性、区域性品牌，推动外贸优化升级。2018年，桐乡玻璃纤维出口基地、平湖箱包出口基地、海宁纺织出口基地被评为国家级外贸转型升级基地。“十三五”期间，积极培育海盐紧固件、平湖童车、平湖服装、桐乡家纺等国家外贸转型升级基地，形成出口产业集聚、特色鲜明、技术创新领先的产业集群。

3. 综保区作用进一步发挥

嘉兴综保区出台专项政策，大力引育知名供应链管理服务企业入驻，同时优化金融、物流、货代等要素集聚，提升贸易便利化水平。2020年，完成进出口值85.9亿元，同比增长175%，在全国海关特殊监管区域中排第75位，较2016年上升21位。

（四）培育新业态新模式，深拓国际贸易“蓝海”

1. 推动跨境电商业务发展

“十三五”期间，嘉兴市跨境电商实现跨越式发展，培育了9个跨境电商基地，7家企业入选省级跨境电商服务商名录，经编、箱包、紧固件等12个产业被列入省级产业集群跨境电商发展试点。嘉兴被列入第五批国家级跨境电商综试区后，市委市政府高度重视，组建工作专班，出台政策文件和工作方案，通过各方面努力，2020年9月，跨境电商综试区线上综合公共服务平台正式上线，实现跨境电商9610、9710、9810三种出口监管新模式落地全覆盖。2019—2020年，全市跨境电商网络零售出口值达到36.5亿元。

2. 推动外贸综合服务功能提升

积极引育外综服（企业）平台，支持引进跨国公司设立区域总部、贸易结算和融资中心等功能性机构；持续壮大外综服企业，为中小微外贸企业提供零门槛、低成本的通关、结汇、融资、信保、退税、物流等一站式服务。至2020年，11家企业被浙江省商务厅认定为省级外综服企业，累计服务中小微外贸企业2500多家，为嘉兴中小微外贸企业开拓国际市场提供有力支撑。

3. 推动贸易方式转型

贯彻落实浙江省《关于促进加工贸易创新发展的实施意见》，通过加强技术研发、品牌培育、营销渠道建设等方式，发挥好一般贸易的基础性作用；通过引进加工型外贸企业、推动加工贸易企业向综保区集中，在区内企业拓展保税维修、转口贸易等功能；实施便企服务行动，简化供应链流程，推动“来料加工”调整为“进料加工”，扩大贸易规模。

（五）推进服务贸易创新发展，为外贸发展增加新动能

1. 服贸企业引领发展

大力推进服务贸易重点业态发展，推进培育优质服务贸易企业。“十三五”期间，海宁中谊影视文化传媒有限公司等3家次企业被认定为国家级文化出口重点企业，有12家次企业被认定为省级文化出口重点企业。2019—2020年度，嘉兴市的省级文化出口重点企业和项目数量均位列全省第三。

2. 服务贸易基地能级提升

依托大数据、云计算、物联网等新技术，加快建设服务贸易和货物贸易协调发展基地、文化出口基地，推动服务外包示范园区平台建设，引导服务外包业态集聚发展。2019年，科技城等8个基地（园区）入选省级服务贸易发展基地名单。

3. 服务外包结构优化

注重在岸外包与离岸外包协调发展，嘉兴市入选首批省级服务外包示范城市，培育形成软件开发与系统运维、供应链管理等6大服务外包业态；扩大服务外包产业规模，促进本级做优与县市做大，构筑特色鲜明、错位互补的服务外包产业发展格局。2020年，嘉兴市在岸服务外包执行额达到10.9亿元，同比增长57.0%；离岸服务外包执行额达到5.4亿美元，同比增长40.8%。

三、“十四五”期间嘉兴市外贸发展展望

（一）总目标

“十四五”期间，嘉兴市将全力打造贸易高质量发展样板城市，到2025年，力争进出口规模达到3900亿元，其中出口3000亿元，占全国份额稳中有升；力争服务贸易进出口达到190亿元，离岸外包执行额达到7.5亿美元。对外贸易竞争力进一步提升，外贸新模式、新业态引领示范作用明显提升。

（二）行动计划

1. 发展外贸新业态、新模式

引育外综服企业，推动更多中小企业出口；高标准建设嘉兴跨境电商综试

区，带动“跨境电商+产业集群”发展。打造500个以上具有国际知名度的跨境电商品牌。创新推进“跨境电商+海外仓”B2B2C业务模式，鼓励在欧美、日韩等重点国家和地区开展公共海外仓服务。

2. 提升外贸企业综合竞争力

引进跨国公司设立区域总部、贸易结算和融资中心等功能性机构，培育外贸龙头企业；招引出口型外资企业，孵化出口潜力企业；推动中小外贸企业转型升级，走“专精特新”道路；实施出口品牌战略，打造百家外贸品牌“出海”示范企业。

3. 巩固和开拓国际市场

围绕皮革、毛衫、服饰等传统优势产品，建立营销网络、展销中心、体验馆，提高新兴市场外贸占比；加强与国际会展公司的对接，引入上海高能级主题展，形成具有区域特色的“嘉兴博览会”，建立国际营销网络公共服务平台。

4. 加快外贸转型升级

加大对服装、光机电、家具等加工贸易企业的智能化技术改造，推动生产企业由OEM向ODM、OBM转型。加快推动智能制造发展，提高产品档次和出口附加值。大力推进桐乡复合材料、平湖箱包、海宁纺织等国家级或省级外贸转型升级基地建设。

5. 扩大进口，促进贸易平衡

实施进口提升行动，促进产业和贸易融合发展。利用进博会、中国—中东欧国际博览会溢出效应，举办水果高峰论坛、紧固件产业博览会等配套活动。积极申报进境商品（水果）指定口岸、汽车整车进口口岸。

6. 创新发展服务贸易

利用大数据、物联网等技术手段，升级服务外包产业能级。支持“专、新、特、优”服务外包企业发展，优化和建设嘉兴服务外包产业平台。开展人才培训、国际交流、产业研究，搭建政企沟通桥梁，赋能服务外包企业发展。

（孙立红　娄泽黎　沈　斌）

湖州：绿水青山　日新月异

湖州地处长三角“三省一市”交界处、长三角几何中心区域，是上海“1+8”大都市圈城市之一，环杭州湾大湾区核心城市、G60科创走廊中心城市。“十三五”期间，湖州坚定践行“绿水青山就是金山银山”理念，贯彻“开放活市”战略，积极参与国际竞争和区域合作，发挥接轨沪杭、联通苏皖的地理优势，外贸发展迈上新台阶。对外贸易实现年均两位数以上增长，2020年进出口规模突破千亿，外贸出口占全省比重达到4.1%。

2019年10月，发展中国家促进机电行业与经济发展研修班来湖州考察研修

一、“十三五”期间湖州市外贸主要成就

（一）湖州对外贸易概况

1. 货物贸易进出口基本情况

（1）规模迈上千亿台阶，连续五年实现正增长。“十三五”期间，湖州市外贸进出口总值为4403.0亿元，同比增长49.2%，从2015年的633.2亿元增长到2020年的1132.0亿元，年均增长12.3%，较“十二五”年均增速提高6.1个百分点，高于全省平均水平2.8个百分点，连续五年进出口保持正增长。其中，出口达到3910.8亿元，同比增长54.2%。

以美元计，“十三五”期间，湖州市外贸进出口总值为649.9亿美元，同比增长38.0%，从“十二五”末的102.1亿美元增长到2020年的163.3亿美元，年均增长9.9%。其中出口年均增长10.8%，2020年达到148.0亿美元；进口年均增长2.6%，2020年达到15.4亿美元。

（2）占全省比重稳步增长，出口贡献相对突出。“十三五”期间，湖州市外贸进出口总值占全省比重稳步增长，从“十二五”末的2.9%增长到2020年的3.3%。同期，湖州市出口占全省比重连续五年实现正增长，从“十二五”末的3.2%提升至2020年的4.1%。2020年，湖州市外贸进出口总值增速排名全省第二，出口值增速排名全省第一，增速分别高于全省10.7和13.2个百分点。

表1　2011—2020年湖州对外贸易年度统计表

单位：亿元，%

年份	进出口			出口			进口		
	总值	同比	占比	总值	同比	占比	总值	同比	占比
“十二五”期间	2952.0	67.6	2.8	2536.5	67.2	3.3	415.5	70.0	1.6
2011年	562.6	19.9	2.8	477.8	20.2	3.4	84.8	17.9	1.4
2012年	550.7	−2.1	2.8	466.5	−2.4	3.3	84.3	−0.6	1.5
2013年	591.7	7.4	2.8	502.0	7.6	3.3	89.7	6.5	1.7
2014年	613.7	3.7	2.8	540.9	7.8	3.2	72.8	−18.9	1.4
2015年	633.2	3.2	2.9	549.3	1.6	3.2	83.9	15.3	1.9
“十三五”期间	4403.0	49.2	3.1	3910.8	54.2	3.7	492.1	18.4	1.4
2016年	674.0	6.4	3.0	594.3	8.2	3.4	79.7	−4.9	1.8

续表

年份	进出口			出口			进口		
	总值	同比	占比	总值	同比	占比	总值	同比	占比
2017 年	772.2	14.6	3.0	681.5	14.7	3.5	90.7	13.7	1.5
2018 年	884.7	14.6	3.1	771.0	13.1	3.6	113.8	25.4	1.6
2019 年	940.0	6.2	3.0	838.6	8.8	3.6	101.5	–10.8	1.3
2020 年	1132.0	20.4	3.3	1025.6	22.3	4.1	106.5	4.9	1.2

（3）外贸依存度保持稳定。“十三五”期间，湖州市年均增速高于地区生产总值3.3个百分点。期间，湖州市外贸依存度一直维持在30%以上，特别是2020年，湖州市外贸进出口总值占地区生产总值的35.4%，为五年间的最高值，表明湖州市外贸对地区整体经济的发展始终发挥重要作用。

表 2　2011—2020 年湖州对外贸易依存度统计表

单位：亿元，%

年份	进出口值		国内生产总值		外贸依存度
	总值	同比	总值	同比	
2011 年	562.6	19.9	1518.8	10.8	37.0
2012 年	550.7	–2.1	1662	9.7	33.1
2013 年	591.7	7.4	1803.2	9.0	32.8
2014 年	613.7	3.7	1956	8.4	31.4
2015 年	633.2	3.2	2084.3	8.3	30.4
2016 年	674.0	6.4	2243.1	7.5	30.0
2017 年	772.2	14.6	2476.1	8.5	31.2
2018 年	884.7	14.6	2719	8.1	32.5
2019 年	940.0	6.2	3122.4	7.9	30.1
2020 年	1132.0	20.4	3201.4	3.3	35.4

2．服务贸易进出口基本情况

服务贸易规模逐步扩大。“十三五”期间，全市累计服务贸易进出口总值491.4亿元，年均增长7.4%。其中，出口341.3亿元，年均增长13.4%；进口150.0亿元。2020年，全市实现服务贸易进出口总值97.9亿元，同比增长3.0%。

其中，出口76.5亿元，进口21.4亿元。

（二）湖州对外贸易结构

1. 商品结构

（1）出口结构日益优化，高新产品出口快速增长。“十三五”期间，湖州市以推进产业现代化、集群化发展为主线，一手抓数字产业、高端装备产业、新材料产业和生命健康产业等四大战略性新兴产业发展，一手抓绿色家居、现代纺织两大传统优势产业改造提升，积极培育新型电子元器件、“北斗及地理信息”等十大产业集群，加快构建现代产业体系。家具、机电产品、纺织品为湖州主要出口商品，“十三五”期间分别年均增长13.8%、17.9%和10.4%，分别占出口总值的26.5%、22.7%和21.3%。高新产品出口年均增长32.4%，其中生命科学技术产品年均增长48.9%。

表3　“十三五”期间湖州主要出口商品统计表

单位：亿元，%

出口商品	“十三五”期间			2020年			年均增速
	出口值	同比	占比	出口值	同比	占比	
总值	3910.8	54.2	100.0	1025.6	22.3	100.0	13.3
*劳动密集型产品	2382.8	54.0	60.9	571.2	8.6	55.7	11.0
其中：家具及零件	1036.8	72.3	26.5	264.5	18.6	25.8	13.8
纺织纱线、织物及制品	831.4	56.9	21.3	187.5	–2.5	18.3	10.4
塑料制品	251.2	293.2	6.4	71.6	26.6	7.0	28.1
*机电产品	888.1	79.7	22.7	260.6	36.9	25.4	17.9
其中：电工器材	124.8	86.1	3.2	30.9	20.8	3.0	14.1
汽车零配件	82.2	75.2	2.1	15.6	–6.3	1.5	4.2
*高新技术产品	170.5	126.0	4.4	71.2	109.5	6.9	32.4
其中：生命科学技术	84.8	234.4	2.2	43.6	191.1	4.2	48.9

（2）高新产品进口快速增长，助力产业结构升级。“十三五”期间，湖州市高新产品进口年均增长16.6%，占全市进口比重大幅提升，由2015年的3.9%提升至2020年的6.7%。机电产品和高新产品进口的快速增长，有力推动了湖州市纺织、医药、汽车制造和高端装备制造等产业结构升级。随着湖州市差别化功能性化纤、产业用纺织品等特色纺织产业的发展，基础有机化学品进口年均增长54.2%。

表4 “十三五”期间湖州主要进口商品统计表

单位：亿元，%

进口商品	“十三五”期间			2020年			年均增速
	进口值	同比	占比	进口值	同比	占比	
总值	492.1	18.4	100.0	106.5	4.9	100.0	4.9
* 机电产品	156.5	76.6	31.8	35.3	7.7	33.1	5.3
* 农产品	69.8	−27.2	14.2	12.7	0.1	11.9	−3.8
其中：大豆	32.5	−15.2	6.6	6.7	92.1	6.3	3.6
原木	45.7	−16.9	9.3	10.3	16.4	9.7	6.7
基本有机化学品	33.5	157.5	6.8	8.0	−31.4	7.5	53.0
* 高新技术产品	25.8	52.6	5.2	7.1	−22.3	6.7	16.6
* 消费品	10.2	162.7	2.1	2.9	19.5	2.7	19.6

（3）服务贸易结构进一步优化。湖州市在发展传统服务贸易的同时，大力推进金融服务、电信计算机和信息服务、知识产权、个人文化和娱乐服务等新兴服务领域发展。“十三五”期间，新兴服务行业占全市服务贸易总值比重已由2016年的37.6%提升至2020年的60.7%，贸易结构进一步优化。

2. 市场结构

（1）传统市场保持稳定。“十三五”期间，湖州市对传统发达经济体进出口保持稳定，美国、欧盟仍是湖州市进出口的第一和第二大市场。2020年，对美国、欧盟进出口值分别占全市进出口总值的23.6%、22.7%，年均增速均保持在两位数，是湖州市外贸增长的基础。

（2）新兴市场迅猛发展。十三五”期间，湖州市对东盟进出口贸易发展迅猛，年均增长保持20%以上，占比由2015年的7.5%提升至2020年11.3%；对“一带一路”沿线国家进出口贸易发展较快，年均增长16.1%，占比由2015年的24.4%提升至2020年28.7%，成为全市外贸极为重要的增长极。

表5 “十三五”期间湖州主要进出口市场统计表

单位：亿元，%

国家（地区）	“十三五”期间			2020年			年均增速
	进出口值	同比	占比	进出口值	同比	占比	
总值	4403.0	49.2	100.0	1132.0	20.4	100.0	12.3
“一带一路”沿线国家	1201.3	65.2	27.3	325.1	19.0	28.7	16.1
美国	1100.1	79.3	25.0	267.3	24.9	23.6	12.2

续表

国家（地区）	“十三五”期间			2020 年			年均增速
	进出口值	同比	占比	进出口值	同比	占比	
欧盟	1014.9	40.6	23.1	257.4	21.8	22.7	10.4
东盟	400.6	81.1	9.1	127.9	44.1	11.3	21.8
拉丁美洲	333.6	24.9	7.6	83.8	11.8	7.4	10.2
非洲	241.6	64.5	5.5	62.7	3.0	5.5	14.6
日本	211.7	27.5	4.8	55.3	32.5	4.9	12.0
韩国	147.1	59.1	3.3	42.9	41.4	3.8	17.0

（3）服务贸易辐射市场扩大。从湖州市离岸外包发包市场分析，“十三五”期间，与湖州市有服务贸易往来的国家和地区已由2016年的123个拓展到2020年的143个，全市累计服务外包执行额达165.6亿元，年均增长30.1%，其中离岸外包执行额达114.15亿元，年均增长41.4%。2020年，湖州市服务外包执行额达58.39亿元，同比增长49.5%，其中离岸服务外包执行额达44.07亿元，同比增长56%，规模列全省第4位，增速列全省第1位。

3. 贸易方式

“十三五”期间，湖州市一般贸易比重稳步提高。2020年，实现进出口1073.4亿元，年均增长13.6%，占全市进出口总值的94.8%，比重较2015年提升5.3个百分点。新型贸易方式逐步发展，跨境电商等新兴贸易业态在湖州落地。2020年，跨境电商进出口4.5亿元，同比增长19.4%。

表 6 “十三五”期间湖州主要贸易方式（业态）统计表

单位：亿元，%

贸易方式（业态）	“十三五”期间			2020 年			年均增速
	进出口值	同比	占比	进出口值	同比	占比	
总值	4403.0	49.2	100.0	1132.0	20.4	100.0	12.3
一般贸易	4132.8	58.9	93.9	1073.4	21.0	94.8	13.6
加工贸易	252.7	–22.2	5.7	50.2	9.7	4.4	–4.6
跨境电商	9.3	–	0.2	4.5	19.4	0.4	–

4. 外贸主体

“十三五”期间，湖州民营企业进出口比重稳步提高，2020年实现进出口918.4亿元，年均增长16.2%，占全市进出口总值的81.1%，较2015年提升12.8个百分点。外资企业进出口规模保持基本稳定，2020年实现进出口204.0亿元，年均增长0.7%。“十三五”期间，湖州市有进出口实绩的企业数量，由2015年的2297家增至2020年的3536家，增幅达53.9%。

表 7　“十三五”期间湖州进出口贸易主体统计表

单位：亿元，%

贸易主体	“十三五”期间			2020 年			年均增速
	进出口值	同比	占全市比重	进出口值	同比	占全市比重	
总值	4403.0	49.2	100.0	1132.0	20.4	100.0	12.3
民营企业	3422.9	72.2	77.7	918.4	23.1	81.1	16.2
外商投资企业	947.8	0.7	21.5	204.0	10.0	18.0	0.7
国有企业	31.6	41.9	0.7	8.9	7.0	0.8	19.3

5. 区县发展

“十三五”期间，湖州市各县区外贸发展量质并举，亮点纷呈。吴兴区被评为国家外贸转型升级基地（纺织服装），湖州（织里）童装及日用消费品交易管理中心被列入国家市场采购贸易方式试点。南浔区成功创建“浙江南浔出口电机产品国家质量安全示范区”。德清县被评为国家外贸转型升级基地（户外绿色家居），德清保税物流中心（B型）经批准设立。长兴县被评为国家外贸转型升级基地（纺织）。安吉县被评为国家外贸转型升级基地（家具，竹产品），办公椅产品出口规模约占全国办公椅产品出口的一半。

（三）湖州对外贸易横向对比

1. 外贸高质量发展，实现历史性突破

湖州市货物贸易出口年均增长13.3%，高于全省年均增速5.3个百分点，排名全省第一。在2020年省对市高质量发展综合绩效考核评价中，得分105分，排名全省第二，实现历史性突破。

2. 特色内河水运辐射长三角

湖州市积极融入长三角一体化发展，作为全国内河水运转型发展示范区，加快内河高等级航道建设，加速港口资源整合，推进运输结构调整。大力发展河海联运，湖州港与上海港、宁波舟山港深度合作，先后建成安吉上港、长兴捷通、德清港务等一批内河公用集装箱码头，辐射浙北、皖南、苏南地区。

2020年，湖州港集装箱吞吐量达55.8万标箱，增长5.9%，领跑全省各内河港口，其中外贸箱量达33.6万标箱，增长7.9%。

二、“十三五”期间湖州市外贸主要举措

“十三五”期间，面对错综复杂的国内、国外经济形势，全市外贸工作稳中有进，积极应对困难和挑战，建立完善稳外贸工作机制，加快转变外贸发展方式，巩固和提升外贸传统竞争优势，积极培育外贸竞争新优势，加快构建更高水平开放型经济体系，全力推动全市经济高质量发展。

（一）聚焦主体培育，厚植外贸发展基础

1. 开展小微企业培育工作

制定了《湖州市外贸小微企业成长三年行动计划》，从拓市场、投融资、新业态等多个层面，开展线上线下业务和政策培训，先后开展“外贸拿单技巧实务培训”“‘一带一路’沿线国家市场风险分析”“汇率波动风险及避险技能培训”等专题培训活动。“十三五”期间，全市累计受训的小微企业4800多家次。

2. 推进主体成长培育工作

制定了《湖州市对外贸易主体培育行动计划（2018—2020）》，充分利用国外、国内两种资源，开拓国外、国内两个市场，积极培育大、小、优多维度外贸企业。“十三五”期间，全市有进出口实绩的企业从2015年的2297家增至2020年的3536家，增长了1239家。通过做精、做优加工贸易企业，4家企业被评为省级加工贸易示范企业。

（二）聚焦结构优化，提升外贸竞争优势

1. 支持企业打造自主品牌

不断建立健全外贸出口品牌培育机制，培育了一批具有国际知名度与影响力的出口品牌，提升产品议价能力，推动“两自一高”产品[1]出口增长。全市累计培育省、市级出口名牌74项和153项，“十三五”期间培育了省、市级出口名牌47项和75项，占62.7%和49.0%。广交会品牌展位由2016年的72个增至2020年的177个，数量居全省第三，增幅居全省第一。

[1] “两自一高”产品，即具有自主知识产权、自主品牌和高附加值的产品。

2. 促进外贸转型创新发展

促进境内外外经贸综合服务体系创新发展，持续推进创新驱动发展拓市场和外贸转型升级示范点两项省级试点建设。“十三五”期间，德清县、安吉县被批准为省级境外外经贸综合服务试点，10家企业被评为省级外综服企业。湖州市（工程机械）、安吉县（家具、竹产品）、长兴县（纺织）、吴兴区（纺织服装）、德清县（户外绿色家居、生物医药）被列入国家级外贸转型升级基地。

3. 强化产业链、供应链保障

疫情期间，湖州市协助部分原材料、零部件等依赖进口的企业加大国产采购，完善本地区的产业链、供应链，并为10余家装备制造、精密加工企业与上游原材料生产企业牵线，每年为企业降低成本约3000万元。

（三）聚焦市场拓展，优化外贸多元布局

1. 重点拓展海外市场

制定年度展会目录，以国际展会为载体，积极引导企业开拓海外市场，重点支持企业开拓“一带一路”沿线国家、欧美等重点市场。“十三五”期间，全市累计组织5873家次企业参加境内外重点展会884个，展位数22150个。

2. 创新开展线上拓市

新冠肺炎疫情期间，创新企业拓市渠道，在全省率先启动“百展千企”拓市场行动，并于2020年3月26日举办首场线上云展，另外累计组织2256家次企业参加广交会、华交会等网上展会194场次，意向成交额超3.3亿美元。上线城市线上会展服务平台——“湖州展览馆”，目前已有2.1万家企业入驻。

3. 深化拓展国内市场

构建新发展格局，持续深化推进出口转内销工作，开拓国内市场，2020年成功举办首届“湖州商品交易会”。“十三五”期间，累计开展外转内展销活动120场次，助力外贸企业实现销售51.2亿元。

（四）聚焦业态创新，探索外贸增长模式

1. 推进市场采购贸易方式试点工作

湖州（织里）童装及日用消费品交易管理中心被批准为国家市场采购贸易方式试点后，湖州市不断完善试点的配套措施，出台相关政策，推动试点“全域化”发展，“本地培育+外地招引+区县联动”三管齐下培育市场采购主体。

2020年12月，试点顺利完成出口首单业务。

2. 推进跨境电商综试区建设

积极争创中国（湖州）跨境电子商务综合试验区，2019年正式获国务院批复成为第五批试点城市。通过积极倡导“区域产业集群+跨境电商”的发展模式，开展产业集群质效提升行动、市场主体精准引育行动、内外贸融合发展行动、人才体系创新共建行动和物流枢纽优化升级行动，建成跨境电商产业生态体系。

3. 推进保税物流综合区建设

“十三五”期间，湖州获海关总署等多部门批复成立湖州保税物流中心（B型）、德清保税物流中心（B型），是拥有两个保税物流中心（B型）的地级市。湖州保税物流中心（B型）自2020年2月封关运营，当年完成进出口货值1.3亿美元。

（五）聚焦监测保障，提升外贸服务水平

1. 提升企业监测跟踪能力

建立233家出口千万美元以上重点外贸企业、707家重点监测企业和2120家“订单+清单”企业样本库，完善1960家“订单+清单”系统入库企业工作网络，突出重点市场、重点企业、重点区域，开展外贸企业运营跟踪与监测。“十三五”期间，累计发布监测报告78期。

2. 持续做好风险防范工作

每年开展“涉外法律服务专题月”活动，邀请涉外法律专家开展法律专题服务。“十三五”期间，法律服务月系列活动共举办30余场，累计惠及企业2000余家次，发布各类预警信息2200余条。加强贸易摩擦案件的应诉指导，共指导百余家企业参与“两反一保”[1]案件国际应诉，维护自身权益，有19家企业胜诉。充分发挥出口信用保险作用，为外贸企业保驾护航，保障湖州市外贸高质量稳定发展，已累计处理案件1027件，为企业挽回损失10286.9万美元。

3. 加大财政金融帮扶服务

加大外贸政策支持力度，加快“一季一兑”的兑现速度，2020全年惠及外

---

[1] “两反一保”，是指世界贸易组织成员国在国际贸易中维护本国利益不受威胁与损害的几种常用的贸易保护措施，包括反倾销、反补贴以及特殊保障措施。

贸企业7720家次。新冠肺炎疫情期间，创新推出外贸“百亿千企”金融服务品牌，依托“订单+清单”系统，对小微外贸企业实现精准“滴灌”，全省首笔“订单贷”落地湖州，2020年累计放款113.9亿元，惠及外贸企业822家次。

三、“十四五”期间湖州市外贸发展展望

（一）总目标

“十四五”期间，湖州将加快外贸转型升级，大力实施外贸强主体行动,加快国家跨境电商综试区建设，积极打造长三角新型贸易中心，保持湖州外贸行稳致远。到2025年，力争实现累计进出口总值突破5000亿大关，扩大湖州城市影响力。

（二）行动计划

1. 推进市场多元化拓展

充分借助广交会、华交会、消博会等国内外展会平台，拓展“一带一路”沿线国家市场，同时发动企业参加更多与我国签署RCEP国家的展会。利用湖州跨境电商等新业态的新优势，发展“丝路电商”。

2. 推进主体集群化培育

实施对外贸易主体培育行动计划，健全外贸企业孵化培育机制，支持地板、童装、美妆、新能源等优势产业参与国际产业分工，加快培育出口企业集群。培育和形成若干总部经济、平台经济、数字经济等现代产业经济集群。

3. 推进产品品牌化打造

强化制造业创新对外贸的支撑作用，提高出口产品的科技含量和研发水平，提升国际竞争力。加大出口自主品牌体系建设，从品牌认定、商标注册认证、产权保护等多个方面进行支持。

4. 推进业态融合化发展

顺应科技革命和产业变革新趋势，充分发挥平台集聚效应，积极推动服务贸易技术创新和商业模式创新。大力发展跨境电商、供应链管理、服务外包、数字贸易等新型服务，持续优化货物与服务贸易结构。

5. 推进通关便利化提升

积极创建湖州综保区，创新保税物流，加速海外仓、海外营销链建设，着

力引进国际型的贸易人才，打造各类贸易聚集区，构建新时代贸易新格局。

6. 推进进口规模化扩张

积极参与进博会，做好“6天展会+365天效应”的文章，激发进口潜力，优化进口结构，从支持机电产品进口，扩大消费品、大宗商品进口，打造进口创新平台主动扩大进口。

（严德龙　沈威楠　张军平）

绍兴：古越新貌　蓄势待发

“十三五”期间，绍兴按照“融杭联甬接沪”战略定位，紧紧围绕产业改造提升、发展动力转换、新平台新业态打造、科技创新赋能、营商环境优化，坚持内外源并重、内外需共拓、进出口协调、“引进来”和“走出去”结合，全面提高开放水平，推进对外贸易提质创新。

位于柯桥区的绍兴（柯桥）中国轻纺城市场采购贸易方式试点

一、“十三五”期间绍兴市外贸主要成就

（一）绍兴对外贸易概况

“十三五”期间，绍兴外贸进出口累计达到1.11万亿元，同比增长8.2%，占同期全省外贸总值的7.9%。其中，出口1.02万亿元，同比增长19.6%，占全省出口总值的9.6%；进口874.4亿元，占全省进口总值的2.5%。2020年，进出口2578.1亿元，比2015年增长39.0%。“十三五”期间，进出口年均增长6.8%，外贸出口依存度逐年递增，由2016年的35.8%上升到2020年的39.8%。

以美元计，“十三五”期间，绍兴累计进出口1639.4亿美元，同比增长0.2%。其中，出口1510.1亿美元，增长10.8%；进口129.3亿美元。2020年，全市进出口372.3亿美元，比2015年增长24.5%，进出口、出口、进口的年均增长率分别为4.5%、4.9%和0.1%。

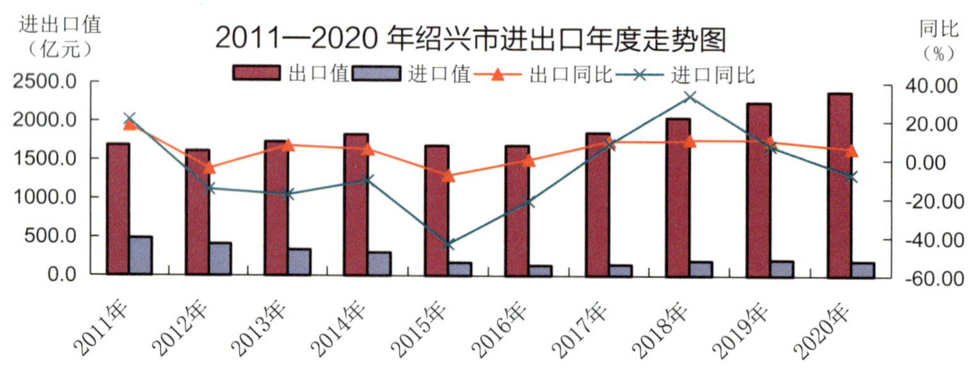

表1　2011—2020年绍兴对外贸易年度统计表

单位：亿元，%

年份	进出口		出口		进口	
	总值	同比	总值	同比	总值	同比
“十二五”期间	10256.3	36.6	8543.6	51.1	1712.7	-8.3
2011年	2174.4	18.5	1687.0	17.9	487.3	20.8
2012年	2026.6	-6.8	1613.5	-4.4	413.1	-15.2
2013年	2070.9	-2.2	1732.3	7.4	338.6	-18.0
2014年	2129.8	2.8	1827.3	5.5	302.5	-10.7

续表

年份	进出口		出口		进口	
	总值	同比	总值	同比	总值	同比
2015 年	1854.7	–12.9	1683.4	–7.9	171.3	–43.4
“十三五”期间	11095.5	8.2	10221.1	19.6	874.4	–48.9
2016 年	1820.9	–1.8	1686.2	0.2	134.7	–21.3
2017 年	1997.5	9.7	1851.9	9.8	145.6	8.1
2018 年	2240.1	12.1	2046.1	10.5	194.1	33.3
2019 年	2458.8	9.8	2250.9	10.0	207.9	7.1
2020 年	2578.1	4.9	2386.1	6.0	192.0	–7.6

“十三五”期间，服务贸易进出口稳步提升。全市服务贸易进出口总值累计712.9亿元，连续四年实现两位数增长，高于“十二五”期间。服务外包有序推进，全市累计实现离岸服务外包执行额6.8亿美元，年均增长21.8%，发包地涵盖全球101个国家和地区。

表 2 “十三五”期间绍兴国际服务贸易统计表

单位：亿元，%

年份	进出口		出口		进口	
	总值	同比	总值	同比	总值	同比
“十三五”期间	712.9	–	527.0	–	185.9	–
2016 年	149.8	24.8	102.0	31.7	47.8	12.3
2017 年	164.7	10.0	114.6	12.4	50.1	4.7
2018 年	126.2	10.1	95.5	13.7	30.7	0.4
2019 年	140.6	12.0	110.1	16.1	30.5	–0.76
2020 年	131.6	–6.36	104.8	–4.81	26.8	–12.0

（二）绍兴对外贸易结构

1．主导商品稳定，商品结构更趋优化

“十三五”期间，纺织品、服装和机电产品出口占主导地位，在全市出口总值的占比达到78.4%。纺织品、服装累计出口5949.7亿元，占绍兴市出口总值的58.2%，在全省和全国纺织品、服装出口中占比分别为25.9%、6.5%。其中，纺织纱线、纺织织物和纺织制品分别出口208.2亿元、3723.2亿元和737.2亿元，同比分别增长20.8%、7.8%和6.6%。机电产品出口年均增长13.6%，其中

2020年，机电产品出口值达到565.4亿元。医药品累计出口296.1亿元，同比增长40.4%，年均增长8.9%。高新产品累计出口227.2亿元，年均增长6.3%。

表3 “十三五”期间绍兴主要出口商品统计表

单位：亿元，%

出口商品	“十三五”期间			2020年			年均增速
	出口值	同比	占比	出口值	同比	占比	
总值	10221.1	19.6	100.0	2386.1	6.0	100.0	7.2
* 劳动密集型产品	6446.7	9.0	63.1	1348.1	–8.7	56.5	3.2
其中：纺织纱线、织物及其制品	4668.6	8.1	45.7	926.1	–14.2	38.8	1.7
服装及衣着附件	1281.1	–6.9	12.5	245.7	–12.7	10.3	–0.6
塑料制品	258.1	58.8	2.5	81.2	47.9	3.4	19.2
家具及其零件	110.4	240.6	1.1	40.1	61.4	1.7	40.5
* 机电产品	2065.9	42.6	20.2	565.4	34.5	23.7	13.6
其中：机械基础件	171.8	51.3	1.7	44.6	28.3	1.9	15.1
灯具、照明装置及零件	168.1	53.0	1.6	48.4	77.5	2.0	6.0
汽车零配件	161.1	40.5	1.6	30.9	–2.5	1.3	4.6
家用电器	157.1	128.6	1.5	44.9	37.3	1.9	17.6
医药材及药品	296.1	40.4	2.9	68.3	12.8	2.9	8.9
* 高新技术产品	227.2	–22.6	2.2	65.7	47.2	2.8	6.3
其中：生命科学技术	144.8	41.2	1.4	35.9	23.1	1.5	7.8
计算机集成制造技术	26.2	181.4	0.3	10.0	66.4	0.4	32.3
基本有机化学品	204.7	52.0	2.0	51.3	9.7	2.2	13.9

“十三五”期间，未锻轧铜及铜材、基本有机化学品和机电产品为绍兴进口前三大商品，比重分别为22.9%、22.9%和12.9%，三者合计占比达58.7%。二甲苯和乙二醇等基本有机化学品进口继续减少，2020年进口基本有机化学品为29.5亿元。进口机电产品113.2亿元，年均增长7.3%。其中，进口集成电路0.8亿元，同比增长21.3%，年均增长34.8%。同期，进口高新产品61.5亿元，年均增长12.2%。其中，进口计算机集成制造技术33.2亿元，在高新产品中占比过半，年均增长50.5%。进口消费品14.9亿元，同比增长112.9%，在全市进口商品中的占比提升1.3个百分点。

表 4　“十三五”期间绍兴主要进口商品统计表

单位：亿元，%

进口商品	“十三五”期间			2020 年			年均增速
	进口值	同比	占比	进口值	同比	占比	
总值	874.4	−48.9	100.0	192.0	−7.6	100.0	2.3
未锻轧铜及铜材	200.5	−30.3	22.9	70.7	62.7	36.8	9.7
* 基本有机化学品	200.5	−76.8	22.9	29.5	−39.6	15.4	−11.7
其中：二甲苯	69.6	−72.3	8.0	15.2	−42.3	7.9	4.8
乙二醇	51.8	−74.8	5.9	3.4	−57.0	1.8	−29.3
* 机电产品	113.2	−22.9	12.9	26.5	−12.3	13.8	7.3
其中：电工器材	8.5	101.8	1.0	1.3	−43.2	0.7	−2.6
集成电路	0.8	21.3	0.1	0.3	25.4	0.2	34.8
* 高新技术产品	61.5	6.0	7.0	15.6	−18.6	8.1	12.2
其中：计算机集成制造技术	33.2	108.5	3.8	10.2	−28.2	5.3	50.5
生命科学技术	11.6	22.1	1.3	1.1	−41.7	0.6	−7.0

2．传统市场平稳，新兴市场扩展

“十三五”期间，欧盟、美国和东盟继续保持绍兴市前三大外贸市场地位。对欧盟进出口1774.9亿元，同比增长17.4%。对美国进出口1562.0亿元，同比增长32.4%。对东盟进出口总值从2015年的221.8亿元增长到2020年的390.2亿元，年均增长12.0%，较“十二五”期间提高了6.5个百分点。其中，对越南的贸易增长速度最快，进出口值和比重分别从“十二五”期间的247.2亿元、2.4%提升到“十三五”期间的458.9亿元、4.1%，进出口值同比增长85.6%，年均增长13.0%，比重上升1.7个百分点。对日韩市场贸易值有所上升，占比进一步下降，由“十二五”期间的9.3%下降到“十三五”期间的7.1%。

表 5　“十三五”期间绍兴主要进出口市场统计表

单位：亿元，%

国家（地区）	“十三五”期间			2020 年			年均增速
	进出口值	同比	占比	进出口值	同比	占比	
总值	11095.5	8.2	100.0	2578.1	4.8	100.0	6.8
“一带一路”沿线国家	4512.0	17.8	40.7	1039.3	−0.8	40.3	7.0
欧盟	1774.9	17.4	16.0	408.3	8.8	15.8	7.3

续表

国家（地区）	“十三五”期间			2020 年			年均增速
	进出口值	同比	占比	进出口值	同比	占比	
美国	1562.0	32.4	14.1	355.2	13.0	13.8	7.2
东盟	1530.9	42.6	13.8	390.2	11.6	15.1	12.0
拉丁美洲	1210.3	−6.6	10.9	245.4	−6.3	9.5	1.5
非洲	1129.1	12.9	10.2	296.8	7.1	11.5	10.2
印度	436.9	14.4	3.9	85.0	−17.7	3.3	2.2
日本	400.5	−14.8	3.6	101.0	17.2	3.9	7.8
韩国	384.5	−19.9	3.5	100.3	14.3	3.9	13.9

3．一般贸易超九成，跨境电商和市场采购实现零的突破

“十三五”期间，一般贸易进出口值占贸易进出口总值的比重达93.7%，较“十二五”期间提升5个百分点。2018年，一般贸易进出口首次突破2000亿元，2020年达到2452.2亿元，年均增长7.6%。2020年，绍兴市综保区、跨境电商综试区、市场采购贸易试点相继获批落地，贸易新业态培育成效进一步显现。自跨境电商综试区获批以来，全市通过海关跨境电商管理平台的出口值月度环比以两位数以上的速度增长。2020年，通过跨境电商平台出口0.3亿元，实现了跨境电商零的突破。2020年12月25日，绍兴（柯桥）中国轻纺城市场采购货物贸易正式开通。

表 6　2011—2020 年绍兴进出口贸易方式统计表

单位：亿元，%

年份	进出口值			占比		
	一般贸易	加工贸易	其他	一般贸易	加工贸易	其他
2011 年	1900.7	263.8	9.8	87.4	12.1	0.5
2012 年	1791.8	229.9	4.9	88.4	11.3	0.2
2013 年	1833.6	231.8	5.5	88.5	11.2	0.3
2014 年	1874.1	253.5	2.2	88.0	11.9	0.1
2015 年	1699.0	154.7	1.0	91.6	8.3	0.1
2016 年	1675.5	132.0	13.4	92.0	7.3	0.7
2017 年	1868.4	118.4	10.6	93.6	5.9	0.5
2018 年	2095.6	134.3	10.2	93.5	6.0	0.5
2019 年	2304.4	142.4	12.1	93.7	5.8	0.5
2020 年	2452.2	118.2	7.6	95.1	4.6	0.3

4．民营企业独占鳌头，规模比重双增

2020年，绍兴有出口实绩数据的企业达到10942家，比2015年增加22.3%。其中，民营企业占93.4%，较2015年提升4.0个百分点。“十三五”期间，民营企业进出口规模和比重双双提升，累计进出口值突破9000亿元，同比增长32.3%，年均增长9.8%；占比为82.8%，提升15.1个百分点。2020年，民营企业进出口2235.4亿元，占全市进出口总值的86.7%，较2015年提高11.3个百分点。

表7　“十三五”期间绍兴进出口贸易主体统计表

单位：亿元，%

贸易主体	“十三五”期间			2020年			年均增速
	进出口值	同比	占比	进出口值	同比	占比	
总值	11095.5	8.2	100.0	2578.1	4.8	100.0	6.8
民营企业	9183.1	32.3	82.8	2235.4	8.8	86.7	9.8
外商投资企业	1841.9	−41.7	16.6	332.1	−15.2	12.9	−5.5
国有企业	70.5	−48.4	0.6	10.6	−13.5	0.4	−9.0

5．区县产业各具特色，区域协调发展

“十三五”期间，绍兴坚持主动融入错位发展，形成特色集聚发展，建设园区跨越发展，所辖一县二市三区产业布局各具特色。

越城区全力推进平台建设，打造高能级外贸示范区。“十三五”期间，越城区打造绍兴国家高新技术产业开发区、袍江经济技术开发区、绍兴综保区三大国家级平台和集成电路、高端生物医药两大省级“万亩千亿”新产业平台。目前，正在加快建设国家集成电路创新中心和绍“芯”省级实验室。

柯桥区提振国际竞争优势，保持优良产业生态。中国轻纺城作为全球规模最大、经营品种最多的纺织品集散中心，已基本形成了传统交易区、市场创新区、国际贸易区、原料龙头区和物流配套区五大区块。全球四分之一的面料在此交易。2019年市场群年交易额突破2000亿元，纺织品外贸出口超100亿美元。[1]奋力打造“买柯桥，卖全球”的商品贸易新格局。

上虞区外贸产业提档升级，迸发出口增长活力。目前已形成了机械装备、精细化工、轻工纺织、照明电器、新能源新材料五大出口产业，以及伞件、铜

[1] 数据来自绍兴市人民政府官网。

管、手套袜业、光电源、汽配、风机、童装等八大块状经济。出口贸易稳步提升，2020年实现一般贸易出口38.27亿美元，同比增长7.93%。

诸暨市产业链实现一体化，加速抢占国际市场份额。诸暨素有“中国袜业之都”“中国珍珠之都”和“中国五金之乡”的美誉。目前，以大唐街道为核心的大唐袜业已形成了完整的产业链，袜子产量占全国的70%、全球的35%，2020年实现出口额10.03亿美元。山下湖镇珍珠年产量占全国的80%、世界的75%，拥有全球最大的珍珠集散中心——华东国际珠宝城。

嵊州市传统产业持续发力，加快拓展国际市场。2020年，全市产品出口到128个国家和地区。领带服装、电器厨具、机械电机出口值占全市出口值的七成以上。作为全球最大的领带外贸出口基地，嵊州市被列入浙江省（领带）产业集群跨境电商发展试点县市。嵊州市还是全球最大的集成灶生产基地，年产燃气灶550万台，出口值稳步增长。

新昌县外贸产业多点开花，持续优化结构布局。2020年实现外贸出口21.31亿美元，比2015年增长37.2%。“十三五”期间，生物医药产品、机电产品、文化产品等主要产业出口实现高速增长。其中医药产品异军突起，实现产品出口数量和价格双提升，占全球市场的份额不断提高，维生素A和维生素C产量分别占全球市场份额的40%和60%。

二、“十三五”期间绍兴市外贸主要举措

（一）优化市场结构，出口贸易迸发新活力

积极打造会展平台。以“拓市场、抢订单、保份额”为重点，以“能展尽展、全力促展”为方针，将组织企业参展作为开拓国际市场的重点工作，为企业搭建交易平台，有效利用各类会展资源，加大市场拓展力度。精心组织企业参加广交会、中国—东盟博览会等境内外展会，加快形成重点突出、层次分明、风险分散、渠道多元的市场分布新格局。据不完全统计，“十三五”期间，全市累计组织22628家次企业参加了3227个（次）境内外展会，设摊位39195个。累计组织线上展会277个，3860家（次）企业参加。

加快国际营销体系建设。引导绍兴市企业加快打造海外营销网络，建立和完善多元化的整体营销体系。鼓励企业到海外重点市场设立销售子公司、产品分拨中心和售后服务网点,支持企业在境外设立海外区域性总部。推广跨

国连锁经营和网络营销方式，推动跨国采购商和绍兴市大企业、块状产业集聚地的长期采购关系，建立自主性国际营销网络。引导企业“走出去”，加快培育本土跨国公司。“十三五”期间，全市境外投资项目累计261个，投资额38.4亿美元。跨国公司培育走在全省前列，5家企业入选全省“20强”，居全省第二位。

（二）培育贸易主体，出口质量达到新高度

加快主体培育。实施外贸主体“三百”工程，积极开展“万企贸易成长计划暨外贸小微企业成长三年行动计划”，做实“抓大、扶中、培小、育新”四个环节，扎实做好全市百强外贸企业跟踪服务工作，加强对全市百家有增长潜力企业的培育扶持。

推进试点建设，加快国家外贸转型升级基地培育工作，推动特色产业基地对产业和地方经济发展的带动和示范作用。培育柯桥区（纺织）、上虞区（伞具）、诸暨市（服饰）、嵊州市（服饰）、新昌（生物医药）等5个国家外贸转型升级基地。

加强品牌培育，积极发挥品牌带动作用，全面加快自主品牌建设，着力打造国际知名品牌。制订《促进自主出口品牌发展的若干意见》，积极引导和支持企业创建自主品牌，扩大市场影响力，增加产品定价的话语权。截至2020年，绍兴市累计培育市级以上“出口名牌”企业136个，其中省级59个、市级77个，基本建成了省、市两级出口品牌培育体系。

强化创新能力，加快优势传统出口产业技术改造。鼓励服装、纺织、机械电子等传统出口产业加大技术改造力度，引导传统型外贸企业购置先进技术和关键设备，重视技术研发和工业设计，不断改进生产工艺，增强自主创新能力，推动传统出口产业高新化。

（三）创建开放平台，贸易业态展现新气象

全力争取各项高能级试点、平台落地，补足绍兴国家级重大开放创新平台和改革试点较少的现状。2019年12月，国务院同意设立中国（绍兴）跨境电商综试区；2020年9月10日，国务院同意设立绍兴设立综合保税区；2020年9月15日,商务部等国家七部委联合发文,绍兴（柯桥）中国轻纺城市场获批市场采购贸易方式试点。三大开放平台作为绍兴融入全国发展大局的战略支点，对提高城市开放度，撬动高质量发展具有里程碑式的意义。

（四）加大指导力度，服务贸易得到新发展

积极扩大进口。充分利用进博会的溢出效应，实行积极的进口政策，使进口贸易与绍兴市战略性新兴产业的培育、出口产品的升级方向相协调。对进口商品进行分类指导，鼓励企业扩大先进技术设备、工业原材料和稀缺能源的进口，引导企业通过扩大高新产品和先进机械设备进口，推动现有产业结构转型升级。

大力推进服务贸易发展。制定服务贸易发展规划，建立和完善支持服务贸易出口的政策措施。积极培育服务外包产业示范园区建设，促进服务外包产业集聚发展。加大离岸服务外包项目招商力度，积极引进国内外离岸服务外包项目，培育一批具有较强国际竞争力的领军型离岸服务外包企业。

（五）夯实保障体系，外贸服务营造新环境

加快落实各级各类促外贸增长的政策。主动与国家、省各项政策对接，出台系列政策，鼓励支持开放型经济发展，加快政策兑现速度。开展绍兴市外汇金融助推涉外企业专项行动，创新“政府+信保+银行”合作机制，启动“越贸贷”融资业务。

强化联动服务。加强与海关、税务、外管、信保等部门工作联系，帮助企业了解并用好当前通关、退税、结汇、信保等政策。进一步强化各部门的沟通和协作，及时研究解决外贸发展中出现的新情况、新问题，形成工作合力，共同营造稳定外贸增长的良好环境。

做好外贸预警和监测分析工作，深入推进“订单+清单”预警监测系统工作，对绍兴市进入浙江省外经贸运行调查监测系统的934家重点联系企业订单、经营情况，出口走势等进行跟踪监测，每月发布监测报告。

三、“十四五”期间绍兴市外贸发展展望

（一）总目标

以新兴业态为引擎，创新发展新模式，壮大跨境电商、市场采购和外综服等为代表的外贸新业态，为稳外贸创造更多增量。同时推动外贸转型升级和高质量发展，稳住外贸基本盘，打造以综合保税、跨境电商、市场采购、自由贸易为核心的高能级新型贸易示范区。

（二）行动计划

1. 推动外贸平台高标准建设

加快各类功能平台大发展，助推开发区（园区）系统性重构、创新性变革。发挥滨海新区大平台核心引领作用，实施各项专项行动，将绍兴滨海新区建设成为大湾区发展重要增长极、全省传统产业转型升级示范区。高标准建设集成电路、高端生物医药、先进高分子“万亩千亿”新产业平台。

强化四大开放平台牵引作用。以综保区为牵引，打造长三角乃至全国集成电路、生物医药、现代纺织产业链、供应链畅通的制造枢纽；以跨境电商综试区为牵引，打造专业市场线上线下融合、产业集群互联互通的区域性贸易循环枢纽；以市场采购贸易试点为牵引，打造内外贸有效贯通的区域性市场枢纽；以自贸区建设为牵引，打造产业集聚、要素集中、开放能级较高的浙江自由贸易试验区绍兴联动创新区。打造国际合作先行区。支持优势企业跨国经营，逐步形成“总部在绍兴、基地在海内外、营销在全球”的运营模式。

2. 推动传统产业高质量转型

落实品牌兴贸战略，聚焦现代产业体系构建，加大绍兴5个国家外贸转型升级产业基地培育力度，提高纺织、服装、机电、轻工等传统优势出口产品向科技研发等价值链高端延伸，着力推动“两自一高”产品出口。发挥好现有国家级基地的引领作用，加快培育形成一批新外贸产业集群，增强基地对产业发展的带动示范作用。加快推动黄酒、珍珠等传统产业发展，打响“世界美酒产区”“中国黄酒之都”“国际珠宝中心”品牌，扩大纺织品、机电产品及黄酒、茶叶、珍珠等优质特色产品的海外市场份额。

3. 推动进口贸易高效率提升

增加优质消费品进口，鼓励贸易企业经营代理国外品牌，引导境外消费回流。支持关系民生的产品进口，支持先进设备、先进技术进口，鼓励企业引进消化再创新。深化进出口平台建设，搭建专业进口展示交易平台。做大做强绍兴市进口商品展会及平台，建设进口商品“世界超市”，打造永不落幕的“进博会”。努力争取设立国家级进口贸易促进创新示范区。大力培育和引进发展潜力大、辐射能力强的进口贸易主体，促进跨国公司区域总部及功能性机构落户，推动外商投资企业扩大进口。推动新型研发机构成为先进设备和技术进口主体。

4. 推动数字贸易高水平发展

以数字服务出口为导向，培育数字贸易新业态、新模式。集聚一批引领数字贸易发展、具备价值链整合能力的跨国公司，培育一批国际竞争力强、发展潜力大的“独角兽”创新企业，打造一批具有引领示范效应的数字贸易集聚区。探索建立绍兴数字服务贸易发展创新基金，加强数字贸易领域全产业链的配套和服务，实现生产销售、线上线下、内贸外贸一体发展。加快构建完整的服务贸易体系，聚焦新兴产业快速发展。

（王庆章　骆施梅　周磊晶）

金华：“金”非昔比　改革引领

金华市地处浙江省中部，是长江三角洲南翼重要城市和浙江省中西部中心城市。“十三五”期间，面对国内外风险挑战明显增加的复杂局面，金华市坚持稳中求进的工作总基调，迎难而上，抢抓机遇，在产业链中强链补链，交出一份亮丽的外贸成绩单。2018年，金华市出口规模跃居全省第二。“十三五”期间，拉动浙江省外贸出口增长11.6个百分点，增长贡献度居全省首位。

2017年6月，金义综保区封关运行

一、“十三五”期间金华市外贸主要成就

（一）金华对外贸易概况

1. 货物贸易进出口基本情况

（1）外贸快速发展，总值屡创新高。“十三五”期间，金华市累计进出口总值1.94万亿元，同比增长90.2%；进出口规模从“十二五”末的3044.4亿元增长到2020年的4866.1亿元，连续五年保持正增长，年均增长9.8%，占全国进出口份额从1.2%增长至1.5%，实现跨越式发展。进出口、出口和进口总值分别占全省的13.8%、17.6%和2.1%。

按美元统计，“十三五”期间，金华市进出口2869.7亿美元，出口2764.2亿美元，进口105.5亿美元，分别增长75.0%、76.8%和37.8%，年均分别增长7.4%、6.9%和21.6%。

（2）出口势头强劲，外贸贡献突出。“十三五”期间，金华市外贸出口值分别于2016年突破3000亿元、2019年突破4000亿元大关，累计出口值达1.87万亿元，同比增长92.2%，占全国外贸出口的2.3%，拉动浙江省外贸出口增长11.6个百分点，居全省第二位。在全国地级市中，超越佛山市、厦门市、杭州市，跃居第六位，并保持至今。累计进口718.7亿元，同比增长50.0%，年均增长24.2%。

表1　2011—2020年金华对外贸易年度统计表

单位：亿元，%

年份	进出口		出口		进口	
	总值	同比	总值	同比	总值	同比
“十二五”期间	10222.3	206.1	9743.2	212.5	479.1	116.6
2011年	1066.3	19.1	982.8	18.9	83.6	22.0
2012年	1436.1	34.7	1346.1	37.0	90.0	7.7
2013年	2127.2	48.1	2019.1	50.0	108.1	20.1
2014年	2548.3	19.8	2436.8	20.7	111.5	3.2
2015年	3044.4	19.5	2958.5	21.4	85.9	–23.0
“十三五”期间	19445.2	90.2	18726.5	92.2	718.7	50.0
2016年	3186.0	4.6	3110.5	5.1	75.5	–12.2
2017年	3404.8	6.9	3311.0	6.4	93.8	24.3
2018年	3768.9	10.7	3658.2	10.5	110.7	18.0
2019年	4219.4	12.0	4034.7	10.3	184.7	66.9
2020年	4866.1	15.3	4612.1	14.3	254.1	37.5

2. 服务贸易进出口基本情况

“十三五”期间，金华市成功创建省级国际服务外包示范园区3个、省级服务贸易基地4个；被列为浙江省首批国际服务贸易示范城市，被评为中国服务外包最佳新锐城市、中国服务外包最具发展潜力城市等。2020年，金华市服务贸易进出口达113.9亿元，同比增长30.0%。其中，出口80.3亿元，同比增长47.3%；进口33.5亿，同比增长5.5%。2020年，全市离岸服务外包合同执行金额达到4.2亿美元，同比增长18%。“十三五”期间，离岸服务外包合同执行额年均增长13%以上。

（二）金华对外贸易结构

1. 进出口商品结构持续优化

（1）机电产品成为出口增长主力军。“十三五”期间，主要出口商品均保持两位数增长。其中，机电产品于2016年超过劳密产品成为金华市出口规模最大类别商品，“十三五”期间累计出口7413.9亿元，拉动出口增长37.4个百分点，同比增长96.6%，年均增长12.3%，占全市出口总值的39.6%，比“十二五”期间增加0.9个百分点。另外，高新产品出口在“十三五”期间增速较快，同比增长130.8%，年均增长19.0%，为金华市出口持续增长带来新动力。

表2 “十三五”期间金华主要出口商品统计表

单位：亿元，%

出口商品	“十三五“期间			2020 年			年均增速
	出口值	同比	占比	出口值	同比	占比	
总值	18726.5	92.2	100.0	4612.1	14.3	100.0	9.3
* 机电产品	7413.9	96.6	39.6	1976.3	25.6	42.9	12.3
其中：电工器材	488.2	124.4	2.6	128.3	24.4	2.8	11.4
家用电器	328.0	193.0	1.8	108.4	47.3	2.3	23.5
汽车零配件	260.4	73.0	1.4	64.4	14.3	1.4	11.6
电子元件	232.6	188.6	1.2	73.6	28.5	1.6	24.5
* 劳密产品	6788.0	82.8	36.2	1576.4	7.4	34.2	6.8
其中：服装及衣着附件	1875.6	42.7	10.0	391.0	–4.9	8.5	2.9
塑料制品	1729.0	106.2	9.2	406.2	10.8	8.8	5.0
纺织纱线、织物及其制品	1304.9	93.6	7.0	352.2	24.8	7.6	13.3
玩具	572.9	363.2	3.1	145.3	15.2	3.1	25.2
箱包及类似容器	504.4	69.7	2.7	90.0	–23.4	2.0	–0.5
家具及其零件	483.5	62.7	2.6	143.3	39.9	3.1	12.5

续表

出口商品	“十三五“期间			2020 年			年均增速
	出口值	同比	占比	出口值	同比	占比	
鞋靴	434.9	93.5	2.3	78.6	-9.4	1.7	-2.4
* 高新技术产品	493.4	130.8	2.6	142.4	29.2	3.1	19.0
其中：电子技术	164.0	192.3	0.9	48.0	8.9	1.0	24.2

（2）农产品进口成倍增长。“十三五”期间，金华市农产品进口246.5亿元，同比增长38.1倍，拉动进口增长50.1个百分点，占同期全市进口总值的34.3%，比“十二五”期间提升33.0个百分点。尤其是2020年，农产品进口首次突破100亿元大关，达到129.7亿元，较2015年增长74.2倍。值得一提的是，“十三五”期间，化妆品进口增长明显，同比大幅增长67.2倍，拉动进口增长6.3个百分点，年均增长达2.0倍，2020年进口值为2015年的243.2倍。

表 3　“十三五”期间金华主要进口商品统计表

单位：亿元，%

进口商品	“十三五”期间			2020 年			年均增速
	进口值	同比	占比	进口值	同比	占比	
总值	718.7	50.0	100.0	254.1	37.5	100.0	24.2
* 农产品	246.5	3811.7	34.3	129.7	51.4	51.1	137.3
其中：鲜、干水果及坚果	130.3	151611.3	18.1	59.3	-1.5	23.3	308.3
肉类（包含杂碎）	24.4	29977.7	3.4	21.4	918.5	8.4	500.5
酒类及饮料	19.2	1556.3	2.7	5.9	-9.9	2.3	67.3
乳品	12.4	15480.0	1.7	9.5	288.3	3.7	364.0
水海产品	10.9	9519.4	1.5	6.9	110.5	2.7	314.4
* 机电产品	112.3	84.4	15.6	22.7	-22.6	8.9	22.5
其中：半导体制造设备	17.8	226.5	2.5	3.9	948.4	1.5	80.9
* 高新技术产品	60.4	225.0	8.4	11.7	12.4	4.6	23.1
其中：计算机集成制造技术	26.0	149.6	3.6	5.8	305.8	2.3	37.7
电子技术	17.3	292.2	2.4	2.9	-42.0	1.2	8.2
初级形状的塑料	45.6	-44.4	6.3	4.1	-29.8	1.6	-15.0
未锻轧铜及铜材	31.2	-57.6	4.3	17.6	1440.9	6.9	4.3
美容化妆品及洗护用品	30.5	6721.8	4.2	22.7	230.9	8.9	200.1

2. 传统市场稳中有升，新兴市场极具潜力

“十三五”期间，金华市外贸继续实施出口市场多元化战略，在深耕欧美等传统市场的同时，持续挖掘东盟、非洲、拉丁美洲等新兴市场潜力。

欧美作为金华市传统进出口市场，具有较高的经济发展水平和消费水平，市场容量大，购买力强，是金华市产品的主销市场。“十三五”期间，金华市对欧盟、美国、日本和韩国分别进出口2811.8亿元、2225.6亿元、340.0亿元和308.9亿元，同比分别增长61.4%、93.9%、41.4%和106.3%，合计占全市进出口总值的29.2%，拉动金华外贸增长23.5个百分点。

“十三五”期间，金华市对非洲、拉丁美洲、东盟三大新兴市场合计进出口7433.8亿元，占全市进出口总值的38.2%，较“十二五”期间提高4.4个百分点，拉动外贸增长38.9个百分点。同时，随着我国“一带一路”倡议的提出，全市对外开放的通道更加宽敞，辐射带动作用更趋显著。“十三五”期间，金华市对“一带一路”沿线国家出口8243.8亿元，同比增长94.8%，拉动外贸出口增长39.3个百分点。

表4　“十三五”期间金华主要进出口市场统计表

单位：亿元，%

国家（地区）	“十三五”期间			2020年			年均增速
	进出口值	同比	占比	进出口值	同比	占比	
总值	19445.2	90.2	100.0	4866.1	15.3	100.0	9.8
“一带一路”沿线国家	8243.8	94.8	42.4	1934.3	8.4	39.8	7.2
非洲	3351.9	115.4	17.2	797.4	5.6	16.4	7.4
欧盟	2811.8	61.4	14.5	696.0	14.8	14.3	9.9
美国	2225.6	93.9	11.4	661.6	42.2	13.6	17.6
拉丁美洲	2208.9	98.8	11.4	541.2	8.8	11.1	10.1
东盟	1873.0	136.1	9.6	517.8	29.2	10.6	14.9
日本	340.0	41.4	1.7	105.4	47.5	2.2	16.2
韩国	308.9	106.3	1.6	114.5	77.0	2.4	27.1

3. 市场采购占据“半壁江山”，跨境电商快速增长

“十三五”期间，面对复杂的国际环境及新冠肺炎疫情对传统外贸的严峻考验，金华市发挥市场大市、电商大市的独特优势，持续深化市场采购贸易方式改革，大力发展新业态、新模式，助力外贸企业攻坚克难。

2020年，金华市市场采购经营者主体从义乌市场集聚区扩大到义乌国际

贸易综合改革试验区，助力市场采购出口持续增长。“十三五”期间，金华市市场采购出口1.07万亿元，较“十二五”期间市场采购和旅游购物合计出口值增长1.6倍，超越一般贸易成为金华外贸第一拉动力；占金华市进出口总值的54.9%，占浙江省市场采购出口总值的93.9%，增速较全市进出口平均增速高67.1个百分点，拉动全市出口增长67.0个百分点。

跨境电商新兴贸易业态发展态势迅猛，“十三五”期间进出口120.1亿元，同比增长15.5倍，年均增长46.8%，占浙江省跨境电商贸易总值的8.7%。

表5 “十三五”期间金华主要贸易方式（业态）统计表

单位：亿元，%

贸易方式（业态）	“十三五”期间			2020年			年均增速
	进出口值	同比	占比	进出口值	同比	占比	
总值	19445.2	90.2	100.0	4866.1	15.3	100.0	9.8
市场采购	10680.1	157.3	54.9	2573.5	10.7	52.9	7.8
一般贸易	8094.3	43.6	41.6	2118.5	22.5	43.5	12.2
加工贸易	421.0	–0.5	2.2	62.1	–21.0	1.3	–5.8
跨境电商	120.1	1548.4	0.6	48.9	267.2	1.0	46.8

4. 民营企业活力增强，引领外贸持续增长

金华民营企业因其极具活力和创新力，规模不断扩大，在各类企业中，民营企业表现最为突出。“十三五”期间，累计进出口1.89万亿元，同比增长100%，占金华市进出口总值的97.2%，较“十二五”期间提升5.0个百分点。其中，出口1.82万亿元，同比增长100%，占同期出口总值的97.2%；进口685.8亿元，同比增长86.3%，占同期进口总值的95.4%。民营企业继续稳居金华市第一大外贸主体，且增幅遥遥领先国有企业和外商投资企业。

表6 “十三五”期间金华进出口贸易主体统计表

单位：亿元，%

贸易主体	“十三五”期间			2020年			年均增速
	进出口值	同比	占比	进出口值	同比	占比	
总值	19445.2	90.2	100.0	4866.1	15.3	100.0	9.8
民营企业	18891.8	100.5	97.2	4759.0	16.2	97.8	10.3
外商投资企业	445.9	–33.1	2.3	84.3	–4.7	1.7	–4.5
国有企业	79.0	–40.8	0.4	13.7	–9.4	0.3	–5.6

5. 区域产业特色明显，外贸规模快速扩大

“十三五”期间，金华市民营经济发达，区域特色产业发展明显，产业聚集和比较优势为金华外贸发展奠定了较好基础。如义乌小商品通过市场采购贸易方式走向全球，实现出口1.03万亿元，同比增长1.6倍。永康是全国规模最大、市场影响力最强的五金产业基地，“十三五”期间出口电动工具225.5亿元，出口保温瓶（杯）207.7亿元，占同期浙江省保温瓶（杯）出口总值的46.8%。兰溪已形成纺纱、织布、印染、色布、牛仔、家纺毛巾、服装、产业用布等较完整的产业链，是国内具有较大知名度和重要影响力的棉纺织产业集聚区，“十三五”期间出口纺织制品195.3亿元。

二、“十三五”期间金华市外贸主要举措

（一）创新工作机制，统筹推动稳外贸工作

1. 加强组织领导，完善工作机制

金华市先后成立外贸工作领导小组，建立稳外贸稳外资协调机制，并在稳外贸稳外资协调机制基础上按照精简、高效、管用、顺畅的原则成立出口专班。通过出口专班的运作，形成统筹协同、分析研判、清单管理、应急响应、周对标月评价、市县联动等六项机制，形成横向协同、纵向联动的工作格局。

2. 迭代升级政策，强化企业帮扶。

贯彻落实稳外贸政策，“十三五”期间金华不断更新迭代全市外贸政策，并在新冠肺炎疫情期间推动稳外贸政策纳入市渡难关政策。强化政银合作，全国首创“金贸信融”业务，与宁波银行、中国银行、中国农业银行等多家银行开展战略合作，被中央电视台“新闻直播间”栏目报道。

（二）加快改革创新，不断扩大开放平台效应

1. 深入实施义乌国际贸易综合改革试点

在全国首创“市场采购”贸易方式，形成100余项创新案例和创新成果。其中，“市场采购”贸易方式在全国31个城市复制推广，并两次写入国务院工作报告。

2. 自由贸易试验区金义片区获批

2020年8月，中国（浙江）自由贸易试验区金义片区获国务院批准，9月24日正式挂牌。这一最高层次开放平台的落地代表金华贸易自由化发展实现新突

破。义乌综保区随后获批，金华成为拥有双综保区的地级市。

3. 改革创新“义新欧”中欧班列双平台运营机制

依托“义新欧”中欧班列原有基础，按照“一个品牌，两个平台，全省统筹，错位发展”的改革思路，整合打造金华、义乌双平台，以改革倒逼两大平台充分发挥主观能动性，班列开行数量、质量大幅提升。该做法已入围省改革创新最佳实践案例。

（三）打好外贸“组合拳”，促进外贸提质升级

1. 着重外贸主体培育

实施“外贸小微企业三年成长计划”，从政策、金融、服务等方面营造良好的外贸主体成长环境。“十三五”期末，全市有进出口实绩的企业达到11359家，比“十二五”期末增加4780家，其中有出口实绩的企业10549家，比“十二五”期末增加4184家。

2. 加强出口品牌体系建设

鼓励企业创立自主品牌和收购知名品牌，不断提高自主品牌产品出口比重，至“十三五”末期，全市自主品牌出口占比达到了12%。鼓励企业争创浙江出口名牌、金华出口名牌，强化品牌研究、品牌设计、品牌定位和品牌交流。“十三五”期间，有55个自主品牌被评为浙江省出口名牌，累计91个；66个自主品牌被评为金华市出口名牌，累计135个。

3. 推进外贸转型升级基地建设

“十三五”期间，永康餐厨用品、武义餐厨用品、义乌服饰、兰溪牛仔布等4个基地等被评为国家外贸转型升级基地，全市累计达6个。

4. 培育外贸新动能

将跨境电商做为外贸转型升级的重要方向，制定落实跨境电商十大行动方案。积极实施制造业跨境出海行动，鼓励制造业企业开展跨境电商。2020年，全市新增开展跨境电商的制造业企业超过1400家，“十三五”期间累计总数超1万家。

5. 积极培育外综服企业

培育认定了一批资质信誉好、服务专业高效、风控能力较强的外综服企业，在通关、报检、退税、外汇等方面实施专项便利化措施。至“十三五”期末，全市经省级评定的外综服企业达到17家，数量居全省第一。

（四）借力展会平台，帮助企业稳单拓市

1. 开拓重点境外市场

结合产业发展导向和市场开拓方向，制定重点境外展会目录，重点支持企业开拓“一带一路”沿线国家及美国、非洲等重点市场。充分发挥广交会、华交会、消博会等国内传统重点展会优势，鼓励中小微企业积极参展，开拓国际市场。

2. 推动线上展会

2020年，举办“金华品牌丝路行”“金华制造云参展云对接”“浙江（金华）中非文化合作交流周暨中非经贸论坛”等活动，帮助企业应对新冠肺炎疫情带来的负面冲击，抢抓机遇稳订单、拓市场。“十三五”期间，自主举办各类展会80余场，组织企业参加其他展会800余场，累计有2万多家次企业参加。

3. 推进内外贸一体化建设

培育统一的流通体系和市场环境，促进内外贸业务交叉融合、内外贸商品自由流通、内外贸管理体系和谐统一。着力推动内贸企业开拓国际市场，支持永康加快建设全省外贸企业开拓国内市场产业示范区。

（五）争创进口平台，优化进出口结构

1. 加大进口平台建设

实施“十百千”进口主体培育工程，培育和提升一批省级重点进口平台，义乌市获评国家进口贸易促进创新示范区，金义综保税区被评为省级进口贸易促进创新示范区，义乌中国进口商品城等7个平台被评为省重点进口平台。

2. 组织企业参加进博会

借助进博会平台，充分利用综保区平台优势，吸引“一带一路”沿线国家企业参观综保区，洽谈入驻，开展进口贸易项目。举办中国义乌进口商品博览会、全球跨境电商大会、金义进口商品优品展等活动，有效利用进博会溢出效应。连续三年组织企业参加进博会，累计参会企业6608家次，参加人员17095人次，成交意向20.84亿美元。

（六）注重特色培育，做强服务贸易

1. 明确发展布局

2015年，金华市成立了国际服务贸易发展工作领导小组。2016年，出台了《金华市国际服务贸易发展“十三五”规划》和《金华市国际服务贸易发展三

年行动计划（2017—2019年）》，明确全市“一核、四区、多节点、广覆盖”服务贸易发展布局。

2. 建设金华特色的产业发展体系

通过深化省级服务贸易与货物贸易协调发展基地、国际服务外包特色园区和综合园区、东阳横店省级文化出口基地等平台建设，初步构建了高效运作、配套齐全、协调发展的现代化产业体系。

3. 积极争取政策支持

“十三五”期间，金华市积极争取上级政府部门的政策支持，成功创建省级国际服务外包示范园区3个、省级服务贸易基地4个，并被列为浙江省首批国际服务贸易示范城市，被评为中国服务外包最佳新锐城市、中国服务外包最具发展潜力城市。

（七）优化企业服务，防范贸易风险

1. 持续加强外贸预警体系建设

依托“订单+清单”监测预警系统，深入开展外贸分析研判，做好贸易摩擦应对。该系统已上线企业8246家，填报率达97%以上。

2. 做好贸易救济工作

加强贸易救济调查和技术性贸易壁垒应对工作，强化涉外法律服务。每年开展外经贸法律服务月活动，累计服务企业1000余家。做好对贸易摩擦大案、要案的指导工作。指导重点企业开展海外业务合规体系建设。金华汽车及零部件行业、浦江家纺行业贸易调整援助试点已获得批准。

3. 深化“三服务”，做好企业帮扶

坚持问题导向、需求导向和效果导向，切实为企业解决难题。按照“快速、精准”的原则，从多方面帮助企业稳订单、拓市场、防风险。

三、“十四五”期间金华市外贸发展展望

（一）总目标

“十四五”期间，全市将保持对外贸易稳中有进，开放竞争力显著提升，实现更优的发展质量。到2025年，力争全市货物贸易进出口总值达到6000亿元，出口占全国份额保持稳定，进出口结构显著优化，进出口比值收

窄至15以下。

（二）行动计划

1.聚焦高质量，推动外贸提质升级。加强外贸主体培育，扩大外贸主体数量。高标准建设国家外贸转型升级基地，培育和壮大特色产业规模。加大出口品牌培育力度，鼓励企业创立自主品牌和收购知名品牌，提高自主品牌产品出口比重，着力优化出口商品结构。

2.聚焦开放平台建设，扩大出口规模。打造大宗商品集散中心。推进义乌市和金义综保区进口贸易促进创新示范区建设。培育和提升一批省级重点进口平台，推动重点进口平台能级提升。发挥“义新欧”中欧班列优势，推动班列运输与进口市场协同发展。

3.聚焦新兴市场，帮助企业“云上”拓市。大力开拓“一带一路”沿线国家市场和RCEP区域市场，加大“一带一路”沿线国家和重点出口区域海外仓服务体系建设。组织企业参加境内重点展会及网上出口交易会等线上展会，开展“金华品牌丝路行”“金华制造云参展云对接”等活动。

4.聚焦新型贸易，挖掘出口新增长点。推动市场采购贸易方式创新提升，建设可溯源的便利化监管体系和全链路的贸易综合服务平台，打造规范便利的国际贸易生态圈。深化跨境电商综试区建设，引导传统外贸企业对接跨境电商的公共服务平台，推广“跨境电商+”新模式。

5.聚焦“三服务”，推动精准助企。加大政策支持力度，迭代升级外贸政策。深化贸银合作，创新信保融资政策兑现方式。进一步健全外贸预警体系机制，优化行业布局，提高预警点管理水平。

（鲍静萍　颜佳俊）

衢州：四省通衢　活力兴贸

衢州地处浙江省西部，“居浙右之上游，控鄱阳之肘腋，掣闽、粤之喉吭，通宣、歙之声势”[1]，川陆所会，四省通衢。独特的区位优势让衢州自古便是商贸重地，如今更是闽、浙、赣、皖四省边际中心，长三角、泛珠三角和海峡西岸三大经济区交汇的重要节点。“十三五”期间，衢州坚持以习近平新时代中国特色社会主义思想为指导，深入贯彻“八八战略”，努力践行“八个嘱托”，全面推进“八大任务”，奋力打造“重要窗口”，全面落实“1433”发展战略体系[2]，迈出区域开放新步伐；全面打造“山海协作”升级版，接轨义甬舟开放大通道，积极融入长三角一体化发展；参与“一带一路”国际经贸合作，设立国家跨境电商综试区，持续推动“活力新衢州、美丽大花园”从蓝图走向现实。五年来，衢州外贸经济发展质量迈上新台阶，出口、进口较“十二五”期间均实现两位数正增长，收获了靓丽的成绩单。

[1] 清顾祖禹《读史方舆纪要·衢州府》，中华书局，2005 年。

[2]“1433”发展战略体系：“一个战略目标”，即活力新衢州、美丽大花园；“四大战略定位”，即打造大湾区的战略节点、大花园的核心景区、大通道的浙西门户、大都市区的绿色卫城，全面融入全省“四大”建设；“三大战略任务”，即队伍建设、基层治理、城市文明；“三大战略路径”，即坚持“四个两手抓”、打造“四个升级版”、强化“四个大统筹”。

一、“十三五”期间衢州市外贸主要成就

（一）衢州对外贸易概况

1. 外贸实现跨越发展，规模迈上300亿新台阶

“十三五”期间，衢州市外贸进出口总值为1701.6亿元，同比增长48.6%。其中，出口1182.6亿元，增长55.5%；进口519.0亿元，增长34.8%，期间进出口年均增长5.7%，2020年达到359.8亿元。出口年均增长4.6%，2020年达到253.4亿元。进口年均增长8.9%，2020年达到106.4元，。

“十三五”期间，衢州市外贸规模在闽、浙、赣、皖四省边际区域的9个城市中位居前列，进出口总值居第二位，出口值居第四位，进口值居第三位。

以美元计，“十三五”期间，衢州市进出口251.8亿美元，同比增长37.5%，年均增长3.5%。其中，出口174.9亿美元，增长43.9%；进口76.9亿美元，增长24.9%。

表1　2011—2020年衢州对外贸易年度统计表

单位：亿元，%

年份	进出口		出口		进口	
	总值	同比	总值	同比	总值	同比
“十二五”期间	1145.1	163.1	760.3	164.4	384.9	160.8
2011年	174.4	36.0	114.4	39.9	60.0	29.2
2012年	190.7	9.4	117.4	2.6	73.3	22.3
2013年	234.6	23.0	148.4	26.4	86.2	17.6
2014年	273.3	16.5	177.3	19.5	96.0	11.3
2015年	272.2	−0.4	202.8	14.4	69.4	−27.7
“十三五”期间	1701.6	48.6	1182.6	55.5	519.0	34.8
2016年	281.4	3.4	201.0	−0.9	80.5	16.0
2017年	364.2	29.4	259.0	28.9	105.2	30.7
2018年	349.6	−4.0	230.8	−10.9	118.7	12.9
2019年	346.6	−0.8	238.4	3.3	108.2	−8.9
2020年	359.8	3.8	253.4	6.3	106.4	−1.6

2. 对全市经济发展贡献率有所提升

“十三五”期间，衢州外贸增速高于同期GDP增速8.2个百分点；外贸依存度为23.6%，比“十二五”期间提升1.3个百分点，其中2017年外贸依存度为27.6%，达到2010年以来最高值。

（二）衢州对外贸易结构

1. 传统产业保持出口优势，工业原材料引领进口

（1）出口方面，传统优势产业持续发力。“十三五”期间，衢州市出口基本有机化学品166.5亿元，增长38.0%，出口值从2015年的22.5亿元增长到2020年的34.4亿元，年均增长8.9%，占全市出口总值的比重由11.1%提升至13.6%。其中，出口电子级氢氟酸3.0亿元，占同期全省同类产品出口总值的91.4%。纸浆、纸及其制品出口增长94.1%，明显高于整体出口增速，年均增长11.3%，2020年出口值为18.4亿元，占全市出口总值的7.3%，较2015年提高2.0个百分点。此外，出口木门及其制品27.8亿元，增长13.6%，其中出口木门20.3亿元，占同期全省同类产品出口总值的52.7%。

“十三五”期间，衢州市机电产品和高新产品出口321.2亿元和56.4亿元，分别增长48.7%和19.3%。

表 2　“十三五”期间衢州主要出口商品统计表

单位：亿元，%

出口商品	“十三五”期间			2020 年			年均增速
	出口值	同比	占比	出口值	同比	占比	
出口总值	1182.6	55.5	100.0	253.4	6.3	100.0	4.6
* 机电产品	321.2	48.7	27.2	72.4	19.0	28.6	3.5
其中：机械基础件	40.1	45.7	3.4	7.4	–10.8	2.9	2.7
* 劳动密集型产品	207.8	37.0	17.6	44.7	16.9	17.6	2.8
其中：纺织纱线、织物及其制品	63.4	16.5	5.4	17.4	51.2	6.9	8.6
塑料制品	45.4	89.8	3.8	9.4	0.4	3.7	5.9
服装及衣着附件	45.0	36.6	3.8	8.5	7.1	3.3	–2.5
基本有机化学品	166.5	38.0	14.1	34.4	–14.4	13.6	8.9
纸浆、纸及其制品	82.2	94.1	6.9	18.4	–4.7	7.3	11.3
* 高新技术产品	56.4	19.3	4.8	13.1	24.0	5.2	0.6

续表

出口商品	“十三五”期间			2020 年			年均增速
	出口值	同比	占比	出口值	同比	占比	
* 农产品	37.8	27.2	3.2	6.7	–2.8	2.6	–1.8
木及其制品	27.8	13.6	2.4	5.6	0.2	2.2	1.2

（2）进口方面，纸浆等工业原材料进口大幅增长，国际资源利用水平进一步提升。随着衢州造纸业的持续发展，纸浆成为衢州的重点进口商品。“十三五”期间，进口纸浆172.9亿元，同比大幅增长1.2倍，占全省同类产品进口总值的24.6%，进口规模仅次于宁波、杭州两市，居全省第三位。2020年，进口纸浆41.6亿元，占衢州进口总值的39.1%，较2015年提高12.9个百分点，“十三五”年均增长18.0%。未锻轧铜及铜材进口增速迅猛，2020年进口值为4.5亿元，比重较2015年提高4.2个百分点，“十三五”年均增长1.2倍。同期，进口金属矿及矿砂17.0亿元，占衢州进口总值的16.0%；进口机电产品3.8亿元，年均增长6.5%。工业原材料商品进口的快速增长，为衢州机械、钢铁、造纸等重要产业集群发展提供基础保障，进而促进各行业竞相发展、百花齐放，为衢州外贸注入新活力。

表 3　“十三五”期间衢州主要进口商品统计表

单位：亿元，%

进口商品	“十三五”期间			2020 年			年均增速
	进口值	同比	占比	进口值	同比	占比	
进口总值	519.0	34.8	100.0	106.4	–1.6	100.0	8.9
纸浆	172.9	122.2	33.3	41.6	6.2	39.1	18.0
金属矿及矿砂	105.8	–11.9	20.4	17.0	–29.9	16.0	1.4
其中：铁矿砂及其精矿	85.3	–25.4	16.4	13.5	–36.3	12.7	0.6
煤及褐煤	39.2	–2.5	7.6	5.3	–20.9	4.9	–2.9
* 机电产品	31.4	72.1	6.1	3.8	–65.7	3.6	6.5
其中：半导体制造设备	7.3	545.8	1.4	0.5	–89.6	0.5	24.3
牛皮革及马皮革	23.5	–27.8	4.5	2.8	–2.1	2.6	–18.8
* 高新技术产品	14.9	182.9	2.9	1.4	–82.4	1.3	–3.3
其中：计算机集成制造技术	9.0	347.4	1.7	0.9	–84.6	0.8	22.9
奶粉	12.3	–43.5	2.4	2.1	–20.5	2.0	–0.9
多晶硅	10.5	39.2	2.0	1.2	8.8	1.1	–17.3

2. 深耕欧美等传统市场，积极开拓新兴市场

“十三五”期间，欧盟、美国和东盟作为衢州市进出口市场前三位，进出口总值分别为232.5亿元、194.1亿元和188.5亿元，同比分别大幅增长45.9%、107.0%和66.4%。在此期间，全市积极应对中美经贸摩擦，保持对美外贸稳定发展，对美进出口值占全市进出口值的比重由2015年的8.8%提升至2020年的14.3%。

衢州市积极推进“一带一路”建设，“十三五”期间，与“一带一路”沿线国家进出口总值达479.0亿元，同比增长45.1%。其中，出口430.7亿元，增长45.5%；进口48.4亿元，增长42.2%。

表4　“十三五”期间衢州主要进出口市场统计表

单位：亿元，%

国家（地区）	“十三五”期间			2020年			年均增速
	进出口值	同比	占比	进出口值	同比	占比	
总值	1701.6	48.6	100.0	359.8	3.8	100.0	5.7
欧盟	232.5	45.9	13.7	45.2	–6.2	12.6	3.8
美国	194.1	107.0	11.4	51.6	36.2	14.3	16.6
东盟	188.5	66.4	11.1	40.2	6.9	11.2	4.0
韩国	120.9	167.8	7.1	31.2	19.6	8.7	18.8
巴西	116.3	9.1	6.8	19.5	–29.8	5.4	2.6
澳大利亚	92.4	–6.5	5.4	18.1	0.8	5.0	7.3
刚果（金）	75.9	753.3	4.5	19.0	61.2	5.3	31.2
日本	66.6	64.0	3.9	15.6	–6.6	4.3	8.5
智利	61.9	129.3	3.6	13.4	–2.0	3.7	13.5
印度	57.7	43.2	3.4	10.5	–30.1	2.9	4.8

出口方面，传统市场巩固发展，主要新兴市场实现两位数增长。“十三五”期间，积极鼓励衢州传统优势行业龙头企业扩大产品出口，对欧盟、美国和韩国出口值分别为188.8亿元、179.1亿元和108.7亿元，同比大幅增长49.6%、1.2倍和1.6倍。同期，对东盟、拉丁美洲和非洲出口值分别为154.4亿元、91.7亿元和68.5亿元，同比分别增长62.4%、49.2%和14.8%。

进口方面，新兴市场比重逐步提高。“十三五”期间，拉丁美洲、大洋洲

和非洲等新兴市场成为衢州主要的进口市场，进口年均增速分别为6.2%、9.7%和27.2%。自拉丁美洲、非洲进口同比增长36.2%和3.3倍，其中自非洲进口的比重较“十二五”期间提高了10.7个百分点。

3. 一般贸易主导地位稳步提高

“十三五”期间，作为衢州外贸的主要方式，一般贸易比重稳步提高，突破九成，占衢州进出口总值的比重从2015年的88.5%提升至2020年的93.2%。此外，加工贸易在2016—2018年间也快速增长，年均增速达到33.2%。

4. 民营企业地位持续提升

（1）民营企业作为衢州外贸的主力军，在衢州外贸中占有绝对主导地位。“十三五”期间，民营企业进出口1381.4亿元，同比增长54.2%，年均增速为6.1%，占同期衢州市进出口总值的81.2%，较“十二五”期间提升了3.0个百分点。其中，出口970.3亿元，进口411.2亿元，同比分别增长58.7%和44.6%，年均增速分别为4.4%和11.0%。同期，衢州外商投资企业和国有企业分别进出口199.7亿元和120.4亿元，同比分别增长20.0%和45.2%，年均增速分别为4.6%和2.9%。

表5　2011—2020年衢州贸易主体统计表

单位：亿元，%

年份	民营企业		外商投资企业		国有企业	
	进出口值	占比	进出口值	占比	进出口值	占比
“十二五”期间	895.8	78.2	166.5	14.5	82.9	7.2
2011年	122.7	70.4	31.5	18.1	20.2	11.6
2012年	150.9	79.1	26.2	13.7	13.6	7.2
2013年	189.2	80.6	31.7	13.5	13.8	5.9
2014年	211.8	77.5	43.9	16.1	17.5	6.4
2015年	221.2	81.3	33.2	12.2	17.8	6.5
“十三五”期间	1381.4	81.2	199.7	11.7	120.4	7.1
2016年	227.6	80.9	33.7	12.0	20.1	7.1
2017年	294.8	80.9	44.3	12.2	25.1	6.9
2018年	279.4	79.9	41.5	11.9	28.6	8.2
2019年	281.9	81.3	38.7	11.2	26.0	7.5
2020年	297.7	82.7	41.5	11.5	20.6	5.7

（2）外贸企业数量首次突破千家。随着衢州营商环境持续优化，企业对发展外贸的信心不断增强，外贸企业不断增加，从2015年的848家增至2020年的1098家，年均增长5.3%。2019年，外贸企业数量历史上首次突破千家，达到了1013家。有出口实绩的外贸企业数由2015年的789家增至2020年的1024家，年均增长5.4%；有进口实绩的外贸企业数由2015年215家增至2020年的317家，年均增长8.1%。

二、“十三五”期间衢州市外贸主要举措

“十三五”期间是衢州市砥砺奋进、开拓创新的五年。开放的衢州迎五洲客，计天下利，通过抢机遇、优环境、破堵点、强实力、提能级，不断促进衢州外向型经济快速发展。

（一）打好帮扶“组合拳”，优化外贸发展环境

好的营商环境就像阳光、空气和水，是企业和经济发展的必备条件。面对新冠肺炎疫情，衢州围绕打造“中国营商环境最优城市”的目标，建立了由市委主要领导带头联系企业的三级联动“组团联企”服务机制，创新“多对一”服务模式，实现外贸企业服务专员全覆盖，帮助解决原材料紧缺、外籍技术人员入境难、货物滞港等企业亟需解决的问题。全体商务干部下沉企业，局长当厂长、干部当工人，在企业主因疫情被困外地的窘况下顺利实现复工复产。

（二）创新融资模式，破堵点激活力

企业要发展，离不开“金融活水”。“十三五”期间，衢州不断加大金融支持的力度，创新金融支持方式，推动建立融资平台，首创“政策+银行授信+信保+融资公司补充担保”的“衢贸贷”贸易融资模式，以无抵押、全担保、可以灵活组合的金融产品助力中小外贸企业发展。强化信用保险政策支持，建立完善保险政策体系，健全保险服务机制，推动企业用足用好出口信用保险政策。出台调整“衢十条”“大商贸”“外贸贷”等一批新政，帮助企业渡过难关，让政策红利精准帮扶外贸企业。联合银行、中国出口信用保险公司开展保订单、稳外贸“春雨行动”，出台“稳企业拓市场”等专项金融政策，与企业共克时艰。

（三）提升平台能级，打造创新发展优势

“十三五”期间，衢州以绿色产业集聚区为核心，依托区内国家氟硅新材料产业基地、国际空气动力机械产业基地、浙江省光伏产业基地、浙江省电子元器件及材料产业基地等人才和技术优势，依托浙江中关村科技产业园等科技创新平台，加快外贸转型升级示范基地建设，培育一批综合型、专业型和企业型基地；衢州市外贸转型升级基地(非金属材料)、衢州市外贸转型升级基地(锂电新材料)获批国家外贸转型升级基地；通过以“巨化”为龙头的氟硅新材料产业，以“华友钴业”为龙头的锂电新材料产业，以“雷士灯具”等企业为龙头的机电产业，以“仙鹤”“夏王纸业”等企业为龙头的特种纸产业的有效集聚，产业链上下游更加贯通，附加值不断提升。

同时，不断强化国际营销网络建设，鼓励企业在境外建设展示中心、分拨中心、批发市场等，其中巨化（美国）仓储加工基地被列入浙江省境外外经贸综合服务体系建设试点。鼓励企业通过海外仓等模式，融入境外零售体系。龙游新丝带海外仓被评为省级公共海外仓，成为入驻南美洲的省级公共海外仓，为衢州外贸企业出口巴西、阿根廷、智利等南美市场保驾护航。

（四）培育新业态新模式，抢占发展新“赛道”

迎着互联网经济飞速发展的新风，衢州不断推动本地外贸企业、生产型企业运用国内外知名跨境电商平台，带动跨境销售增长。创新外贸商业模式，围绕中国（衢州）跨境电商综试区建设，培育一批氟硅化工、特种纸、蜂产品等优势产业的网上产业集群。“十三五”期间，衢州市跨境网络零售出口（B2C）年均增长32.3%，打造了3个跨境电商特色产业集群；健全跨境B2C综合服务板块，培育衢州市柯城创客孵化园等9家园区成为第一批市级跨境电商实践基地，实现多个零的突破。

（五）引领品牌升级，按下外贸发展“快进键”

“十三五”期间，衢州大力支持氟硅新材料、锂电新材料、机电产品、绿色食品、特种纸等外贸优势行业龙头企业扩大自主品牌、自主知识产权产品出口，重点开拓传统市场中的中高端市场。截至2020年底，全市获得“浙江省出口名牌”11个，认定“衢州出口名牌”30个，衢州产品的品牌影响力不断提升，市场竞争力进一步增强。不断加大对外贸企业参加新兴市场展会的政策支

持力度，组织引导企业参加境内外各类展会；充分利用衢州特色网上自办展、跨境电商、境外营销网络等方式开拓南美洲、东盟、中东等新兴市场，逐步提高新兴市场在衢州外贸中的比重，深化区域合作。

五年来，共组织3000余家企业参加境内外国际性展会，设有展位近6000个。至2020年底，已与世界191个国家和地区建立了贸易关系。通过积极推进国家“一带一路”倡议，深化与沿线国家的贸易合作。鼓励企业抢搭“义新欧”中欧班列拓展新市场，“走出去”与“引进来”相结合，带动与沿线国家的贸易增长，深化合作，共创更大的发展空间。

（六）加快动能转换，助力外贸提档升级

“十三五”期间，衢州积极实施“小微企业三年成长计划”，鼓励外贸企业出实绩、上规模、扩体量、强实力；以“挖潜、回流、扩量、提质”为目标，引育一批重点“衢商回归”企业，重点培育和发展生产型外贸企业；挖潜赋能，提升龙头企业贡献度；提高加工贸易层次和水平，推动通天星集团参加省级加工贸易创新转型示范企业评定，并获得成功；支持有条件的优质外贸企业加快上市步伐，实现全市外贸主体规模和竞争优势进一步壮大。

三、“十四五”期间衢州市外贸发展展望

水阔风劲，千百年来，滔滔衢江水见证了衢州的沧桑巨变。艰难方显勇毅，磨砺始得玉成！“十三五”期间的实践，为衢州外贸新一轮高质量发展打下了坚实的基础。思之愈深，解之愈捷，行之愈远。“十四五”期间，衢州将提前谋划、精准发力，全力推动全市外向型经济高质量发展迈上新台阶。

（一）聚焦产学研联动发展行动，着力激发自贸联动新动能

加强与金义、宁波、杭州等地自由贸易试验区联动合作，打造闽、浙、赣、皖四省边际自贸区的示范窗口。构建产、学、研深度融合的技术创新体系，拓展“互联网+外贸”新模式，推进新材料等特色优势产业创新发展。谋划推动建设海关特殊监管区，为区域内外的企业进口仓储保税、出口提前退税等提供通关便利。

（二）聚焦战略合作拓市行动，着力推动跨区协同新发展

创新“融杭联甬接沪”体制机制，发展现代服务业，推进“杭衢一体

化”“义甬舟衢闽赣皖一体化”跨境电商综试区和自由贸易试验区联动创新区的战略合作。创建衢州市外贸公共服务平台，带动内销型企业参与国际经贸交流，提升外贸企业市场拓展能力。

（三）聚焦产能提升赋能行动，着力提升国际产能合作新能级

推进国家战略性新兴产业集群建设及其产业链布局，推进衢州“巨化”一体化融合高质量发展。推动华友控股集团建成全球锂电新能源材料产业集群高地，形成以锂电正极材料为核心的产业发展格局。创新机制，鼓励本地产业链“链主”企业与长三角科研院所合作，共建研发中心，共构数字经济创新生态圈，提升国际产能合作平台能级。

（四）聚焦开放大通道接轨行动，着力培育贸易大通道节点新优势

主动深化与长三角地区各地方商务部门间的战略合作，推进贸易通道西延行动，打通“义甬舟”开放大通道西延的堵点和关节点。深化与长三角外商投资企业协会联盟、中国—东盟商务理事会等机构的战略合作，发展外贸综合服务，带动发展服务贸易。引导机电、纺织服装、轻工等成熟行业的企业先行探索开拓国际新兴市场，鼓励企业自建和租用海外仓，发展保税物流中心，提升国际物流链抗风险能力。

（五）聚焦数字贸易提升行动，着力构建数字贸易新格局

探索形成跨部门、跨行业，集政府行为与市场行为于一体的数字贸易促进机制，构建数字贸易产业服务平台。探索产、学、研直播联盟，开拓本地产品的销售渠道。鼓励开化根雕、常山石雕、龙游宣纸和玉雕、衢江莹白瓷等文化产品，利用互联网优势发展周边衍生产品，形成文化产品通过跨境电商出口的新格局。

（六）聚焦进口平台试点创建行动，着力打造进口商品集聚新高地

依托衢州的地理优势和海内外“衢商”，完善进口平台建设布局。通过集中建设一批进口平台、先行先试一批重大改革、集聚发展一批龙头企业、加快实施一批重大项目、统筹建设一批交通配套、组织开展一批会展活动，打造浙皖闽赣四省边际中心地区高质量的进口商品集散中心。

征程再启，未来可期！“十四五”期间，衢州外贸铁军以习近平新时代中国特色社会主义思想为指引，在市委坚强领导下，坚定信念，凝心聚力再出

2018年6月，衢州国际经贸中心开馆仪式

发，扬帆起航踏新程，一张蓝图绘到底，奋力谱写新篇章，为助力衢州共建“衢黄南饶”联盟花园、打造诗画浙江“大花园”建设核心区、争创四省边际社会主义现代化先行市、打造四省边际共同富裕示范区和实现全市人民共同富裕做出新的更大贡献！

（严慧燕　余灵婕　戴　丽）

舟山：海洋经济　自贸先行

舟山，因海而生，向海而兴，是东部地区重要海上开放门户。习近平总书记曾指出，舟山港口优势、区位优势、资源优势独特，其开发开放不仅具有区域性的战略意义，而且具有国家层面的战略意义；发展海洋经济、海洋科研是推动我们强国战略很重要的一个方面，一定要抓好。“十三五”期间，舟山遵循习近平总书记重要指示，紧紧围绕浙江自由贸易试验区改革创新“先行先试”的总要求，大力培育现代海洋产业，形成了以绿色石化、临港制造、港航物流、水产加工、海洋旅游、油气贸易等为支撑的现代海洋产业体系。在“八八战略”指引下，舟山全市人民激情创业、拼搏赶超，打好“五大会战”，建设“开放舟山”，多项国家战略和重大项目落地见效，外贸发展气势如虹，货物贸易年均增速居全省首位，综合实力不断增强，经济增长速度领跑浙江。

一、“十三五”期间舟山市外贸主要成就

（一）规模实现新跨越，增速领跑全省

1. 货物贸易

“十三五”期间，舟山实现进出口贸易总值5647.9亿元，同比增长37.2%。其中，出口2313.3亿元，增长4.2%；进口3334.6亿元，增长75.9%，占同期全省进口总值的9.7%，较“十二五”期间提高2.5个百分点。2018

浙江自贸试验区舟山片区

年，舟山外贸进出口总值首次突破1000亿元大关，达到1135.9亿元。2020年，舟山外贸迈上1500亿元新台阶，进出口总值达到1660.1亿元，超出舟山市“十三五”外贸发展目标460.1亿元。五年间，舟山外贸进出口年均增长18.0%，超出“十三五”外贸发展目标10.0个百分点，增速居全省十一地市首位。“十三五”末，舟山市外贸依存度为109.8%，较全省平均水平高57.4个百分点，其中出口依存度为38.9%，进口依存度为70.9%，外贸在经济发展中的地位突出。

按美元计，“十三五”期间，舟山市进出口总值为831.0亿美元，同比增长26.7%，从“十二五”末的117.1亿美元增长到2020年的239.5亿美元，年均增长15.4%，顺利完成舟山市“十三五”规划中“到2020年实现进出口200亿美元”的目标。其中出口年均增长6.4%，2020年达到84.7亿美元；进口年均增长22.9%，2020年达到154.8亿美元。

表1　2011—2020年舟山对外贸易年度统计表

单位：亿元，%

年份	进出口		出口		进口	
	总值	同比	总值	同比	总值	同比
“十二五”期间	4116.6	90.5	2220.8	74.9	1895.8	112.6
2011年	860.6	18.1	485.4	3.0	375.2	45.6
2012年	984.0	14.3	582.3	20.0	401.7	7.1
2013年	787.7	–19.9	413.7	–28.9	374.0	–6.9
2014年	757.3	–3.9	354.8	–14.3	402.5	7.6
2015年	727.0	–4.0	384.6	8.4	342.4	–14.9
“十三五”期间	5647.9	37.2	2313.3	4.2	3334.6	75.9
2016年	696.8	–4.2	413.9	7.6	282.9	–17.4
2017年	783.6	12.5	384.3	–7.2	399.4	41.1
2018年	1135.9	45.0	425.4	10.7	710.5	77.9
2019年	1371.4	20.7	501.1	17.8	870.3	22.5
2020年	1660.1	21.0	588.6	17.5	1071.5	23.1

2.服务贸易

2020年，舟山服务贸易进出口总值为97.1亿元，同比增长34.1%，占当年舟山对外贸易总值的5.5%。其中出口74.7亿元，同比增长56.5%。进出口总值和出口值均位列全省第5位。支撑服务外包发展的船舶修理行业增势较好，2020年舟山市国际服务外包离岸执行额达到53.1亿元，同比增长26.1%。

（二）进出口“双轮驱动”，量质同步提升

机电产品、成品油和农产品为舟山市主要传统出口商品。“十三五”期间，舟山机电产品出口1011.8亿元，年均增长5.1%，占舟山外贸出口比重达43.7%，其中，机械设备增长尤为显著。“十三五”期间，舟山市大力发展绿色修船产业，加上“限硫令”自2020年1月1日开始正式实施，催生大量的加装脱硫塔装置等船舶修理需求，带动舟山出口机械设备迅猛增长，累计出口451.8亿元，同比增长1.8倍，五年间年均增长30.6%。另一方面，自2017年4月1日中国（浙江）自由贸易试验区挂牌成立以来，自贸区持续推进油气全产业链建设提速提质，舟山保税燃料油加注业务如火如荼，带动成品油出口快速增长。“十三五”期间，舟山出口成品油738.2亿元，年均增长25.4%，占同期舟山出口总值的31.9%，占全省同类商品出口的99.2%，较“十二五”提升14.1个百分点。此外，出口农产品383.0亿元，年均增长4.0%，占同期舟山出口总值的16.6%，占全省同类商品出口的21.8%，其中，出口水海产品350.1亿元，占全省同类商品出口比重达54.7%。

表2　“十三五”期间舟山主要出口商品统计表

单位：亿元，%

出口商品	“十三五”期间			2020 年			年均增速
	出口值	同比	比重	出口值	同比	比重	
出口总值	2313.3	4.2	100.0	588.6	17.5	100.0	8.9
* 机电产品	1011.8	–10.3	43.7	266.5	21.2	45.3	5.1
其中：船舶	466.9	–47.9	20.2	64.5	–29.4	11.0	–14.8
机械设备	451.8	175.4	19.5	190.5	71.6	32.4	30.6
成品油	738.2	21.0	31.9	236.3	30.7	40.1	25.4
* 农产品	383.0	48.8	16.6	67.5	–18.1	11.5	4.0
其中：水海产品	350.1	42.9	15.1	66.2	–16.2	11.3	6.5
* 劳动密集型产品	61.8	123.9	2.7	6.4	9.2	1.1	–12.2
其中：纺织纱线、织物及其制品	13.7	43.1	0.6	3.3	39.9	0.6	10.8

舟山进口主要商品为成品油、原油和铁矿砂。“十三五”期间，成品油进口1072.5亿元，较“十二五”增长11.4%，占同期舟山进口总值的32.2%，年均增长6.0%，占全省同类商品进口的70.6%。在油品仓储、贸易规模快速扩大，“浙石化”炼化项目2020年投产后炼油需求增加等因素刺激下，舟山原油进口848.7亿元，同比增长1.5倍，占同期全市进口总值的25.4%，年均增长47.5%，占全省同类商品进口的94.3%，较“十二五”上升3.2个百分点。“十二五”期间，舟山无铁矿砂进口，“十三五”期间随着鼠浪湖矿石中转码头投入运营，舟山市铁矿砂进口迅猛，跃居主要进口商品第三位，占同期全省同类商品进口的11.8%。

表 3 “十三五”期间舟山主要进口商品统计表

单位：亿元，%

进口商品	“十三五”期间			2020 年			年均增速
	进口值	同比	比重	进口值	同比	比重	
进口总值	3334.6	75.9	100.0	1071.5	23.1	100.0	25.6
成品油	1072.5	11.4	32.2	173.3	–41.1	16.2	6.0
原油	848.7	147.2	25.4	501.4	126.8	46.8	47.5
* 金属矿及矿砂	339.8	--	10.2	119.6	11.7	11.2	--
其中：铁矿砂及其精矿	298.1	--	8.9	104.4	10.4	9.7	--
* 机电产品	300.8	54.6	9.0	88.0	5.9	8.2	22.0
其中：机械设备	228.4	70.0	6.8	76.2	20.7	7.1	28.8
* 农产品	288.0	36.1	8.6	22.5	–49.1	2.1	–17.8
其中：水海产品	61.7	191.7	1.8	18.9	–4.4	1.8	52.3
天然气	66.7	--	2.0	37.7	91.2	3.5	--

（三）新兴市场日趋活跃，比重迅猛增长

“十三五”期间，拉丁美洲、欧盟、非洲和东盟为舟山市主要出口市场，出口值均在200亿元以上。其中，对拉丁美洲、非洲等新兴市场出口增长较快，年均增速分别达到15.3%和39.3%。进口方面，东盟、拉丁美洲、沙特阿拉伯、韩国为主要进口来源地，进口规模均在300亿元以上。其中，自东盟、沙特阿拉伯、韩国进口年均增速分别达到23.9%、62.4%和23.0%。此外，“十三五”期间，舟山市自“一带一路”沿线国家进口占同期舟山进口总值的52.6%，年均增长36.9%。

表 4 “十三五”期间舟山主要出口市场统计表

单位：亿元，%

国家（地区）	“十三五”期间			2020 年			年均增速
	出口值	同比	比重	出口值	同比	比重	
总值	2313.3	4.2	100.0	588.6	17.5	100.0	8.9
拉丁美洲	410.1	1.0	17.7	116.8	27.8	19.8	15.3
欧盟	398.1	9.4	17.2	92.0	9.9	15.6	7.1
“一带一路”沿线国家	372.9	–2.0	16.1	81.8	–5.3	13.9	–0.1

续表

国家（地区）	“十三五”期间			2020 年			年均增速
	出口值	同比	比重	出口值	同比	比重	
非洲	295.8	60.8	12.8	95.7	28.2	16.3	39.3
东盟	253.6	−16.2	11.0	64.8	−3.4	11.0	−0.1
日本	178.3	−30.0	7.7	28.2	−12.7	4.8	−6.5
马绍尔群岛	160.8	78.1	7.0	53.2	49.0	9.0	13.9
韩国	94.5	−1.5	4.1	18.2	18.4	3.1	4.7
美国	64.5	50.0	2.8	7.3	−22.4	1.2	−5.1

表 5　“十三五”期间舟山主要进口市场统计表

单位：亿元，%

国家（地区）	“十三五”期间			2020 年			年均增速
	进口值	同比	比重	进口值	同比	比重	
总值	3334.6	75.9	100.0	1071.5	23.1	100.0	25.6
“一带一路”沿线国家	1755.7	95.6	52.6	674.6	46.8	63.0	36.9
东盟	742.6	44.8	22.3	173.0	−18.4	16.1	23.9
拉丁美洲	618.0	80.3	18.5	139.6	−25.9	13.0	9.2
沙特阿拉伯	381.1	1051.8	11.4	226.4	126.8	21.1	62.4
韩国	301.3	67.9	9.0	74.5	−12.0	6.9	23.0
日本	187.3	11.4	5.6	39.7	−25.2	3.7	17.1
美国	176.8	66.1	5.3	53.2	275.1	5.0	17.7
俄罗斯	162.9	−6.8	4.9	27.2	−31.1	2.5	4.0
欧盟	152.7	235.2	4.6	43.2	13.5	4.0	38.5

（四）一般贸易势头良好，保税物流稳步提升

“十三五”期间，舟山以一般贸易方式出口823.9亿元，同比增长74.2%，占同期舟山出口总值的35.6%，年均增长8.3%，增速和比重均提升较快；一般贸易方式进口1012.7亿元，增长3.2倍，占舟山同期进口总值的30.4%，比重较“十二五”提升17.6个百分点，年均增长56.0%，拉动舟山外贸进口增长40.4个百分点。保税物流方式进出口稳步增长，其中，出口899.2亿元，同比增长13.5%，占同期舟山出口总值的38.9%，年均增长23.3%；进口2109.5亿元，增长49.7%，占同期舟山进口总值的63.3%，年均增长13.7%。

表 6 "十三五"期间舟山主要贸易方式统计表

单位：亿元，%

贸易方式	"十三五"期间			2020 年			年均增速
	出口值	同比	比重	出口值	同比	比重	
总值	2313.3	4.2	100.0	588.6	17.5	100.0	8.9
一般贸易	823.9	74.2	35.6	206.1	32.0	35.0	8.3
保税物流	899.2	13.5	38.9	283.1	27.0	48.1	23.3
加工贸易	582.5	−37.3	25.2	98.9	−18.7	16.8	−7.0
贸易方式	"十三五"期间			2020 年			年均增速
	进口值	同比	比重	进口值	同比	比重	
总值	3334.6	75.9	100.0	1071.5	23.1	100.0	25.6
一般贸易	1012.7	316.8	30.4	573.8	155.1	53.5	56.0
保税物流	2109.5	49.7	63.3	461.2	−21.9	43.0	13.7
加工贸易	210.8	−12.9	6.3	36.4	−33.7	3.4	−0.2

（五）民营企业比重提升，国有企业快速增长

"十三五"期间，舟山市民营企业进出口同比增长94.3%，占同期舟山进出口总值的48.6%，较"十二五"提高14.3个百分点；国有企业进出口增长83.5%，占31.1%，提高7.9个百分点。2020年，民营企业进出口增长65.0%，占当年全市进出口总值的58.0%。

表 7 "十三五"期间舟山进出口贸易主体统计表

单位：亿元，%

贸易主体	"十三五"期间			2020 年			年均增速
	出口值	同比	比重	出口值	同比	比重	
总值	2313.3	4.2	100.0	588.6	17.5	100.0	8.9
民营企业	1035.2	32.9	44.8	227.2	18.7	38.6	5.7
国有企业	811.6	19.1	35.1	249.2	19.9	42.3	18.7
外资企业	466.4	−38.7	20.2	112.3	10.2	19.1	1.1
贸易主体	"十三五"期间			2020 年			年均增速
	进口值	同比	比重	进口值	同比	比重	
总值	3334.6	75.9	100	1071.5	23.1	100	25.6
民营企业	1707.9	170.0	51.2	735.2	87.6	68.6	33.7
国有企业	944.3	242.3	28.3	232.8	−22.2	21.7	35.9
外资企业	682.4	−30.9	20.5	103.4	−42.3	9.7	−3.0

（六）区域外贸亮点纷呈，海洋经济创新发展

定海区外贸跨越式发展，外贸规模逐年扩大。目前形成了机械螺杆、水产加工、船舶修造、油品等4个主要出口产业。以船舶修理、外轮供应等为主要形式的服务贸易快速发展。

普陀区外贸总体保持了平稳增长的良好态势，“十三五”期间出口值一直位于全省出口前30强县（区），是舟山外贸出口增长的主要引擎；成功创建国家外贸转型升级基地（水产品）和省级外贸转型升级试点示范区（船舶）。

岱山县外贸主体持续扩大，“十三五”末有自营进出口权的外贸企业比“十二五”末增长了58.5%。外贸出口主要由船舶修造业、水产、汽配微电机、玩具制造等构成，其中船舶制造业占岱山外贸总值的90%以上。

嵊泗县做大做强特色产业，“十三五”期间贻贝出口值占全县水产品出口总值的85%以上，占全省贻贝出口总值约六成，占全国贻贝出口总值近一成。品牌建设取得巨大突破，2020年7月，“嵊泗贻贝”入选《中欧地理标志协定》第一批中方地理标志。

海洋产业集聚区综合功能不断完善，产业加速集聚，发展态势良好。辖区内综保区保税物流功能服务市域经济能力显著加强，区港联动保税仓储功能发挥成效，大宗商品的集散分拨快速运转，油品贸易结算中心集聚效应显著。

二、“十三五”期间舟山市外贸主要举措

（一）推进自由贸易试验区先行，助推大宗商品活力增强

1. 实现油气重大政策突破

“十三五”期间，自由贸易试验区赋权取得实质性进展，率先开展原油、成品油非国营贸易改革试点。“物产中大”“浙石化”“浙石油”先后取得原油非国营贸易进口资质，“浙石化”取得全国首个民营企业成品油非国营贸易出口资质，累计获得原油进口配额3250万吨、成品油出口配额100万吨。推动保税燃料油经营许可权落地，累计9家本地企业获得国际航行船舶保税油经营资质。率先突破不同税号保税燃料油混兑调和政策，累计完成保税燃料油调和

超过400万吨。推动低硫船用燃料油出口退税政策落地舟山，“浙石化”获得低硫船用燃料油出口配额100万吨。

2. 联通大宗商品内外贸易通道

积极参与服务“一带一路”建设，加强与“海上丝绸之路”沿线国家合作。依托江海联运服务中心建设，深度融入长三角一体化、“义甬舟大通道”等区域发展战略，打造国际大宗商品物流贸易枢纽。“十三五”末，实现大宗商品进出口总值1100亿元、油气年贸易总值5800亿元。

3. 推动贸易主体集聚发展

招引国际知名航行船舶保税油加注企业，引入国际著名原油贸易企业，组建原油非国营贸易进口企业，吸引跨国石油和国家石油公司投资油品仓储和加工贸易领域。大力发展铁矿石、煤炭等储运贸易，推动矿砂、煤炭中转向贸易转化，吸引淡水河谷等国内外重要贸易商开展混配矿业务，带动对外贸易发展。“十三五”末，实现注册油品贸易企业近7000家。

（二）培育优势特色产业示范，力促农产品贸易规模扩大

1. 国际农产品贸易中心初步建成

浙江国际农产品贸易中心自2017年获批建设以来，累计完成农产品贸易交易值588亿元。初步建成以国际水海产品、牛肉等高端动物蛋白及大宗粮油进口为主的国际农产品贸易中心，“中国远洋鱿鱼指数”对外发布，“舟山价格”“舟山指数”的影响力不断扩大。2020年，浙江国际农产品贸易中心被浙江省商务厅等9部门评为省级进口贸易创新示范区，舟山国家远洋渔业基地等成功创建省级重点进口平台。

2. 主力产业稳步推进

建成以B2B、B2C等销售模式为核心的国际高端动物蛋白交易平台，中澳现代产业园项目融资，隔离屠宰场所、码头口岸等建设取得阶段性成果，远洋渔业全链条服务机制更加完善，国际水产品交易市场加速建设，30余家国际水产企业引进落地，鱿鱼、金枪鱼等优势产业集聚。远洋渔业规模不断扩大，“十三五”末，舟山有83艘远洋渔船获得欧盟注册，占全国注册渔船总量的16.7%，实现远洋渔业总产值超过320亿元。

3. 粮油贸易规模壮大

打造融储运、加工、交易、综合服务于一体的舟山国际粮油产业园

30万吨级“中钢超群”号轮满载铁矿石，在嵊泗马迹山矿石中转码头靠泊装卸

区，实施大宗散货“先进库、后报关”、进境粮食“散改集”等海关监管创新举措，加强与全国主要粮油批发市场的信息对接，建设汇集全国主要粮油批发市场价格的信息平台。连续三届参加进博会农产品贸易对接会，累计签约22个项目，总金额达22.1亿元。2018—2020年，实现粮油贸易值超过160亿元。

（三）提升海事服务产业能级，凸显舟山海事地域品牌

1. 以燃料油加注为牵引，扩大外贸出口规模

整合运用“跨关区直供”“外锚地供油”“一船多供”等制度，通过深化监管制度创新，大幅简化保税供油报关流程。推进长三角供油市场一体化，主动对接上海海关，实现舟山牌照企业跨上海港区供油审批常态化。支持混兑低硫燃料油用于口岸保税供油，推动低硫船用燃料油出口退税政策落地舟山。舟山市船用保税燃料油直供量五年年均增长38.1%，“十三五”末，实现船用保税燃料油直供量472.4万吨，船用燃料油混兑调和246.0万吨，舟山港已成为中国第一、全球第八大加油港。

2. 以外轮修理为依托，打造外贸增长新引擎

“十三五”末，舟山国际船舶修理出口值达122亿元，年外轮维修产值53

亿元，维修量约占全国50%、全球20%；物料供应货值达7亿美元；船舶交易规模持续领先全国，年交易量超1000艘次；入境到港船员数量21万人。2020年，全球前十大修船厂舟山占据四席，其中舟山市鑫亚船舶修造有限公司年修船量突破400艘，跃居全球修船厂第一。

3. 以外供和船员为抓手，夯实产业链强补基础

梳理形成海事服务27个产业要素，目前舟山已在船用燃料油供应、船舶维修等8个产业链节点国内领先，初步具备参与国际竞争的能力。突破锚地物料供应政策，全国首创锚地海事综合服务，实现从单一供油向物料供应、船员换班、海事检验等“一站式”服务拓展，集成创新“一船多能”“两舷同步”等便利化监管模式，服务效率进一步对标新加坡。

（四）加速境外市场多元开拓，助企国际营销成效显著

1. 围绕传统海洋经济，开展特色产业促销

大力推动舟山市水产、船舶等传统支柱产业开展国际促销。“十三五”期间，每年组织参加布鲁塞尔、维戈、波士顿等国际水产展，希腊、德国等国际海事展。国际船舶修理产业快速增长，“十三五”末出口较“十二五”末增长1.9倍，水产品进出口总值增长70%。

2. 强化企业支持保障，惠企政策扩面增效

支持全市外贸企业拓市场，出台支持外贸企业保订单拓市场的政策，对企业开展国际营销、参加境内外线上线下展会给予支持。

3. 明确展会支持目录，鼓励国际市场开拓

组织外贸企业参加广交会、华交会、渔博会、海事展等，支持企业拓展“一带一路”沿线国家等新兴国际市场。“十三五”期间，舟山累计组织1300余家外贸企业参加240余场展会。2020年，受新冠肺炎疫情影响，创新拓市场方式，自主举办8场线上出口交易会，组织200多家企业参与31场云展会。

（五）完善外贸政策制度保障，创新举措体现服务成效

1. 政策举措直达主体，精准服务协同发力

出台系列稳外贸政策，创新实施信保扩面降费，出口值500万美元以下外贸企业出口信用保险政府联保政策实现全覆盖，实际保险费率降低10%—30%。

2. 深化改革创新赋能，打造优质营商环境

深入实施“最多跑一次”改革，推进商务领域行政审批改革。复制推广自

由贸易试验区第四批改革试点经验，实施对外贸易经营者备案和原产地企业备案“两证合一”。率先实现国际航行船舶转港申报数据复用，推广应用“提前申报”模式，优化“两段准入”通关模式改革。构建以国内大循环为主体，国内国际双循环相互促进的新发展格局，促进对外贸易持续发展。

3. 强化疫情帮扶有效，应对摩擦保障有力

成立稳外贸工作专班、中美经贸摩擦应对专班，建立统筹协同等6大工作机制。新冠肺炎疫情期间，购买并接收防控物资59批次，其中口罩100多万只。依托外贸“订单+清单”监测预警系统，开展企业监测，指导外贸预警点全力开展贸易救济。组织国际贸易主题讲座和培训年均10场以上，参会企业年均600家。

三、“十四五”期间舟山市外贸发展展望

（一）总目标

“十四五”期间，舟山将构建外贸竞争优势突出、开放平台能级提升、营商环境进一步优化的自贸区商务平台，努力打造“一城两区”，实现“三倍增”目标。即打造我国大宗商品双循环重要枢纽城市、国家进口贸易促进示范区、高标准制度型开放先行区，实现舟山货物贸易进出口总值、出口总值、服务贸易进出口总值均翻一番。

（二）行动计划

1. 聚焦自贸区改革创新，着力接轨国际通行贸易规则

一是推进贸易自由化。接轨RCEP等国际协定，落实区域性关税减免以及零关税，简化外贸通关手续。二是构建开放营商环境。落实国际规则先行先试，创新营商环境治理，提升对外贸易开放水平。三是构建新发展格局。对接国际贸易规则培育竞争新优势，扩大油气产业市场份额，加快拓展船舶绿色修造业务，提升水产品精深加工能力。

2. 聚焦数字化赋能，着力推动政府和外贸企业数字化转型

一是创新数字化改革举措。创新“数字赋能”新路径，围绕“国际营销”“企业服务”，开展数字服务“微改革”。二是构建数字化协同机制。创新数字化流程再造，建立信息交换共享机制，实现货物通关、贸易监管、政

策兑现等全功能协同。三是坚持数字化服务核心。围绕企业需求导向和问题导向，持续完善“订单+清单”监测预警系统，推进数字贸易云展会平台开展“一站式”“全流程”的线上线下融合服务。

3. 聚焦主引擎，着力扩大油气全产业链开放

一是构建油气全产业链体系。实施物流设施提升、油气投资商集聚、政策攻坚突破、营商环境提升、重点区域合作五大专项计划。二是建设区域能源贸易消费结算中心。践行“四梁八柱”主体框架，加快推进区域能源贸易消费结算中心建设。三是争取油气贸易领域的改革创新。对标国际先进地区，发挥国务院赋权扩区的政策“效益”，积极向上争取政策，开展差异化探索。

4. 聚焦优进优出，着力推进贸易高质量发展

一是争创国家进口贸易促进示范区。做大油气、矿石、煤炭、粮油等贸易规模，打造大宗商品国内国际双循环的重要枢纽。二是积极融合贸易发展方式。加快融入“一带一路”发展，构建新型贸易方式，提升外贸综合服务水平；深挖传统外贸发展潜力，实施区域品牌建设。三是加快发展服务贸易。拓展海事衍生服务贸易，做深旅游服务贸易，扩大舟山服务贸易规模。

（田　琦　王文艳　余罗君）

台州：制造之都　扬帆破浪

台州是中国民营经济发祥地、市场经济先发地之一，是长三角重要的制造业基地。“十三五”期间，面对错综复杂的国际环境，面对中美经贸摩擦的全面冲击，面对新冠肺炎疫情的重大考验，台州牢记习近平总书记“再创民营经济新辉煌”的嘱托，以省委“八八战略”为总纲，走深走实台州市委提出的“三立三进三突围”新时代发展路径，积极响应“一带一路”倡议，抢抓长三角一体化国家战略机遇，着力推进民营经济高质量发展，开启千亿级产业培育、科技“新长征”、“大湾区”建设、新时代美丽台州建设等发展新篇章，彰显“山海水城、和合圣地、制造之都”的独特魅力。

一、“十三五”期间台州市外贸主要成就

（一）台州对外贸易概况

1. 货物贸易进出口基本情况

（1）外贸进出口提速发展，占全省比重基本稳定。“十三五”期间，台州市外贸进出口总值8224.7亿元，较“十二五”期间增长23.5%，从“十二五”末的1313.3亿元增长到2020年的1898.2亿元，年均增长7.6%，较“十二五”年均增 速提高5.0个百分点。其中出口年均增长8.5%，2020年达到1760.3亿元。5年来，占全省外贸比重稳定在6%左右。

以美元计，“十三五”期间，台州市外贸进出口总值1216.3亿美元，较

“十二五”期间增长14.5%，从“十二五”末的211.6亿美元增长到2020年的274.7亿美元，年均增长5.4%。其中出口年均增长6.2%，2020年达到254.7亿美元。

表1　2011—2020年台州对外贸易年度统计表

单位：亿元，%

年份	进出口			出口			进口		
	总值	同比	占全省	总值	同比	占全省比重	总值	同比	占全省比重
“十二五”期间	6660.2	48.8	6.4	5712.4	52.5	7.4	947.7	30.1	3.6
2011年	1331.0	15.4	6.6	1106.3	16.8	7.9	224.7	9.0	3.7
2012年	1301.7	−2.2	6.6	1088.0	−1.7	7.7	213.8	−4.9	3.9
2013年	1357.6	4.3	6.5	1161.5	6.8	7.5	196.1	−8.3	3.6
2014年	1356.6	−0.1	6.2	1188.5	2.3	7.1	168.0	−14.3	3.3
2015年	1313.3	−3.2	6.1	1168.1	−1.7	6.8	145.1	−13.6	3.3
“十三五”期间	8224.7	23.5	5.8	7405.8	29.6	7.0	818.9	−13.6	2.4
2016年	1310.6	−0.2	5.9	1169.2	0.1	6.6	141.5	−2.5	3.1
2017年	1578.5	20.4	6.2	1379.3	18.0	7.1	199.2	40.8	3.2
2018年	1737.2	10.1	6.1	1531.8	11.1	7.2	205.4	3.1	2.8
2019年	1700.2	−2.1	5.5	1565.1	2.2	6.8	135.1	−34.2	1.7
2020年	1898.2	11.6	5.6	1760.3	12.5	7.0	137.9	2.1	1.6

（2）外贸依存度保持稳定。“十三五”期间，台州市GDP增速有所回落，外贸增速多数年份快于GDP的增速。在此期间，台州外贸依存度一直维持在33%以上，特别是受新冠肺炎疫情影响较为明显的2020年，外贸进出口值占台州GDP的36.1%，为五年间的最高值，表明外贸对台州经济的发展始终发挥重要作用。

表2　“十三五”期间台州外贸依存度统计表

单位：亿元，%

年份	进出口总值	增幅	国内生产总值	增幅	外贸占GDP比重
2016年	1310.6	−0.2	3898.7	7.7	33.6
2017年	1578.5	20.4	4407.4	8.1	35.8
2018年	1737.2	10.1	4880.3	7.6	35.6
2019年	1700.2	−2.1	5134.1	5.1	33.1
2020年	1898.2	11.6	5262.7	3.4	36.1

2. 服务贸易进出口规模

“十三五”期间，台州服务贸易进出口总值累计达到400.20亿元，其中出口值242.79亿元，进口值157.41亿元。2020年，全市服务贸易进出口总值为

74.19亿元，其中出口49.50亿元，进口24.69亿元。至2020年，全市有服务外包注册企业113家，累计离岸合同执行额4.39亿美元；有技术贸易注册企业40家，技术进口值累计5351.89万美元，技术出口值累计404.59万美元。生物医药行业是台州服务贸易特别是服务外包领域的亮点，生物医药服务外包占外包总额的50%以上。2020年，椒江区生物医药服务外包产业园被评为省级服务贸易发展示范性基地。

（二）台州对外贸易结构

1. 出口商品结构持续优化，进口商品转型发展

（1）出口方面，机电产品比重提升，汽车出口渐成增长新动能。“十三五”期间，机电产品、劳密产品、高新产品为台州主要出口商品，出口值分别为3968.7亿元、1636.5亿元和791.9亿元，较“十二五”期间分别增长30.6%、20.5%和49.3%，占同期全市出口的比重分别上升0.4、下降1.7和上升1.4个百分点。2020年，前述商品出口值分别为959.6亿元、368.5亿元和188.0亿元，年均分别增长9.4%、5.8%和9.6%，比重较2015年分别上升2.1、下降2.9和上升0.5个百分点。其中，塑料制品、有机化学品和泵增长较快，年均增速分别达到11.2%、13.6%和10.3%。值得关注的是，台州汽车出口快速增长，年均增速达到1.0倍，比重也从2015年的0.1%快速上升到2020年的2.9%。

表3　“十三五”期间台州主要出口商品统计表

单位：亿元，%

出口商品	“十三五”期间			2020年			年均增速
	出口值	同比	占比	出口值	同比	占比	
出口总值	7405.8	29.6	100.0	1760.3	12.5	100.0	8.5
* 机电产品	3968.7	30.6	53.6	959.6	16.0	54.5	9.4
其中：阀门及类似装置	578.8	22.2	7.8	128.7	4.5	7.3	5.4
泵	341.6	52.6	4.6	84.5	10.0	4.8	10.3
汽车零配件	366.5	30.2	4.9	75.5	–4.3	4.3	3.7
汽车	52.8	132.3	0.7	51.3	6906.7	2.9	101.5
* 高新技术产品	791.9	49.3	10.7	188.0	24.8	10.7	9.6
塑料制品	502.7	51.8	6.8	125.5	12.8	7.1	11.2
基本有机化学品	448.7	42.7	6.1	121.0	24.6	6.9	13.6
家具及其零件	386.3	5.8	5.2	84.2	6.4	4.8	3.2
鞋靴	369.6	2.4	5.0	61.6	–27.4	3.5	–3.5

（2）进口方面，固体废物进口大幅削减，机电、高新产品进口比重上升。“十三五”期间，机电产品及资源性产品一直为台州主要进口商品。其中，机电产品进口值为125.7亿元，较“十二五”期间增长45.9%，年均增长10.8%，占全市比重上升6.3个百分点；汽车零配件进口年均增速达到1.8倍，高新产品进口比重从2015年的11.8%提升至2020年的14.2%。随着国家禁止固体废物进口政策的逐步实施，台州相关产品进口逐年下降，“十三五”期间年均下降17.9%。“十三五”期间，初级形状的塑料、铜材和铝材等固体废物替代性商品进口增长较快，分别累计进口87.9亿元、37.9亿元和8.2亿元，年均分别增长8.6%、24.6%和1.3倍。

表4　“十三五”期间台州主要进口商品统计表

单位：亿元，%

进口商品	“十三五”期间			2020年			年均增速
	进口值	同比	占比	进口值	同比	占比	
进口总值	818.9	−13.6	100.0	137.9	2.1	100.0	−1.0
* 机电产品	125.7	45.9	15.4	34.8	8.0	25.2	10.8
其中：汽车零配件	17.1	4429.4	2.1	9.4	87.5	6.8	177.0
固体废物	393.2	−35.9	48.0	31.2	−26.1	22.7	−17.9
初级形状的塑料	87.9	16.9	10.7	20.1	1.6	14.6	8.6
* 高新技术产品	79.8	29.4	9.7	19.5	12.8	14.2	2.7
未锻轧铜及铜材	37.9	2.1	4.6	15.2	71.0	11.1	24.6
金属矿及矿砂	35.8	11868.7	4.4	3.7	−47.2	2.7	199.5
未锻轧铝及铝材	8.2	1888.3	1.0	7.4	1737.3	5.4	127.7

2. 发达经济体市场巩固，新兴市场有效拓展

“十三五”期间，传统发达经济体仍然在台州外贸发展中保持重要位置。5年间，欧盟、美国分别为台州进出口前两大市场，进出口值分别为2124.5亿元、1509.6亿元，较“十二五”期间分别增长23.5%、46.0%，欧盟占全市比重基本持平，美国则上升2.9个百分点。对“一带一路”沿线国家进出口2504.7亿元，年均增长9.4%；对东盟进出口647.8亿元，年均增长13.2%，2020年比重与2015年相比提升2.0个百分点。

表5 “十三五”期间台州主要进出口市场统计表

单位：亿元，%

国家（地区）	“十三五”期间			2020年			年均增速
	进出口值	同比	占比	进出口值	同比	占比	
总值	8224.7	23.5	100.0	1898.2	11.6	100.0	7.6
“一带一路”沿线国家	2504.7	28.0	30.5	600.2	7.6	31.6	9.4
欧盟	2124.5	23.5	25.8	505.3	14.0	26.6	8.4
美国	1509.6	46.0	18.4	350.7	21.8	18.5	7.8
东盟	647.8	49.2	7.9	171.5	13.9	9.0	13.2
拉丁美洲	672.3	19.3	8.2	153.9	2.9	8.1	7.7
非洲	518.4	10.2	6.3	105.9	−8.7	5.6	3.2
印度	353.9	51.8	4.3	86.2	5.8	4.5	12.0
日本	451.6	−11.4	5.5	72.7	5.6	3.8	−2.6
俄罗斯	261.5	17.1	3.2	63.1	3.9	3.3	13.8
加拿大	192.8	31.1	2.3	46.2	26.1	2.4	7.4

3. 一般贸易快速增长，加工贸易稳步发展

“十三五”期间，台州一般贸易进出口7558.0亿元，较“十二五”期间增长25.4%，占同期全市进出口总值的91.9%。2020年，台州一般贸易进出口1732.0亿元，比2015年增加539.8亿元，5年间年均增长7.8%。2020年，台州加工贸易进出口164.0亿元，比2015年增加45.3亿元，年均增长6.7%。

表6 十三五”期间台州主要贸易方式统计表

单位：亿元，%

贸易方式	“十三五”期间			2020年			年均增速
	进出口值	同比	占比	进出口值	同比	占比	
总值	8224.7	23.5	100.0	1898.2	11.6	100.0	7.6
一般贸易	7558.0	25.4	91.9	1732.0	8.7	91.2	7.8
加工贸易	652.0	9.2	7.9	164.0	61.6	8.6	6.7

4. 民营企业一枝独秀，市场主体不断增加

“十三五”期间，台州民营企业进出口规模逐年提高。5年间，台州民营企业进出口合计达到7325.1亿元，较“十二五”期间增长36.9%，占同期全市外贸总值的89.1%，对全市外贸贡献度高达126.2%。2020年，台州民营企业进出口1739.1亿元，比2015年增长55.5%，年均增长9.2%。2020年，台州

有进出口实绩的民营企业共6877家，占同期全市进出口企业总数的97.3%，“十三五”期间年均增加7.4%。

表7 “十三五”期间台州进出口贸易主体统计表

单位：亿元，%

贸易主体	“十三五”期间			2020年			年均增速
	进出口值	同比	占比	进出口值	同比	占比	
总值	8224.7	23.5	100.0	1898.2	11.6	100.0	7.6
民营企业	7325.1	36.9	89.1	1739.1	13.6	91.6	9.2
外商投资企业	758.1	–30.2	9.2	135.9	–3.8	7.2	–3.2
国有企业	141.4	–36.2	1.7	23.1	–16.1	1.2	–8.3

（三）台州对外贸易比较优势

1. 机电产品出口占比位居全省前列，“制造之都”魅力彰显

目前，台州共有21个百亿规模的产业集群，68个国家级的产业基地，299种产品在国际、国内市场占有率排名第一。在对外贸易中，台州制造业的优势集中体现在机电产品出口领域。“十三五”期间，台州机电产品出口值始终占整体出口值的一半以上，占比仅次于宁波，居全省第2位。2020年，台州机电产品出口值占全市出口值的54.5%。

2. 外贸新业态蓄力发展，跨境电商后来居上

2020年，台州获批设立国家级跨境电商综试区，台州路桥日用品及塑料制品交易中心被列入国家市场采购贸易方式试点。虽然台州各项外贸新业态试点获批相对较晚，但为外贸发展注入了活力。2020年，台州跨境电商平台进出口55.1亿元，位居全省第3位。

二、“十三五”期间台州市外贸主要举措

（一）增强外贸公共服务能力，多措并举“稳外贸”

1. 健全组织机制

台州先后成立市外贸工作领导小组、稳外贸稳外资协调机制暨出口专班等，完善统筹协同、分析研判、清单管理、应急响应、市县联动等工作机制，形成横向协同、纵向联动的工作格局，统筹解决国际物流供需，推进全市外贸企业应对新冠肺炎疫情期间复工复产、防疫物资出口等专项工作。

2. 加强政策帮扶

坚持将惠企政策落地作为稳信心稳企业的重要抓手，第一时间落实好国家、省级支持外贸发展的“政策包”，打通政策落地“最后一公里”，确保各项政策早落地、早见效，有效提振企业发展信心，稳定企业发展预期。5年间，先后出台系列政策，持续强化外贸主体培育、外综服企业建设、贸易总部回归、金融信保支持、跨境电商发展、涉外参展拓市等方面支持力度。

（二）扎实推进实施“531”行动计划[1]，促进外贸主体转型升级

1. 加强对全市重点出口企业的支持力度

通过实施500强企业运行监测、50强企业联系制度等方式，对重点企业、行业实施一对一帮扶，确保各类外贸风险能够精准识别、有效防控。2020年，全市500强企业出口1140.90亿元，占全市出口的64.8%，同比增长28.7%，增幅高于全市平均16.2个百分点，引领地位不断提高。其中路桥“亚欧汽车”出口51.0亿元，跃居全市第1位，拉动全市出口3个百分点。

2. 着力推进品牌培育工程

鼓励企业申报出口品牌，截至2020年，全市累计培育省级出口名牌138个，总数位居全省第2，占全省总数的16.8%，另有市级出口名牌181个。积极组织品牌企业参加各类展会。第127届广交会上，全市有品牌展位数716个，第128届广交会有品牌展位数710个，均占省交易团品牌展位数20%以上，品牌展位数居全省第二。

3. 加大外综服企业培育进度

截至2020年，台州市有“中非经贸港”“黄岩进出口”“温岭进出口”等3家外综服企业获省级示范认定，为企业出口提供一站式服务。2020年，这3家企业服务全市3000余家小微企业，出口42.5亿元，位列全市进出口50强企业，拉动全市出口2.7个百分点。

（三）打好外贸拓市“组合拳”，推动形成“双循环”格局

1. 组织展会拓市场

以集群产业为先导，依托地方特色，培育出了中国（台州）塑料交易会、中国泵与电机展、浙江临海户外家具及庭院休闲用品展览会等优质品牌展会，

[1] 外贸主体培育“531”行动计划，即培育500家重点外贸出口企业，300个重点出口品牌，10个重点进出口平台。

通过“走出去”异地办展模式，将台州展会举办至全国及“一带一路”沿线国家，帮助企业开拓国际市场。

2. 抱团参展拓市场

组织知名智能马桶生产企业抱团参展，在消博会、广交会等展会开辟智能卫浴专区。组织轻工类企业抱团参加大阪展，整体推广台州日用消费品产业。通过组织企业参加展会，统一展示台州形象，打造产业知名度。

3. 推动线上组展

在2020年全球新冠肺炎疫情背景下，积极探索贸易数字化和“互联网+外贸”模式，帮助外贸企业通过“云展示”“云洽谈”“云对接”拓市场、抢订单。累计组织举办线上对接专场48场，参展企业2838家，海外客商4262人，买卖对接15160次，达成意向成交额3.64亿美元。搭建台州“云展会”平台，一期入驻800余家台州企业，打造集境外展会政策宣讲、区域名牌推介、全球采购、线上洽谈、展会服务为一体的多功能综合展会平台。

4. 全力推进出口转内销

2020年，组织开展“台州制造拓市场”“台州制造优品购”“春雷计划”等系列促销活动；发动外贸企业积极参加“台州制造优品购”、“金秋购物节”、浙江优品“海淘会”等活动，引导外贸企业出口转内销，月均销售金额超7亿元，33家外贸企业入驻政府采购云平台。

（四）持续提升开放平台能级，充分发挥辐射带动作用

1. 外贸新业态平台陆续搭建

2019年以来，台州被相继列为全国首批二手车出口试点城市、国家级跨境电商综试区、国家级市场采购贸易方式试点。各项外贸新业态试点落户台州，为台州外贸发展注入了新活力。

2. 外贸转型升级基地持续打造

结合“七大千亿产业”与外贸产业结构，不断挖掘产业优势，打造特色产业集聚区。2019年，椒江区医药基地、温岭市泵和电机基地获批为国家外贸转型升级基地，占全省当年获批总数的三分之一。截至2020年，全市累计有9个产业基地被评为国家外贸转型升级基地。

3. 高能级平台建设不断推进

2017年初，浙江中德（台州）产业合作园成立，实现台州国际产业合作园

零的突破。2019年，中国（浙江）自由贸易试验区台州联动创新区、浙江（台州）境外并购产业合作园、浙江路桥经济开发区获批成立，园区种类不断多元化。浙台（玉环）经贸合作区建设加快推进，为台胞、台商提供“妈妈式”全程代办业务，积极创建台商投资最优服务平台。

（五）加强统计监测保障，对企服务能力不断提升

1. 建立常态化应对机制

充分发挥台州外贸工作领导小组和稳外贸工作专班协调机制，健全每周信息报送、各线政策汇总及问题反馈工作机制。多次召开外贸重点企业座谈会，详细了解企业生产销售情况、面临的困难问题，倾听企业政策诉求和建议，帮助解决难题。

2. “订单+清单”赋能，精准监测研判

组织各县（市、区）全面发动企业填报“订单+清单”系统，发挥系统及省商务运行监测平台数据实时、信息多维等优势，及时掌握订单、用工、成本变动情况，为综合研判贸易摩擦、汇率波动及国别市场风险等外贸风险提供可靠依据。

吉利汽车自动化生产车间

3. 强化专题培训

指导重点企业、重点行业充分合理地运用各类贸易规则、法律程序和金融工具，提升风险应对能力。开展国际贸易法务、外汇汇率风险规避、中美风险展望及贸易纠纷应对等主题讲座和培训，年均培训10场以上，年均1000家企业参加。

（六）奋力提升综合治理水平，营商亲商环境不断优化

“最多跑一次”改革领跑全省台州市在全省率先试行“受办分离”“无证明城市”改革，“无差别全科受理”经验在全省范围内复制推广。

体制机制创新逐步深化。股改新政、上市新政、人才新政等支持政策相继推出，工业“标准地”成为全省样本，开发区“亩均论英雄”改革持续深化。

“信用台州”建设全面推进。出台实施全国首部企业信用建设领域的地方性法规《台州市企业信用促进条例》，“平安台州”“法治台州”建设扎实推进。

中心城市首位度逐步提升。全面创建国家级循环经济示范城市，3个园区成为省级及以上循环化改造示范试点，循环经济影响力日益增强。

三、“十四五”期间台州市外贸发展展望

（一）总目标

以争创社会主义现代化先行市为牵引，深化供给侧结构性改革，注重需求侧管理，全面推进“前沿开放”工程，全力打造“双循环”节点城市。到2025年，外贸进出口总值突破3000亿，出口年均增长率保持在10%左右，占全国份额基本稳定，进口结构进一步优化。服务贸易实现稳步正增长，年均增长8%，其中服务外包离岸合同执行额年均增长12%，技术进出口年均增长9%。外贸新业态进一步丰富。

（二）行动计划

1. 实施贸易高质量发展行动，全面畅通国内国际双循环

持续推进主体培育工程。实施外贸“531”升级行动和“双十双百双千”工程。持续打造外贸竞争新优势，打响“好产品台州造、好商品台州找”。持续推进数字贸易转型发展工程，以贸易数字化转型为主线，全面深化服务贸易创新发展，探索以高端服务为先导的“数字+服务”新业态、新模式。持续推进内

外贸融合工程，健全内外贸运营管理体系，把握好国际、国内市场关系，加快形成内外贸一体化格局，实现内外贸顺滑切换，不断畅通国内国际双循环。

2. 实施平台创建提升行动，全面打造高能级开放平台

推进国家级平台申建。创成国家级台州湾经济技术开发区和台州综保区，完善口岸功能，建设保税物流园区，满足不同产业发展需求。高水平推进浙江自由贸易试验区台州联动创新区建设，推动与上海自由贸易试验区临港片区的“共建”关系，打造“自贸区+大湾区”双轮驱动的高级开放形态。提升多元化平台能级水平。高水平推进国家级跨境电商综试区建设，加快推进浙江（台州）境外并购产业合作园和浙江中德（台州）产业合作园建设，努力创建国家级对台经贸合作区。

3. 实施开放接轨行动，全面拓展开放合作新空间

接轨“大上海”，融入长三角。对接上海城市非核心功能疏解，积极融入宁波都市圈，深化三门湾区域合作，构建环乐清湾经济圈，打造甬台温融合发展先行区。主动“引进来”，着力引外资促转型。紧抓推进“一带一路”建设和全球产业链、价值链重构机遇，聚焦高端产业引进外资，推动本土产业加速迭代升级。有序“走出去”，推动跨国并购。加快培育本土跨国公司，推进跨国并购扩面和境外经贸合作区建设，推动并购回归，进一步“建链、固链、补链、强链”，助力台州打造“工业4.0”标杆城市。

4. 实施物流畅通行动，全面构建陆海统筹开放通道

推动台州港口岸全面开放，不断完善台州港“一港六区十港点”的发展格局，建设港口集疏运体系和港航物流服务体系，加快融入全省港口一体化。打造浙中南地区的交通枢纽，加快台州铁路中心综合枢纽站和机场综合枢纽站建设，加快形成“十纵十横”公路网和“四纵三横”高速公路网。推动“四港”联动发展，加快海港、陆港、空港、信息港联动，构筑开放互通、一体高效、绿色智能的“四港”联动发展格局，打通“向东依港出海，向西辐射内陆，南北互联互通”的物流大通道。探索“义新欧+台州”班列，以金台铁路为纽带，对接“义新欧”中欧班列，探索开通“义新欧+台州”班列，打通台州与中亚、欧洲等地区的陆路通道，融入“一带一路”交通网络。

（邵海丽　厉添添　黄　剑）

丽水：秀山丽水　侨乡贸兴

丽水作为浙江省面积最大的地级市，风光秀美，自然资源丰富，经济发展潜力巨大。“十三五”期间，丽水围绕浙江省大花园建设的最美核心区定位，全面贯彻落实新发展理念，加快跨越赶超步伐，坚定不移走“以侨为桥”对外开放特色发展之路，构建一流营商环境，发展更高层次开放型经济，释放外贸发展的潜力和动能，努力打造新形势下全面展示高水平生态文明建设和高质量绿色发展的“重要窗口”。“十三五”期间，丽水市出口先后突破200亿、300

2020年11月14—16日丽水市青田县举办第三届侨博会，图为咖啡博览会活动现场

亿大关，外贸企业数量突破1000家，进出口增速位居全省前列。

一、“十三五”期间丽水市外贸主要成就

（一）丽水对外贸易概况

1. 对外贸易规模显著提升

“十三五”期间，全市外贸进出口总值1334.3亿元，较“十二五”期间增长61.2%（高于全省25.6个百分点）。其中，出口总值1207.3亿元，增长61.3%（高于全省24.0个百分点）；进口总值127.0亿元，增长60.4%（高于全省29.7个百分点）。进出口规模从“十二五”末的210.5亿元增长到2020年的343.2亿元，年均增长10.3%。其中出口年均增长8.8%，2020年达到300.3亿元；进口年均增长25.8%，2020年达到42.9亿元。

以美元值计，“十三五”期间，丽水市外贸进出口总值196.5亿美元，较“十二五”期间增长48.9%。其中，出口总值177.8亿美元，增长48.9%；进口总值18.7亿美元，增长48.3%。进出口值从“十二五”末的33.6亿美元增长到2020年的49.4亿美元，年均增长8.0%。其中出口年均增长6.6%，2020年达到43.2亿美元；进口年均增长23.0%，2020年达到6.2亿美元。

表1　2011—2020年丽水对外贸易年度统计表

单位：亿元，%

年份	进出口		出口		进口	
	总值	同比	总值	同比	总值	同比
“十二五”期间	827.6	118.3	748.5	127.4	79.2	58.3
2011年	137.9	32.6	117.7	28.6	20.2	61.9
2012年	140.8	2.1	124.8	6.0	16.0	-20.9
2013年	159.8	13.5	147.1	17.9	12.7	-20.6
2014年	178.7	11.8	162.0	10.1	16.6	31.1
2015年	210.5	17.8	196.9	21.5	13.6	-18.2
“十三五”期间	1334.3	61.2	1207.3	61.3	127.0	60.4
2016年	225.9	7.3	208.8	6.0	17.2	26.1
2017年	223.1	-1.3	205.0	-1.8	18.1	5.3
2018年	247.1	10.8	225.9	10.2	21.2	17.2
2019年	295.0	19.4	267.4	18.4	27.6	30.0
2020年	343.2	16.4	300.3	12.3	42.9	55.8

2. 对地区经济发展促进作用更加凸显

“十三五”期间，外贸在丽水经济发展中的作用进一步提升，外贸依存度为19.8%，比“十二五”期间提升1.7个百分点，其中2020年外贸依存度为22.3%，较“十二五”期末的2015年提升2.0个百分点。

（二）丽水对外贸易结构

1. 出口产品结构不断优化，产业转型成效明显

机电产品、劳密产品、钢材为丽水市主要出口商品，“十三五”期间出口值分别为532.3亿元、345.2亿元、96.9亿元，较“十二五”期间分别增长51.5%、62.1%、21.7%，分别占同期全市出口总值的44.1%、28.6%和8.0%。其中，机电产品2020年出口143.4亿元，“十三五”期间年均增长10.3%，增速高于同期丽水市出口年均增速1.5个百分点。同期，丽水以全国首个出口木制产品国家级质量安全示范区为引领，有效促进木玩产业发展。“十三五”期间，以木制玩具为代表的玩具出口83.2亿元，较“十二五”期间大幅增长90.5%，拉动全市出口增长5.3个百分点。同时，缙云县电动摩托车及脚踏车“十三五”期间出口33.4亿元，实现零的突破，拉动全市出口增长4.5个百分点。

表 2　“十三五”期间丽水主要出口商品统计表

单位：亿元，%

出口商品	“十三五”期间			2020 年			年均增速
	出口值	同比	占比	出口值	同比	占比	
出口总值	1207.3	61.3	100.0	300.3	12.3	100.0	8.8
* 机电产品	532.3	51.5	44.1	143.4	18.6	47.7	10.3
其中：家用电器	45.1	306.2	3.7	15.7	16.1	5.2	36.6
电动摩托车及脚踏车	33.4	---	2.8	14.8	66.0	4.9	---
* 劳动密集型产品	345.2	62.1	28.6	82.8	14.1	27.6	7.4
其中：玩具	83.2	90.5	6.9	18.8	-6.4	6.3	10.3
纺织纱线、织物及其制品	73.8	159.7	6.1	26.6	95.9	8.8	25.8
服装及衣着附件	59.6	-0.9	4.9	8.8	-20.1	2.9	-10.1
鞋靴	44.8	7.2	3.7	7.9	-15.3	2.6	-2.5
钢材	96.9	21.7	8.0	17.0	-27.0	5.7	1.5
* 高新技术产品	24.5	80.8	2.0	8.5	52.6	2.8	5.7

2. 原材料进口比重提升，葡萄酒进口快速增长

“十三五”期间，丽水市进口天然及合成橡胶、初级形状的塑料、纸浆、铁矿砂分别为30.3亿元、12.7亿元、6.6亿元、3.4亿元，较“十二五”期间分别增长70.7倍、13.7倍、72.1%、3.7倍，比重分别提升23.3个、8.9个、0.4个、1.7个百分点。近年来，随着华侨回乡兴业安居系列政策落地，华侨要素回流工程的深入实施，丽水将侨乡特色转化为发展优势，借力进口葡萄酒交易会，着力将青田县打造成“世界红酒中心”。“十三五”期间，葡萄酒进口2.0亿元，较“十二五”期间增长9.5倍。

表 3　“十三五”期间丽水主要进口商品统计表

单位：亿元，%

进口商品	“十三五”期间			2020 年			年均增速
	进口值	同比	占比	进口值	同比	占比	
进口总值	127.0	60.4	100.0	42.9	55.8	100.0	25.8
天然及合成橡胶（包括胶乳）	30.3	7066.2	23.8	16.6	43.7	38.8	119.4
* 农产品	19.3	−37.3	15.2	5.3	14.0	12.3	7.8
其中：食用植物油	4.2	5988.7	3.3	1.9	−12.2	4.4	182.5
葡萄酒	2.0	949.3	1.6	0.3	−39.1	0.8	36.2
初级形状的塑料	12.7	1371.1	10.0	5.0	81.4	11.6	61.5
* 机电产品	9.7	12.3	7.6	3.7	200.6	8.6	35.4
纸浆	6.6	72.1	5.2	1.2	21.2	2.8	3.9
* 消费品	4.8	901.8	3.8	1.8	102.9	4.1	66.5
木及其制品	3.3	414.0	2.6	0.7	−18.6	1.6	20.1
* 高新技术产品	2.8	71.1	2.2	0.9	127.2	2.1	39.4

3. 主要市场增长较快，“一带一路”沿线国家进出口发展态势良好

“十三五”期间，欧盟、美国、东盟为丽水市前三大进出口市场，进出口值分别为258.0亿元、240.3亿元、192.3亿元，较“十二五”期间分别增长61.4%、1.1倍、95.5%。同期，从“一带一路”沿线国家进出口值从2015年的82.0亿元增至2020年的133.4亿元，年均增速10.2%；“十三五”期间累计进出口514.8亿元，较“十二五”期间增长45.7%，占全市进出口总值的38.6%。

表4　“十三五”期间丽水主要进出口市场统计表

单位：亿元，%

国家（地区）	“十三五”期间			2020年			年均增速
	进出口值	同比	占比	进出口值	同比	占比	
总值	1334.3	61.2	100.0	343.2	16.4	100.0	10.3
“一带一路”沿线国家	514.8	45.7	38.6	133.4	9.7	38.9	10.2
欧盟	258.0	61.4	19.3	63.9	13.7	18.6	12.1
美国	240.3	113.5	18.0	69.5	30.3	20.2	19.4
东盟	192.3	95.5	14.4	62.0	31.8	18.1	22.4
非洲	109.5	38.8	8.2	20.4	−10.0	6.0	−6.7
拉丁美洲	99.6	52.0	7.5	21.9	−3.1	6.4	4.3
印度	57.3	33.1	4.3	10.3	−28.4	3.0	0.3
韩国	53.4	148.0	4.0	14.3	39.7	4.2	13.1
俄罗斯	52.3	12.5	3.9	10.7	−11.7	3.1	3.2
日本	28.8	109.7	2.2	9.9	85.2	2.9	24.4

4. 贸易方式更趋多元化

“十三五”期间，一般贸易较“十二五”期间增长65.1%，占全市进出口总值的比重高达97.8%。随着侨商回归创业兴起，“十三五”期间青田县先后设立浙江青田县侨乡进口商品城集团有限公司公用型保税仓库和浙江青田县侨乡进口商品城集团有限公司瓯南公用型保税仓库，保税物流较“十二五”期间大幅增长10.1倍。其中，2020年进出口6.1亿元，同比增长4.7倍。跨境电商业务实现突破，2020年，中国（丽水）跨境电商综试区获批。

表5　“十三五”期间丽水主要贸易方式统计表

单位：亿元，%

贸易方式	“十三五”期间			2020年			年均增速
	进出口值	同比	占比	进出口值	同比	占比	
总值	1334.3	61.2	100.0	343.2	16.4	100.0	10.3
一般贸易	1304.9	65.1	97.8	328.8	13.4	95.8	9.5
加工贸易	8.4	40.5	0.6	2.4	−18.9	0.7	60.8
保税物流	8.3	1010.8	0.6	6.1	465.1	1.8	313.2

5. 各类型贸易主体均保持增长，企业数量突破千家

民营企业在丽水市外贸中始终占主导地位。“十三五”期间，民营企业进

出口增长63.1%，占同期丽水市进出口总值的96.7%，较“十二五”比重提升1.1个百分点；外商投资企业进出口增长19.3%，其中，2020年增长26.6%，占全市外贸比重提升至3.2%。

“十三五”期间，丽水贸易主体不断壮大，外贸企业数量不断增多，有进出口记录的企业数量从2015年的816家增加到2020年的1102家，年均增加6.2%。

表6 “十三五”期间丽水进出口贸易主体统计表

单位：亿元，%

贸易主体	“十三五”期间			2020年			年均增速
	进出口值	同比	占全市比重	进出口值	同比	占全市比重	
总值	1334.3	61.2	100.0	343.2	16.4	100.0	10.3
民营企业	1290.9	63.1	96.7	331.2	16.0	96.5	10.2
外商投资企业	43.2	19.3	3.2	11.9	26.6	3.5	13.2
国有企业	0.2	4508.6	0.01	0.1	116.9	0.03	---

二、“十三五”期间丽水市外贸主要举措

（一）大力推进丽水外贸提质增效

1. 促进产业转型发展

成功申报云和木制玩具、庆元香菇和食用菌等三个国家外贸转型升级基地，用足用好上级政策，支持行业龙头企业发展。鼓励出口企业采取国际上通用的环境和技术标准，申请国际环境标准认证，突破绿色贸易壁垒。

2. 积极培育出口品牌

围绕厚植外贸产业竞争优势，完善出口品牌促进机制，大力培育省市出口名牌。截至目前，全市共有市级以上出口名牌31个，其中，浙江出口名牌11个。

3. 打造产业发展服务平台

围绕培育进口商品“世界超市”目标，积极支持青田侨乡进口商品城建设。大力支持丽水无水港建设，逐步开展海铁联运。推进保税仓库建设，在云和、青田地等设立保税仓库。

4. 发挥政策在产业发展中的基础性作用

出台一系列稳外贸政策，包括支持企业开拓国际市场、加快推进外贸转型升级、鼓励企业做大做强等八方面内容，强化政策引导作用。

（二）精心组织各类展会，服务企业开拓海外市场

1. 发挥线下展会在开拓市场中的主渠道作用

连年组织企业参加广交会、华交会、消博会等境内外各类国际性展会，每年有400家次以上企业参加各类线下展。如广交会，全市每届都有80家左右企业参展，涉及电子及家电产品、汽车及配件、办公文具、食品等19大项280多类产品，展位130个左右。广交会已经成为丽水外贸企业开拓市场的重要平台和重要渠道。

2. 积极利用线上展会平台服务企业发展

随着信息网络渠道的完善和数字经济的发展，着力探索线上展会模式。特别是新冠肺炎疫情暴发以来，线下国际性展会渠道受阻，外贸企业对参加线上展会的需求增加。丽水市加大组织线上展会力度，仅2020年就主办出口商品网上交易会9场，350多家次企业参展；组织500多家次企业参加2020浙江出口商品网上交易会系列线上展，通过产品展示、企业宣传、一对一的“云对接”等形式，帮助企业对接境外客商、促进磋商和成交，取得积极成效。

（三）精准服务，完善服务企业体制机制

1. 优化外汇收支服务

丽水外贸进出口的外汇收支和结售汇呈现持续稳步增长态势，贸易收支顺差从13.06亿美元增长到23.4亿美元，年均增长率达15.9%；贸易外汇结售汇顺差从12.9亿美元增长到21.1亿美元，年均增长率达12.8%。

2. 优化出口退税服务

全市累计办理出口退（免）税96.0亿元，有力促进外贸出口稳定增长。通过下放退税审批权限、执行无纸化退税申报、推行“非接触式”办税等举措，出口退税办理明显加快，正常退税业务办理平均时间压缩到5个工作日以内，最大限度缓解企业资金压力。

3. 优化出口信用保险服务

充分发挥出口信保逆周期调节作用，坚持积极的承保政策，对外贸企业风险需求“能保尽保”。“十三五”期间,出口信保累计为全市284亿元外贸出口提供承保支持，承保规模从2015年的23.6亿元增长至2020年的72.0亿元，年均增长23.0%。出口渗透率从2015年末的12%左右提升至当前的25.2%。累计帮助全市外贸企业挽回损失超过1亿元，其中直接向企业支付赔款约6500万元，年

均增长107%。

4. 连年开展“精准服务企业、振兴实体经济”专项行动

集中时间、集中精力走访重点出口企业，抓好重点企业、重点产品的外贸出口；加强对丽水外贸中的突发和异常情况以及大宗、重点产品出口情况的监控，形成市、县、企业三方联动的出口预警长效机制。

5. 深化“最多跑一次”改革

简化对外贸易经营者备案登记工作流程，积极推进对外贸易经营者备案登记权限下放工作，争取商务部将备案权限由市级委托下放至各县（市、区），并开展业务培训暨系统操作现场会，实现了企业从事外贸业务经营备案的属地办理。

（四）强化政企联动，积极应对贸易摩擦

2018年以来，面对国际经贸摩擦的挑战，丽水建立经贸摩擦应对机制，开展多轮调研，掌握一手信息，密切关注局势发展。以“订单+清单”预警监测系统为抓手，加强木制玩具、汽车空调零部件、金属管材等6个省级外贸预警示范点建设，及时通报信息，加强业务培训，鼓励企业以多种方式积极应对。同时，帮助企业应对反倾销、反补贴、保障措施等贸易壁垒，尽最大努力维护企业合法权益。如2018年，庆元企业积极争取商务部、中国制笔协会等单位的支持，开展反倾销应诉，经过努力，有关国家公布了对华铅笔反倾销案终裁，税率从初裁时的51.4%大幅下降至4.9%—9.6%。

（五）实施扩大进口战略

1. 积极参与进博会

先后三次组织丽水分团参与进博会，累计组织报名参展单位729家次，参展人员超过2000人次。据统计，三届进博会全市共有70多家次企业与参展商签署初步意向合作协议，涉及金额达1.02亿美元。连年组织龙泉青瓷、青田石雕等企业参加以“灵动浙江”为主题的非物质文化展示活动，积极参加浙江—欧洲数字经济和高新技术产业高峰对接会、集中签约仪式等系列经贸活动，增进丽水与境内外国家和地区的经济、文化交流，展示丽水特有的绿谷文化。

2. 精心举办侨博会

从2018年开始，先后成功举办三届侨博会，侨博会和青田侨乡进口商品城的知名度和影响力与日俱增。如2020年第三届侨博会，展会面积达9万平方米，展位1800个，共有来自60多个国家和地区的21000多种葡萄酒、70000多种

商品参展。在往年纯海外酒庄展的基础上，还增加了国际咖啡专区、“哈蒙”专区和美妆专区，成功举办知名葡萄酒拍卖会、合作签约仪式、咖啡冲煮大赛等20余场现场活动。初步统计，展会共有专业采购商5000多人到场，观展人员近19万人次，实现意向成交29亿元，比上届增长16.6%。

（六）坚持协调发展，统筹推进服务贸易工作

丽水服务贸易总体处于培育阶段，主要以运输、旅游、个人文化和娱乐以及其他类别为主。全市服务贸易总体呈逐步发展的趋势，由于统计口径调整，到2020年全市服务贸易进出口总值达到6.1亿元，其中出口0.4亿元，进口5.7亿元。出台服务贸易产业政策，支持企业扩大出口、参加展会等。加强服务贸易创新试点的学习研究，通过平台引领、产品创新、品牌打造、渠道拓展等，培育特色产业，延伸产业链，推动产业向服务贸易领域延伸。继续支持企业申报文化出口重点企业，两家企业多次被评为国家级文化出口重点企业。为确保统计工作“应统尽统”，发动各地政府和企业积极增加在商务部统计监测系统中的注册数量，巩固统计工作基础。

三、“十四五”期间丽水市外贸发展展望

（一）总目标

“十四五”期间，丽水将积极践行“浙西南革命精神”，运用好创新引领、跨山统筹、问海借力这“三把金钥匙”，推动对外贸易“绿色”发展和创新发展，努力实现丽水在更高层次、更高水平上的对外开放，力争成为浙南闽北赣东地区国内国际双循环的重要枢纽。

（二）行动计划

1. 加强主体培育，夯实外贸发展基础

加强外贸企业主体建设，力争“十四五”末全市有出口实绩的企业突破1200家。支持外贸领军企业发展，力争实现年出口值1亿美元以上企业达到3家，千万美元以上企业突破100家。积极扩大进口，促进进出口均衡发展。

2. 提升外贸国际竞争力，促进对外贸易转型升级

加快形成机电产品为主，厨电、户外休闲、汽配、竹木制品、食用菌等一批出口量大、明星企业突出、带动力强的外贸主导产业。加强出口品牌培育，

鼓励企业制定创品牌的发展规划，协助企业在国内外注册商标，支持企业积极采用国际标准或国外先进标准，加强在主要出口市场的宣传推介。

3. 推进试点试验，积极拓展对外贸易新领域

谋划和建设丽水综保区，促进外贸企业集聚、功能集成、资源集约。大力推进国家跨境电商综试区建设，培育发展跨境电商新业态、新模式，推动形成具有区域特色和优势的产业集群。继续办好侨博会，支持青田侨乡进口商品城建设，打造扩大开放的金名牌。

4. 整合资源要素，培育发展服务贸易

培育发展数字贸易，积极利用各种平台和渠道，破解制约丽水数字贸易发展的瓶颈，力争在数字贸易企业主体、产业规模等方面实现突破。支持丽水国际会展中心建设。以旅游、运输、教育、文化服务贸易为重点，着力推动服务贸易发展。加强企业登记注册、业绩申报工作，以及对各地使用统计监测系统的业务指导，提高队伍的业务能力和企业的参与度。

5. 整合资源要素，为外贸发展营造良好环境

完善产业发展、金融、税收、通关便利化等一揽子外贸政策，深化外贸领域行政审批制度改革，构建全方位支持外贸发展的制度支撑体系。加强对外贸易预警点建设，优化涉外法律服务，强化贸易救济工作，努力为外贸企业“走出去”保驾护航。

（周大军　李　东）

浙江自贸试验区：破浪前行　开拓创新

建设自由贸易试验区是党中央在新时代推进改革开放的一项战略举措，在我国改革开放进程中具有里程碑意义。“十三五”期间，浙江自贸试验区从零起步，实现了从挂牌到扩区的“两级跳”，制度创新成果丰硕，开放步伐稳健加速，走出了一条特色化、差别化探索的改革创新之路，切实展现了浙江争当新时代改革开放排头兵的勇气与担当。

一、“十三五”期间浙江自贸试验区进出口特点

（一）进出口规模迅速扩大

自2017年4月1日正式挂牌以来，浙江自贸试验区进出口呈现快速增长态势，进出口总值[1]由2017年的301.1亿元增长到2020年的1137.7亿元，增长2.8倍，年均增长55.8%。2020年，浙江自贸试验区进口868.6亿元，较2017年增长3.9倍，年均增长70.1%；出口269.1亿元，较2017年增长1.2倍，年均增长29.3%。自贸试验区里外贸企业蓬勃发展，有进出口实绩的外贸企业数逐年递增，从2017年的87家增至2020年的244家，年均增长41.0%。

[1] 本文涉及的浙江自贸试验区进出口数据以历年区内企业清单提取。每年企业清单均取当年12月末数据，2017—2018年企业清单为根据企管部门按月上报整理生成，2019、2020年为总署统计司网站发布参数。

表 1　2017—2020 年浙江自贸试验区对外贸易年度统计表

单位：亿元，%，家

年份	进出口			进口			出口		
	总值	同比	企业数[1]	总值	同比	企业数	总值	同比	企业数
2017 年	301.1	–	87	176.6	–	41	124.5	–	64
2018 年	555.9	84.7	99	372.3	110.9	58	183.6	47.5	66
2019 年	821.5	47.8	170	598.3	60.7	121	223.2	21.5	86
2020 年	1137.7	38.5	244	868.6	45.2	152	269.1	20.6	132

（二）油气产业链特色鲜明，油品进出口快速增长

2020年，浙江自贸试验区油品进口588.8亿元，同比增长66.4%，占同期进口总值的67.8%，拉动进口增长40.1个百分点。其中原油进口483.0亿元，增长1.8倍。同期，浙江自贸试验区进口铁矿砂104.4亿元，增长10.4%；进口液化天然气37.6亿元，增长91.0%。

出口商品主要为成品油。2020年，浙江自贸试验区出口成品油211.8亿元，同比增长39.7%，占当年出口总值的78.7%。其中5—7号燃料油出口193.2亿元，增长53.6%，占71.8%。

表 2　2020 年浙江自贸试验区主要进口产品统计表

单位：亿元，%

进口产品	进口值	同比	占同期进口比重
原油	483.0	178.4	55.6
金属矿及矿砂	119.6	11.7	13.8
其中：铁矿砂及其精矿	104.4	10.4	12.0
铜矿砂及其精矿	15.0	24.7	1.7
成品油	105.8	–41.3	12.2
机电产品	58.7	16.4	6.8
液化天然气	37.6	91.0	4.3
基本有机化学品	17.5	–12.9	2.0
其中：乙二醇	14.7	–16.0	1.7

[1] 表中企业数是指有进出口记录的企业数量，其中进口和出口的企业有交叉。

表 3　2020 年浙江自贸试验区主要出口产品统计表

单位：亿元，%

出口产品	出口值	同比	占同期出口比重
成品油	211.8	39.7	78.7
其中：5–7 号燃料油	193.2	53.6	71.8
机电产品	39.8	20.2	14.8
其中：通用机械设备	17.7	28.7	6.6
劳动密集型产品	4.7	23.0	1.7
其中：纺织纱线、织物及其制品	2.8	39.3	1.1
农产品	3.0	–10.7	1.1
其中：水海产品	2.2	–28.3	0.8

（三）进口来源地以中东为主，出口市场主要为国际航线船籍国家（地区）

2020年，浙江自贸试验区自中东进口449.2亿元，占同期进口总值的51.7%，同比增长2.0倍，明显高于整体增速。其中自沙特阿拉伯和阿拉伯联合酋长国分别进口226.4亿元、101.1亿元，分别增长1.3倍和5.5倍，两者合计占比达37.7%，集中度较高。

同期浙江自贸试验区出口以保税船用燃料油为主，出口目的地多为国际主要船籍国家（地区），覆盖了中国香港、利比里亚、巴拿马等140多个国家和地区。2020年，浙江自贸试验区出口排名前三的国家（地区）为中国香港、利比里亚和巴拿马，合计出口151.6亿元，占同期出口总值的56.3%，同比增长36.0%。

表 4　2020 年浙江自贸试验区进口主要来源地统计表

单位：亿元，%

国家（地区）	进口值	同比	占同期进口比重
中东	449.2	196.9	51.7
其中：沙特阿拉伯	226.4	126.8	26.1
阿拉伯联合酋长国	101.1	552.2	11.6
科威特	53.4	448.9	6.1
阿曼	39.0	307.5	4.5
拉丁美洲	125.6	–15.1	14.5
其中：巴西	115.5	–10.4	13.3
东盟	96.1	–32.0	11.1
其中：马来西亚	68.3	–30.3	7.9
美国	52.7	352.7	6.1

（四）保税物流占主体，民营企业活力强劲

浙江自贸试验区重点开展以油品为核心的大宗商品中转、保税燃料油供应和保税加工等业务。2020年，保税物流进出口596.0亿元，增长1.3%，占同期进出口总值的52.4%；一般贸易进出口541.5亿元，增长1.9倍，占47.6%。

民营企业快速发展，领跑浙江自贸试验区外贸企业。2020年，民营企业取代国有企业占据主导地位，进出口700.7亿元，增长1.4倍，占同期进出口总值的61.6%。

二、“十三五”期间浙江自贸试验区建设成果

自2017年挂牌以来，浙江自贸试验区依托资源优势，先行先试，大胆创新，对外贸易和利用外资快速增长，建设取得阶段性成果。

（一）油气全产业链开放发展

浙江自贸试验区聚焦油气全产业链，全力打造“一中心三基地一示范区”。保税油年供应量年均增长37.0%，跃升为全国第一、全球第八大加油港。国内单体投资规模最大的4000万吨/年炼化一体化项目一期建成投产，二期全面开工。跨境人民币结算从无到有，累计突破2700亿元，年均增长2.1倍，业务覆盖70多个国家和地区。2020年，全年原油加工2306万吨，跨境人民币结算额突破1000亿元，船用燃料油加注量达472.4万吨，海事服务增加值达270亿元；加快布局建设海上液化石油气登陆中心，规划总量占全国22.5%，油气吞吐量首破亿吨；铁矿石吞吐量达1.73亿吨，铁矿石混配量达1656万吨。

（二）制度创新成效显著

89项试点任务百分之百实施，累计形成制度创新成果161项，其中全国首创77项，全国复制推广28项，全国首创率和复制推广率均走在第三批自贸试验区前列。特别是聚焦油气市场开放和资源全球配置，打造油气领域闭环改革体系，形成了54项制度创新成果，有效推动了全国油品市场监管体系改革。

（三）营商环境优化提升

上线国际贸易“单一窗口”浙江特色版功能。在国内率先开展进口货物“两步申报”改革试点，从企业准备申报到准予提货整个流程缩短至1分半以内，是全国率先实现国际航行船舶进出境通关全流程无纸化口岸，通关时间从16小时缩减至2小时。在全省率先实现外资备案无差异、跨区域就近就便办理，企业开办实现常态化4小时办结，企业平均办税时间提速20%以上。

2020年9月24日，浙江举行中国（浙江）自由贸易试验区扩展区域授牌仪式，标志着浙江自贸试验区扩展区域正式运作

（四）赋权政策高质量落地实施

2020年3月26日，国务院正式发布《关于支持中国（浙江）自由贸易试验区油气全产业链开放发展的若干措施》，是十九大以来国家层面首次聚焦自贸试验区特定产业出台系统集成的政策文件。截至目前，该文件提出的11个方面26项措施已百分之百启动实施。7月15日，浙江省政府出台《关于支持中国（浙江）自由贸易试验区油气全产业链开放发展的实施意见》，并梳理下发两批共257项重点任务清单，有效实施率达94%。一批改革赋权成果落地，如全国首单跨港区国际航行船舶供油试点、全国首单低硫燃料油期货标准仓单、全国首张成品油非国营贸易出口资质试点、国家邮政局扩大下放国际快递业务经营许可审批事项适用范围等。

（五）自贸试验区成功实现扩区

挂牌3个月，各片区已签约重大项目251个，总投资3772亿元，签约引进巴西“淡水河谷”、美国通用电气公司、瑞士ABB有限公司、德国“采埃孚”等一批重量级企业。一批先行先试政策率先落地，如杭州片区列入贸易先行示范区、萧山国际机场列为浙江首个离境退税政策实施口岸；金义片区获批为国家进口贸易促进创新示范区，签发首张CIFA多式联运提单；“宁波远洋”完成浙江自贸试验区首次中资非五星旗船舶试点沿海捎带业务等。

（韩　杰　顾茹茹）

海关特殊监管区域：优化整合　开放发展

海关特殊监管区域[1]是我国开放型经济发展的先行区，为承接国际产业转移、推进区域经济协调发展、促进对外贸易和扩大就业等做出了积极贡献。“十三五”期间，海关特殊监管区域持续整合优化，加速集聚优质资源，助力开放升级，促进国内国际双循环，有力推进浙江开放型经济高质量发展。

据海关统计，“十三五”期间，浙江省海关特殊监管区域累计进出口6333.8亿元，较“十二五”增长35.1%，年均增长16.0%。其中，出口1920.4亿元，下降6.7%，年均增长3.9%；进口4413.4亿元，增长67.9%，年均增长24.3%，分别占同期浙江省进出口、出口、进口总值的4.5%、1.8%、12.8%。对全省进口增长贡献明显，拉动全省进口增长6.8个百分点。以美元统计，“十三五”期间，浙江省海关特殊监管区域累计进出口933.0亿美元，其中出口283.2亿美元，进口649.8亿美元。

2020年，浙江省海关特殊监管区域进出口总值1903.5亿元、出口值537.3亿元、进口值1366.2亿元，分别占同期全省外贸对应总值的5.6%、2.1%、15.8%，较2015年分别增长1.1倍、20.9%、2.0倍。以美元统计，2020年，浙江省海关特殊监管区域累计进出口275.1亿美元，其中出口77.6亿美元，进口197.5亿美元。

[1]　海关特殊监管区域是指由国务院批准，设立在中华人民共和国关境内，以保税为基本功能，由海关实行封闭监管的区域。

表 1　2011—2020 年浙江省海关特殊监管区域对外贸易年度统计表

单位：亿元，%

年份	进出口		出口		进口	
	总值	同比	总值	同比	总值	同比
“十二五”期间	4686.9	21.2	2059.0	22.1	2627.9	20.6
2011 年	1066.9	3.2	386.3	-3.4	680.6	7.3
2012 年	942.5	-11.7	372.7	-3.5	569.9	-16.3
2013 年	812.1	-13.8	347.4	-6.8	464.7	-18.4
2014 年	960.2	18.2	508.1	46.3	452.1	-2.7
2015 年	905.1	-5.7	444.5	-12.5	460.6	1.9
“十三五”期间	6333.8	35.1	1920.4	-6.7	4413.4	67.9
2016 年	729.5	-19.4	288.6	-35.1	440.9	-4.3
2017 年	990.8	35.8	322.6	11.8	668.2	51.6
2018 年	1234.1	24.6	350.9	8.8	883.2	32.2
2019 年	1475.8	19.6	421.0	20.0	1054.8	19.4
2020 年	1903.5	29.0	537.3	27.6	1366.2	29.5

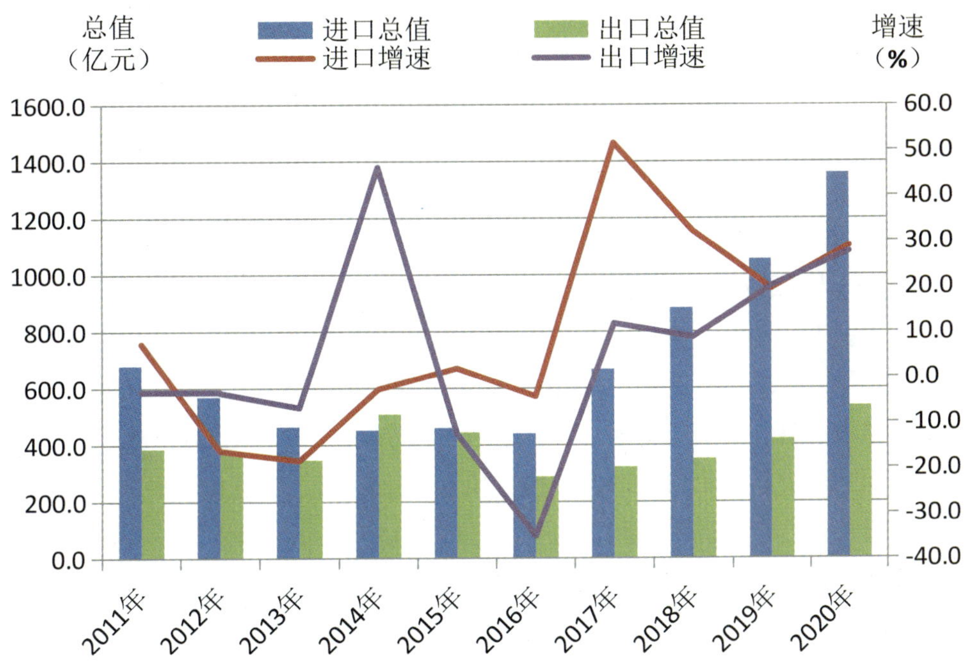

一、“十三五”期间浙江省海关特殊监管区域进出口主要特点

“十三五”期间，浙江省海关特殊监管区域全面整合优化，先后推进4家特殊监管区域转型升级，3家特殊监管区域批复成立。截至2020年底，浙江省共设立11个海关特殊监管区域，其中10个综保区、1个保税区。在2020年全国综保区绩效评估中，杭州综保区和宁波保税区跻身全国前十强，综合排名分别位列第六、八位，前十强数量在全国各省市中位列第二。2017年起，浙江省海关特殊监管区域进出口快速增长，增速连续四年保持两位数。2019年，进口规模首破1000亿元大关。

表2　浙江省海关特殊监管区域设立、升级统计表

名称	批准设立时间	升级类型	批准升级时间	开始运作时间
宁波保税区	1992年11月			1993年
杭州出口加工区	2000年4月	杭州综合保税区	2018年2月	2001年
宁波出口加工区	2002年6月	宁波北仑港综合保税区	2020年4月	2004年
嘉兴出口加工区	2003年3月	嘉兴综合保税区	2015年1月	2006年
慈溪出口加工区	2005年6月	宁波前湾综合保税区	2020年4月	2009年
梅山保税港区	2008年2月	宁波梅山综合保税区	2020年4月	2010年
舟山港综合保税区	2012年9月			2014年
金义综合保税区	2015年10月			2017年
温州综合保税区	2020年3月			暂未
义乌综合保税区	2020年3月			暂未
绍兴综合保税区	2020年9月			暂未

注：表中内容截至2020年底。

（一）出口以机电产品为主，消费品进口快速增长

“十三五”期间，机电产品是浙江省海关特殊监管区域的主要出口商品，出口1312.8亿元，下降13.8%，占浙江省海关特殊监管区域出口总值的68.4%，其中，印刷电路、太阳能电池、平板电脑年均分别增长1.5倍、76.5%、55.7%。另外，2020年成品油出口陡增，年均增长率高达2.4倍。在进口方面，消费品进口快速增长，“十三五”期间，消费品进口1302.7亿元，年均增长44.9%，拉动浙江省海关特殊监管区域进口增长45.5个百分点；占比逐年提升，由2015年的15.0%提升至2020年的32.2%。特别是随着跨境电商保税进口的蓬勃发展，化妆品进口年均增长70.2%。同期，资源性产品进口保持较快增长。

表 3 “十三五”期间浙江省海关特殊监管区域主要出口商品统计表

单位：亿元，%

出口商品	“十三五”期间			2020 年			年均增速
	出口值	同比	占比	出口值	同比	占比	
出口总值	1920.4	–6.7	100.0	537.3	27.6	100.0	3.9
* 机电产品	1312.8	–13.8	68.4	329.5	11.7	61.3	2.0
其中：笔记本电脑	250.5	120.2	13.0	46.3	–19.8	8.6	–1.3
液晶显示板	150.4	–65.7	7.8	27.3	–6.1	5.1	–14.5
电工器材	99.7	20.5	5.2	23.6	0.8	4.4	8.7
* 高新技术产品	658.2	–30.5	34.3	150.9	6.4	28.1	–0.1
* 劳动密集型产品	269.0	22.0	14.0	96.1	80.5	17.9	7.8
其中：纺织纱线、织物及其制品	74.6	163.7	3.9	35.1	184.5	6.5	31.6
塑料制品	70.7	11.3	3.7	21.6	45.6	4.0	5.7
* 农产品	60.9	64.8	3.2	15.7	28.0	2.9	7.5

表 4 “十三五”期间浙江省海关特殊监管区域主要进口商品统计表

单位：亿元，%

进口商品	“十三五”期间			2020 年			年均增速
	进口值	同比	占比	进口值	同比	占比	
进口总值	4413.4	67.9	100.0	1366.2	29.5	100.0	24.3
* 消费品	1302.7	1121.3	29.5	440.4	31.7	32.2	44.9
其中：美容化妆品及洗护用品	403.1	2790.7	9.1	147.4	28.3	10.8	70.2
* 机电产品	1093.9	–10.6	24.8	286.5	13.5	21.0	9.0
其中：液晶显示板	303.9	–51.8	6.9	64.8	7.3	4.7	–2.3
集成电路	152.9	–9.7	3.5	46.3	25.3	3.4	12.9
铁矿砂及其精矿	820.1	141.7	18.6	274.8	27.6	20.1	39.1
* 高新技术产品	734.0	–21.5	16.6	212.2	26.0	15.5	11.7
* 农产品	601.8	667.8	13.6	215.7	55.4	15.8	41.9
初级形状的塑料	482.4	45.3	10.9	103.7	–9.7	7.6	8.3

（二）出口市场集中度较高，主要进口市场均衡发展

“十三五”期间，日本、美国、欧盟和我国香港地区为浙江省海关特殊监管区域前四大出口市场，分别出口379.2亿元、340.2亿元、302.1亿元和174.5亿元，年均增长率分别为7.1%、5.1%、7.1%、–0.2%，合计占比达62.3%。我

国台湾地区、澳大利亚、欧盟和拉丁美洲为浙江省海关特殊监管区域主要进口市场，“十三五”期间，分别进口591.2亿元、569.0亿元、508.3亿元、498.1亿元，占比分别为13.4%、12.9%、11.5%和11.3%，年均增长率分别为-3.4%、29.3%、42.3%、58.3%，其中自巴西进口铁矿砂的增长拉动了拉丁美洲的大幅增长。

表5 “十三五”期间浙江省海关特殊监管区域主要出口市场统计表

单位：亿元，%

国家（地区）	“十三五”期间			2020年			年均增速
	出口值	同比	占比	出口值	同比	占比	
“一带一路”沿线国家	392.9	-25.9	20.5	110.1	20.9	20.5	0.7
日本	379.2	10.9	19.7	80.4	-10.1	15.0	7.1
美国	340.2	3.3	17.7	89.7	54.8	16.7	5.1
欧盟	302.1	-2.0	15.7	91.1	26.4	17.0	7.1
中国香港	174.5	-30.6	9.1	57.0	65.9	10.6	-0.2
东盟	166.7	-29.0	8.7	51.2	26.9	9.5	5.2
拉丁美洲	118.1	2.2	6.2	37.3	32.1	6.9	10.5
非洲	51.9	20.0	2.7	22.1	73.6	4.1	12.1
俄罗斯	50.2	94.9	2.6	12.7	13.0	2.4	12.4
澳大利亚	49.2	0.1	2.6	13.9	33.9	2.6	1.3

表6 “十三五”期间浙江省海关特殊监管区域主要进口市场统计表

单位：亿元，%

国家（地区）	“十三五”期间			2020年			年均增速
	进口值	同比	占比	进口值	同比	占比	
“一带一路”沿线国家	829.2	81.8	18.8	248.9	30.7	18.2	26.2
中国台湾	591.2	-43.0	13.4	128.9	12.4	9.4	-3.4
澳大利亚	569.0	213.6	12.9	171.9	18.9	12.6	29.3
欧盟	508.3	254.9	11.5	184.6	44.3	13.5	42.3
拉丁美洲	498.1	178.2	11.3	195.4	40.7	14.3	58.3
日本	424.4	98.8	9.6	115.7	14.7	8.5	17.6
东盟	331.2	64.3	7.5	101.6	22.8	7.4	26.2
韩国	277.6	139.2	6.3	101.7	50.8	7.4	42.9
美国	274.9	263.7	6.2	93.4	37.8	6.8	36.2
非洲	178.4	156.3	4.0	47.4	21.4	3.5	26.4

（三）以一般贸易方式进出口为主，保税物流快速发展

“十三五”期间，浙江省海关特殊监管区域以一般贸易方式进出口3036.2亿元，同比增长1.4倍，年均增长21.7%，占比由2015年的38.7%提升至2020年的49.1%，主体地位逐步巩固。受国际贸易摩擦加剧、国内供求成本上升、产业链外迁等因素影响，加工贸易占比大幅下降，2020占比较2015年下降18.8个百分点。保税物流保持良好发展态势，自2018年开始超越加工贸易，成为浙江省海关特殊监管区域第二大贸易方式，“十三五”期间年均增长22.5%。

表7　“十三五”期间浙江省海关特殊监管区域主要贸易方式统计表

单位：亿元，%

贸易方式	“十三五”期间			2020年			年均增速
	进出口值	同比	占比	进出口值	同比	占比	
一般贸易	3036.2	136.0	47.9	934.8	35.5	49.1	21.7
保税物流	1778.2	64.1	28.1	624.2	34.5	32.8	22.5
加工贸易	1477.8	−35.3	23.3	325.2	3.9	17.1	0.0

（四）民营企业快速发展

“十三五”期间，外商投资企业增速放缓，民营企业发展迅速。2017年，民营企业进出口占比首次突破五成。“十三五”期间，浙江省海关特殊监管区域民营企业进出口3492.4亿元，占55.1%，年均增长21.2%。同期，国有企业快速增长4.0倍，年均增速达42.6%。

表8　“十三五”期间浙江省海关特殊监管区域贸易主体统计表

单位：亿元，%

贸易主体	“十三五期间”			2020年			年均增速
	进出口值	同比	占比	进出口值	同比	占比	
民营企业	3492.4	112.5	55.1	1172.1	43.0	61.6	21.2
外商投资企业	2041.9	−29.2	32.2	478.6	8.7	25.1	3.0
国有企业	784.9	398.3	12.4	252.8	16.9	13.3	42.6

二、“十三五”期间浙江省各海关特殊监管区域发展情况

（一）宁波保税区

“十三五”期间，宁波保税区坚持改革引领，深化推进跨境电商、进口贸易促进创新等国家级试点项目，探索创新数字贸易、跨境电商、易货贸易等新业态模式，综合实力逐步攀升，累计进出口达3259.0亿元，年均增长12.4%，占同期浙江省海关特殊监管区域进出口总值的51.5%。其中，跨境电商进出口484.1亿元，年均增长51.5%。复制推广120余项自贸区改革创新成果，成功获评浙江省“十佳”开放平台。

“十三五”期间，宁波保税区支持液晶光电、集成电路、计算机、生物医药等领域重点企业做大做强，培育产值超百亿制造业企业1家，超10亿企业7家。

表9　2011—2020年宁波保税区对外贸易年度统计表

单位：亿元，%

年份	进出口		出口		进口	
	总值	同比	总值	同比	总值	同比
2011年	496.3	12.9	109.8	-3.4	386.6	18.6
2012年	390.0	-21.4	93.5	-14.9	296.6	-23.3
2013年	357.3	-8.4	97.2	4.0	260.2	-12.3
2014年	525.6	47.1	266.0	173.7	259.7	-0.2
2015年	542.9	3.3	252.3	-5.1	290.6	11.9
2016年	386.9	-28.7	119.7	-52.6	267.3	-8.0
2017年	529.2	36.8	150.1	25.4	379.2	41.9
2018年	651.2	23.0	191.2	27.4	460.0	21.3
2019年	715.7	9.9	184.2	-3.7	531.5	15.6
2020年	975.9	36.3	241.7	31.2	734.1	38.1

（二）杭州综合保税区

“十三五”期间，杭州综保区推动区内加工贸易、保税物流、跨境电商三大业务形态均衡发展，实现进出口1067.3亿元，较“十二五”增长50.9%，年均增长16.0%。

跨境电商新模式改革领先全国，“海关特殊监管区域出口海外仓”“跨境

电商出口退货”“网购保税零售进口超30日历史退货试点”等跨境电商业务率先试点，使杭州综保区成为跨境电商业务类别全覆盖的园区。

“十三五”期间，杭州综保区通过海关跨境电商管理平台进口388.3亿元，占同期杭州综保区进口总值的63.5%。此外，区内“一基地两平台五中心”打造收获新成果，2019年，区内进口肉类指定查验场顺利通过验收。2020年7月，杭州综保区在全国首创“保税区工厂”模式，综合叠加跨境零售进口、深度加工、物流等优势，大幅缩短供应周期。

表 10　2011—2020 年杭州综保区对外贸易年度统计表

单位：亿元，%

年份	进出口		出口		进口	
	总值	同比	总值	同比	总值	同比
2011 年	179.5	–8.1	121.7	–4.4	57.8	–14.9
2012 年	138.5	–22.9	105.3	–13.5	33.2	–42.6
2013 年	127.2	–8.1	102.7	–2.4	24.5	–26.2
2014 年	132.0	3.8	106.8	4.0	25.2	3.0
2015 年	130.1	–1.4	85.0	–20.4	45.1	78.9
2016 年	138.1	6.1	82.2	–3.3	55.9	23.8
2017 年	184.2	33.4	91.9	11.8	92.3	65.2
2018 年	213.4	15.8	84.6	–7.9	128.8	39.5
2019 年	258.8	21.3	102.5	21.2	156.3	21.4
2020 年	272.8	5.4	94.1	–8.2	178.7	14.3

（三）宁波北仑港综合保税区

“十三五”期间，宁波北仑港综保区累计进出口769.7亿元，同比下降48.7%。其在地理上与宁波保税区紧密相连，两区政策功能互补、联动发展，成为国内投资环境最优越、功能最完善的区域之一。宁波北仑港综保区重点发展半导体、电子信息、汽车配件、精密机械、生物工程、精细化工等高技术、高附加值的产业及轻工、纺织、食品、机械等以出口为主导的传统产业。区内代表企业宁波群志光电有限公司，是全球第三大液晶面板供应商，主要从事新型平板显示器件、液晶显示器、液晶模组等的研发、加工，并形成了以其为核心的产业链。

表 11 2011—2020 年宁波北仑港综保区对外贸易年度统计表

单位：亿元，%

年份	进出口		出口		进口	
	总值	同比	总值	同比	总值	同比
2011 年	362.1	-4.9	145.1	-1.5	217.0	-7.0
2012 年	382.7	5.7	161.8	11.5	220.9	1.8
2013 年	296.3	-22.6	125.2	-22.6	171.0	-22.6
2014 年	266.5	-10.1	115.0	-8.1	151.4	-11.5
2015 年	193.1	-27.5	86.1	-25.2	107	-29.3
2016 年	146.8	-24	59.4	-31	87.3	-18.4
2017 年	149.9	2.1	56.1	-5.6	93.8	7.4
2018 年	147.7	-1.5	47.2	-15.8	100.5	7.1
2019 年	162.6	10.1	61.8	31	100.8	0.3
2020 年	162.9	0.2	60.7	-1.8	102.1	1.4

（四）嘉兴综合保税区

嘉兴综保区是浙江省首个由出口加工区整合优化而成的的综保区。“十三五”期间，嘉兴综保区进出口167.4亿元，年均增长55.3%。嘉兴综保区重点发展以大宗原材料为主的保税加工、保税物流等多种产业。其A区重点打造“一引擎三基地”，即杭州湾北翼开放型经济发展新引擎，大宗商品保税仓储物流基地，先进装备保税加工制造基地，进出口商品展示展销交易基地。其B区以数字经济和保税贸易两大核心产业为主导，成功吸引5家世界500强企业、3家中国500强企业、2家国际行业龙头企业落户，产能优势不断叠加。

表 12 2011—2020 年嘉兴综保区对外贸易年度统计表

单位：亿元，%

年份	进出口		出口		进口	
	总值	同比	总值	同比	总值	同比
2011 年	15.6	127.3	4.4	62.2	11.2	169.9
2012 年	15.9	1.7	3.5	-19.8	12.4	10.1
2013 年	8.2	-48.5	5.6	58.8	2.6	-79.2
2014 年	10.3	25.4	5.2	-7.9	5.1	98.3
2015 年	9.5	-7.5	5.0	-2.4	4.4	-12.8
2016 年	12.3	29.8	5.6	10.7	6.7	51.6

续表

年份	进出口		出口		进口	
	总值	同比	总值	同比	总值	同比
2017 年	19.8	60.6	4.9	−12.6	14.9	121.3
2018 年	18.1	−8.5	5.2	7.4	12.9	−13.7
2019 年	31.3	72.9	16.3	210.9	15.0	16.6
2020 年	85.9	174.4	54.2	232.4	31.7	111.4

（五）宁波前湾综合保税区

“十三五”期间，宁波前湾综保区进出口130.2亿元，年均增长27.8%。2016年5月，宁波前湾综保区（原“慈溪出口加工区”）被宁波市政府列为第一批中国（宁波）跨境电商综试区园区。“十三五”期间，宁波前湾综保区通过海关跨境电商管理平台累计进口超过99亿元。同期，“同仓存储、同包发货”“退货中心仓”“一盘货出口”等业务监管新模式迅猛发展。此外，宁波前湾综保区着力推进物流分拨、检测维修、研发设计三大中心建设，进一步加快跨境电商、数字经济、生物医药等新兴产业聚集。

表 13　2011—2020 年宁波前湾综保区对外贸易年度统计表

单位：亿元，%

年份	进出口		出口		进口	
	总值	同比	总值	同比	总值	同比
2011 年	6.2	174.3	0.7	2366.4	5.5	145.8
2012 年	6.3	0.3	1.6	123.5	4.6	−15.8
2013 年	6.7	6.9	2.0	25.6	4.7	0.4
2014 年	10.6	58.6	4.5	123.1	6.1	30.6
2015 年	10.9	3.2	3.4	−25.3	7.6	24.3
2016 年	10.1	−7.5	3.5	4.0	6.6	−12.6
2017 年	23.3	130.6	1.8	−47.5	21.5	225.0
2018 年	29.4	26.2	1.4	−22.8	28.0	30.4
2019 年	29.9	1.5	1.4	0.6	28.5	1.6
2020 年	37.4	24.9	0.9	−35.6	36.4	28.0

（六）宁波梅山综合保税区

“十三五”期间，宁波梅山综保区累计进出口232.5亿元，年均增长

25.0%。区内保税加工、物流业务逐步拓展，保税汽车逐步成为保税业务主力军。2016年12月，首批平行进口汽车以保税形式进入宁波梅山综保区，此后，汽车业务迅速成为推动宁波梅山综保区进出口业务发展的“加速器”。2019年9月，浙江首个平行进口车城市保税展厅在宁波揭牌，以城市展厅为前方店面，以梅山综保区为后方仓库，成功打造“前店后仓”的进口汽车销售新模式。

表 14　2011—2020 年宁波梅山综保区对外贸易年度统计表

单位：亿元，%

年份	进出口		出口		进口	
	总值	同比	总值	同比	总值	同比
2011 年	4.2	1172.9	1.7	243812.3	2.5	655.6
2012 年	9.2	119.3	7.0	310.3	2.2	–12.1
2013 年	16.5	78.7	14.7	109.0	1.8	–18.5
2014 年	14.9	–9.8	10.5	–28.6	4.4	144.3
2015 年	17.7	18.8	12.5	18.7	5.2	19.2
2016 年	22.3	26.0	12.7	2.0	9.6	83.7
2017 年	37.9	70.3	11.9	–6.6	26.0	172.6
2018 年	63.7	68.0	14.3	20.2	49.4	89.9
2019 年	54.8	–14.1	20.9	46.1	33.9	–31.5
2020 年	53.8	–1.7	28.0	34.4	25.8	–23.8

（七）舟山港综合保税区

舟山港综保区是拥有“一区三片”布局的综保区，是舟山群岛新区的核心功能区和浙江海洋经济发展示范区的重要展示窗口。“十三五”期间，舟山港综保区累计进出口581.7亿元，年均增长率达2.0倍，呈高速发展势头。舟山港综保区重点培育船舶和海洋工程交易租赁、国际进口商品展示交易和大宗商品保税交易三大市场。区内保税油库库容2011万立方米，后期将陆续投建5500万立方米储油设备。区内浙江石油化工有限公司4000万吨炼化一体化项目已经正式投产，并且在2020年获得100万吨低硫燃料油出口配额，是国内唯一一家获得出口配额的民营企业。

表 15　2014—2020 年舟山港综保区对外贸易年度统计表

单位：亿元，%

年份	进出口		出口		进口	
	总值	同比	总值	同比	总值	同比
2014 年	0.4	–	0.1	–	0.3	–
2015 年	0.9	152.3	0.2	79.1	0.7	185.4
2016 年	13.0	1328.9	5.5	2616.8	7.5	963.7
2017 年	46.4	257.6	5.9	8.6	40.5	438.0
2018 年	99.6	114.7	6.6	12.0	93.0	129.7
2019 年	195.2	96.0	33.6	406.4	161.6	73.8
2020 年	227.5	16.5	48.1	43.2	179.4	11.0

（八）金义综合保税区

“十三五”期间，金义综保区成功打造宠物食品华东中心仓和全国宠物食品进口示范基地；肉类进口来源拓展至15个国家和地区；成功招引落地了3家日产50吨保税坚果加工项目；大宗商品进口货值累计超4.5亿美元。截至2020年底，金义综保区累计招引落地企业116家，贸易“朋友圈”拓展至全球50余个国家和地区。此外，金义综保区主动融入“义新欧”“义甬舟”“跨境电商”三大开放通道，形成与中欧班列优势互补格局，实现跨境电商监管模式全覆盖。2020年，金义综保区在全国海关特殊监管区域中排名跃升至74名，较2019年排名上升19位。

表 16　2017—2020 年金义综保区对外贸易年度统计表

单位：亿元，%

年份	进出口		出口		进口	
	总值	同比	总值	同比	总值	同比
2017 年（万元）	334.3	–	51.4	–	282.9	–
2018 年	11.0	32818.9	0.3	5552.9	10.7	37775.3
2019 年	27.5	150.1	0.3	–0.9	27.2	154.2
2020 年	87.4	217.6	9.5	3191.7	77.9	186.2

（倪洪中　陆海生　林　翰）

义乌国际贸易综合改革试验区：“义”跃而上　买卖全球

2011年，国务院正式批复《浙江省义乌市国际贸易综合改革试点总体方案》，义乌成为了全国首个承担国家级综合改革任务的县级市，拥有全球最大的小商品批发市场，被视为全球小商品贸易的“风向标”和“晴雨表”，有“世界小商品之都”的美誉。

“十三五”期间，义乌以建设“世界小商品之都”为目标，强改革、调结构、优环境，大力推进工业化、国际化和城乡一体化，走出了一条富有自身特色的区域发展道路。2019年1月，义乌国际贸易综合改革试验区获批，义乌实现了由“点”向“区”的实质性转变。此后，自贸区、综保区、跨境电商综试区等重大平台相继落地实施，不断开放的政策叠加促使义乌外贸发展迈上了新台阶，2020年出口、进口规模分别突破3000亿元和100亿元大关。

一、“十三五”期间义乌市外贸主要成就

（一）对外贸易发展迅速，贸易规模各县（市、区）居首

从贸易总量看，“十三五”期间义乌累计进出口1.32万亿元，同比增长1.4倍，从“十二五”末的2124.3亿元增长到2020年的3129.1亿元，年均增长8.1%，占全省总值的9.4%。其中，出口1.29万亿元，进口324.8亿元，分别增长1.3倍和1.7倍，年均分别增长7.4%和40.8%。

从年度趋势看，“十三五”期间义乌市进出口规模呈逐年递增、屡创新高态势，五年均超2000亿元，至2020年突破3000亿元。2020年，出口超3000亿元，进口超100亿元，分别为2015年的1.4倍和5.5倍。

在全省的外贸地位稳步提升。“十三五”期间，义乌市进出口和出口规模在全省县（区、市）中均排名第1。其中，出口值占全省出口总值的12.1%，对全省出口的增长贡献率为25.6%，拉动全省出口增长9.5个百分点。

以美元计，“十三五”期间，义乌市累计进出口1952.8亿美元，同比增长116.2%，年均增长5.7%；出口年均增长5.0%，2020年达到433.0亿美元；进口年均增长37.8%，2020年达到17.8亿美元，超额完成义乌市“十三五”规划中进口年均增长32.0%的外贸发展目标。

表1　2011—2020年义乌对外贸易年度统计表

单位：亿元，%

年份	进出口		出口		进口	
	总值	同比	总值	同比	总值	同比
“十二五”期间	5613.0	622.0	5491.6	672.5	121.5	82.5
2011年	256.1	20.9	233.3	20.2	22.8	29.2
2012年	590.8	130.7	569.1	144.0	21.6	–5.0
2013年	1155.9	95.7	1130.7	98.7	25.2	16.6
2014年	1486.0	28.6	1456.4	28.8	29.6	17.3
2015年	2124.3	43.0	2101.9	44.3	22.4	–24.4
“十三五”期间	13226.7	135.6	12901.9	134.9	324.8	167.3
2016年	2229.4	5.0	2201.5	4.7	27.9	24.6
2017年	2339.3	4.9	2304.4	4.7	34.9	25.3
2018年	2560.0	9.4	2521.6	9.4	38.5	10.2
2019年	2968.8	16.0	2868.9	13.8	99.9	159.8
2020年	3129.1	5.4	3005.5	4.8	123.7	23.8

（二）机电比重提升，玩具等优势小商品快速增长

“十三五”期间，义乌市出口商品以劳密产品和机电产品为主。出口劳密产品5224.1亿元，年均增长5.4%；2020年出口1147.1亿元，占全市的38.2%。出

口机电产品4413.6亿元，年均增长11.6%；2020年出口1141.5亿元，占38.0%，较2015年上升6.6个百分点，已接近劳密产品的占比，占全省的10.1%。机电产品中家用电器、电子元件和农业机械增长较快，同比分别增长4.1倍、4.1倍和11.1倍。此外，同期玩具出口同比增长6.1倍，年均增长24.3%，占全省玩具出口的33.0%，对全省玩具出口增长贡献率为41.4%，拉动全省玩具出口增长90.5个百分点。

表2 “十三五”期间义乌主要出口商品统计表

单位：亿元，%

出口商品	“十三五”期间			2020年			年均增速
	出口值	同比	占比	出口值	同比	占比	
出口总值	12901.9	134.9	100.0	3005.5	4.8	100.0	7.4
* 劳动密集型产品	5224.1	108.2	40.5	1147.1	–0.6	38.2	5.4
其中：服装及衣着附件	1454.8	58.8	11.3	301.4	–7.6	10.0	3.1
塑料制品	1389.6	118.6	10.8	300.0	0.8	10.0	2.2
纺织纱线、织物及其制品	833.2	118.9	6.5	223.5	21.8	7.4	13.3
玩具	464.6	615.0	3.6	103.6	–2.8	3.4	24.3
箱包及类似容器	439.1	90.3	3.4	72.9	–30.7	2.4	–2.1
鞋靴	407.4	114.4	3.2	68.1	–17.9	2.3	–4.1
家具及其零件	235.1	157.3	1.8	77.6	47.9	2.6	17.2
* 机电产品	4413.6	190.8	34.2	1141.5	16.7	38.0	11.6
其中：家用电器	230.2	413.8	1.8	75.5	44.5	2.5	24.6
电子元件	127.4	414.4	1.0	41.6	22.5	1.4	27.6
农业机械	13.0	1112.4	0.1	4.9	58.1	0.2	66.1
玻璃及其制品	470.3	84.4	3.6	86.7	–17.2	2.9	0.2
纸浆、纸及其制品	369.1	148.4	2.9	81.4	–7.0	2.7	7.0
陶瓷产品	359.8	226.0	2.8	80.3	1.6	2.7	6.3
* 高新技术产品	178.7	295.7	1.4	56.7	25.6	1.9	22.2

（三）消费品进口培育卓有成效，瓜果、化妆品、水产品进口年均翻番

“十三五”期间，义乌市日用消费品进口212.3亿元，是“十二五”期间的62.8倍，年均增长1.4倍，占同期全市进口总值的七成。进口肉类产品，进境水果、冰鲜水产品指定监管场地相继建成投用，推进肉类产品、瓜果、水产品进

口快速增长。“十三五”期间，累计进口瓜果97.3亿元，同比增长1304.7倍，年均增长297.3%，占全市、全省的比重分别为30.0%和58.3%；累计进口肉类产品19.9亿元，基本为增量；进口水产品年均增长3.2倍。此外，化妆品年均增长2.3倍。

表 3 “十三五”期间义乌主要进口商品统计表

单位：亿元，%

进口商品	“十三五”期间			2020 年			年均增速
	进口值	同比	占比	进口值	同比	占比	
进口总值	324.8	167.3	100	123.7	23.8	100	40.8
* 消费品	212.3	61.8	65.4	108.0	33.4	87.3	142.0
其中：干鲜瓜果及坚果	97.3	130466.9	30.0	40.4	−19.3	32.7	297.3
美容化妆品及洗护用品	25.8	19413.9	8.0	18.7	199.0	15.1	230.3
肉类（包括杂碎）	19.9	---	6.1	17.2	811.5	14.0	---
酒类及饮料	17.9	1870.8	5.5	5.3	−14.4	4.3	66.6
水产品	10.9	11813.8	3.3	6.9	110.2	5.6	317.8
* 机电产品	41.6	110.9	12.8	4.8	−56.5	3.9	34.8
其中：半导体制造设备	12.5	3518.6	3.9	1.0	703.5	0.8	140.8
* 高新技术产品	22.8	905.8	7.0	2.5	−37.3	2.1	52.3
其中：计算机集成制造技术	15.0	1452.7	4.6	1.7	189.1	1.4	52.1

（四）市场开拓有成，贸易遍及全球

“十三五”期间，发展中国家市场在义乌外贸市场中占比较高且保持稳定增长。累计进出口1.09万亿元，年均增长6.2%，占同期全市外贸总值的82.3%。其中，印度是第一大进出口市场，累计进出口785.6亿元，年均增长1.9%。同期，义乌市与“一带一路”沿线国家均有贸易往来，累计进出口6354.8亿元，同比增长134.0%，年均增长4.5%；2020年进出口1361.4亿元，占全市的43.5%。

“十三五”期间，欧美市场呈现逆势增长。对欧盟、美国累计进出口分别为1420.7亿元和804.7亿元，年均增长8.3%和25.4%；2020年分别为340.3亿元和294.2亿元，合计占比较2015年提升5.1个百分点。

表4 “十三五”期间义乌主要贸易市场统计表

单位：亿元，%

国家（地区）	“十三五”期间			2020年			年均增速
	进出口	增长	占比	进出口	同比	占比	
总值	13226.7	135.6	100	3129.1	5.4	100	8.1
“一带一路”沿线国家	6354.8	134.0	48.0	1361.4	−3.7	43.5	4.5
非洲	2991.1	144.6	22.6	666.0	−3.8	21.3	6.0
其中：埃及	321.0	72.1	2.4	85.8	20.4	2.7	0.9
中东地区	2850.4	98.0	21.6	562.9	−8.6	18.0	−0.7
其中：伊拉克	546.6	143.3	4.1	101.9	−13.9	3.3	−0.8
伊朗	419.6	82.7	3.2	49.3	−18.0	1.6	−10.6
沙特阿拉伯	356.4	114.4	2.7	80.3	−11.6	2.6	2.5
拉丁美洲	1694.2	145.9	12.8	410.6	4.9	13.1	10.3
欧盟	1420.7	100.6	10.7	340.3	9.4	10.9	8.3
东盟	1374.5	201.5	10.4	352.3	16.9	11.3	12.9
美国	804.7	154.9	6.1	294.2	65.7	9.4	25.4
印度	785.6	198.4	5.9	126.9	−36.7	4.1	1.9

（五）创新先行，空、铁运输快速崛起，外贸新业态蓬勃发展

1. 市场采购

“十三五”期间，市场采购作为义乌主要贸易方式实现出口1.03万亿元，占全市出口总值的80.0%，同比增长158.4%，年均增长4.7%，对全市出口的增长贡献率为85.4%，拉动增长115.3个百分点；占全省市场采购出口的90.8%，拉动增长147.6个百分点。

2. 跨境电商

“十三五”期间，跨境电商进出口79.2亿元，同比增长24.3倍，年均增长59.8%。其中出口39.4亿元，同比增长11.6倍，占全省的15.2%；进口39.7亿元，2017年启动进口业务以来年均增长253.2倍。

3. 空铁运输

“十三五”期间，义乌成功实现从小商品出口“桥头堡”到新“丝绸之路”新起点的战略转型。五年间，通过航空运输累计进出口139.8亿元，同

比增长2.3倍，年均增长45.7%，占同期全省航空运输进出口总值的1.4%，较“十二五”提升0.7个百分点；通过铁路运输累计进出口210.1亿元，同比增长8.9倍，年均增长55.2%，占全省铁路运输进出口总值的13.8%，较“十二五”提升7.7个百分点。

表5 “十三五”期间义乌主要贸易方式（业态）统计表

单位：亿元，%

贸易方式（业态）	“十三五”期间			2020年			年均增速
	进出口	同比	占比	进出口	同比	占比	
总值	13226.7	135.6	100	3129.1	5.4	100	8.1
市场采购	10328.0	158.4	78.1	2221.4	–4.5	71.0	4.7
一般贸易	2701.6	79.3	20.4	857.4	47.9	27.4	20.1
保税物流	115.2	2078.7	0.9	39.3	–4.7	1.3	67.4
跨境电商	79.2	2430.5	0.6	32.6	228.7	1.0	59.8
加工贸易	51.7	–49.5	0.4	1.6	–50.5	0.05	–37.0

（六）民营企业外贸发展主导地位愈发稳固

“十三五”期间，义乌中小微企业不断发展壮大，有进出口记录的民营企业数增加至6942家。民营企业进出口实现快速增长，五年间年均增长8.1%，2020年占全市进出口总值的98.9%，较2015年提升0.4个百分点，外贸发展主导地位进一步稳固。

表6 “十三五”期间义乌主要贸易主体统计表

单位：亿元，%

贸易主体	“十三五”期间			2020年			年均增速
	进出口	同比	占比	进出口	同比	占比	
总值	13226.7	135.6	100	3129.1	5.4	100	8.1
民营企业	13079.8	142.7	98.9	3095.9	5.9	98.9	8.1
外商投资企业	94.6	–40.0	0.7	23.0	5.2	0.7	–0.4
国有企业	23.7	–63.9	0.2	1.2	–63.0	0.04	–31.2

二、“十四五”期间义乌国际贸易综合改革试验区发展展望

“十四五”期间，义乌将在质量效益明显提升基础上实现外贸经济持续健康较快发展，抢抓自贸试验区等机遇，持续增强国际贸易综合改革试验区建设的原动力。

坚持以数字化改革牵引全面深化改革，提升资源要素市场化配置能力，率先参与构建国际贸易新规则、新体系，高水平建设制度型开放的数字自贸试验区，创新构筑“第六代市场”。

深入实施促进“双循环”、服务贸易、进口贸易的三个“十大行动”，努力打造贸易“双循环”中心、“一带一路”创新中心、全球重要物流中心、区域经济中心、长三角重要交通中心等“九个中心”，发展更高层次开放型经济，干实“八八战略”义乌篇章，抢当“重要窗口”模范生，为全省经济高质量发展提供义乌经验。

（韩　杰　喻岚岚）

跨境电商综试区：先发引领　全域覆盖

跨境电商综试区是跨境电子商务先行先试区，旨在跨境电子商务交易、支付、物流、通关、退税、结汇等环节的技术标准、业务流程、监管模式和信息化建设等方面的先行先试，破解跨境电子商务发展中的深层次矛盾和体制性难题，打造跨境电子商务完整的产业链和生态链，逐步形成一套适应和引领全球跨境电子商务发展的管理制度和规则，为推动中国跨境电子商务健康发展提供可复制、可推广的经验。“十三五”期间，全省跨境电商综试区从初设到成熟运行，从点到面，通过创新制度、创新管理、创新服务实现协同发展，以更加便捷高效的新模式释放市场活力，促进企业降成本、增效益，支撑外贸优进优出、升级发展。

一、“十三五”期间浙江跨境电商综试区发展概况

2013年，杭州被列为全国首批跨境电商试验区及示范区。

2014年以来，浙江省跨境电商发展迅速，成为浙江新的外贸出口增长点。依托良好的电商发展环境和丰富的商品资源，杭州、金华和义乌等地逐渐成为全省跨境电商出口的先发优势地区。杭州跨境贸易电子商务产业园在全国五个试点城市中率先正式开园运营，金华、义乌则把发展电子商务作为政府工作重点工程来抓，全省跨境电商形成若干战略平台。特别是拥有47万家网络经营主体，电商交易额居全国城市首位的杭州，集聚效应优势凸显。

2015年3月，国务院批复同意设立全国首个跨境电商综试区——杭州综试区，标志着跨境电商试点从单个城市某些方面试点进入到跨境电商生态体系全面建设的综合试点阶段。截至2020年底，浙江跨境电商综试区数量达到10个，设区市覆盖率居全国第一。舟山市也已获批跨境电商零售进口业务资格。近年来，浙江积极谋划赋予综试区更多改革自主权，增值税“无票免税”、零售进口商品退货等创新政策在浙江先行先试。

浙江跨境电商综试区统计表

综试区名称	获批时间	批次
中国（杭州）跨境电子商务综合试验区	2015 年 3 月 7 日	第一批
中国（宁波）跨境电子商务综合试验区	2016 年 1 月 6 日	第二批
中国（义乌）跨境电子商务综合试验区	2018 年 7 月 24 日	第三批
中国（温州）跨境电子商务综合试验区	2019 年 12 月 24 日	第四批
中国（绍兴）跨境电子商务综合试验区	2019 年 12 月 24 日	第四批
中国（湖州）跨境电子商务综合试验区	2020 年 4 月 27 日	第五批
中国（嘉兴）跨境电子商务综合试验区	2020 年 4 月 27 日	第五批
中国（衢州）跨境电子商务综合试验区	2020 年 4 月 27 日	第五批
中国（台州）跨境电子商务综合试验区	2020 年 4 月 27 日	第五批
中国（丽水）跨境电子商务综合试验区	2020 年 4 月 27 日	第五批

二、“十三五”期间浙江跨境电商综试区发展举措及成效

“十三五”期间，以杭州综试区为代表的浙江跨境电商综试区积极探索、先行先试，建成以“六体系两平台”为核心的适合跨境电商发展的政策体系和管理制度，包括企业、金融机构、监管部门等信息互联互通的信息共享体系，一站式的在线金融服务体系，全程可验、可测、可控的智能物流体系，分类监管、部门共享和有序公开的电商信用体系，以及为企业经营、政府监管提供服务保障的统计监测体系和风险防控体系。建成线上综合服务和线下“综合园区”两个平台，实现政府部门间信息互换、监管互认、执法互助，汇聚物流、金融等配套设施和服务，为跨境电商打造完整产业链和生态圈。国务院常务会议先后四次向全国推广杭州综试区“六体系两平台”，并在全国104个新设的跨境电商综试区中进行复制推广。跨境电商已经成为全省外贸高质量发展的新动能。

（一）构建完善的跨境电商监管业务模式

推出三批，计113条制度创新清单，实施全国首个地方性跨境电商促进条例，打造“进口通关一体化服务平台”和“商品质量安全风险监测系统”，设立全国首个互联网法院跨境贸易法庭，率先开展跨境电商小包出口、直邮进口、网购保税进口、特殊监管区出口、“跨境电商+实体新零售”业务。率先在全国试点跨境电商B2B出口，并为跨境电商B2B出口监管方式9710、9810贡献杭州实践经验，建立起覆盖跨境电商B2B和B2C的监管业务模式。率先上线跨境进口商品质量安全公共服务平台，为消费者及跨境进口从业者提供跨境进口商品溯源查询和反馈、跨境进口商品质量知识普及、跨境进口商品消费警示信息等服务。

（二）先行先试跨境电商出口零售税收政策

2015年，杭州综试区提出“无票免税”政策，并得到国家有关部委的认可，得以先行先试。2018年9月，国家关于跨境电商综试区零售出口货物税收政策正式出台，对综试区电商出口企业出口未取得有效进货凭证的货物，同时符合一定条件的，试行增值税、消费税免税政策。2019年10月26日，国家税务总局出台跨境电商综试区零售出口企业所得税核定征收有关政策，2020年1月1日，杭州综试区率先走通跨境电商零售出口企业所得税核定征收新模式。2020年9月21日，杭州市首单跨境电商B2B新政下报关出口的货物办结退税，创新跨境电商B2B出口便利化退税。建立跨境电商出口退税白名单，创新“互联网+”便捷退税机制。

（三）率先打造跨境电商全球中心仓和进出口退换货模式

依托杭州综保区，探索非保税货物与保税货物“同仓存储”、出口贸易与进口贸易“同仓调拨”、小额贸易与大宗贸易“同仓交割”、外贸与内贸“同仓一体”的新模式，实现一区多功能、一仓多形态，降低仓储物流成本15%—20%。成功走通保税出口包裹退换货业务、特殊区域跨境电商出口海外仓零售业务和9610模式下包机出口包裹退货业务。针对进口电商平台反映较多的“退货难”问题，通过拓展退货形态、精简退货流程及探索超期退货监管机制“三管齐下”，在全国率先推出跨境电商零售进口包裹退货新模式，通过在杭州综保区内设立公共退货中心仓、允许退货包裹直接退货入区等方式，减少退货商品在区外的滞留，提高了企业整体退货效率。

（四）建成跨境电商线上综合服务平台

先后上线平台政务服务、大数据、海外征信、人工智能实验室和网络贸易促进中心、“eBOX”创新项目服务平台，并上线“浙里办”APP，累计超11800家企业在平台完成备案，累计实现跨境B2C交易单量超6亿单。率先构建跨境电商诚信体系，完成对杭州地区17000多家跨境电商企业的信用评分评级。上线122个金融产品，授信金额超亿元，其中中国建设银行浙江省分行创新推出跨境快贷产品，已完成首批对杭州市20家企业的无抵押担保授信。“基于大数据的物流帐款智慧管理业务”创新模式作为“杭州经验”向全国复制推广；牵头制定的“跨境电子商务平台商家信用评价规范”成为跨境电商信用国家标准。

（五）坚持不懈创新跨境电商品牌服务模式

先后推出“E揽全球”百万创新服务行动、跨境电商E贸节等一系列大型跨境电商品牌活动；先后与各大跨境电商主流平台联合推出“店开全球”、阿里巴巴国际站B2B专项行动、速卖通“巨鲸计划”、亚马逊TOP100专项行动、eBay品牌出海计划、Wish“五星计划”、Shopee“新杭线”等系列跨境电商支持计划。每年举办全球跨境电商峰会、亚马逊卖家直采大会、行业发布等活动，推动跨境电商权威发布、行业交流和项目集聚，引领跨境电商发展。

（六）完善跨境电商产业服务体系

做大做强跨境电商线下产业园区，围绕稳定跨境电商产业链、供应链，优化线下产业园区生态，完善平台服务、研发设计、数字营销、金融支付、仓储物流等配套设施，14个园区集聚企业近4000家。政企联动建设全球跨境电商知识服务中心、全球跨境电商人才生态中心，不断完善跨境电商服务支撑。培育跨境电商龙头卖家，组建杭州跨境电商协会、“跨境百人会”等社会组织，建立跨境电商龙头企业经常性交流机制。推动跨境电商产业集群发展，引导跨境电商平台和服务商走进15个跨境电商产业带，建立“园区平台+产业+平台服务”对接机制，带动13个线下园区数字化转型。2020年，杭州跨境电商出口网店共30353家，比上年新增10560家。

（七）建立多层次跨境电商人才培育模式

编制跨境电商人才标准和紧缺人才目录；在杭州高校设立全国首批跨境电商本科专业，推出全国首套跨境电商专业教材，创新中国（杭州）跨境电商学院培育模式，年培育跨境电商专业人才近5000人；组建全国首个跨境电商人才联盟。举办"之江创客"全球电子商务创业创新大赛，联合阿里巴巴GDT计划、亚马逊"101时代青年计划"、eBay"E青春计划"、Wish"星青年计划"，全面推开跨境电商实践训练基地建设。联合阿里巴巴举办"扬帆起杭"全球跨境电商创业创新大赛，引导超过100名实力主播入驻阿里巴巴"速卖通"和阿里巴巴国际站跨境电商平台；举办全球青年"轻创启杭"创业创新大赛，支持外国留学生开展数字贸易创业创新；联合eBay举办全国跨境电商创业创新大赛，面向全国选拔20支以上跨境电商人才团队，构建覆盖领军人才、精英人才和实操人才的多层次创业创新体系。

（八）打造全球跨境电商平台集聚地

以全球"速卖通""嘉云数据"等为代表的杭州跨境电商B2C平台，辐射"一带一路"新兴市场。"天猫国际""考拉海购"占全国跨境电商零售进口份额一半以上，成为海外品牌入华的首选。"亚马逊"、"eBay"、"Wish"、"Shopee"、日本"乐天"等全球知名电商平台纷纷与杭州综试区开展战略合作，在杭州设立办事处或孵化园。

（九）创新跨境电商国际合作机制

率先建设eWTP实验区，落地eWTP秘书处，推出跨境电商保税邮路出口，上线全球首个eWTP公共服务平台，并与马来西亚、比利时等国的机场互联，打造跨境贸易数字网络，为全球中小企业提供全球贸易的数字服务解决方案。开展eWTP数字清关监管试点，实现进口邮件、快件、跨境电商渠道24小时无障碍通关。联合阿里巴巴"天猫国际"全国首创"保税进口+零售加工"大进口新模式，满足国内消费者对于高品质、可溯源的进口短保商品需求。积极推动国际货运发展，"菜鸟号"成为新冠肺炎疫情期间中欧双向物资输送的重要通道，目前杭州机场已有全货机航线17条，国际航点25个。整合38个国家和地区的108个海外合作园区、合作中心、合作站点、海外仓资源，搭建跨境电商海外服务网络。

杭州海关全力保障“双十一”跨境商品通关顺畅，图为钱江海关关员在杭州跨境综试区仓库检查待上架商品

（十）搭建全球领先的跨境支付结算体系

“支付宝”、“连连支付”、PingPong支付等全球跨境支付平台集聚杭州，服务近百万跨境电商市场主体。PingPong支付先后获得卢森堡颁发的PI（Payment Institution，支付机构）牌照和EMI（Electronic Money Instituion，电子货币机构）牌照。“连连支付”母公司连连数字科技有限公司与“美国运通”成立的合资公司连通（杭州）技术服务有限公司，获得中国人民银行核发的银行卡清算业务许可证，这是全国第二块银行卡清算牌照。推进商业银行通过电子交易信息提供人民币结算服务，中国民生银行杭州分行获国家外汇总局批复准许开展跨境电商收结汇业务，探索跨境电商仓单质押融资的实现路径。

（倪洪中　葛一波　林　巍）

外贸转型升级基地：产业集群　外贸转型

国家外贸转型升级基地是国家重点支持和发展的集生产、出口功能为一体的产业集群。浙江区域特色产业集群特征明显，外贸转型升级基地的建设，契合浙江产业和外贸发展的传统优势，是浙江加快外贸转动力调结构、巩固提升传统优势、培育竞争新优势的重要内容。

一、“十三五”期间浙江省国家外贸转型升级基地概况

“十三五”期间，在商务部和各进出口商会指导支持下，先后有60个国家外贸转型升级基地落户浙江，数量居全国首位。基地分布全省11个市，涉及46个县（市、区）。从地域分布来看，主要集中在宁波、台州、温州、湖州、嘉兴等市。从行业类别看，主要集中在纺织服装、鞋类、箱包、汽车零部件、生物医药等出口优势产业。

表1　浙江省国家外贸转型升级基地名单

序号	市地	基地名称
1	杭州	浙江省杭州市萧山区国家外贸转型升级基地（纺织化纤）
2		浙江省杭州市余杭区国家外贸转型升级基地（家纺）

续表

序号	市地	基地名称
3	宁波	宁波市北仑区国家外贸转型升级基地（服装）
4		宁波市北仑区国家外贸转型升级基地（文具）
5		宁波市慈溪市国家外贸转型升级基地（家电）
6		宁波市奉化区国家外贸转型升级基地（纺织服装）
7		宁波市海曙区国家外贸转型升级基地（服装）
8		宁波市宁海县国家外贸转型升级基地（文具）
9		宁波市象山县国家外贸转型升级基地（纺织服装）
10		宁波市鄞州区国家外贸转型升级基地（餐厨用品）
11		宁波市鄞州区国家外贸转型升级基地（纺织服装）
12		宁波市鄞州区国家外贸转型升级基地（五金制品）
13		宁波市鄞州区国家外贸转型升级基地（汽车及零部件）
14		宁波市宁海县国家外贸转型升级基地（模具）
15		宁波市余姚市国家外贸转型升级基地（家用电器）
16		宁波市北仑区国家外贸转型升级基地（塑料机械及模具）
17		宁波市北仑区国家外贸转型升级基地（电子信息）
18	温州	浙江省平阳县国家外贸转型升级基地（宠物用品）
19		浙江省温州市鹿城区国家外贸转型升级基地（鞋类）
20		浙江省温州市瓯海区国家外贸转型升级基地（眼镜）
21		浙江省永嘉县国家外贸转型升级基地（教玩具）
22		浙江省瑞安市国家外贸转型升级基地（汽车及零部件）
23		浙江省乐清市国家外贸转型升级基地（低压电器）
24		浙江省温州市瓯海区国家外贸转型升级基地（锁具）
25	湖州	浙江省安吉县国家外贸转型升级基地（家具）
26		浙江省安吉县国家外贸转型升级基地（竹产品）
27		浙江省长兴县国家外贸转型升级基地（纺织）
28		浙江省湖州市国家外贸转型升级基地（工程机械）
29		浙江省湖州市吴兴区国家外贸转型升级基地（纺织服装）
30		浙江省湖州市德清县国家外贸转型升级基地（户外绿色家居）
31		浙江省湖州市德清县国家外贸转型升级基地（生物医药）

续表

序号	市地	基地名称
32	嘉兴	浙江省平湖市国家外贸转型升级基地（箱包）
33		浙江省海宁市国家外贸转型升级基地（纺织）
34		浙江省桐乡市国家外贸转型升级基地（复合材料）
35	绍兴	浙江省绍兴市上虞区国家外贸转型升级基地（伞具）
36		浙江省嵊州市国家外贸转型升级基地（服饰）
37		浙江省诸暨市国家外贸转型升级基地（服饰）
38		浙江省绍兴市柯桥区国家外贸转型升级基地（纺织）
39		浙江省绍兴市新昌高新技术产业园国家外贸转型升级基地（生物医药）
40	金华	浙江省武义县国家外贸转型升级基地（餐厨用品）
41		浙江省义乌市国家外贸转型升级基地（服饰）
42		浙江省永康市国家外贸转型升级基地（餐厨用品）
43		浙江省东阳磁性电子高新技术产业园区国家外贸转型升级基地(新型材料）
44		浙江省兰溪市国家外贸转型升级基地（牛仔面料）
45		浙江省金华市国家外贸转型升级基地（摩托车及零部件）
46	衢州	浙江省衢州市国家外贸转型升级基地（非金属材料）
47	舟山	浙江省舟山市普陀区国家外贸转型升级基地（水产品）
48		浙江省舟山市国家外贸转型升级基地（船舶海工）
49	台州	浙江省台州市国家外贸转型升级基地（医药）
50		浙江省温岭市国家外贸转型升级基地（鞋帽）
51		浙江省临海市国家外贸转型升级基地（户外休闲用品）
52		浙江省温岭市国家外贸转型升级基地（泵与电机）
53		浙江省台州市椒江区国家外贸转型升级基地（家电）
54		浙江省玉环市国家外贸转型升级基地（水暖卫浴）
55		浙江省台州市国家外贸转型升级基地（汽车及零部件）
56		浙江省台州市国家外贸转型升级基地（摩托车及零部件）
57		浙江省台州市国家外贸转型升级基地（生物医药）
58	丽水	浙江省云和县国家外贸转型升级基地（木制玩具）
59		浙江省庆元县国家外贸转型升级基地（铅笔）
60		浙江省庆元县国家外贸转型升级基地（食用菌）

据不完全统计，2020年浙江省国家外贸转型升级基地实现进出口总值2667.9亿美元，有公共服务平台196个，自主品牌出口占基地出口的比例平均为32.1%。龙头企业进出口总值为194亿美元，龙头企业研发投入总额为86.7亿元，为浙江外贸稳增长、促创新、强动能提供了有力支撑。

表2　2020年浙江省国家外贸转型升级基地基本情况

总产值（亿元）			55663.1
特色产业（亿元）			8883.9
进出口总值（亿美元）		基地总进出口值	2667.9
		特色产业	522.9
出口总值（亿美元）		基地总出口值	2322.1
		特色产业	730.0
研发投入（亿元）	基地总投入	总额	880.5
	特色产业投入	总额	262.2
与特色产品有关的公共服务平台（个）			196
特色产品自主品牌数量（个）			10100
特色产品在国（境）外注册商标数量（个）			2415
特色产品省级著名品牌（个）			131
特色产品中国驰名商标（个）			69
特色产品省级著名商标（个）			108
特色产品获境内外主要认证（项）			129

二、“十三五”期间浙江省培育国家外贸转型升级基地的措施及成效

（一）加强政策支持

2018年，浙江省政府办公厅印发《浙江省加快培育外贸竞争新优势行动计划》，明确提出为推进外贸与产业升级联动，到2020年，力争建成50个出口产业集聚、特色鲜明、技术创新领先的外贸优化升级基地和20个外贸优化升级示范县（市、区）。2020年，省委、省政府印发《关于推进贸易高质量发展的实施意见》，明确提出推进国家外贸转型升级基地建设，培育一批具有国际竞争力的产业集群。各地政府依托产业集群和地方特色，出台系列产业支持政策，

加快推进基地建设。如武义县餐厨基地对餐厨产业自动化改造项目给予专项政策支持，杭州市余杭区家纺基地出台推进家纺与服装传统制造业改造提升的政策意见等，有力推动了外贸与产业融合发展。

（二）搭建公共服务平台

全省各基地深入推进公共服务平台建设，不断完善基地公共服务。引导各基地搭建检验检测机构、研发平台、科研工作站等，做好质量管理、技术服务、检测认证。依托海关特殊监管区域、跨境电商综试区、线上线下展会、海外营运中心、外综服企业、市场采购试点、公共海外仓等，帮助基地企业布局全球市场。针对日益复杂的国际经济环境，持续深化海外贸易风险防范工作，通过“政企协专”多方协同，引导各基地充分发挥预警点信息服务功能，不断提升基地数字化管理服务和风险应对水平。截至2020年，全省与特色产品有关的公共服务平台达196个，基地研发总投入880.5亿元，其中特色产业总投入262.2亿元。

（三）打造特色品牌

各地依托基地产业特色，创新“基地+展会”“基地+互联网”等模式，以区域品牌为引领，统一宣传、统一标识、统一形象，抱团开拓国际市场，全面提升基地企业品牌意识和区域整体竞争力，形成集聚程度较高的特色产业集群，如“温岭泵业智造小镇”“绿色药都小镇”等。各基地积极整合力量，打造集体品牌，推出了“余杭家纺”“瓯海眼镜”等集体商标，“中国渔都”“中国阀门之都”等区域品牌，以产业集群创建区域性的国际化品牌，提高出口产品质量和技术水平。据不完全统计，2020年浙江省基地特色产业总产值达到8883.9亿元，特色产业自主品牌数量达到10100个，特色产业国（境）外注册商标达到2415个，特色产品获境内外主要认证129个。

（四）引导产业升级

浙江引导各基地与高校、科研院所合作，产、学、研相结合，完善基地科技支撑体系，提高产品附加值。发挥行业龙头企业作用，积极参与国际、国家、行业标准的制定，申报发明专利等工作。截至2020年，全省基地专利授权68项，其中特色产业专利授权55项，占总数的80.8%；发明专利授权1762项，其中特色产业发明专利授权348项，占总数的19.7%。

积极引导各基地开展“补链”“强链”工程，实现从传统块状经济向现代化产业集群、从低端生产加工向中高端制造的“双转型”。不断谋划运营智能化，探索开展“机器换人”“雄鹰行动”试点示范、精工车间精益改造等行动，全面推进低效企业改造提升、“低散乱”企业集中整治，着力提升基地企业发展质量和效益。

（韩　杰　陈志成　陆　军　李沁泽）

进口贸易促进创新示范区：平台带动　激发潜力

培育进口贸易促进创新示范区，是贯彻落实习近平总书记关于继续扩大市场开放重要讲话精神的主动作为，也是深化对外开放、倡导贸易自由化的重要抓手。“十三五”期间，浙江省进口贸易促进创新示范区蓬勃发展，不仅发挥了促进口、促产业、促消费作用，还发挥了政策创新、服务创新、模式创新作用。

一、“十三五”期间浙江省进口贸易促进创新示范区发展概况

2020年，义乌市正式入围商务部、国家发展改革委、财政部等九部门确定的新一批10个国家级进口贸易促进创新示范区名单，这是浙江省继宁波保税区（2012年列入）之后的第2个，数量与上海、江苏并列全国首位。浙江省在全国率先出台《浙江省进口贸易促进创新示范区和重点进口平台创建办法》，明确创建条件和程序，各县（市、区）、开发区（产业集聚区）、综保区、跨境电商综试区等，结合区位、产业和贸易条件优势，通过进口监管、政策、功能和业态创新，集聚大量进口企业和平台，积极打造对全省进口商品“世界超市”建设有示范、辐射、带动效应的创新示范区。“十三五”末，浙江省拥有8个省级进口贸易促进创新示范区。

二、“十三五”期间浙江省进口贸易促进创新示范区发展情况

（一）宁波国家进口贸易促进创新示范区

积极打造进口生活消费品市场，建设常年展馆面积16万平方米，入驻企业1100余家，进口商品种类包含来自60多个国家和地区的5万多种商品，在全国16个主要城市设立36个进口商品直销中心。打造跨境进口电商基地，跨境电商仓储总面积约75万平方米，累计备案跨境电商企业近700家。打造智慧物流服务平台，集聚330多家仓储物流企业，保税仓储面积近158万平方米，开展保税仓储、进口分拨、国际采购配送、期货交割、供应链管理服务等业务，年配送货值超200亿美元。建有海港口岸通关中心和国际航运服务中心，海关、金融保险、报关及港、航、货代等100多家单位进驻服务。“十三五”期间，累计进口达2372.1亿元，年均增长20.4%。

（二）义乌国家进口贸易促进创新示范区

以国际贸易改革为引领，大力发展进口贸易，中国义乌进口商品博览会成为国内进口日用消费品领域最大的展会，每年吸引全球100余个国家和地区的1500余家企业参展。建设进口商品营销平台40多万平方米。推进“新零售”模式，在全国首创eWTP和数字综保区，eWTP全球创新中心落户义乌。发挥“一带一路”重要节点城市优势，开行“义新欧”中欧班列共13条线路，辐射38个国家；建设“义甬舟大通道”，打造宁波舟山港第六港区，通过宁波舟山港辐射全球。打造全球电商重镇，电商卖家账户达到31万个，其中跨境电商卖家账户有14万个。“十三五”期间，义乌市累计进口值为324.5亿元，年均增长45.0%，其中，消费品进口212亿元，占65.3%。

（三）杭州综合保税区

打造电子信息、汽车配件、“白色家电”、跨境电商等为主导的产业体系，对周边地区有较好辐射带动作用。利用综保区毗邻杭州空港的优势，创新建立“区港联动”机制，在综保区内实现当日分拨、当日运抵、当日放行，有效降低企业仓储、物流及管理成本。跨境进口业务改革全国先行，“网购保税零售进口超30日历史退货试点”率先在杭州综保区开展。“十三五”期间，杭州综保区累计进口达612.0亿元，年均增长31.7%，其中，跨境电商管理平台进

口388.3亿元，占63.5%。

（四）宁波梅山保税港区

宁波梅山保税港区位于宁波舟山港核心区域，对标创建国际供应链创新实验区，以区块链、大数据、互联网等信息技术为支撑，以国际物流、国际贸易、国际金融等“三位一体”为平台主体，创新应用供应链贸易、供应链物流、供应链金融，集聚商流、物流、信息流、资金流、人流、监管流等资源，开创新型经济模式和新兴业态。“十三五”期间，累计进口达144.7亿元，年均增长37.8%。

（五）浙江国际农产品贸易中心（省级进口贸易促进创新示范区）

2018年3月，浙江国际农产品贸易中心开始建设，着眼于形成“一核心一平台四基地”的空间布局，即以国际高端动物蛋白加工贸易为核心，建设中澳现代产业园；依托水产品贸易中心，打造专业性大宗农产品交易平台；以舟山港综保区为依托，建设国际高端动物蛋白冷链物流配送基地；以国家远洋渔业基地和国际水产城等为依托，建设远洋水海产品加工贸易基地；以国际粮油产业园为依托，建设进境粮油保税交易加工基地；以浙台经贸区为依托，建设高端进口果蔬食品集散基地。2018—2020年，累计完成农产品贸易值590.4亿元，年均增长19.6%。

（六）温州瓯海区（省级进口贸易促进创新示范区）

瓯海区发挥“世界温州人”资源优势，建成浙南闽北赣东地区规模最大、最具影响力的进口市场——温州全球商品贸易港，有100多家进口贸易商进驻。打造温州华侨进出口商品基地、“仙岩进口一条街”、“瞿溪真皮大世界”等进口平台，建设保税仓储5万平方米、配套仓储3.5万平方米，发展直播带货、跨境保税进口、跨境直购等线上流通模式，开设线下连锁店，直营店超过50家，努力实现“买世界，卖全球”。“十三五”期间，累计进口达104.5亿元，年均增长52.4%。

（七）衢州衢江区（省级进口贸易促进创新示范区）

衢江区物流交通便利，素有“四省通衢”之称，积极建设以特种纸、机械装备制造、循环经济等产业为支撑的现代产业体系，是中国高档特种纸产业基地，拥有特种纸规模以上企业12家、亿元以上销售额企业6家。扎实推进四省边际第一物流枢纽新城建设，在产业体系和高效物流的带动下，进口贸易快速发展，“十三五”期间，累计进口达121.2亿元，年均增长18.2%，其中，纸类进口109.1亿元。

（八）丽水青田县（省级进口贸易促进创新示范区）

青田是浙江省著名侨乡，33万华侨遍及世界120多个国家和地区，其中85%以上的华侨活跃在“一带一路”沿线国家和地区，自“一带一路”沿线国家进口值占全县进口总值的35%。大力推进侨乡进口商品城“聚起来、走出去、强起来”，深入实施“百城千店”战略，积极打造青田世界红酒中心和全国咖啡产业集散中心，努力建设独具青田特色的“侨乡之窗”。“十三五”期间，累计进口达33.1亿元。

（九）湖州南浔区（省级进口贸易促进创新示范区）

南浔区位于沪杭苏都市圈交汇点，港口交通便利，依托湖州市B级保税物流中心的功能辐射，以及湖州产投进口供应链、“浙江国贸云商”等省级外综服企业，提供进口“一条龙”服务。发展原材料进口需求大的不锈钢、木地板等集聚产业，打造湖州产投进口供应链等省级重点平台，拉动进口作用显著。“十三五”期间，累计进口达66.2亿元，其中，贱金属及其制品进口10.6亿元，木及木制品进口26.6亿元，合计占全区进口总值的56.19%。

（十）金华金义综合保税区

2017年6月，金义综保区正式封关运营，围绕“跨境贸易为特色、科技制造为引领、展示交易为亮点”的产业定位，大力引进跨境平台商、国际贸易商、物流运行商、金融服务商。“十三五”期间，累计招引落地企业116家，进口来源地涵盖德国、西班牙、英国、捷克等50余个国家和地区，进口产品涉及化妆品、有色金属、药品、机械等1700余个种类。2017—2020年，累计进口达115.8亿元。

三、“十四五”期间浙江省进口贸易促进创新示范区发展展望

“十四五”期间，浙江省将继续实行高水平对外开放，加快进口贸易促进创新示范区建设，搭建更广泛、更牢固的产业链、供应链，推动进口商品质量和规模提升，充分发挥进口在推进以国内大循环为主体、国内国际双循环相互

促进的新发展格局中的作用。

强化系统谋划。统筹进口贸易促进平台和渠道，将进口创新的前瞻性、产业布局的预见性、服务管理的先进性融为一体，总结推广建设成效经验，吸引先进产业和重点平台入驻，提升进口服务水平。

加大政策支持。进一步研究制定支持政策，给予企业更多贸易运营发展自主权，做到发展多元、竞争充分、创新可持续，让进口贸易促进创新示范区既有管理服务标准规范，又有保障发展创新能力。

优化金融服务。促进金融机构与进口贸易促进创新示范区合作，鼓励金融机构业务创新，推出针对性的新产品和新服务，支持商业银行、保险公司等开展进口信贷、进口保险等金融服务。

强化创新引领。推动进口贸易促进创新示范区敢行敢试、先行先试、主动作为，善于创新，勇于突破不适应发展趋势的束缚，畅通内外双循环，为促进资源要素流动和优化配置，用好国内国外两个市场、两种资源发挥创新示范引领作用。

（倪洪中　潘　中　曾王栋）

全球疫情蔓延下，浙江发挥复工复产早的优势，为保障全球产业链、供应链稳定做出贡献。图为萧山机场海关正在监管一批出口防疫物资

美国：积极应对　逆势上行

中美经贸合作是两国关系的“压舱石”，是推动两国关系不断发展的强大内驱动力。“十三五”期间，尽管受到经贸摩擦、新冠肺炎疫情冲击等不利因素影响，但美国仍继续保持浙江省第三大贸易市场和第一大出口国地位，双方你中有我、我中有你的经贸往来关系密切。

据海关统计，“十三五”期间，浙江省对美进出口总值为2.19万亿元，较“十二五”期间增长43.3%；占全国对美进出口总值的11.3%，份额较“十二五”期间提升1.8个百分点，继续保持全国第四位，增幅显著高于全国，并居东部沿海主要省市首位。

一、“十三五”期间浙江省对美进出口主要特点

（一）进出口全面增长，全国份额显著提升

“十三五”期间，浙江省对美进出口、出口和进口总值整体呈增长趋势，进出口值在2017年、2020年先后突破4000亿元、5000亿元大关；出口值在2018年首破4000亿元；进口值在2017年达到近十年最高，直逼500亿元。受中美经贸摩擦影响，2019年对美进出口出现十年来首次下降，但2020年即快速复苏，增长20.6%，增幅创十年来新高。

“十三五”期间，浙江对美贸易增幅高于全国22.8个百分点。其中，出口1.97万亿元，增长50.2%，占全国对美出口总值的13.5%，份额较“十二五”提升2.2个百分点；进口2144.8亿元，增长0.8%，占全国自美进口总值的4.5%；浙江省对美进出口、出口和进口年均分别增长8.5%、8.9%和4.7%，分别高于同期全国年均增速5.2个、4.7个和4.4个百分点。此外，对美贸易仍然在浙江外贸稳增长中发挥着重要作用，对美进出口和出口分别拉动全省外贸增长6.4个、8.5个百分点，增长贡献率分别为17.9%和22.8%。

以美元计，“十三五”期间，浙江对美进出口3231.2亿美元，增长32.7%，年均增长6.1%。其中，出口2913.0亿美元，增长38.9%；进口318.2亿美元，下降6.0%。

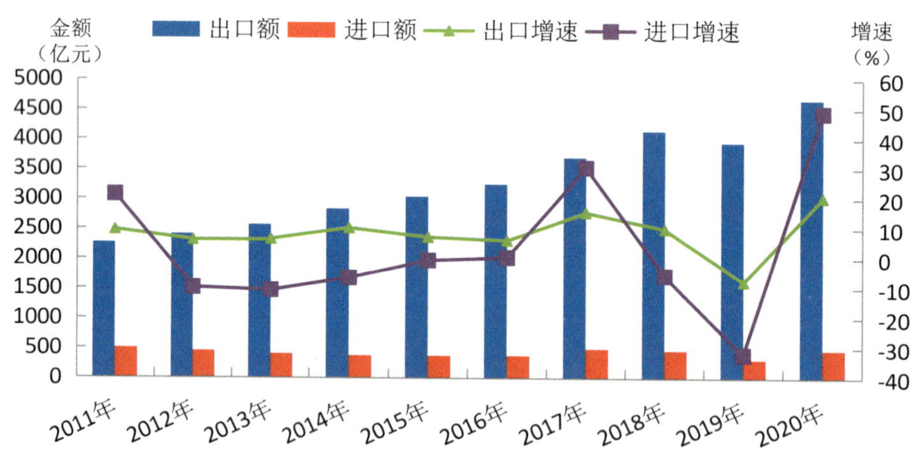

表 1　2011—2020 年浙江对美贸易年度统计表

单位：亿元，%

年份	进出口		出口		进口	
	总值	同比	总值	同比	总值	同比
“十二五”期间	15249.1	42.7	13122.2	43.2	2126.9	39.6
2011 年	2771.6	11.7	2266.6	9.7	505.0	21.8
2012 年	2865.5	3.4	2410.3	6.3	455.2	–9.9
2013 年	2976.0	3.9	2569.1	6.6	406.8	–10.6
2014 年	3215.8	8.1	2834.9	10.3	380.9	–6.4
2015 年	3420.3	6.4	3041.3	7.3	379.0	–0.5
“十三五”期间	21857.8	43.3	19713.0	50.2	2144.8	0.8
2016 年	3630.7	6.2	3249.5	6.8	381.2	0.6
2017 年	4195.9	15.6	3698.1	13.8	497.9	30.6
2018 年	4618.6	10.1	4148.6	12.2	470.0	–5.6
2019 年	4267.7	–7.6	3948.4	–4.8	319.3	–32.1
2020 年	5144.9	20.6	4668.4	18.2	476.4	49.2

（二）出口以机电产品和劳密产品为主，高新产品出口增长迅速

“十三五”期间，浙江省对美出口主要以汽车零配件、家用电器等机电产品和服装、家具等劳密产品为主。其中，对美出口机电产品8386.2亿元，占对美出口总值的42.5%，比重较“十二五”期间提升2.3个百分点，年均增长10.9%，高出对美出口整体增速2.0个百分点；劳密产品出口7797.8亿元，占39.6%，较“十二五”期间下降2.1个百分点，年均增长7.0%。同期，出口高新产品1100.7亿元，占5.6%，较“十二五”期间提升0.2个百分点，年均增长12.6%，高出整体增速3.7个百分点。

2020年，浙江省对美出口机电产品2089.0亿元，较2015年增长67.9%，比重较2015年高出3.8个百分点；出口高新产品305.1亿元，较2015年增长81.2%；出口劳密产品1762.8亿元，较2015年增长40.2%；在订单回流和口罩出口带动下，对美出口纺织品418.0亿元，较上年增长52.6%，较2015年增长79.2%。

表 2 “十三五”期间浙江对美主要出口商品统计表

单位：亿元，%

出口商品	“十三五”期间			2020 年			年均增速
	出口值	同比	占比	出口值	同比	占比	
出口总值	19713.0	50.2	100.0	4668.4	18.2	100.0	8.9
* 机电产品	8386.2	59.0	42.5	2089.0	27.4	44.7	10.9
其中：汽车零配件	875.1	49.5	4.4	175.8	–0.2	3.8	5.8
家用电器	703.9	81.8	3.6	214.7	49.0	4.6	17.1
电工器材	546.3	53.2	2.8	126.2	18.5	2.7	8.6
* 劳动密集型产品	7797.8	42.4	39.6	1762.8	9.8	37.8	7.0
其中：服装及衣着附件	2279.5	15.3	11.6	432.7	–12.1	9.3	–0.1
家具及其零件	1715.9	70.0	8.7	374.1	11.5	8.0	9.1
纺织纱线、织物及其制品	1483.3	40.1	7.5	418.0	52.6	9.0	12.4
塑料制品	1286.4	96.6	6.5	348.2	25.2	7.5	16.5
* 高新技术产品	1100.7	54.9	5.6	305.1	56.2	6.5	12.6
其中：计算机与通信技术	467.4	46.3	2.4	130.8	102.2	2.8	9.7
生命科学技术	300.1	68.3	1.5	91.1	46.9	2.0	18.5

（三）消费品、成品油进口增长迅速，废金属进口降幅明显

“十三五”期间，浙江省自美国进口机电产品、消费品、成品油大幅增长，分别累计进口387.5亿元、258.0亿元和39.3亿元，分别增长43.0%、3.4倍和2.4倍，占同期全省自美进口总值的18.1%、12.0%和1.8%，比重提升5.4个、9.3个和1.3个百分点。其中，化妆品进口增长19.7倍，年均增长74.1%，在主要进口产品中增速最快。同期，进口农产品（主要为大豆、高粱、玉米等）291.8亿元，受经贸摩擦影响大幅下降17.8%。2020年，随着中美第一阶段协议的实施，浙江自美进口农产品大幅反弹。此外，“十三五”期间，随着我国生态建设的推进和进口固体废物政策的调整，浙江自美进口固体废物较“十二五”期间下降38.8%，其中废金属进口279.1亿元，下降36.1%，占同期浙江自美进口总值的13.0%，比重大幅下降7.5个百分点。

表 3 “十三五”期间浙江自美主要进口商品统计表

单位：亿元，%

进口商品	“十三五”期间			2020 年			年均增速
	进口值	同比	占比	进口值	同比	占比	
进口总值	2144.8	0.8	100.0	476.4	49.2	100.0	4.7
* 机电产品	387.5	43.0	18.1	89.3	11.9	18.7	8.6
其中：计量检测分析自控仪器及器具	64.0	41.2	3.0	14.9	17.2	3.1	10.3
通用机械设备	33.3	6.5	1.6	5.6	–36.3	1.2	1.1
固体废物	361.1	–38.8	16.8	38.7	–6.0	8.1	–14.3
其中：废金属	279.1	–36.1	13.0	33.4	–2.8	7.0	–10.7
* 农产品	291.8	–17.8	13.6	61.7	46.3	13.0	0.3
其中：大豆	100.3	–38.6	4.7	5.0	163.2	1.0	–27.3
* 消费品	258.0	341.4	12.0	76.9	25.1	16.1	32.6
其中：美容化妆品及洗护用品	48.7	1971.3	2.3	21.7	64.4	4.5	74.1
基本有机化学品	194.6	–30.7	9.1	31.9	–8.0	6.7	–2.0
* 高新技术产品	164.5	33.5	7.7	34.7	–5.7	7.3	5.8
其中：计算机集成制造技术	54.5	146.9	2.5	15.7	42.0	3.3	33.2
纸浆、纸及其制品	119.8	12.7	5.6	20.7	–8.1	4.3	–1.4
初级形状的塑料	112.9	21.2	5.3	35.6	104.7	7.5	17.4
成品油	39.3	237.8	1.8	0.2	–11.8	0.0	–47.1

（四）一般贸易占比逾八成，新兴贸易业态发展势头强劲

“十三五”期间，浙江省对美以一般贸易方式进出口1.88万亿元，增长48.9%，占同期全省对美进出口总值的85.8%，年均增长8.9%。市场采购出口325.3亿元，增长9.0倍，年均增长39.4%。其中，2020年出口161.3亿元，增长1.2倍；通过海关跨境电商管理平台进出口增长11.8倍，年均增长40.0%。

“十三五”期间，跨境电商、市场采购合计拉动对美进出口增长3.2个百分点，增长贡献率为7.4%。

表 4 “十三五”期间浙江对美主要贸易方式（业态）统计表

单位：亿元，%

贸易方式（业态）	“十三五”期间			2020 年			年均增速
	进出口值	同比	占比	进出口值	同比	占比	
一般贸易	18753.8	48.9	85.8	4425.4	20.8	86.0	8.9
加工贸易	2362.6	3.3	10.8	463.2	2.9	9.0	0.1
保税物流	365.2	28.5	1.7	80.7	32.3	1.6	13.4
市场采购	325.3	895.9	1.5	161.3	124.1	3.1	39.4
跨境电商	211.0	1181.3	1.0	82.4	101.4	1.6	40.0

（五）民营企业外贸占比大幅提升，市场主体数量稳步增加

“十三五”期间，浙江省民营企业对美进出口1.61万亿元，增长79.2%，年均增长13.1%，高出同期全省对美进出口年均增速4.6个百分点，占比由“十二五”期间的58.8%大幅提高至73.5%。其中，出口、进口总值分别为1.48万亿元和1268.9亿元，增长87.7%和17.7%。2020年，全省对美有进出口实绩的企业数量达到3.8万家，较2015年增加34.6%，其中，有出口实绩的企业3.6万家，较2015年增加33.9%。

表 5 “十三五”期间浙江对美进出口贸易主体统计表

单位：亿元，%

贸易主体	“十三五”期间			2020 年			年均增速
	进出口值	同比	占比	进出口值	同比	占比	
民营企业	16072.6	79.2	73.5	4091.8	27.6	79.5	13.1
外商投资企业	4776.9	–7.3	21.9	880.5	1.3	17.1	–2.3
国有企业	979.3	–12.8	4.5	166.4	–3.4	3.2	–5.3

（六）甬杭嘉居前三名，丽水年均增速较快

“十三五”期间，浙江对美贸易额排名前三位的地市依次为宁波、杭州和嘉兴。宁波对美进出口7218.8亿元，占全省对美进出口总值的33.0%，年均增长9.8%，为“十三五”期间省内唯一对美进出口总值超4000亿元的地市。杭州、嘉兴对美进出口总值分别为3839.1亿元和2651.3亿元，占全省的17.6%

和12.1%，年均增长1.7%和6.7%。另外，丽水对美进出口、出口、进口年均分别增长19.4%、19.3%和24.1%，成为对美进出口、出口、进口年均增长最快的地市。

二、“十三五”期间促进浙江省对美贸易发展的有利因素

（一）扬长避短，促浙江对美出口实现较快增长

浙江省及时落实减税降费等优化营商环境政策，积极应对中美经贸摩擦。同时，以民营企业为主体的出口企业市场敏感性高、反应迅速，使得浙江省应对中美经贸摩擦工作取得较好成效，贸易便利化水平显著提高。新冠肺炎疫情发生后，浙江省较快复工复产，疫情防控形势较好，产业链供应链相对稳定，使得我国、浙江省在国际竞争中的优势进一步显现，对美各主要大类商品出口均保持增长。如2020年，浙江省对美出口口罩、防护服合计135.5亿元，拉动浙江省对美出口增长3.4个百分点。

（二）多因素叠加，使浙江自美进口止跌回升

中美第一阶段协议的签署、实施使浙江省自美进口止跌回升。2020年，全省自美进口大豆5.0亿元，同比增长1.6倍。“浙石化”等企业的重大项目带动原油进口需求快速扩大。2020年，进口包括液化丙烷、原油、液化天然气等在内的能源产品85.1亿元，拉动全省自美进口增长26.6个百分点。同时，国内新冠肺炎疫情得到控制后，浙江省采用多种手段激发消费市场，促进消费回补和潜力释放。2020年，浙江省自美进口肉类产品、化妆品、乳品、水果等消费品合计36.8亿元，比2019年增长75.6%，拉动全年自美进口增长5.0个百分点。

三、“十四五”期间浙江省对美贸易前景展望

从短期来看，新冠肺炎疫情在全球范围的影响预计还将持续，印度、越南、墨西哥等国相关产业恢复产能仍需时日，浙江省在全球供应链中的地位作用相对稳定可靠，美国短期内还将保持对日用消费类产品及“宅经济”相关产品的高需求。从长期来看，随着一系列促外贸稳增长政策的落地，浙江省对美贸易增长潜力凸显，也会从优化进出口产品的结构与质量上发力，培育跨境电商、市场采购、外综服、保税维修、海外仓、离岸贸易等外贸新业

态、新模式，在新发展格局下对美能源资源产品仍将保持旺盛的需求；浙江省民营企业已经在应对经贸摩擦中积累了一定的经验，取得了初步成效；美国在浙江省贸易市场中的重要地位和作用依然稳固，未来浙江省对美贸易有望继续稳步前行。

（倪洪中　陆海生　叶　茂　竺　艳）

日本：一衣带水　紧密合作

2016年以来，中日关系逐步走出低谷，务实合作稳步推进，推动双边贸易回升。“十三五”期间，浙江省对日贸易发展跨上新台阶，产业转型升级步伐加快，相互间的投资持续增长，贸易规模逐年提升。据海关统计，“十三五”期间，浙江对日本进出口总值达到7499.6亿元，同比增长3.7%，年均增长5.6%，较“十二五”年均增速提高8.1个百分点。其中，出口4204.5亿元，同比增长3.6%，年均增长5.0%，较“十二五”年均增速提高4.4个百分点；进口3295.1亿元，同比增长3.8%，年均增长6.4%，较“十二五”年均增速提高12.6个百分点。

一、“十三五”期间浙江省对日进出口主要特点

（一）贸易规模逐年增长，占全国份额有所提升

“十三五”期间，浙江省对日本贸易规模从“十二五”末的1230.1亿元攀升至2020年的1615.6亿元，进出口、出口连续五年保持正增长。其中，2020年对日出口达941.9亿元，为历史新高，较2015年增长27.8%；自日进口673.6亿元，较2015年增长36.6%。浙江省对日进出口总值占全国对日进出口总值的份额从2015年的7.1%提升至2020年的7.4%。

按美元统计，“十三五”期间，浙江省累计对日本进出口1109.2亿美元，虽较“十二五”期间下降3.7%，但因“十二五”期末较快回落，“十三五”

期间年度进出口整体仍保持上扬态势，年均增速实现3.3%。其中，出口621.5亿美元，下降3.9%，年均增长2.7%；进口487.7亿美元，下降3.4%，年均增长4.2%。

表1　2011—2020年浙江对日贸易年度统计表

单位：亿元，%

年份	进出口		出口		进口	
	总值	同比	总值	同比	总值	同比
“十二五”期间	7234.7	14.6	4059.4	20.9	3175.3	7.4
2011年	1633.8	17.1	865.5	20.9	768.3	13.1
2012年	1560.6	–4.5	849.3	–1.9	711.2	–7.4
2013年	1457.0	–6.6	826.7	–2.7	630.3	–11.4
2014年	1353.2	–7.1	781.0	–5.5	572.2	–9.2
2015年	1230.1	–9.1	736.9	–5.7	493.2	–13.8
“十三五”期间	7499.6	3.7	4204.5	3.6	3295.1	3.8
2016年	1243.4	1.1	747.4	1.4	496.0	0.6
2017年	1463.0	17.7	804.4	7.6	658.6	32.8
2018年	1581.6	8.1	837.4	4.1	744.1	13.0
2019年	1596.0	0.9	873.3	4.3	722.8	–2.9
2020年	1615.6	1.2	941.9	7.9	673.6	–6.8

（二）机电和高新产品比重提升

随着浙江省制造业结构和产能的调整优化，机电产品和高新产品的国际市场竞争力进一步增强。“十三五”期间，浙江省对日出口机电产品1786.8亿元，增长15.0%，增速高于对日出口增速11.4个百分点，占对日本出口总值的42.5%，较“十二五”期间提升4.2个百分点。其中，出口笔记本电脑183.2亿元，增长2.4倍。同期，出口高新产品565.5亿元，增长34.3%，年均增长9.3%，占对日本出口总值的13.4%，较“十二五”提升3.0个百分点。

表 2 “十三五”期间浙江对日主要出口商品统计表

单位：亿元，%

出口商品	“十三五”期间			2020 年			年均增速
	出口值	同比	占比	出口值	同比	占比	
出口总值	4204.5	3.6	100.0	941.9	7.9	100.0	5.0
* 机电产品	1786.8	15.0	42.5	408.5	5.1	43.4	6.7
其中：笔记本电脑	183.2	239.0	4.4	32.6	–31.4	3.5	6.9
家用电器	161.8	14.7	3.8	41.5	19.9	4.4	10.3
* 劳动密集型产品	1306.2	–6.1	31.1	307.2	20.0	32.6	5.4
其中：服装及衣着附件	625.4	–26.0	14.9	117.6	–2.5	12.5	–2.6
纺织纱线、织物及其制品	237.3	23.3	5.6	82.0	97.4	8.7	19.8
塑料制品	167.9	28.5	4.0	45.9	31.2	4.9	13.5
* 高新技术产品	565.5	34.3	13.4	133.8	4.1	14.2	9.3
* 农产品	371.8	7.3	8.8	65.7	–11.8	7.0	–0.9
其中：水海产品	162.1	8.8	3.9	28.8	–16.4	3.1	0.1

（三）集成电路和化妆品等进口成倍增长

日本是浙江先进技术设备的重要进口来源地，“十三五”期间，浙江省自日本进口机电产品1236.6亿元，增长32.6%，占同期自日进口总值的37.5%，比重较“十二五”提升8.1个百分点；进口高新产品571.8亿元，年均增长15.2%，高于全省自日进口年均增速8.8个百分点，占同期自日进口总值的17.4%，其中进口集成电路289.6亿元，增长3.9倍。内需市场的扩大和跨境电商等新兴业态的发展，促进了浙江自日本进口优质消费品的快速增长。“十三五”期间，浙江省自日本进口消费品353.4亿元，增长4.7倍。其中，进口化妆品140.1亿元，增长18.8倍，2020年占自日进口总值的比重达到8.3%，较2015年上升7.6个百分点。

表3 “十三五”期间浙江自日主要进口商品统计表

单位：亿元，%

进口商品	“十三五”期间			2020年			年均增速
	进口值	同比	占比	进口值	同比	占比	
进口总值	3295.1	3.8	100.0	673.6	-6.8	100.0	6.4
* 机电产品	1236.6	32.6	37.5	262.4	-17.9	39.0	13.3
其中：集成电路	289.6	389.1	8.8	58.6	-34.2	8.7	23.6
* 高新技术产品	571.8	72.1	17.4	116.8	-27.5	17.3	15.2
基本有机化学品	415.8	-23.8	12.6	62.9	-31.0	9.3	-4.3
其中：二甲苯	151.0	-38.3	4.6	19.9	-46.7	3.0	-7.5
* 消费品	353.4	473.1	10.7	99.9	19.7	14.8	21.8
美容化妆品及洗护用品	140.1	1880.6	4.3	55.7	49.3	8.3	74.0
初级形状的塑料	150.0	18.4	4.6	34.9	9.3	5.2	11.4
钢材	138.8	-24.9	4.2	25.2	-15.8	3.7	0.1
未锻轧铜及铜材	118.6	53.6	3.6	52.6	149.9	7.8	37.6

（四）一般贸易稳步增长，跨境电商大幅攀升

“十三五”期间，浙江省以一般贸易方式对日本进出口由2015年的834.7亿元增长到2020年的1200.3亿元，年均增速为7.5%，在对日本贸易总值中的比重由2015年的67.9%提高至2020年的74.3%。同期，通过海关跨境电商管理平台对日本进出口由2015年的20.9亿元增长到2020年的77.5亿元，年均增长29.9%，在对日本贸易总值中的比重由2015年的1.7%提高至2020年的4.8%。

表4 “十三五”期间浙江对日主要贸易方式（业态）统计表

单位：亿元，%

贸易方式(业态)	“十三五”期间			2020年			年均增速
	进出口值	同比	占比	进出口值	同比	占比	
一般贸易	5433.7	16.3	72.5	1200.3	4.1	74.3	7.5
加工贸易	1706.6	-20.8	22.8	319.3	-9.6	19.8	-1.2
保税物流	278.4	-15.0	3.7	61.0	-14.0	3.8	4.9
跨境电商	260.9	1036.8	3.5	77.5	30.6	4.8	29.9

（五）民营企业占比首次超过外商投资企业

20世纪90年代以来，日企对华投资加快，使得外商投资企业对日本贸易规模快速增长，2017年以前为对日本贸易第一大主体。自从我国加入世界贸易组

织，民营企业参与对外贸易的积极性和活力大大增强，尤其近年来，“大众创业”“万众创新”持续纵深推进，民营外贸企业在浙江这片沃土上蓬勃发展。2017年，浙江省民营企业对日贸易规模首次超过外商投资企业，成为对日贸易最大经营主体。“十三五”期间，民营企业对日本进出口累计3761.6亿元，占同期全省进出口总值的50.2%，较“十二五”期间提升11.6个百分点，年均增速11.0%，高于同期浙江省对日本进出口年均增速5.4个百分点。2020年，民营企业对日本进出口首次突破900亿元，创历史新高。

表 5　“十三五”期间浙江对日进出口贸易主体统计表

单位：亿元，%

贸易主体	“十三五”期间			2020 年			年均增速
	进出口值	同比	占比	进出口值	同比	占比	
民营企业	3761.6	34.6	50.2	903.5	15.8	55.9	11.0
外商投资企业	3370.5	−16.1	44.9	640.7	−12.8	39.7	0.3
国有企业	357.9	−11.6	4.8	66.5	−15.1	4.1	1.5

（六）宁波、杭州位列前二，丽水、金华进出口快速增长

“十三五”期间，浙江对日本贸易以宁波、杭州为主导。宁波对日本进出口从2015年的391.5亿元增长至2020年的553.5亿元，年均增长7.2%；2020年占浙江对日本进出口总值的34.3%，较2015年提高2.4个百分点。杭州对日进出口从2015年的295.6亿元增长至2020年的348.3亿元，年均增长3.3%；2020年占浙江对日本进出口总值的21.6%，下降2.4个百分点。此外，丽水、金华对日贸易在“十三五”期间分别实现24.4%、16.2%的年均增速，居各地市前两位。

二、“十三五”期间浙江省与日本贸易逐步回暖的主要原因

（一）中日关系回归正轨，为经贸合作注入动力

政治上的互信合作是经贸往来的前提。中日关系变化影响中日经贸合作，中日货物贸易“十二五”期间出现负增长。“十三五”期间，中日关系回归正轨，为双方经贸合作注入了动力，也奠定了浙江对日本贸易回暖的基础，双边贸易重现增长态势。

（二）双边投资规模持续加大，促进浙江省产业升级

近年来，浙江省与日本相互投资呈现良性发展。据商务部门统计，截至

2019年浙江国际贸易（大阪）展览会暨浙江出口商品（大阪）交易会

2020年，日本已在浙江投资设立3542家企业，实际投资84.2亿美元（合同投资117.3亿美元），主要集中于设备制造、汽车零部件制造等产业；浙江省已在日本投资设立302家企业（机构），对日本直接投资备案37.28亿美元，主要集中于批发零售业、研究和试验发展、汽车制造等行业。日本先进制造业的有序进入有助于加速浙江产业结构优化升级，助力“浙江智造”进一步发展；另一方面，浙江省在日本投资企业亦可利用其科技研发优势，将其转化为技术输入，促进省内产业逐步升级。

三、“十四五”期间浙江省对日贸易前景展望

中日经贸合作从小到大，从民间到政府，发展显著，特别是中日邦交正常化后的40年间，无论是数量还是结构均产生了重大变化。于浙江而言，和日本的经贸关系历经70载春秋，已经构筑起了坚实的基础，形成了互惠互补、互利共赢的良好局面。随着RCEP签署，中国和日本首次达成了双边关税减让协议。这有助于降低中日双边贸易成本，提升双边贸易竞争力与吸引力，释放贸易潜力。面对全球力量再平衡与世界秩序重塑的压力，面对新冠肺炎疫情以及单边主义、保护主义对全球经济带来的挑战，中日两国若能相互尊重、彼此信任、互利合作，努力走出“忽冷忽热”的政经怪圈，共同为全球及本地区的和平与发展发挥积极作用，扩大互利共赢，推动中日关系沿正确轨道行稳致远，浙江对日本贸易有望在“十四五”期间保持稳定的发展。

（李　东　金一兵）

韩国：朝云出岫　未来可期

“十三五”期间是《中韩自由贸易协定》生效后的首个五年，双方的贸易合作更加紧密。在此期间，浙江省对韩国进出口提速增量，屡创新高，对全省外贸贡献率进一步提升。据海关统计，“十三五”期间，浙江省累计对韩进出口5784.4亿元，较“十二五”期间增长37.2%，进出口、出口和进口年均增长均达到两位数，拉动全省进出口增长1.5个百分点。

一、“十三五”期间浙江省对韩进出口主要特点

（一）对韩贸易快速增长

“十三五”期间，浙江省对韩贸易快速增长，进出口、出口、进口年均增速分别达13.4%、12.5%和14.4%，较“十二五”期间分别提高13.0个、7.1个、18.2个百分点，较全国同期对韩贸易年均增速分别高出10.5个、8.1个、12.4个百分点。2017年，进出口规模首破1000亿元。

“十三五”期间，浙江省对韩进出口占全国的份额从“十二五”期间的5.0%上升至6.0%，年均进出口、出口、进口增速在全国对韩贸易前六位省份中位居第一。对韩进出口值占全省外贸总值的4.1%，占比与“十二五”期间持平，对韩出口占全省比重从“十二五”期间的2.4%提升到2.7%。2020年，浙江省对韩进出口、出口和进口分别占全省外贸总值的4.2%、2.9%和8.0%，较2015年分别提高0.7个、0.6个百分点和下降0.1个百分点，拉动全省进出口、出口和

进口增长0.5个、0.5个和0.3个百分点。

按美元统计，“十三五”期间，浙江省累计对韩进出口853.8亿美元，增长27.1%，年均增长10.9%。其中，出口417.3亿美元，增长41.1%，年均增长10.1%；进口436.5亿美元，增长16.1%，年均增长11.9%。

表 1　2011—2020 年浙江对韩贸易年度统计表

单位：亿元，%

年份	进出口		出口		进口	
	总值	同比	总值	同比	总值	同比
“十二五”期间	4216.0	15.9	1854.1	29.2	2362.0	7.3
2011 年	919.4	24.5	354.2	15.0	565.2	31.3
2012 年	881.8	–4.1	351.4	–0.8	530.3	–6.2
2013 年	825.1	–6.4	363.2	3.4	461.8	–12.9
2014 年	835.3	1.2	385.0	6.0	450.3	–2.5
2015 年	754.4	–9.7	400.2	3.9	354.3	–21.3
“十三五”期间	5784.4	37.2	2829.0	52.6	2955.5	25.1
2016 年	850.4	12.7	445.1	11.2	405.3	14.4
2017 年	1035.3	21.7	502.2	12.8	533.1	31.5
2018 年	1206.5	16.5	551.2	9.8	655.3	22.9
2019 年	1276.1	5.8	608.2	10.4	667.9	1.9
2020 年	1416.2	11.0	722.3	18.8	693.9	3.9

2011—2020年浙江对韩国外贸进出口走势图

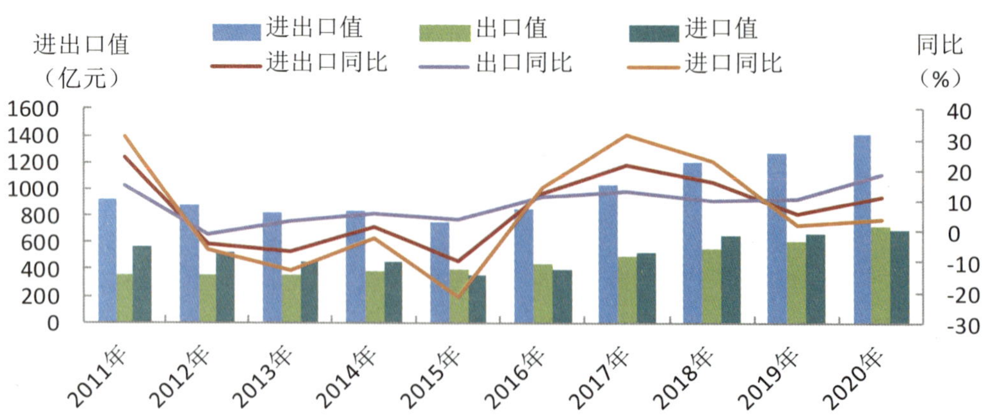

（二）机电产品出口比重提升，劳密产品出口优势巩固

“十三五”期间，浙江省对韩出口以机电产品、劳密产品为主，分别出口1118.4亿元、630.7亿元，年均增速分别为14.0%和10.6%，占同期全省对韩出口总值的39.5%、22.3%，占比较“十二五”期间分别提升1.8个和2.7个百分点。其中，家用电器、医疗仪器及器械、塑料制品出口增长较快。

表 2 “十三五”期间浙江对韩主要出口商品统计表

单位：亿元，%

出口商品	“十三五”期间			2020 年			年均增速
	出口值	同比	占比	出口值	同比	占比	
出口总值	2829.0	52.6	100.0	722.3	18.8	100.0	12.5
* 机电产品	1118.4	59.9	39.5	293.3	18.0	40.6	14.0
其中：家用电器	110.5	173.3	3.9	26.1	–5.9	3.6	19.6
电工器材	105.8	52.0	3.7	23.0	5.1	3.2	7.9
船舶	74.2	–28.8	2.6	17.6	–9.3	2.4	5.0
电子元件	56.4	83.1	2.0	15.6	–6.6	2.2	12.3
医疗仪器及器械	43.5	229.7	1.5	13.3	35.9	1.8	30.0
* 劳动密集型产品	630.7	73.7	22.3	150.9	10.9	20.9	10.6
其中：纺织纱线、织物及其制品	217.8	39.0	7.7	53.8	20.4	7.5	9.5
服装及衣着附件	174.0	79.1	6.2	28.6	–27.7	4.0	2.2
塑料制品	84.6	152.4	3.0	27.2	41.0	3.8	25.1
家具及其零件	71.2	98.0	2.5	23.0	67.6	3.2	17.0
* 高新技术产品	278.4	85.4	9.8	77.4	19.3	10.7	16.1
基本有机化学品	133.1	56.7	4.7	29.9	–2.0	4.1	10.8
* 农产品	125.6	–12.9	4.4	22.0	–12.9	3.0	–2.9
钢材	121.2	17.9	4.3	29.5	20.8	4.1	11.5

（三）进口以机电产品、资源类产品为主，消费品进口高速增长

“十三五”期间，浙江省自韩进口以基本有机化学品、机电产品、初级形状的塑料为主，分别进口777.8亿元、564.5亿元、432.6亿元，占同期全省自韩进口总值的26.3%、19.1%、14.6%。集成电路进口246.3亿元，占同期全省自韩进口总值的8.3%，占比较“十二五”期间提高5.3个百分点，年均增速21.4%。同期，受惠于《中韩自由贸易协定》生效，关税下调，浙江省自韩进口消费品高速增长，年均增速达40.7%，占全省自韩进口总值的比重从“十二五”期间的1.6%大幅提升至6.6%，拉动全省自韩进口增长6.6个百分点。其中，化妆品

进口年均增长54.4%，2020年已占全省自韩进口总值的6.2%。

表3 “十三五”期间浙江自韩主要进口商品统计表

单位：亿元，%

进口商品	“十三五”期间			2020年			年均增速
	进口值	同比	占比	进口值	同比	占比	
进口总值	2955.5	25.1	100.0	693.9	3.9	100.0	14.4
基本有机化学品	777.8	−16.8	26.3	130.7	−30.0	18.8	4.8
其中：二甲苯	354.8	29.8	12.0	66.3	−35.8	9.5	6.2
* 机电产品	564.5	63.7	19.1	120.4	−7.7	17.4	9.8
其中：集成电路	246.3	247.1	8.3	61.0	8.5	8.8	21.4
初级形状的塑料	432.6	16.6	14.6	98.9	9.6	14.2	8.6
* 高新技术产品	361.6	113.8	12.2	82.7	3.5	11.9	15.5
* 消费品	194.5	405.4	6.6	62.9	29.6	9.1	40.7
其中：美容化妆品及洗护用品	131.3	2328.7	4.4	43.0	28.4	6.2	54.4
成品油	185.9	36.1	6.3	36.3	−18.5	5.2	14.2
未锻轧铜及铜材	82.5	27.3	2.8	35.1	99.5	5.1	49.2
钢材	61.0	−12.5	2.1	23.4	76.9	3.4	21.8
塑料制品	58.4	28.5	2.0	15.3	4.2	2.2	11.3

（四）一般贸易比重高，跨境电商增长猛

“十三五”期间，浙江省对韩贸易中一般贸易依然占主导地位，累计进出口4503.5亿元，占全省对韩贸易总值的77.9%，年均增长14.6%。其中，出口2317.8亿元，占全省对韩贸易总值的比重突破八成，达到81.9%。此外，通过跨境电商方式对韩进出口122.1亿元，年均增长51.3%，拉动全省对韩进出口增长2.8个百分点，其中，进口120.2亿元，较“十二五”期间大幅增长23.3倍。

表4 “十三五”期间浙江对韩主要贸易方式（业态）统计表

单位：亿元，%

贸易方式（业态）	进出口总值	同比	占比	出口值	同比	占比	进口值	同比	占比
总值	5784.4	37.2	100.0	2829.0	52.6	100.0	2955.5	25.1	100.0
一般贸易	4503.5	51.8	77.9	2317.8	68.6	81.9	2185.7	37.3	74.0
加工贸易	813.9	−15.9	14.1	389.9	2.1	13.8	424.0	−27.7	14.3
保税物流	393.3	50.0	6.8	51.3	−40.3	1.8	342.0	94.1	11.6
跨境电商	122.1	2324.0	2.1	2.0	2203.6	0.1	120.2	2326.1	4.1

（五）企业主体不断壮大，民营企业蓬勃发展

2015年，浙江省对韩贸易有进出口实绩的企业为13840家，2020年增加到19193家，年均增加6.8%。户均进出口规模从2015年的545.1万元增长到2020年的737.9万元，增幅达35.4%。“十三五”期间，民营企业继续在浙江对韩贸易中发挥主力军作用，进出口3770.6亿元，占全省对韩贸易总值的65.2%，较“十二五”期间提升14.5个百分点，拉动全省对韩贸易增长38.7个百分点。其中，出口2052.2亿元，占全省对韩出口总值的72.5%；进口1718.4亿元，占全省对韩进口总值的58.1%。出口额超亿元的民营企业数量由2015年的25家增至2020年的68家。

表5　“十三五”期间浙江对韩进出口贸易主体统计表

单位：亿元，%

贸易主体	进出口总值	同比	占比	出口值	同比	占比	进口值	同比	占比
民营企业	3770.6	76.4	65.2	2052.2	98.4	72.5	1718.4	55.8	58.1
外资企业	1564.2	−12.3	27.0	614.4	−9.2	21.7	949.8	−14.1	32.1
国有企业	445.6	53.6	7.7	161.3	17.6	5.7	284.3	85.9	9.6

（六）多数地市年均超两位数增长，甬、杭、嘉占近七成

“十三五”期间，除绍兴市外，浙江省各地市对韩贸易均呈现正增长；除杭州市、台州市外，其他地市对韩贸易年均增速均超两位数。宁波、杭州、嘉兴分别对韩进出口2094.8亿元、1163.1亿元、730.7亿元，合计占同期浙江省对韩贸易总值的69.0%。出口方面，衢州、丽水、金华出口值成倍增长，分别增长1.6倍、1.5倍、1.1倍；进口方面，衢州、舟山、宁波增长较快，分别增长3.3倍、67.9%、58.4%。

二、“十四五”期间浙江省对韩贸易前景展望

浙江与韩国互为隔海近邻，交通便捷，存在紧密的贸易关系和较为互补的产业结构。同时，经济全球化、经济区域合作更加紧密的大环境为双方的经贸往来提供了更多机会。伴随着浙江省对外开放的深入，浙江和韩国的贸易从分散的小规模向集群式的大规模发展，韩国企业对浙江的投资从单一的贸易向生产、制造等多领域发展。目前，浙江省已吸引了“韩泰”“晓星”“大

宇”“LG”等一大批知名韩国企业前来投资，仅2019年全省新批韩国来浙项目就多达140个。浙江的健康医疗、智能制造等产业从中低端向中高端迈进，需要加强与韩国合作。同时，浙江参与“一带一路”建设、长江经济带发展、长三角一体化发展等，也将为韩国企业在浙江发展提供更多机会。此外，RCEP的正式签订，预示着浙韩经济合作的领域将不断拓宽和深化，浙江对韩贸易将继续稳步发展。

（蔡蓉隽　冯春鸣）

澳大利亚：优势互补　合则两利

澳大利亚是全球主要的矿产品和农产品出口国，其中铁矿石、煤炭和羊毛出口均为全球第一。澳大利亚也是浙江省重要进口来源国，在全省货物贸易尤其是资源产品、农产品等进口中占据重要地位。“十三五”期间，浙江与澳大利亚贸易额逐年增长，充分发挥了浙澳产业结构互补的优势，在资源产品、消费品进口和工业制成品出口方面均高速增长。

据海关统计，“十三五”期间，浙江省累计对澳大利亚进出口4649.4亿元，较“十二五”期间增长50.2%，占全省外贸总值的3.3%。澳大利亚是浙江第五大贸易国，较“十二五”期间上升一位。

一、“十三五”期间浙江省对澳进出口主要特点

（一）进出口规模逐年扩大，占全国份额显著提升

“十三五”期间，浙江对澳大利亚进出口逐年增长，年均增速达14.2%，较全国同期对澳贸易年均增速高3.3个百分点。2020年，浙江对澳大利亚进出口总值1168.1亿元，占全国对澳贸易的份额从2015年的8.5%上升至9.9%，列全国第五位，较“十二五”末期上升一位。出口方面，“十三五”期间，浙江对澳出口2164.5亿元，较“十二五”期间增长38.6%，年均增速达10.0%，较全国年均增速高1.9个百分点，占全国对澳出口的份额从“十二五”末的13.5%上升至2020年的14.7%，列全国第三位。进口方面，2017年受国际大宗商品价格暴涨等因素影响，浙江自澳

进口铁矿砂、煤炭等大宗商品量价齐增，当年自澳进口总值增幅达47.4%。2018—2019年自澳进口也保持两位数以上较高增速。2020年，浙江自澳进口625.3亿元，小幅增长3.7%。“十三五”期间，浙江自澳进口总值2484.9亿元，较“十二五”期间增长62.1%，年均增速达18.9%，较全国增速高6.6个百分点，占全国对澳进口的份额从“十二五”末的5.8%上升至2020年的7.7%，列全国第七位。“十三五”期间，浙江对澳进出口、出口、进口分别占全省贸易总值的3.3%、2.0%和7.2%，对全省进出口、出口和进口增长贡献率分别达4.2%、2.1%和11.8%。

按美元计，“十三五”期间，浙江省累计对澳大利亚进出口686.0亿美元，较“十二五”期间增长38.8%，年均增长11.7%。其中，出口319.6亿美元，增长28.2%，年均增长7.6%；进口366.4亿美元，增长49.5%，年均增长16.2%。

2011—2020年浙江对澳大利亚进出口年度趋势统计图

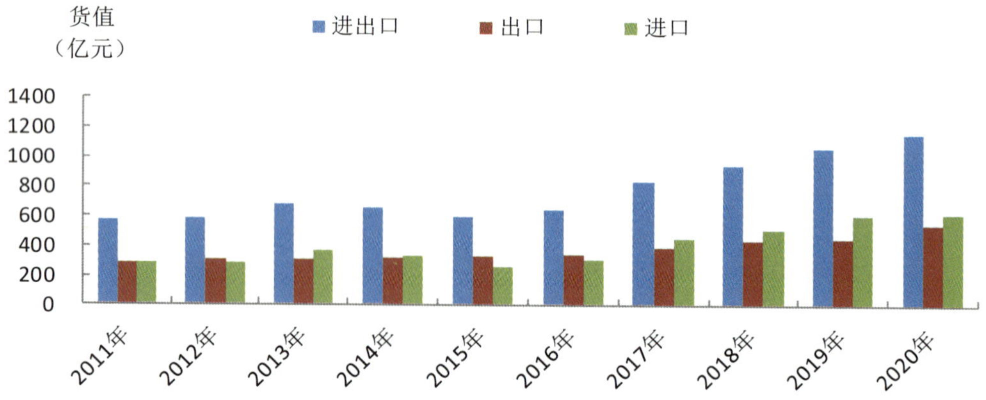

表1 2011—2020年浙江对澳贸易年度统计表

单位：亿元，%

年份	进出口		出口		进口	
	总值	同比	总值	同比	总值	同比
“十二五”期间	3094.9	94.4	1561.5	58.9	1533.4	151.5
2011年	570.7	23.2	286.3	13.6	284.4	34.6
2012年	587.6	3.0	305.9	6.8	281.7	-0.9
2013年	681.7	16.0	310.7	1.6	371.0	31.7
2014年	653.7	-4.1	320.9	3.3	332.8	-10.3
2015年	601.2	-8.0	337.7	5.2	263.5	-20.8
“十三五”期间	4649.4	50.2	2164.5	38.6	2484.9	62.1
2016年	642.5	6.9	339.5	0.5	303.1	15.0

续表

年份	进出口		出口		进口	
	总值	同比	总值	同比	总值	同比
2017 年	835.0	30.0	388.3	14.4	446.7	47.4
2018 年	943.9	13.0	437.2	12.6	506.7	13.4
2019 年	1059.9	12.3	456.7	4.5	603.2	19.0
2020 年	1168.1	10.2	542.8	18.9	625.3	3.7

（二）机电、劳密产品出口占八成以上，增速领先全国平均水平

“十三五”期间，浙江对澳大利亚出口机电产品888.0亿元，出口劳密产品876.8亿元，较“十二五”期间分别增长39.2%和35.7%，占同期浙江对澳出口总值的41.0%和40.5%。其中，出口机电产品从“十二五”末的133.7亿元增长至2020年的225.0亿元，年均增速达11.0%，较全国同期对澳出口机电产品年均增速高2.4个百分点；出口劳密产品从“十二五”末的138.4亿元增长至2020年的215.0亿元，年均增速达9.2%，较全国同期对澳出口劳密产品年均增速高1.9个百分点。此外，出口高新产品176.8亿元，增长45.0%，占同期浙江对澳出口总值的8.2%，年均增速达13.7%，较全国同期对澳出口高新产品年均增速高4.3个百分点。其中，出口太阳能电池72.8亿元，年均增长24.0%。

表 2　“十三五”期间浙江对澳主要出口商品统计表

单位：亿元，%

出口商品	“十三五”期间			2020 年			年均增速
	出口值	同比	占比	出口值	同比	占比	
出口总值	2164.5	38.6	100.0	542.8	18.9	100.0	10.0
* 机电产品	888.0	39.2	41.0	225.0	19.1	41.4	11.0
其中：电工器材	72.6	39.3	3.4	18.3	19.1	3.4	10.9
家用电器	69.9	51.3	3.2	20.2	35.0	3.7	14.8
通用机械设备	69.7	53.3	3.2	16.2	12.7	3.0	6.8
汽车零配件	52.6	29.3	2.4	11.9	0.6	2.2	8.4
灯具、照明装置及其零件	51.6	44.2	2.4	13.3	28.8	2.5	6.3
* 劳动密集型产品	876.8	35.7	40.5	215.0	16.3	39.6	9.2
其中：服装及衣着附件	302.8	7.2	14.0	64.5	–1.6	11.9	3.4
塑料制品	173.0	98.0	8.0	46.3	25.2	8.5	15.2
家具及其零件	160.5	39.2	7.4	43.6	33.9	8.0	11.4
纺织纱线、织物及其制品	150.2	62.3	6.9	41.3	37.0	7.6	14.2
* 高新技术产品	176.8	45.0	8.2	42.0	3.4	7.7	13.7
其中：太阳能电池	72.8	103.8	3.4	15.0	–28.3	2.8	24.0

（三）大宗商品进口稳中有升，消费品进口快速增长

“十三五”期间，浙江自澳进口铁矿砂2.49亿吨，价值1298.6亿元，年均增速分别为4.7%和19.2%；进口煤炭5459.5万吨，价值335.4亿元，年均增速分别为4.4%和13.2%；进口羊毛等农产品385.1亿元，年均增长15.5%。同期，浙江自澳大利亚进口消费品高速增长，从“十二五”末的7.5亿元增长至2020年的63.1亿元，年均增速高达53.3%，占浙江自澳进口总值的比重从2.8%提升至10.1%，主要进口产品为乳品、化妆品、酒类等。此外，从2018年起，得益于自贸试验区的建设发展，浙江自澳开始进口液化天然气，2020年进口规模达到25.5亿元。

表3 “十三五”期间浙江自澳主要进口商品统计表

单位：亿元，%

进口商品	“十三五”期间			2020年			年均增速
	进口值	同比	占比	进口值	同比	占比	
总值	2484.9	62.1	100.0	625.3	3.7	100.0	18.9
* 金属矿及矿砂	1416.4	50.6	57.0	376.1	10.7	60.1	20.3
其中：铁矿砂及其精矿	1298.6	43.0	52.3	345.1	11.1	55.2	19.2
铜矿砂及其精矿	45.4	186.9	1.8	14.2	71.9	2.3	39.8
* 农产品	385.1	60.8	15.5	89.7	–4.3	14.3	15.5
其中：羊毛及毛条	156.3	28.7	6.3	24.3	–30.5	3.9	1.0
乳品	32.4	541.6	1.3	11.9	60.3	1.9	49.0
酒类及饮料	20.6	371.6	0.8	5.0	–6.9	0.8	44.6
鲜、干水果及坚果	19.9	10192.7	0.8	6.3	–38.5	1.0	116.1
煤及褐煤	335.4	114.9	13.5	66.1	–5.5	10.6	13.2
* 消费品	198.4	963.0	8.0	63.1	15.8	10.1	53.3
其中：美容化妆品及洗护用品	24.4	3481.6	1.0	7.8	–1.1	1.2	68.9
未锻轧铜及铜材	44.7	–35.0	1.8	13.8	6.6	2.2	4.1
液化天然气	38.0	--	1.5	25.5	223.8	4.1	--

（四）一般贸易加速发展，主导地位更加稳固

“十三五”期间，浙江对澳大利亚贸易中一般贸易方式占据绝对主导地位，五年间进出口总值达4252.7亿元，占同期对澳贸易总值的91.5%，较“十二五”期间提高2.9个百分点；年均增长14.9%，较“十二五”期间提高8.7个百分点，高于对澳贸易整体增速0.7个百分点。同期，保税物流方式进出口增长较快，年均增长16.4%。

表 4 “十三五”期间浙江对澳主要贸易方式统计表

单位：亿元，%

贸易方式	“十三五”期间			2020 年		
	进出口值	同比	占比	进出口值	同比	占比
一般贸易	4252.7	55.1	91.5	1065.3	9.3	91.2
加工贸易	253.6	–6.6	5.5	58.4	14.6	5.0
保税物流	90.3	61.4	1.9	25.6	7.5	2.2
贸易方式	“十三五”期间			2020 年		
	出口值	同比	占比	出口值	同比	占比
一般贸易	1879.4	42.7	86.8	465.6	17.1	85.8
加工贸易	194.7	0.0	9.0	46.3	20.4	8.5
保税物流	37.9	56.7	1.8	12.1	17.9	2.2
贸易方式	“十三五”期间			2020 年		
	进口值	同比	占比	进口值	同比	占比
一般贸易	2373.3	66.6	95.5	599.7	3.9	95.9
加工贸易	58.9	–23.4	2.4	12.0	–3.3	1.9
保税物流	52.4	65.0	2.1	13.4	–0.3	2.1

（五）民营企业占比提升，国有企业规模快速扩大

“十三五”期间，浙江民营企业对澳进出口2696.9亿元，年均增长15.6%，较“十二五”提高8.2个百分点，较同期对澳贸易整体年均增速高出1.4个百分点；占同期对澳贸易总值的58.0%，较“十二五”提升5.8个百分点。其中，出口年均增长12.8%，进口年均增长20.4%。同期，得益于大宗商品进口增长，国有企业对澳贸易规模快速扩大，进出口1294.9亿元，年均增长20.6%，占同期对澳贸易总值的27.9%。其中，进口年均增长23.7%，占同期对澳进口总值的47.0%。

表 5 “十三五”期间浙江对澳进出口贸易主体统计表

单位：亿元，%

贸易主体	“十三五”期间			2020 年		
	进出口值	同比	占比	进出口值	同比	占比
民营企业	2696.9	66.9	58.0	734.9	18.0	62.9
国有企业	1294.9	65.7	27.9	306.9	4.4	26.3
外商投资企业	654.6	–6.1	14.1	125.6	–11.0	10.8

续表

贸易主体	"十三五"期间			2020 年		
	出口值	同比	占比	出口值	同比	占比
民营企业	1598.8	62.1	73.9	423.3	23.7	78.0
国有企业	126.3	−10.5	5.8	28.8	6.4	5.3
外商投资企业	436.9	0.6	20.2	90.0	5.5	16.6
贸易主体	"十三五"期间			2020 年		
	进口值	同比	占比	进口值	同比	占比
民营企业	1098.1	74.4	44.2	311.6	11.0	49.8
国有企业	1168.6	82.5	47.0	278.1	4.2	44.5
外商投资企业	217.7	−17.3	8.8	35.5	−36.2	5.7

（六）宁波、杭州位列前二，舟山进口快速增长

"十三五"期间，浙江对澳大利亚贸易以宁波和杭州为主导，且集中度进一步提高。宁波对澳大利亚进出口从2015年的255.2亿元增长至2020年的506.9亿元，年均增长14.7%，占浙江对澳进出口总值的比重提高1.0个百分点至43.3%；杭州从149.3亿元增长至317.6亿元，年均增长16.3%，占比提高2.4个百分点至27.2%。此外，得益于自贸试验区新奥项目落地，2018年起，舟山自澳进口液化天然气快速增长，拉动舟山对澳贸易在"十三五"期间实现53.5%的年均增速，居各地市首位，进口年均增速高达4.9倍。

二、"十三五"期间促进浙江省对澳贸易发展的有利因素

（一）以产业互补为基础实现双赢

澳大利亚国内产业以服务业、采矿业和农业为主，对浙江的初级工业品和高性价比的劳密产品有较强的刚性需求；对浙江而言，资源小省，对原材料需求大，进口澳大利亚的铁矿石、煤炭等资源产品以及农产品有助于改善全省原材料初级产品供应，优化产业结构，缓解资源和环境压力。"十三五"期间，浙江对澳大利亚出口工业制成品占出口总值的98.2%，自澳进口初级产品占进口总值的91.4%。

（二）自贸协定签订助推浙澳贸易高速发展

"十二五"期末，《中澳自由贸易协定》正式生效。澳大利亚关税下降使

得浙江以机电、劳密产品为主的出口潜力得到进一步释放，浙江对澳大利亚出口规模逐年扩大；而浙江扩大澳大利亚羊毛、乳制品、葡萄酒、水果、海产品等的进口，有利于满足浙江人民不断增长的消费需求。

三、“十四五”期间浙江省对澳贸易前景展望

中澳两国同为亚太地区重要国家，互为重要贸易伙伴。然而近年来，中澳关系出现困难，对浙江与澳大利亚双边贸易和投资产生不利影响，给双边关系发展造成了较大的不确定性；从长远和客观视角，浙江与澳大利亚贸易具有较强的互补性，随着浙江经济高速发展，制造业产业结构和产品质量显著提升，居民收入稳步增长，消费支出不断提高，浙江与澳大利亚的贸易具有很大的发展空间。此外，RCEP的签订也将进一步提升中澳互相开放水平，对于发展浙江与澳大利亚经贸关系具有重要意义。

（刘易宣　来炯晔）

“一带一路”：继往开来　潜力无限

自习近平总书记提出共建“一带一路”倡议以来，本着共商、共建、共享的原则，我国与其他“一带一路”国家相互间政策沟通、设施联通、贸易畅通、资金融通、民心相通，“一带一路”建设取得了令人瞩目的成就，为世界经济增长注入了新动力，为全球发展开辟了新空间。“十三五”期间，全省与“一带一路”沿线国家进出口贸易作为浙江外贸的重要组成部分，对浙江省外贸的发展发挥了重要作用。

据海关统计，“十三五”期间，浙江省累计对“一带一路”沿线国家进出口、出口和进口规模分别跨过4万亿元、3万亿元和1万亿元大关，对全省外贸增长贡献率突破四成，年均增速位居东部沿海主要省市首位。

一、“十三五”期间浙江省对“一带一路”沿线国家进出口主要特点

（一）进出口、出口和进口规模跨上新台阶，外贸贡献突出

“十三五”期间，浙江与“一带一路”沿线国家的年度进出口贸易总值连续跨越7000亿、8000亿和1万亿大关，累计进出口贸易总值跨过4万亿大关，达4.59万亿元，较“十二五”期间增长50.6%，占同期全省外贸进出口总值的32.6%，对全省进出口增长贡献率高达41.7%。其中，出口跨过3万亿大关，达3.52万亿元，增长47.3%，占同期全省外贸出口总值的33.0%，对全省出口增长

贡献率高达39.1%；进口突破万亿大关，达1.07万亿元，增长62.7%，占同期全省外贸进口总值的31.1%，对全省进口增长贡献率高达51.0%。从增长率来看，“十三五”期间，浙江对“一带一路”沿线国家进出口连续五年实现正增长，特别是2017—2020年，每年进出口增速均保持两位数。2020年，浙江省对“一带一路”沿线国家进出口、出口和进口分别占全省外贸总值的34.2%、33.2%和37.2%，拉动全省进出口、出口和进口增长3.6个、1.7个和9.3个百分点。

按美元计，“十三五”期间，浙江省累计对“一带一路”沿线国家进出口6775.7亿美元，较“十二五”期间增长39.2%。其中，出口5197.2亿美元，增长36.1%；进口1578.5亿美元，增长50.4%。进出口、出口和进口年均分别增长9.4%、6.2%和21.6%。2020年，浙江对“一带一路”沿线国家进出口1670.9亿美元，增长10.2%。其中，出口1205.0亿美元，增长4.4%；进口465.9亿美元，增长28.6%。

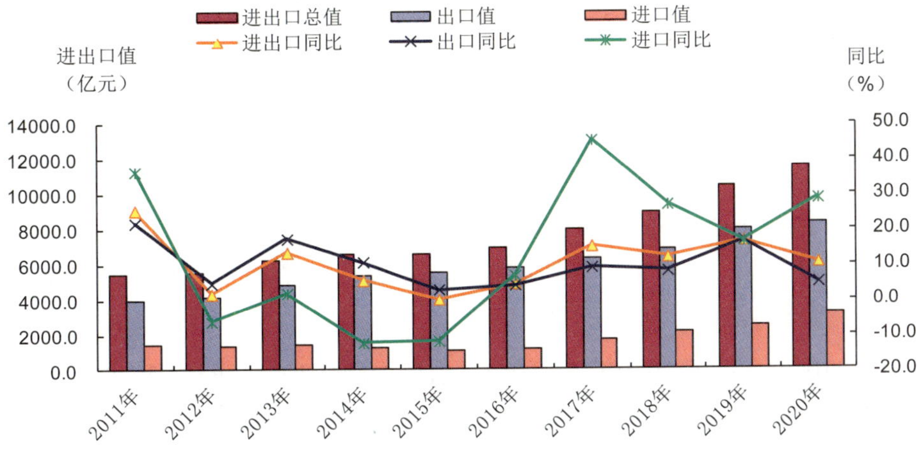

表1 2011—2020年浙江对“一带一路”沿线国家贸易年度统计表

单位：亿元，%

年份	进出口		出口		进口	
	总值	同比	总值	同比	总值	同比
“十二五”期间	30479.1	79.3	23892.8	83.7	6586.4	65.2
2011年	5434.5	25.6	3960.2	21.9	1474.3	36.6
2012年	5527.5	1.7	4145.3	4.7	1382.2	-6.2
2013年	6271.7	13.5	4863.5	17.3	1408.2	1.9
2014年	6618.2	5.5	5384.1	10.7	1234.1	-12.4
2015年	6627.3	0.1	5539.7	2.9	1087.6	-11.9
“十三五”期间	45910.5	50.6	35197.3	47.3	10713.2	62.7
2016年	6931.4	4.6	5769.6	4.2	1161.8	6.8
2017年	7987.3	15.2	6298.9	9.2	1688.4	45.3
2018年	8958.2	12.2	6814.8	8.2	2143.4	27.0
2019年	10460.5	16.8	7962.8	16.8	2497.7	16.5
2020年	11573.2	10.6	8351.2	4.9	3222.0	29.0

（二）与“一带一路”沿线国家贸易走在全国前列，份额进一步提升

“十三五”期间，浙江对“一带一路”沿线国家进出口年均增速为11.8%，居沿海主要省市首位，高出同期全国对“一带一路”沿线国家进出口增速3.2个百分点，其中出口年均增速高于全国1.3个百分点，进口年均增速高于全国13.9个百分点。浙江对“一带一路”沿线国家进出口占全国的份额从2015年的10.7%提升至2020年的12.3%，出口份额从2015年的14.5%提升至2020年的15.4%，进口份额从2015年的4.5%提升至2020年的8.1%。2020年，浙江对“一带一路”沿线国家外贸进出口1.16万亿元，超越江苏和北京，列广东之后，位居全国第2。其中，出口8351.2亿元，居全国第2位；进口3222.0亿元，居全国第5位。

表 2　“十三五”期间全国主要省市对“一带一路”沿线国家进出口统计表

单位：亿元，%

主要省市	“十三五”期间			2020 年			年均增速
	进出口值	同比	占比	进出口值	同比	占比	
全国	406589.1	29.4	100.0	93810.2	1.2	100.0	8.6
广东	78971.4	39.0	19.4	17561.4	2.4	18.7	7.5
北京	47232.2	3.1	11.6	9125.5	−22.0	9.7	6.1
江苏	47205.1	34.5	11.6	10843.2	1.9	11.6	9.2
浙江	45910.5	50.6	11.3	11573.2	10.6	12.3	11.8
上海	34617.8	23.6	8.5	7828.5	2.3	8.3	7.7
山东	26889.5	35.5	6.6	6654.3	9.9	7.1	11.8
福建	20047.3	31.4	4.9	4888.7	7.4	5.2	9.1

（三）机电产品出口比重提升，高新产品快速增长

“十三五”期间，随着浙江产业结构优化升级，机电产品和高新产品出口比重不断提升，而劳密产品比重有所下降。其中，机电产品出口年均增速为11.5%，占浙江对“一带一路”沿线国家出口总值的比重由“十二五”末的40.9%提升到2020年的46.8%；高新产品出口年均增速高达17.9%，高于整体9.3个百分点，比重由“十二五”末的5.3%提升到2020年的8.1%；劳密产品出口比重由“十二五”末的37.0%下降到2020年的31.0%。

表 3　“十三五”期间浙江对“一带一路”沿线国家主要出口商品统计表

单位：亿元，%

出口商品	“十三五”期间			2020 年			年均增速
	出口值	同比	占比	出口值	同比	占比	
出口总值	35197.3	47.3	100.0	8351.2	4.9	100.0	8.6
* 机电产品	15348.1	53.8	43.6	3905.4	13.3	46.8	11.5
其中：通用机械设备	1438.5	50.6	4.1	359.8	10.9	4.3	11.0
电工器材	1317.6	48.8	3.7	322.2	8.6	3.9	10.4
* 劳动密集型产品	11984.9	34.5	34.1	2587.1	−5.9	31.0	4.8
其中：纺织纱线、织物及其制品	6250.1	30.4	17.8	1280.6	−11.7	15.3	3.9
塑料制品	1890.6	81.0	5.4	480.9	13.8	5.8	8.8
服装及衣着附件	1791.8	8.7	5.1	346.9	−9.4	4.2	−0.4
鞋靴	779.5	1.8	2.2	134.1	−27.1	1.6	−2.2
家具及其零件	572.6	42.7	1.6	183.0	40.7	2.2	16.0
* 高新技术产品	2495.9	94.1	7.1	673.3	15.3	8.1	17.9

续表

出口商品	“十三五”期间			2020 年			年均增速
	出口值	同比	占比	出口值	同比	占比	
其中：计算机与通信技术	800.7	141.3	2.3	221.3	28.1	2.6	20.5
电子技术	516.3	261.9	1.5	129.8	–8.1	1.6	21.9
钢材	916.9	61.5	2.6	207.0	10.7	2.5	6.5
纸浆、纸及其制品	628.7	100.2	1.8	155.3	5.3	1.9	11.4

（四）资源能源类商品进口增长较快

“十三五”期间，浙江自“一带一路”沿线国家进口主要以初级形状的塑料、成品油、原油、乙二醇、天然及合成橡胶、二甲苯、铁矿砂、未锻轧铜及铜材等资源性商品为主。其中，进口初级形状的塑料较“十二五”期间增长85.9%，年均增速为15.3%；进口成品油增长48.1%，年均增速为17.2%；进口原油增长1.9倍，年均增速为69.1%，占浙江自“一带一路”沿线国家进口总值的比重由“十二五”末的3.2%大幅提升到2020年的15.0%。同期，天然及合成橡胶、未锻轧铜及铜材和煤炭进口增长较快，年均增速分别为33.6%、41.7%和33.4%。此外，浙江自沿线国家进口机电产品较“十二五”期间增长1.4倍，占浙江自“一带一路”沿线国家进口总值的比重从“十二五”末的6.3%提升到2020年的9.3%。

表 4　“十三五”期间浙江自“一带一路”沿线国家主要进口商品统计表

单位：亿元，%

进口商品	“十三五”期间			2020 年			年均增速
	进口值	同比	占比	进口值	同比	占比	
进口总值	10713.2	62.7	100.0	3222.0	29.0	100.0	24.3
初级形状的塑料	1604.2	85.9	15.0	393.3	–2.5	12.2	15.3
成品油	1099.3	48.1	10.3	199.5	–31.2	6.2	17.2
* 机电产品	821.9	143.8	7.7	300.9	56.7	9.3	34.4
原油	727.4	190.0	6.8	482.9	184.0	15.0	69.1
* 农产品	537.6	82.6	5.0	145.1	6.6	4.5	19.0
乙二醇	460.9	–26.9	4.3	86.5	–13.4	2.7	1.9
天然及合成橡胶（包括胶乳）	443.0	222.9	4.1	118.1	40.8	3.7	33.6
二甲苯	366.2	24.7	3.4	76.9	–29.3	2.4	15.0
纺织纱线、织物及其制品	342.4	12.7	3.2	68.5	6.0	2.1	–0.9
铁矿砂及其精矿	319.2	–22.6	3.0	100.7	35.3	3.1	34.5
未锻轧铜及铜材	311.4	91.0	2.9	134.8	124.6	4.2	41.7
煤及褐煤	294.3	98.7	2.7	69.0	4.4	2.1	33.4

（五）印度、俄罗斯和越南居进出口总值前三，拉动整体快速增长

“十三五”期间，浙江对“一带一路”沿线主要国家进出口保持快速增长。其中，印度、俄罗斯和越南居进出口总值前三，年均增长9.8%、13.6%和21.8%，三者合计拉动全省对“一带一路”沿线国家进出口增长14.3个百分点。同期，浙江对印度尼西亚、马来西亚、泰国和沙特阿拉伯进出口年均增速均在15%以上。

表 5 “十三五”期间浙江对“一带一路”沿线主要国家进出口统计表

单位：亿元，%

国家	“十三五”期间			2020 年			年均增速
	进出口值	同比	占比	进出口值	同比	占比	
总值	45910.5	50.6	100.0	11573.2	10.6	100.0	11.8
印度	4586.7	58.1	10.0	1042.0	–3.0	9.0	9.8
俄罗斯	3630.2	22.5	7.9	903.2	11.1	7.8	13.6
越南	3402.1	144.7	7.4	1015.7	30.6	8.8	21.8
印度尼西亚	3270.4	57.9	7.1	785.6	–0.9	6.8	16.7
马来西亚	2685.6	69.2	5.8	761.9	19.1	6.6	17.9
泰国	2676.4	56.1	5.8	777.3	25.8	6.7	17.3
沙特阿拉伯	2515.3	43.3	5.5	736.6	18.7	6.4	15.0
阿联酋	2391.1	8.5	5.2	604.9	17.2	5.2	4.3
伊朗	1849.6	18.1	4.0	293.2	–5.6	2.5	–4.6
菲律宾	1663.9	88.3	3.6	422.2	8.0	3.6	12.3

（六）一般贸易占比进一步提升，跨境电商快速增长

“十三五”期间，一般贸易为浙江对“一带一路”沿线国家最主要的贸易方式，占全省进出口总值的比重由2015年的74.3%提升到2020年的77.1%。同期，通过市场采购方式出口年均增长10.0%，通过保税物流方式进出口年均增长17.0%。此外，通过海关跨境电商管理平台进出口128.1亿元，增长14.3倍，年均增速为43.5%。

表 6 "十三五"期间浙江对"一带一路"沿线国家主要贸易方式（业态）统计表

单位：亿元，%

贸易方式（业态）	"十三五"期间			2020 年			年均增速
	进出口值	同比	占比	进出口值	同比	占比	
总值	45910.5	50.6	100.0	11573.2	10.6	100.0	11.8
一般贸易	34948.7	46.6	76.1	8919.1	11.9	77.1	12.6
市场采购	6066.6	483.8	13.2	1548.3	11.2	13.4	10.0
加工贸易	2695.0	–5.6	5.9	572.6	4.6	4.9	2.4
保税物流	2050.0	39.1	4.5	478.9	–5.4	4.1	17.0
跨境电商	128.1	1432.8	0.3	50.0	85.1	0.4	43.5

（七）民营企业主导地位进一步稳固，国有企业增长较快

"十三五"期间，民营企业是浙江对"一带一路"沿线国家进出口贸易的主力军，所占比重由"十二五"末的76.6%提升到2020年的79.0%。2020年，浙江对"一带一路"沿线国家有进出口记录的民营企业数量达5.6万家，较2015年增加44.2%。同期，国有企业进出口年均增长18.0%。

表 7 "十三五"期间浙江对"一带一路"沿线国家进出口贸易主体统计表

单位：亿元，%

贸易主体	"十三五"期间			2020 年			年均增速
	进出口值	同比	占比	进出口值	同比	占比	
总值	45910.5	50.6	100.0	11573.2	10.6	100.0	11.8
民营企业	35851.2	66.5	78.1	9137.4	11.1	79.0	12.5
外资企业	6391.0	–1.9	13.9	1391.1	–1.5	12.0	4.8
国有企业	3640.3	50.1	7.9	1034.2	27.8	8.9	18.0

（八）全省各地市对"一带一路"沿线国家进出口全面增长

"十三五"期间，全省十一地市对"一带一路"沿线国家进出口均实现正增长，涨幅超过六成的地市有金华、嘉兴、舟山、湖州；有十个地市出口实现正增长，涨幅超过六成地市有金华、嘉兴、湖州；有十个地市进口实现正增长，涨幅翻一番的地市有温州、丽水。从进出口规模看，2020年，宁波超过2000亿大关，杭州、金华、绍兴和温州超过1000亿大关；从出口规模看，2020年超过1000亿的地市有宁波、杭州和金华。

（九）水、陆、空、邮运齐增长

“十三五”期间，水路运输为浙江对“一带一路”沿线国家进出口主要运输方式，同比增长45.9%，年均增速为10.6%，占同期全省进出口总值的91.0%。同期，通过铁路运输进出口增长2.4倍，年均增速为40.1%，其中，通过“义新欧”中欧班列进出口年均增速为73.8%。此外，通过航空运输、邮件运输方式进出口也均呈现较快增长。

表8　“十三五”期间浙江对“一带一路”沿线国家贸易运输方式统计表

单位：亿元，%

运输方式	“十三五”期间			2020年			年均增速
	进出口值	同比	占比	进出口值	同比	占比	
总值	45910.5	50.6	100.0	11573.2	10.6	100.0	11.8
水路运输	41777.6	45.9	91.0	10296.7	8.8	89.0	10.6
航空运输	1972.3	88.4	4.3	577.3	28.5	5.0	19.2
铁路运输	1137.7	243.3	2.5	414.0	56.6	3.6	40.1
公路运输	846.9	103.2	1.8	239.8	–1.6	2.1	26.1
其他运输	128.9	150.4	0.3	35.1	27.6	0.3	17.0
邮件运输	47.2	543.2	0.1	10.3	–33.9	0.1	8.9

二、“十三五”期间促进浙江省与“一带一路”沿线国家贸易发展的有利因素

（一）资源禀赋和产业结构互补

“一带一路”沿线国家自然资源丰富，石油、橡胶、矿产等储量丰富，而浙江省是资源小省，绝大多数工业经济必需的生产资料对外依存度高。浙江省加工制造业水平较“一带一路”沿线国家有明显的优势，尤其是机电产品和以纺织服装为主的劳密产品具有较强的市场竞争力。两者不同的资源禀赋和比较优势，促进了浙江与“一带一路”沿线国家贸易的发展。

（二）多措并举全力推进“一带一路”国际合作

2016年，共建“一带一路”倡议及其核心理念写入G20、APEC以及其他区域组织的有关文件中，得到国际广泛的支持。2017年和2019年，“一带一路”国际合作高峰论坛两次在北京举办，2020年在线上举行“一带一路”国际合作高级别视频会议，“一带一路”成为各参与国家和国际组织深化交

往、增进互信和密切往来的重要平台。浙江在2018年出台《浙江省打造“一带一路”枢纽行动计划》，以“一带一路”建设统领全省新一轮对外开放工作，把参与“一带一路”建设作为最大使命、最大机遇和最大平台，充分发挥了浙江有利区位、“四港”融合、国际经贸、跨境电商、新金融服务、全球浙商等综合优势，逐步形成了以“一区、一港、一网、一站、一园、一桥”为框架的“一带一路”建设总体新格局。同时，“义新欧”中欧班列使“浙货”更加便捷地一路西行，联通欧陆，成为浙江与“一带一路”沿线国家经贸往来的重要战略通道。

三、“十四五”期间浙江省与“一带一路”沿线国家贸易前景展望

随着我国“一带一路”建设日益深入，浙江将全力打造“一带一路”重要枢纽，持续推进“一带一路”统领全面开放，推动新型基础设施互联互通和“城市大脑”、移动支付等走向“一带一路”，扩大与“一带一路”沿线国家的贸易和投资。同时，浙江将加快构建国际产业合作园区链式体系，建设境外经贸合作区和系列站，高质量推进杭州数字“丝绸之路”合作示范区、宁波“17+1”经贸合作示范区、中非经贸文化合作示范区建设，深化“义甬舟大通道”建设，高质量建设义乌“世界小商品之都”，推进世界（温州）华商综试区、华侨经济文化合作试验区建设等，提升浙江在“一带一路”国际合作中的参与度、连接度和影响力，助力浙江勾画更为美好的“一带一路”蓝图。

（倪洪中　徐晓冰　孔玲玲）

欧盟：强基固本　互信共进

欧盟是全球第一大经济体，拥有超过5亿人口。“十三五”以来，欧盟始终保持浙江省第一大贸易市场地位，为第一大出口市场和第二大进口来源地，在全省货物贸易中发挥着至关重要的作用。

据海关统计，“十三五”期间，浙江省累计对欧盟进出口2.75万亿元，较“十二五”期间增长30.8%，占全省进出口总值的19.5%，年均增长8.3%，对全省进出口增长的贡献率为17.3%。

一、“十三五”期间浙江省对欧盟进出口主要特点

（一）进出口稳步增长

“十三五”期间，浙江省对欧盟进出口连续五年保持5%以上增长，占全国对欧盟进出口值的份额保持在一成以上。其中，出口2.35万亿元，进口4038.3亿元，分别较“十二五”期间增长31.2%和28.5%，年均分别增长7.9%、11.1%，年均增速较“十二五”分别提高5.3个、14.4个百分点。

“十三五”期间，浙江省对欧盟进出口值占全国的份额为12.3%，较“十二五”期间提升0.6个百分点。从东部沿海主要外贸省市对比来看，“十三五”期间，浙江省对欧盟进出口增速高于全国（24.4%）6.4个百分点，在东部沿海主要外贸省市中位列第一，其中出口和进口分别高于全国（23.5%、25.8%）7.7个、2.7个百分点。

2020年，包含英国，浙江省对欧盟出口5507.6亿元，增长9.8%；进口910.2亿元，增长4.4%；分别占全省总值的21.9%和10.5%，对全省出口和进口增长贡献率分别为23.5%和4.2%。不含英国，则浙江省对欧盟出口4692.3亿元，增长9.4%；进口830.0亿元，增长6.6%；分别占全省总值的18.6%和9.6%，对全省出口和进口增长贡献率分别为19.2%和5.6%。

表1　2011—2020年浙江对欧盟贸易年度统计表

单位：亿元，%

年份	进出口		出口		进口	
	总值	同比	总值	同比	总值	同比
“十二五”期间	21025.4	32.0	17882.7	31.7	3142.7	33.8
2011年	4393.3	11.2	3666.1	10.6	727.2	14.3
2012年	3875.3	–11.8	3224.8	–12.0	650.5	–10.6
2013年	4011.8	3.5	3379.9	4.8	631.9	–2.9
2014年	4445.0	10.8	3850.8	13.9	594.2	–6.0
2015年	4300.0	–3.3	3761.1	–2.3	538.9	–9.3
“十三五”期间	27496.4	30.8	23458.1	31.2	4038.3	28.5
2016年	4531.3	5.4	3947.0	4.9	584.3	8.4
2017年	5092.7	12.4	4326.2	9.6	766.5	31.2
2018年	5567.6	9.3	4662.2	7.8	905.3	18.1
2019年	5887.0	5.7	5015.0	7.6	872.0	–3.7
2020年	6417.8	9.0	5507.6	9.8	910.2	4.4
2020年（不含英国）	5522.3	9.0	4692.3	9.4	830.0	6.6

（二）机电产品出口大幅增长，劳密产品出口逐年增长

“十三五”期间，浙江省对欧盟出口机电产品突破万亿元，达到1.05万亿元，较“十二五”期间增长37.9%，占全省对欧盟出口值的44.7%，比重较“十二五”期间提升2.2个百分点，年均增长9.3%。各主要类别机电产品出口均保持增长，其中，家电出口年均增长12.2%。2020年，机电产品占浙江省对欧盟（不含英国）出口值的比重达到46.0%，较2015年提升3.3个百分点。

“十三五”期间，浙江省对欧盟出口劳密产品连续五年实现正增长，累计出口8926.3亿元，占对欧盟出口总值的38.1%。其中，纺织品、家具、塑料制品、玩具出口增长较快，年均分别增长15.9%、9.3%、10.2%、24.7%。

2020年，在口罩出口的带动下，浙江省对欧盟（不含英国）纺织品出口大幅增长67.8%。

表2 “十三五”期间浙江对欧盟主要出口商品统计表

单位：亿元，%

出口商品	“十三五”期间			2020年			年均增速
	总值	同比	占比	总值	同比	占比	
出口总值	23458.1	31.2	100.0	4692.3	9.4	100.0	7.9
* 机电产品	10491.7	37.9	44.7	2159.4	9.4	46.0	9.3
其中：电工器材	962.7	42.2	4.1	184.0	6.6	3.9	8.3
灯具、照明装置及其零件	843.4	40.3	3.6	150.1	8.7	3.2	2.7
家用电器	826.9	62.5	3.5	167.5	11.6	3.6	12.2
通用机械设备	731.1	35.9	3.1	150.7	8.9	3.2	8.9
汽车零配件	536.5	42.3	2.3	104.2	1.3	2.2	8.0
* 劳动密集型产品	8926.3	19.7	38.1	1697.1	8.6	36.2	5.3
其中：服装及衣着附件	3043.7	−7.2	13.0	462.4	−12.9	9.9	−3.1
纺织纱线、织物及其制品	2103.3	40.9	9.0	579.9	67.8	12.4	15.9
家具及其零件	1127.9	43.7	4.8	212.3	7.4	4.5	9.3
塑料制品	1044.8	66.0	4.5	204.8	7.4	4.4	10.2
鞋靴	887.5	4.5	3.8	116.5	−26.9	2.5	−5.3
玩具	351.7	172.1	1.5	75.9	18.3	1.6	24.7
基本有机化学品	553.9	34.3	2.4	125.1	8.1	2.7	9.0
医药材及药品	325.3	43.3	1.4	102.6	89.6	2.2	22.4

注：2020年数据及其同比均不含英国数据，但年均增速按含英国数据计算，表2至表6同。

（三）主要进口商品稳定增长，消费类产品占比上升

“十三五”期间，浙江省自欧盟主要进口商品为机电产品、消费品、高新产品，年均分别增长13.6%、20.4%、11.8%。

“十三五”期间，消费品进口增长迅猛，较“十二五”期间增长1.9倍，其中化妆品增长50.5倍。2020年，浙江省自欧盟（不含英国）进口消费品224.7亿元，占同期自欧盟（不含英国）进口总值的27.1%，比重较2015年提升7.4个百分点；进口化妆品45.7亿元，占5.5%，较2015年提升5.2个百分点。

表3　“十三五”期间浙江自欧盟主要进口商品统计表

单位：亿元，%

进口商品	“十三五”期间			2020年			年均增速
	值	同比	占比	值	同比	占比	
进口总值	4038.3	28.5	100.0	830.0	6.6	100.0	11.1
* 机电产品	1334.0	23.5	33.0	308.2	13.8	37.1	13.6
其中：通用机械设备	126.0	21.5	3.1	32.7	5.2	3.9	22.2
汽车零配件	92.8	353.9	2.3	34.0	57.5	4.1	51.2
* 消费品	1033.8	185.4	25.6	224.7	12.8	27.1	20.4
其中：美容化妆品及洗护用品	113.2	5048.5	2.8	45.7	50.9	5.5	101.9
* 高新技术产品	860.5	68.8	21.3	136.0	–16.5	16.4	11.8
其中：计算机集成制造技术	185.6	42.1	4.6	34.3	–11.0	4.1	14.6
医药材及药品	523.4	122.2	13.0	69.4	–27.3	8.4	10.9
* 农产品	359.1	64.2	8.9	89.7	26.9	10.8	10.5
基本有机化学品	98.1	–35.0	2.4	21.3	38.9	2.6	1.4
纸浆、纸及其制品	87.8	28.2	2.2	25.3	35.7	3.0	20.2
未锻轧铜及铜材	82.9	11.0	2.1	28.6	26.9	3.4	29.8
木及其制品	81.6	99.1	2.0	22.8	15.4	2.7	21.9

（四）对德、英、意、荷、法五国贸易占比超六成

“十三五”期间，德国、英国、意大利、荷兰、法国是浙江省在欧盟的前五大贸易国，五国合计占浙江省对欧盟进出口总值的63.4%。浙江省对欧盟中22个成员国进出口较“十二五”期间实现正增长，其中对斯洛文尼亚、希腊、匈牙利、爱尔兰和波兰进出口增速较快，分别增长1.4倍、1.2倍、79.5%、76.0%、74.2%；对波兰、希腊、斯洛文尼亚、西班牙、英国进出口占全省进出口总值比重提升较快，分别提升1.3个、0.7个、0.6个、0.5个、0.5个百分点。

出口方面，“十三五”期间，浙江省对欧盟23个国家出口保持正增长，其中对斯洛文尼亚、希腊、波兰、匈牙利出口增速较快，分别增长1.4倍、1.2倍、78.6%和78.6%。进口方面，“十三五”期间，浙江省自欧盟24个国家进口保持正增长，其中自立陶宛、斯洛伐克、爱尔兰、克罗地亚、卢森堡进口增速较快，分别增长6.6倍、2.4倍、2.0倍、1.1倍和1.0倍。

“十三五”期间，德国是浙江省在欧盟的最大出口国和最大进口国，进出口总值达到5445.2亿元，较“十二五”期间增长18.5%。其中，出口4281.3亿元，

进口1163.9亿元，分别较“十二五”期间增长19.5%、14.9%。2020年，浙江省对德国进出口值达到1292.3亿元，是全省对欧盟贸易值唯一突破1000亿元的国家。

“十三五”期间，英国是浙江省在欧盟的第二大贸易国，累计进出口4031.4亿元，增长35.5%。其中，出口3620.8亿元，增长34.6%；进口410.6亿元，增长43.6%。2020年英国脱欧后，浙江对英国贸易仍然保持增长，进出口895.5亿元，增长9.4%。

表 4　“十三五”期间浙江对欧盟各成员国进出口统计表

单位：亿元，%

国别	“十三五”期间			2020 年			年均增速
	进出口值	同比	占比	进出口值	同比	占比	
德国	5445.2	18.5	19.8	1292.3	13.4	20.1	8.3
英国	4031.4	35.5	14.7	895.5	9.4	14.0	4.2
意大利	2690.8	22.3	9.8	635.9	10.1	9.9	8.9
荷兰	2650.0	23.9	9.6	635.7	15.9	9.9	8.6
法国	2628.7	37.8	9.6	611.8	5.2	9.5	9.2
西班牙	2182.1	40.2	7.9	489.2	3.2	7.6	7.7
波兰	1428.9	74.2	5.2	353.1	7.2	5.5	14.5
比利时	1263.0	18.6	4.6	317.9	18.6	5.0	9.3
瑞典	647.3	32.0	2.4	154.3	9.5	2.4	9.1
丹麦	548.6	30.3	2.0	133.4	19.3	2.1	7.9
希腊	533.8	115.5	1.9	125.1	–15.2	1.9	16.1
罗马尼亚	377.5	57.5	1.4	88.6	8.2	1.4	10.7
斯洛文尼亚	375.8	136.9	1.4	70.6	–16.6	1.1	12.3
葡萄牙	359.9	59.3	1.3	71.7	–14.1	1.1	9.4
芬兰	324.6	–25.3	1.2	63.7	–1.9	1.0	–1.1
捷克	306.5	61.8	1.1	82.6	18.8	1.3	17.1
匈牙利	301.8	79.5	1.1	74.0	6.5	1.2	17.5
爱尔兰	215.3	76.0	0.8	49.9	–0.9	0.8	11.2
奥地利	211.2	48.0	0.8	54.7	23.4	0.9	14.1
立陶宛	196.0	49.5	0.7	39.6	–7.2	0.6	12.1
保加利亚	151.9	32.8	0.6	33.3	–5.2	0.5	5.9
克罗地亚	140.5	–6.5	0.5	29.2	–5.9	0.5	6.2
斯洛伐克	130.6	52.9	0.5	36.8	38.5	0.6	17.5
马耳他	111.7	–25.2	0.4	33.0	79.2	0.5	–3.4
拉脱维亚	109.8	–4.5	0.4	19.1	–3.2	0.3	2.2
爱沙尼亚	67.6	–17.1	0.2	12.2	–12.8	0.2	0.8
塞浦路斯	50.9	–42.7	0.2	11.0	15.7	0.2	–1.5
卢森堡	14.9	47.6	0.1	3.6	–12.2	0.1	3.8

（五）一般贸易比重提升，新业态增长迅速

一般贸易始终占据浙江省对欧盟贸易的主导地位。“十三五”期间，浙江省以一般贸易方式对欧盟进出口2.39万亿元，较“十二五”期间增长33.6%，占对欧盟进出口总值的87.0%，比重较“十二五”期间提升1.8个百分点，年均增速8.5%。

“十三五”期间，通过海关跨境电商管理平台进出口349.3亿元，较“十二五”期间增长13.0倍，年均增速40.3%，进出口增长贡献率为5.0%，其中跨境电商进口和出口贡献率分别为26.2%、1.6%。市场采购方式出口958.1亿元，较“十二五”期间增长4.3倍，年均增长6.2%，出口增长贡献率为13.9%。

表5　“十三五”期间浙江对欧盟主要贸易方式（业态）统计表

单位：亿元，%

贸易方式（业态）	“十三五”期间			2020年			年均增速
	进出口值	同比	占比	进出口值	同比	占比	
一般贸易	23921.6	33.6	87.0	4787.2	8.7	86.7	8.5
加工贸易	2022.4	-15.1	7.4	367.6	6.7	6.7	1.9
市场采购	958.1	430.6	3.5	197.6	2.6	3.6	6.2
保税物流	503.1	137.6	1.8	148.9	53.5	2.7	40.6
跨境电商	349.3	1299.4	1.3	118.9	96.6	2.2	40.3

（六）民营企业比重提升，主导地位继续加强

“十三五”期间，民营企业在浙江省对欧盟贸易中占据主导地位，对欧盟进出口2.07万亿元，较“十二五”期间增长53.5%，年均增速11.1%；占浙江省对欧盟进出口总值的75.3%，较“十二五”期间提升11.2个百分点。其中，出口1.85万亿元，增长54.1%，占对欧盟出口总值的78.9%，比重较“十二五”期间提升11.7个百分点；进口2179.1亿元，增长48.0%，占对欧盟进口总值的54.0%，比重较“十二五”期间提升7.1个百分点。

表 6 十三五”期间浙江对欧盟进出口贸易主体统计表

单位：亿元，%

贸易主体	“十三五”期间			2020 年			年均增速
	进出口值	同比	占比	进出口值	同比	占比	
民营企业	20694.1	53.5	75.3	4324.4	12.8	78.3	11.1
外商投资企业	5267.7	–7.8	19.2	927.1	–2.6	16.8	0.8
国有企业	1497.8	–17.9	5.4	264.6	–0.1	4.8	–0.8

（七）各地市对欧盟进出口均实现两位数增长

“十三五”期间，浙江省各地市发挥地方经济特色优势，不断扩大对欧盟进出口规模，较“十二五”期间增幅均达到两位数。其中，金华、丽水增速最快，均增长61.4%。出口方面，十一个地市均实现正增长，其中，金华市和丽水市分别较“十二五”期间增长62.7%、61.1%。进口方面，舟山市进口较“十二五”期间增长2.4倍，增幅居首。

二、“十三五”期间促进浙江省对欧盟贸易发展的有利因素

（一）中欧经贸关系日益紧密，为浙江产业转型升级提供机遇

“十三五”期间，中欧工业战略深度对接为浙江与欧盟国家开展经贸合作创造巨大机遇。浙江大力发展数字经济等产业转型升级举措与“德国工业4.0”“新工业法国”“英国制造2050”等发展战略都强调产业转型升级，符合浙江省加快建设“制造强省”的目标，有利于浙江省制造业发展。

（二）“义新欧”中欧班列持续快速发展，促进对欧盟进出口保持平稳增长

作为浙江省“一带一路”陆路战略通道的“义新欧”中欧班列，自2014年开行以来，进出口货值始终保持年增长率30%以上的高增长态势。截至2020年，“义新欧”中欧班列陆续开通13条线路，广泛辐射欧盟市场，班列开行量居全国第四位。2020年，浙江省通过中欧班列对欧盟（不含英国）进出口276.5亿元，增长1.0倍。

三、“十四五”期间浙江省对欧盟贸易前景展望

2020年，中国首次超越美国成为欧盟（不含英国）最大的贸易市场。中国作为世界上最大、综合实力最强的发展中国家，欧盟作为区域一体化程度最高的主权国家联合体，双方互为全面战略伙伴，是促进共同发展的“两大市场”，在维护多边主义和自由贸易、支持经济全球化等方面拥有广泛共识。2020年，中欧投资协定完成谈判，这将有利于双方经贸合作。展望“十四五”，浙江加快构建新发展格局，持续扩大对外开放，这必将转化为浙江企业与欧盟企业合作的重大政策红利，浙欧贸易前景可期。

（韩　杰　陈志成　郎杭俊）

浙江—德国数字经济和高新技术产业高峰对接会在2018年首届进博会期间举行

东盟：蹄疾步稳　共赢未来

东盟是我国最主要的贸易市场之一，也是中国推动共建“一带一路”成果最显著的地区之一。随着2015年中国—东盟自贸区升级版（CAFTA）谈判完成，双方经贸合作在“十三五”期间进入快车道。

浙江与东盟的经贸合作有很强的互补性。“十三五”期间，浙江通过与东盟各国举办各类交易会，不断深化同东盟的经贸合作，提升浙江产品的知名度，促进浙江与东盟进出口贸易的快速发展。东盟占全省、全国的外贸比重均大幅提升，其作为浙江省第三大贸易市场地位进一步巩固，并超过欧盟跃居浙江第一大进口市场。

据海关统计，“十三五”期间，浙江省累计对东盟进出口1.62万亿元，较“十二五”期间增长70.3%，增幅高于全国25.9个百分点，占全省外贸比重由“十二五”的9.1%上升至11.5%。其中，累计出口1.08万亿元，增长74.7%；进口5378.8亿元，增长62.0%。

一、“十三五”期间浙江省对东盟进出口主要特点

（一）年均两位数增长，占全国份额稳步提升

“十三五”期间，浙江与东盟的贸易整体呈现逐年快速增长态势，除2016年外，其他四年的同比增长均达到两位数，进出口总值由“十二五”末的2043.5亿元增长到2020年的4428.7亿元，年均增速达16.7%。2020年，浙江省对东盟出口

较2015年增长92.4%，年均增速为14.0%；进口较2015年增长1.8倍，年均增速为23.2%。全省对东盟进出口总值占全国对东盟进出口总值的比重由2015年的7.0%提升至2020年的9.3%，其中出口比重由8.7%提升至10.9%，进口由4.5%提升至7.4%。

按美元统计，"十三五"期间，浙江对东盟累计进出口2383.6亿美元，其中出口1590.3亿美元，进口793.3亿美元，同比分别增长57.2%、61.1%和49.9%。

表1　2011—2020年浙江对东盟贸易年度统计表

单位：亿元，%

年份	进出口		出口		进口	
	总值	同比	总值	同比	总值	同比
"十二五"期间	9495.3	101.6	6175.6	113.1	3319.6	83.4
2011年	1648.1	35.9	957.5	28.2	690.5	48.2
2012年	1787.0	8.4	1071.0	11.9	715.9	3.7
2013年	1978.0	10.7	1251.6	16.9	726.4	1.5
2014年	2038.7	3.1	1394.3	11.4	644.5	-11.3
2015年	2043.5	0.2	1501.2	7.7	542.2	-15.9
"十三五"期间	16167.4	70.3	10788.6	74.7	5378.8	62.0
2016年	2201.9	7.8	1614.4	7.5	587.5	8.3
2017年	2579.1	17.1	1741.9	7.9	837.1	42.5
2018年	3158.9	22.5	2022.0	16.1	1136.9	35.8
2019年	3798.8	20.3	2521.4	24.7	1277.4	12.4
2020年	4428.7	16.6	2888.9	14.6	1539.8	20.5

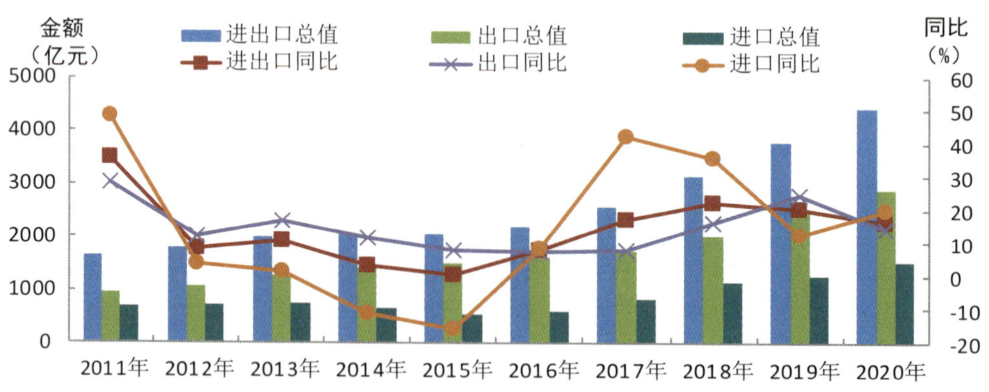

（二）机电、劳密产品出口年均增速均达到两位数，高新产品增长较快

“十三五”期间，浙江省对东盟出口机电产品和劳密产品分别占全省对东盟出口总值的42.2%、31.6%。2020年，全省对东盟出口机电产品1311.2亿元，占浙江对东盟出口总值的比重由2015年的41.8%提升至45.4%，年均增速达15.9%。劳密产品出口由2015年的486.8亿元增长至2020年的847.7亿元，年均增速11.7%，所占比重呈现结构性下降，由2015年的32.4%下降至2020年的29.3%。此外，“十三五”期间，高新产品出口由“十二五”末的92.7亿元增长至2020年的223.3亿元，年均增速达19.2%，增长较快。

表 2　“十三五”期间浙江对东盟主要出口商品统计表

单位：亿元，%

出口商品	“十三五”期间			2020 年			年均增速
	出口值	同比	占比	出口值	同比	占比	
出口总值	10788.6	38.5	100.0	2888.9	14.6	100.0	14.0
* 机电产品	4555.4	39.5	42.2	1311.2	19.7	45.4	15.9
其中：电工器材	451.8	35.2	4.2	121.7	10.0	4.2	15.5
通用机械设备	320.5	44.5	3.0	90.6	19.9	3.1	17.7
* 劳动密集型产品	3405.6	35.1	31.6	847.7	5.6	29.3	11.7
其中：纺织纱线、织物及其制品	2150.8	22.5	19.9	452.9	−11.0	15.7	6.9
塑料制品	582.4	82.6	5.4	192.4	44.5	6.7	21.5
服装及衣着附件	283.5	20.5	2.6	62.9	−4.7	2.2	6.8
* 高新技术产品	773.3	56.2	7.2	223.3	15.4	7.7	19.2
钢材	464.2	35.5	4.3	102.8	12.4	3.6	7.3
* 农产品	203.3	6.9	1.9	47.5	0.8	1.6	4.7

（三）进口以能源资源类商品为主，机电、高新产品进口增长

较快“十三五”期间，浙江省自东盟进口以成品油、初级形状塑料、基本有机化学品、天然及合成橡胶、纺织纱线等资源能源类商品为主，五者合计占同期浙江自东盟进口总值的43.9%。机电和高新产品进口分别占13.0%、10.6%，年均增速分别高达35.7%、39.2%。此外，农产品进口占8.1%，年均增速为15.1%。

表3 "十三五"期间浙江自东盟主要进口商品统计表

单位：亿元，%

进口商品	"十三五"期间			2020年			年均增速
	进口值	同比	占比	进口值	同比	占比	
进口总值	5378.8	62.0	100.0	1539.8	20.5	100.0	23.2
* 机电产品	698.5	144.5	13.0	260.9	56.6	16.9	35.7
其中：集成电路	206.6	94.5	3.8	64.4	22.6	4.2	23.5
成品油	669.3	31.8	12.4	123.7	–35.4	8.0	18.3
* 高新技术产品	567.5	206.1	10.6	218.4	66.0	14.2	39.2
初级形状的塑料	554.4	49.4	10.3	151.4	–1.7	9.8	14.5
基本有机化学品	464.7	0.7	8.6	110.0	33.7	7.1	17.7
* 农产品	433.0	104.2	8.1	103.9	–2.2	6.7	15.1
天然及合成橡胶（包括乳胶）	418.1	232.1	7.8	112.1	40.6	7.3	35.0
纺织纱线、织物及其制品	259.7	78.4	4.8	54.4	–1.4	3.5	6.2
煤及褐煤	206.8	58.2	3.8	37.0	–14.4	2.4	22.4

（四）对越南出口增长快，自马来西亚进口大幅增长

"十三五"期间，浙江与东盟十国进出口保持较快发展，年均增速均在7%以上。其中，越南、印度尼西亚、马来西亚和泰国稳居前四，四者合计占同期浙江对东盟进出口总值的74.4%。出口方面，对越南出口由2015年的301.7亿元增至2020年的697.2亿元，越南在浙江出口国家和地区的排名由2015年的第17位升至2020年的第7位。进口方面，自马来西亚进口由2015年的90.6亿元增至2020年的358.4亿元，马来西亚在浙江进口国家和地区的排名由2015年的第13位升至2020年的第8位。

表4 "十三五"期间浙江对东盟各成员国进出口统计表

单位：亿元，%

国别	进出口			出口			进口		
	总值	同比	年均增速	总值	同比	年均增速	总值	同比	年均增速
越南	3402.1	144.7	21.8	2556.8	133.4	18.2	845.3	187.0	32.9
印度尼西亚	3270.4	57.9	16.7	2102.1	70.9	12.6	1168.3	39.0	25.1
马来西亚	2685.6	69.2	17.9	1467.0	37.3	10.6	1218.5	135.1	31.7
泰国	2676.4	56.1	17.3	1748.9	65.6	15.2	927.5	40.7	22.1
菲律宾	1663.9	88.3	12.3	1361.3	108.9	14.0	302.6	30.4	5.6

续表

国别	进出口			出口			进口		
	总值	同比	年均增速	总值	同比	年均增速	总值	同比	年均增速
新加坡	1566.2	6.0	7.7	777.9	5.2	8.6	788.3	6.8	6.2
柬埔寨	437.5	120.6	16.0	406.9	119.2	15.3	30.6	142.3	38.0
缅甸	332.8	161.5	19.5	321.3	157.4	18.8	11.6	374.5	46.8
文莱	69.6	261.8	65.0	22.8	26.0	1.9	46.8	3930.4	254.5
老挝	62.9	138.2	8.6	23.6	322.7	32.2	39.3	88.8	–0.9

（五）一般贸易为主要贸易方式，新兴贸易业态增长显著

“十三五”期间，浙江省通过一般贸易方式对东盟进出口1.23万亿元，增长73.2%，年均增速为17.1%，占同期浙江进出口总值的75.8%，较“十二五”期间提升1.3个百分点。同期，新兴贸易业态增长快速。其中，通过市场采购对东盟出口1471.8亿元，年均增速达24.2%，2020年占浙江对东盟出口总值的11.4%；通过海关跨境电商管理平台对东盟进出口由“十二五”末的1.4亿元增长至2020年的28.2亿元，年均增速达83.2%。

表 5　“十三五”期间浙江对东盟主要贸易方式（业态）统计表

单位：亿元，%

贸易方式（业态）	“十三五”期间			2020 年			年均增速
	进出口值	同比	占比	进出口值	同比	占比	
一般贸易	12255.4	73.2	75.8	3356.9	16.8	75.8	17.1
加工贸易	1294.8	6.6	8.0	305.6	11.0	6.9	4.9
市场采购	1471.8	703.0	9.1	503.6	46.9	11.4	24.2
跨境电商	67.7	4680.9	0.4	28.2	57.9	0.6	83.2

（六）民营企业主力军作用更加凸显

“十三五”期间，民营企业在浙江与东盟贸易中主力军作用更加凸显，累计进出口1.13万亿元，同比大幅增长92.3%，年均增速达18.3%，占全省对东盟贸易额的比重由“十二五”末的68.1%提升至2020年的72.8%。其中，出口8446.3亿元，较“十二五”增长1.0倍；进口2863.3亿元，较“十二五”增长69.0%。同期，外商投资企业和国有企业对东盟进出口均保持较快增长。

表6“十三五”期间浙江对东盟进出口贸易主体统计表

单位：亿元，%

贸易主体	“十三五”期间			2020年			年均增速
	进出口值	同比	占比	进出口值	同比	占比	
民营企业	11309.6	92.3	70.0	3223.0	20.4	72.8	18.3
外资企业	3295.9	21.1	20.4	791.3	7.3	17.9	9.9
国有企业	1559.3	77.3	9.6	414.1	7.8	9.4	21.3

（七）甬、杭、金为龙头，温州突飞猛进

“十三五”期间，浙江各地市对东盟进出口均保持两位数以上增长。其中，宁波、杭州、金华三市进出口总值分别为4021.5亿元、3450.2亿元和1873.0亿元，年均增速分别为16.2%、12.7%和14.9%，合计占同期全省对东盟进出口总值的57.8%。温州进出口年均增速高达42.2%，在各地市中增长最快。出口方面，温州、湖州、嘉兴增长较快，年均增速分别达36.8%、23.1%和21.1%；进口方面，温州、丽水增长较快，年均增速达69.6%和40.0%。

二、“十三五”期间促进浙江省对东盟贸易发展的有利因素

（一）东盟主要成员国经济稳定，吸引投资和产业转移

“十三五”期间，东盟作为新兴市场的经济潜力日益显现，主要成员国的经济形势总体向好，有效拉动该地区的需求和投资，吸引浙江企业加大对东盟市场的投资。以纺织服装产业为例，由于东盟国家劳动力成本的优势，浙江省部分纺织服装产业逐渐向东盟转移产能，既减缓省内劳动力成本上升的压力，又通过投资带动机械设备和纺织面料等出口。同时，通过吸引投资和产业转移，加快了东盟相关制造业的发展，助推东盟产业提质增效，实现双赢。

（二）双方交流不断加深，合作平台不断升级

随着“一带一路”建设不断向纵深推进，浙江与东盟双方交流往来日益频繁。2017年，东盟国家驻华使节代表团来浙江考察，提出在电子商务、港口互通等领域进一步加强合作的意愿。同年，宁波正式加入中国—东盟港口城市合作网络，为浙江与东盟的互联互通提供了更为便利的条件。浙江在东盟地区举办的各类出口商品交易会，每届都吸引百余家浙江企业参加。2020年，中国浙江—东盟经贸合作线上对接会召开，推动“双循环”新格局下浙江、东盟经贸

合作新发展。

（三）自贸协定助推浙江与东盟贸易高速发展

2010年，中国—东盟自贸区全面建成，自贸区框架内取消7000种产品关税，90%以上商品实现零关税，“黄金十年”为浙江与东盟贸易高速增长注入强大的推动力。2019年10月，《中华人民共和国与东南亚国家联盟关于修订<中国-东盟全面经济合作框架协定>及项下部分协议的议定书》生效实施，中国—东盟自由贸易区实现升级，进一步深化双方在货物贸易、服务贸易、投资、经济技术合作等领域的合作与交流，释放自贸区红利，为浙江与东盟贸易增添新动力。

三、“十四五”期间浙江省对东盟贸易前景展望

2021年，中国和东盟迎来建立对话关系30周年。30年里，中国和东盟间的合作从无到有，从小到大，是亚太地区经济合作成功的典范。2020年底，由东盟倡导发起并主导的RCEP的成功签署，将为构建更为紧密的中国—东盟命运共同体，打造更高水平战略伙伴关系提供巨大助力，也必将为包括浙江在内的区域合作提供广阔空间。此外，东盟“工业4.0”发展战略有利于浙江省发挥数字经济优势，在5G网络、数据中心等新型基础设施领域与东盟加强合作，推动数字互联互通，携手打造数字“丝绸之路”。展望“十四五”，浙江与东盟贸易合作前景广阔，大有可为，未来可期。

（倪洪中　彭　芳　饶海霞）

金砖国家：深化合作　金砖增色

“十三五”期间，金砖国家[1]合作机制不断完善，合作领域持续拓展，国际影响日益增强，形成了经济合作、政治安全、人文交流“三轮驱动”架构，打造了新兴市场和发展中国家合作的样板。2020年，金砖国家GDP占全球比重达到24.5%，比2015年提高2.3个百分点，成为世界上最为亮眼的新兴经济合作体。在此期间，浙江省与其他金砖国家之间在经济、金融、文化等领域的交流合作不断深化，尤其是在外贸领域，取得显著成绩。

据海关统计，“十三五”期间，浙江对其他金砖国家进出口总值达1.33万亿元，较“十二五”期间增长35.7%，年均增长10.7%。其中，出口1.01万亿元，增长28.7%，年均增长6.6%；进口3264.6亿元，增长63.2%，年均增长25.2%。以美元统计，“十三五”期间，浙江对其他金砖国家累计进出口1969.8亿美元，增长25.6%，年均增速为8.2%。其中出口1489.4亿美元，增长19.1%；进口480.4亿美元，增长51.0%。

一、“十三五”期间浙江省对其他金砖国家进出口主要特点

（一）进出口规模屡创新高，占全国份额较快攀升

“十三五”期间，浙江对其他金砖国家进出口占同期浙江进出口总值的

[1] 金砖国家（BRICS），指巴西、俄罗斯、印度、中国、南非。

9.5%，与“十二五”期间基本持平，年均增速高于同期全省进出口年均增速1.2个百分点，高于“十二五”期间浙江对其他金砖国家进出口年均增速6.3个百分点，对“十三五”期间浙江外贸增长贡献率达9.5%，有力促进了全省外贸增长。

从年度情况看，“十三五”期间，浙江对其他金砖国家进出口逐年增长。2016年，增速为2.3%。在金砖国家合作开启第二个黄金十年的起始年——2017年，增速猛增为23.6%。2018、2019年，增速稳定在14.5%和14.1%，且在2019年突破3000亿元大关。2020年，受新冠肺炎疫情影响，增速下滑至0.4%，但贸易规模仍创下历史新高。

“十三五”期间，浙江对其他金砖国家进出口总值占同期全国对其他金砖国家进出口总值的12.2%，高于“十二五”期间1.5个百分点，也高于同期浙江外贸占全国9.6%的比重，居全国第二位。2020年，浙江对其他金砖国家贸易占全国的比重达到12.9%，份额较2015年上升1.0个百分点。

表1　2011—2020年浙江对其他金砖国家贸易统计表

单位：亿元，%

年份	进出口		出口		进口	
	总值	同比	总值	同比	总值	同比
“十二五”期间	9831.1	84.0	7830.3	93.5	2000.7	54.4
2011年	1934.6	26.5	1422.7	24.5	511.9	32.4
2012年	1919.3	−0.8	1456.0	2.3	463.3	−9.5
2013年	2007.6	4.6	1643.9	12.9	363.7	−21.5
2014年	2076.6	3.4	1729.3	5.2	347.3	−4.5
2015年	1893.0	−8.8	1578.6	−8.7	314.5	−9.5
“十三五”期间	13343.6	35.7	10078.9	28.7	3264.6	63.2
2016年	1936.6	2.3	1568.2	−0.7	368.4	17.1
2017年	2394.1	23.6	1890.5	20.5	503.6	36.7
2018年	2741.9	14.5	2103.4	11.3	638.5	26.8
2019年	3129.2	14.1	2340.7	11.3	788.5	23.5
2020年	3141.8	0.4	2176.2	−7.0	965.6	22.5

（二）出口商品结构进一步优化，机电产品占比有所提升

“十三五”期间，浙江对其他金砖国家出口机电产品4506.7亿元，较

“十二五”增长35.4%，年均增速为9.3%，高于整体平均水平。2020年，机电产品出口占全省对其他金砖国家出口总值的比重达到47.0%。“十三五”期间，浙江对其他金砖国家出口劳密产品3116.4亿元，较“十二五”增长13.8%，年均增长2.2%。2020年，劳密产品出口占比降至27.8%。

表2 “十三五”期间浙江对其他金砖国家主要出口商品统计表

单位：亿元，%

出口商品	“十三五”期间			2020年			年均增速
	出口值	同比	占比	出口值	同比	占比	
出口总值	10078.9	28.7	100.0	2176.2	−7.0	100.0	6.6
* 机电产品	4506.7	35.4	44.7	1023.5	−0.7	47.0	9.3
其中：通用机械设备	386.9	47.8	3.8	86.6	−4.9	4.0	9.1
电工器材	382.4	32.8	3.8	89.5	5.8	4.1	10.1
家用电器	287.6	32.9	2.9	66.2	−4.0	3.0	10.2
* 劳动密集型产品	3116.4	13.8	30.9	605.3	−16.9	27.8	2.2
其中：纺织纱线、织物及其制品	1293.7	4.9	12.8	253.2	−15.4	11.6	2.2
服装及衣着附件	657.7	−0.9	6.5	125.9	−13.9	5.8	−0.5
塑料制品	510.7	63.9	5.1	103.4	−15.9	4.8	3.5
鞋靴	283.3	−7.3	2.8	47.7	−25.7	2.2	−0.3
钢材	217.5	26.9	2.2	45.1	−17.6	2.1	4.0

（三）资源类产品进口快速增长

巴西、俄罗斯、印度、南非均为资源出口型国家。俄罗斯具备很强的能源优势，巴西、印度、南非矿产资源和农产品优势明显，而中国被誉为“世界工厂”，对资源类产品需求旺盛。“十三五”期间，浙江从其他金砖国家进口的商品仍以资源类产品为主，整体呈快速增长态势。其中，进口铁矿砂、大豆、成品油较“十二五”分别增长50.1%、69.3%和53.6%，三者合计占同期全省自其他金砖国家进口总值的41.7%。同期，浙江自其他金砖国家进口原油、煤炭和二甲苯成倍增长。

表 3　“十三五”期间浙江自其他金砖国家主要进口商品统计表

单位：亿元，%

进口商品	“十三五”期间			2020 年			年均增速
	进口值	同比	占比	进口值	同比	占比	
进口总值	3264.6	63.2	100.0	965.6	22.5	100.0	25.2
铁矿砂及其精矿	835.1	50.1	25.6	289.0	33.9	29.9	45.4
大豆	278.5	69.3	8.5	41.6	–17.7	4.3	–0.2
成品油	246.9	53.6	7.6	45.4	–29.6	4.7	12.9
初级形状的塑料	149.7	51.7	4.6	51.7	31.5	5.4	32.8
纸浆、纸及其制品	122.2	80.9	3.7	36.3	70.1	3.8	20.7
未锻轧铜及铜材	112.8	89.3	3.5	36.5	196.3	3.8	33.0
原油	110.8	186.6	3.4	26.6	–41.8	2.8	---
煤及褐煤	87.3	134.7	2.7	32.0	40.9	3.3	62.0
二甲苯	67.6	324.3	2.1	11.7	–55.4	1.2	18.1
皮革、毛皮及其制品	53.2	–22.6	1.6	8.0	–13.9	0.8	–13.7

（四）对印度贸易规模居首，对俄罗斯进出口增速最快

“十三五”期间，浙江对其他金砖各国贸易中，贸易规模最大的是印度，累计进出口值达到4586.7亿元，对俄罗斯、巴西、南非分别累计进出口3630.2亿元、3617.4亿元和1509.2亿元。其中，对印度、俄罗斯、巴西进出口年均增速从“十二五”期间的4.8%、2.2%、3.6%分别提高到“十三五”期间的9.8%、13.6%、12.0%；南非则由于经济持续衰退，年均增速从“十二五”期间的9.5%降到“十三五”期间的3.8%。“十三五”期间，在其他金砖国家中，印度始终是浙江最大的出口国，巴西是浙江最大的进口国；俄罗斯是浙江出口增长最快的国家，年均增长10.3%；印度是浙江进口增长最快的国家，年均增长38.2%。

表 4　“十三五”期间浙江对其他金砖国家进出口国别统计表

单位：亿元，%

国别	进出口			出口			进口		
	总值	同比	年均增长	总值	同比	年均增长	总值	同比	年均增速
印度	4586.7	58.1	9.8	3896.7	60.1	5.3	690.0	47.6	38.2
俄罗斯	3630.2	22.5	13.6	2916.5	15.4	10.3	713.7	64.1	29.5
巴西	3617.4	31.0	12.0	2228.0	12.4	6.5	1389.4	78.5	23.4
南非	1509.2	25.1	3.8	1037.7	17.1	1.8	471.5	47.4	8.4

（五）一般贸易占比超八成，市场采购、保税物流成新增长点

“十三五”期间，浙江以一般贸易方式对其他金砖国家进出口1.08万亿元，增长29.3%，年均增速为11.1%，高于“十二五”期间年均增速8.2个百分点，占浙江对其他金砖国家进出口总值的80.9%。市场采购贸易方式自2014年落地以来，成为浙江扩大与其他金砖国家贸易的重要补充。“十三五”期间，浙江以市场采购贸易方式对其他金砖国家出口1224.9亿元，年均增速为6.7%。此外，“十三五”期间，浙江与其他金砖国家之间通过保税物流方式进出口674.7亿元，增长1.1倍，年均增速高达28.6%，占浙江对其他金砖国家进出口总值的5.1%。

表5　“十三五”期间浙江对其他金砖国家主要贸易方式统计表

单位：亿元，%

贸易方式	“十三五”期间			2020年			年均增速
	进出口值	同比	占比	进出口值	同比	占比	
一般贸易	10788.5	29.3	80.9	2624.8	5.9	83.5	11.1
市场采购	1224.9	528.9	9.2	249.8	–21.2	8.0	6.7
保税物流	674.7	114.9	5.1	144.6	–23.2	4.6	28.6
加工贸易	630.7	–12.6	4.7	112.9	–14.1	3.6	–1.3

（六）民营企业主导地位稳固，国有企业表现突出

“十三五”期间，浙江民营企业对其他金砖国家进出口1.01万亿元，占浙江对其他金砖国家进出口总值的75.6%，较“十二五”提升5.1个百分点，民营企业主导地位更加稳固。同期，国有企业对其他金砖国家进出口年均增长30.2%，占浙江对其他金砖国家进出口总值的比重较“十二五”增加3.7个百分点，尤其是进口，年均增速达到56.8%，进口增长贡献率达77.5%，成为推动自其他金砖国家进口贸易的主力军。

表6　“十三五”期间浙江对其他金砖国家进出口贸易主体统计表

单位：亿元，%

贸易主体	“十三五”期间			2020年			年均增速
	进出口值	同比	占比	进出口值	同比	占比	
民营企业	10084.9	45.4	75.6	2269.7	–3.4	72.2	8.9
国有企业	1903.1	81.8	14.3	613.0	31.7	19.5	30.2
外商投资企业	1339.3	–27.6	10.0	251.6	–17.7	8.0	0.1

（七）宁波、杭州、金华分列前三，舟山、金华、杭州增势明显

“十三五”期间，宁波、杭州、金华对其他金砖国家进出口规模稳居全省前三位，合计占比达到59.6%，进出口增长贡献率达71.1%。除绍兴外，各地市对其他金砖国家进出口增速均达两位数，舟山、金华、杭州增长较快，同比分别增长1.4倍、77.8%和43.0%。

二、“十三五”期间促进浙江省与其他金砖国家贸易较快发展的主要原因

（一）浙江与其他金砖国家之间的禀赋互补性较强

浙江是一个资源小省，同时又是一个制造和消费大省。而俄罗斯、巴西是资源大国，加上其他金砖各国对工业制成品的需求旺盛，这是浙江与其他金砖国家之间贸易发展的良好基础。

（二）金砖国家深化合作，密切了浙江与其他金砖各国贸易往来

2017年，金砖国家之间的合作进入了第二个黄金十年。面对世纪疫情和百年未有之大变局，金砖国家充分发挥合作机制优势，努力维护多边贸易体制，积极破除贸易、金融、投资、交通等领域的合作障碍，在疫情防控合作和稳定全球供应链、产业链上做出了表率，最大程度降低了疫情对各国经贸合作的影响。

（三）浙江自身改革发展为与其他金砖国家贸易提供了良好条件

“十三五”期间，浙江坚持以“八八战略”为引领，大力推进经济体制改革和创新，转变政府职能，通过提升沿海港口开发开放水平，加快江海联运，深化跨境电商综试区、“义新欧”中欧班列等新业态建设，大力支持企业“走出去”和“引进来”，为与其他金砖国家贸易发展创造了优质的环境。

三、“十四五”期间浙江省与其他金砖国家贸易前景展望

金砖国家合作十余年来取得了不菲的成绩，“合作共赢”已成为各方共识，浙江作为改革开放先行地，深入参与到金砖国家经济、贸易、人文等各领域之中，尤其是民营经济力量发挥了合作的重要作用。

当前，新冠肺炎疫情深刻改变世界政治经济格局，面对世界百年未有之

大变局，由于国际政治、经济形势仍存在较大不确定性，以及金砖各国国情有较大不同，金砖国家之间合作机遇与挑战并存。合作四国中，与印度的合作因存在一定分歧而出现困难；南非因出现社会动荡与经济衰退，存在一定不确定性；俄罗斯与巴西则相对稳定，成为我大宗商品的重要供应地。但总体而言，金砖国家之间的经济联系日益密切，合作空间不断扩大，浙江由于与金砖各国的天然互补优势，在金砖国家合作中仍大有可为，尤其是在深化实施“浙货行天下”工程、构建世界级大宗商品交易平台和进口商品“世界超市”之中，充分利用金砖国家合作、发挥金砖国家在各大洲的支点作用，将大大助力浙江外贸站上新台阶。

（朱志平　经周晨）

2019年浙江国际贸易（印度孟买）展览会

非洲：戮力同心　共襄发展

非洲是共建“一带一路”的历史和自然延伸。在当前世界贸易保护主义盛行的背景下，中非命运共同体的构筑和巩固，对于维护自由贸易体系、构建新型国际关系有着重要的意义，中非合作也已成为发展中国家合作的典范。“十三五”期间，浙江对非洲进出口保持稳定增长，规模逼近万亿元大关，占整体外贸比重稳中有升。

据海关统计，“十三五”期间，浙江对非洲进出口总值达9918.3亿元，较“十二五”期间增长47.8%，年均增长7.8%。其中，出口8492.5亿元，增长43.9%，年均增长7.0%；进口1425.8亿元，增长76.2%，年均增长13.4%。

一、“十三五”期间浙江省对非洲进出口主要特点

（一）进出口整体低开高走

“十三五”期间，浙江对非洲进出口呈现低开高走再趋稳的态势，进口、出口均保持稳定增长。2016年，受撒哈拉旱情以及大宗商品价格走低等影响，浙江对非洲进出口出现5.2%的降幅。此后，2017—2019年，进出口均保持两位数增长，2019年进出口规模突破2000亿元。2020年，浙江对非洲进出口总值达2360.7亿元，增长3.1%，其中出口首破2000亿元。2017年，自非洲进口大幅增长81.7%，规模首破200亿元，2018年顺势突破300亿元。“十三五”期间，浙

江对非洲进出口占全省外贸总值的比重为7.0%，较“十二五”期间提高0.5个百分点。

以美元统计，“十三五”期间，浙江对非洲进出口总值达340.6亿美元，增长2.6%，年均增长5.4%。其中，出口289.9亿美元，增长2.1%，年均增长4.6%；进口50.7亿美元，增长5.1%，年均增长10.9%。

表1　2011—2020年浙江对非洲贸易年度统计表

单位：亿元，%

年份	进出口		出口		进口	
	总值	同比	总值	同比	总值	同比
“十二五”期间	6711.2	94.4	5901.9	102.1	809.3	51.9
2011年	1027.9	16.6	870.1	15.5	157.7	23.3
2012年	1136.9	10.6	996.8	14.6	140.1	-11.2
2013年	1393.3	22.5	1246.2	25.0	147.1	5.0
2014年	1531.5	9.9	1353.9	8.6	177.6	20.7
2015年	1621.6	5.9	1434.9	6.0	186.8	5.2
“十三五”期间	9918.3	47.8	8492.5	43.9	1425.8	76.2
2016年	1538.0	-5.2	1389.4	-3.2	148.6	-20.4
2017年	1744.3	13.4	1474.2	6.1	270.1	81.7
2018年	1985.2	13.8	1659.9	12.6	325.3	20.5
2019年	2290.0	15.3	1958.4	18.0	331.6	1.9
2020年	2360.7	3.1	2010.6	2.7	350.2	5.6

（二）出口结构进一步优化，机电产品出口快速增长

“十三五”期间，浙江对非洲出口结构逐步优化，机电产品出口增速显著高于平均水平。在此期间，浙江对非洲出口机电产品3325.2亿元，较“十二五”增长60.1%，年均增长10.0%，2020年占出口总值比重达到41.3%，高于劳密产品的37.3%。同期，浙江对非洲出口劳密产品3409.9亿元，较“十二五”期间增长26.2%。此外，浙江对非洲出口成品油较“十二五”期间大幅增长1.5倍，年均增速达到52.4%。

表 2　“十三五”期间浙江对非洲主要出口商品统计表

单位：亿元，%

出口商品	“十三五”期间			2020 年			年均增速
	出口值	同比	占比	出口值	同比	占比	
出口总值	8492.5	43.9	100.0	2010.6	2.7	100.0	7.0
* 劳动密集型产品	3409.9	26.2	40.2	750.7	–4.9	37.3	3.3
其中：纺织纱线、织物及其制品	1790.6	23.3	21.1	408.1	–5.6	20.3	6.6
塑料制品	505.0	79.8	5.9	119.5	5.9	5.9	5.0
服装及衣着附件	440.4	3.5	5.2	85.0	–9.5	4.2	–3.8
鞋靴	389.5	8.5	4.6	72.5	–11.1	3.6	–5.2
* 机电产品	3325.2	60.1	39.2	830.5	8.0	41.3	10.0
其中：电工器材	377.2	70.2	4.4	93.4	12.0	4.6	8.3
通用机械设备	228.4	46.6	2.7	57.7	6.4	2.9	9.1
家用电器	197.7	33.0	2.3	50.8	8.8	2.5	10.9
成品油	109.9	154.4	1.3	52.7	115.1	2.6	52.4

（三）资源类产品进口快速增长

“十三五”期间，浙江自非洲进口以资源类产品为主。虽受当地出口管制、大宗商品价格波动等因素影响，进口商品的增速波动较大，但整体仍呈快速增长态势。其中，进口未锻轧铜及铜材、原木和铁矿砂较“十二五”期间分别增长1.9倍、55.5%和9.2%，三者合计占同期全省自非洲进口总值的38.6%。同期，浙江自非洲进口水果和未锻轧铝及铝材较“十二五”期间分别增长14.4倍和9.0倍，年均增速分别达42.8%和84.4%。

表 3　“十三五”期间浙江自非洲主要进口商品统计表

单位：亿元，%

进口商品	“十三五”期间			2020 年			年均增速
	进口值	同比	占比	进口值	同比	占比	
进口总值	1425.8	76.2	100.0	350.2	5.6	100.0	13.4
未锻轧铜及铜材	245.5	185.0	17.2	94.4	113.8	27.0	37.9
原木	158.1	55.5	11.1	19.8	–35.4	5.6	–6.6
铁矿砂及其精矿	146.3	9.2	10.3	44.5	54.4	12.7	24.0
铜矿砂及其精矿	32.6	220.1	2.3	12.8	206.5	3.6	24.1
锯材	24.2	94.6	1.7	7.2	–3.7	2.0	24.1
成品油	22.3	--	1.6	10.3	53.3	3.0	--
羊毛及毛条	19.1	128.8	1.3	2.5	38.7	0.7	1.5
鲜、干鲜水果及坚果	15.4	1439.0	1.1	5.2	–21.6	1.5	42.8
天然及合成橡胶（包括胶乳）	13.2	129.9	0.9	5.2	27.7	1.5	25.9
未锻轧铝及铝材	3.2	901.1	0.2	2.5	3028.4	0.7	84.4

（四）主要贸易国均保持两位数增长

“十三五”期间，浙江对非洲主要贸易国家进出口均保持两位数增长。其中，南非、埃及、尼日利亚和阿尔及利亚稳居前四，四国合计占同期浙江对非洲进出口总值的44.5%，年均增速分别为3.8%、4.9%、9.1%和3.6%。此外，浙江对刚果（金）和利比里亚进出口年均增速分别达到26.4%和43.4%。

表4 “十三五”期间浙江对非洲主要贸易国进出口统计表

单位：亿元，%

国别	“十三五”期间			2020年			年均增速
	进出口值	同比	占比	进出口值	同比	占比	
南非	1509.2	25.1	15.2	319.2	−10.5	13.5	3.8
埃及	1119.9	42.6	11.3	286.3	16.4	12.1	4.9
尼日利亚	1067.1	41.6	10.8	257.2	−4.3	10.9	9.1
阿尔及利亚	713.7	48.9	7.2	151.4	−8.4	6.4	3.6
刚果（金）	456.2	206.6	4.6	131.2	31.8	5.6	26.4
肯尼亚	424.9	99.8	4.3	97.3	5.9	4.1	8.4
加纳	423.1	72.4	4.3	107.8	29.4	4.6	10.3
摩洛哥	402.2	32.8	4.1	87.1	−7.3	3.7	7.7
坦桑尼亚	332.9	129.0	3.4	81.3	9.0	3.4	13.0
利比里亚	271.9	44.9	2.7	97.6	39.2	4.1	43.4

（五）市场采购比重提升，保税物流增长明显

“十三五”期间，浙江一般贸易对非进出口6289.5亿元，较“十二五”期间增长26.4%，占63.4%，年均增速为6.7%。同期，浙江市场采购对非出口占全省对非进出口比重从“十二五”末的27.4%上升至2020年的29.3%，提升明显。此外，“十三五”期间，浙江保税物流对非进出口年均增速达到20.2%，占比从“十二五”末的2.6%提升至2020年的4.5%。（表5）

表5 “十三五”期间浙江对非洲进出口主要贸易方式统计表

单位：亿元，%

贸易方式	“十三五”期间			2020年			年均增速
	进出口值	同比	占比	进出口值	同比	占比	
一般贸易	6289.5	26.4	63.4	1474.8	1.4	62.5	6.7
市场采购	2834.7	494.9	28.6	691.9	5.1	29.3	9.3
加工贸易	475.4	4.3	4.8	82.2	−20.4	3.5	4.8
保税物流	305.9	102.1	3.1	106.6	55.3	4.5	20.2

（六）民营企业进出口规模大、增长快

"十三五"期间，民营企业作为浙江外贸发展的主力军，对非洲进出口始终保持主导地位，累计进出口8428.5亿元，较"十二五"期间增长59.9%，占同期浙江对非洲进出口总值的85.0%，规模和增幅均居各类型企业首位。

表6　"十三五"期间浙江对非洲进出口贸易主体统计表

单位：亿元，%

贸易主体	"十三五"期间			2020年			年均增速
	进出口值	同比	占比	进出口值	同比	占比	
民营企业	8428.5	59.9	85.0	2020.6	4.2	85.6	7.9
外商投资企业	825.2	–8.3	8.3	157.9	–21.0	6.7	0.4
国有企业	663.7	22.8	6.7	182.2	20.4	7.7	16.3

（七）金华进出口规模最大，舟山、湖州增长较快

"十三五"期间，浙江各地市对非洲进出口与"十二五"期间相比均为两位数以上增长。其中，金华对非洲进出口3351.9亿元，增长1.2倍，规模和增幅均居各地市首位，占全省对非洲贸易总值的33.8%。舟山、湖州对非洲进出口增长较快，年均增速分别达到19.5%和14.6%。

二、"十三五"期间促进浙江省对非洲贸易发展的有利因素

（一）资源禀赋与产业结构互补

非洲自然资源丰富，石油、天然气、矿产、木材，特别是贵重木材等储量丰富，并且绝大多数非洲国家为农业国。而浙江省是资源小省，绝大多数工业经济必需的生产资料对外依存度高。同时，浙江省加工制造业水平较非洲而言有较为明显的优势，尤其是纺织服装、鞋类、箱包、塑料制品等生活日用品在非洲市场具有很强的市场竞争力，非洲市场的需求潜力巨大。两者不同的资源禀赋和不同的比较优势，为浙江省进一步开拓与非洲的双边贸易提供了广阔的前景。

（二）中非政治经济合作持续加强

2018年9月，中非合作论坛北京峰会提出“合作共赢，携手构建更加紧密的中非命运共同体”，为新时代中非关系发展绘就新蓝图，指明新方向。此后，我国成立中国非洲研究院，举办了中国—非洲经贸博览会。与此同时，非洲也有多个国家以及非洲联盟与我国签署了共建“一带一路”合作协议。2019年10月，中国与毛里求斯正式签署自贸协定，这是我国与非洲国家签署的首个自贸协定，是中非在“一带一路”框架下推进机制性合作的新突破。浙江省也以此为契机加强与非洲国家的经贸合作。2019年，浙江“品质浙货，行销天下”主题展会先后在南非、肯尼亚、摩洛哥等国举办，进一步提升浙江产品在非洲国家的知名度，促进双方贸易的发展。

（三）市场采购为浙非贸易增添新活力

随着浙非经贸关系的日益密切，越来越多的非洲客商来到浙江经商，成为保持浙江对非洲贸易稳定增长的重要支撑。如义乌市场每年吸引近10万名非洲客商前来采购。数据显示，“十三五”期间，浙江市场采购对非洲出口均保持正增长，年均增长9.3%，高于同期浙江对非洲出口平均增速2.3个百分点。

三、“十四五”期间浙江省对非洲贸易前景展望

（一）非洲大陆自贸区成立带来机遇

非洲大陆自由贸易区（AfCFTA）已于2021年1月1日正式启动，除厄立特里亚外，非洲联盟54个成员国均加入了自贸区框架协定中。非洲大陆自贸区是目前全球参与国家数量最多的自贸区，最终形成的市场规模有望达到12亿人口，GDP达到2.5万亿美元，代表着非洲即将开启一个贸易自由化、资源产业化以及经济增长持续化的全新时代。自贸区的成立或将进一步激发浙江企业到非洲的投资热情，推动浙非经贸合作迈上新台阶。

（二）中非合作进一步深化

中非经贸关系已经从以往的政府援助为主转向投资、贸易、产业相结合的互助互利的市场化模式。浙江中非文化合作交流暨中非经贸论坛已连续三年在金华举办，2021年经国务院批复升格为中非（浙江）文化合作交流周暨中非经贸论坛，促进浙非经贸实现进一步深度合作。新冠肺炎疫情期间，中国向几乎

所有非洲国家提供了抗疫物资援助，并援建非洲疾控中心，向多个非洲国家提供新冠肺炎疫苗。疫情终会结束，随着非洲经济复苏和重建带来的巨大机遇，中非合作将会迎来更大的发展空间。患难与共的中非友谊历久弥坚，互利共赢的中非合作永不止步，浙非经贸合作前景也将更加光明。

（陈志成　经周晨）

拉丁美洲：互利交融　万里同行

拉丁美洲与中国虽相隔万里，但“十三五”期间，中国与拉美国家在政治、经济上不断加强联系与合作，浙江省与拉美国家也保持着密切的贸易往来和良好的发展态势。

据海关统计，“十三五”期间，浙江省累计对拉美国家进出口1.27万亿元，同比增长35.1%，占同期全省外贸进出口总值的9.0%。其中，出口9532.7亿元，增长30.0%，占全省出口总值的8.9%；进口3119.6亿元，增长53.7%，占全省进口总值的9.0%。

一、“十三五”期间浙江省对拉美国家进出口主要特点

（一）年度进出口、出口和进口规模不断扩大，占全国份额进一步提升

“十三五”期间，浙江省对拉美国家各年度进出口、出口和进口规模持续攀升。2017年，进出口规模突破2000亿元，2020年增至2994.9亿元，创历史最高水平，年均增速达9.7%。2019年，出口规模突破2000亿元，2020年增至2149.6亿元，年均增速达6.8%。进口规模由“十二五”末的338.9亿元增至2020年的845.3亿元，年均增速达20.1%。各年度进出口规模稳居全国第2位，仅次于广东省。进出口、出口和进口总值占同期全国对拉美国家进出口、出口和进口总值的13.2%、20.2%和6.4%，占比较“十二五”期间分别提升1.4个、2.4个和1.0个百分点。

以美元统计，“十三五”期间，浙江省对拉美国家累计进出口1868.5亿美元，其中出口1408.7亿美元，进口459.8亿美元，同比分别增长25.0%、20.3%和42.3%，年均增速分别达7.3%、4.5%和17.5%。2020年，浙江省对拉美国家进出口432.8亿美元，其中出口310.6亿美元，进口122.2亿美元，分别增长2.6%、0.9%和7.1%。

表1　2011—2020年浙江对拉美国家贸易年度统计表

单位：亿元，%

年份	进出口		出口		进口	
	总值	同比	总值	同比	总值	同比
“十二五”期间	9363.5	89.4	7334.5	97.7	2029.1	64.5
2011年	1819.6	24.1	1330.5	24.7	489.1	22.4
2012年	1818.4	–0.1	1394.9	4.8	423.5	–13.4
2013年	1875.0	3.1	1498.2	7.4	376.8	–11.0
2014年	1964.7	4.8	1564.0	4.4	400.8	6.4
2015年	1885.7	–4.0	1546.9	–1.1	338.9	–15.4
“十三五”期间	12652.3	35.1	9532.7	30.0	3119.6	53.7
2016年	1891.6	0.3	1520.5	–1.7	371.1	9.5
2017年	2232.4	18.0	1753.6	15.3	478.8	29.0
2018年	2623.9	17.5	1986.6	13.3	637.3	33.1
2019年	2909.5	10.9	2122.3	6.8	787.1	23.5
2020年	2994.9	2.9	2149.6	1.3	845.3	7.4

（二）出口结构进一步优化，机电产品和高新产品占比明显提升

“十三五”期间，浙江省对拉美国家出口结构进一步优化，机电产品出口增速显著高于平均水平。累计出口机电产品4128.0亿元，同比增长36.8%，年均增速达到9.6%，占全省对拉美国家出口总值的比重较“十二五”提升2.2个百分点。其中，电子元件出口增速最快，年均增长22.9%，电工器材和通用机械设备年均增速也达到两位数。累计出口劳密产品3393.5亿元，同比增长19.8%，年均增速为2.8%，其中塑料制品、家具出口增速高于同期全省对拉美国家出口整体增速。累计出口高新产品604.0亿元，同比大幅增长91.6%，年均增速达到19.8%，占全省对拉美国家出口总值的比重较“十二五”提升2.0个百分点。

表2 "十三五"期间浙江对拉美国家主要出口商品统计表

单位：亿元，%

出口商品	"十三五"期间			2020年			年均增速
	出口值	同比	占比	出口值	同比	占比	
出口总值	9532.7	30.0	100.0	2149.6	1.3	100.0	6.8
* 机电产品	4128.0	36.8	43.3	1012.5	10.7	47.1	9.6
其中：汽车零配件	360.0	50.8	3.8	81.1	−8.1	3.8	9.8
电工器材	314.4	51.8	3.3	76.9	11.6	3.6	10.5
通用机械设备	295.8	51.8	3.1	80.6	13.8	3.7	12.5
家用电器	257.6	28.6	2.7	62.4	3.4	2.9	9.3
电子元件	203.8	196.0	2.1	53.4	3.4	2.5	22.9
机械基础件	176.2	28.8	1.8	38.4	−6.4	1.8	6.9
* 劳动密集型产品	3393.5	19.8	35.6	678.6	−10.3	31.6	2.8
其中：纺织纱线、织物及其制品	1540.5	6.9	16.2	309.8	−7.4	14.4	2.8
服装及衣着附件	678.3	−2.1	7.1	112.8	−22.9	5.2	−5.0
塑料制品	507.7	79.9	5.3	122.2	7.5	5.7	8.7
箱包及类似容器	206.5	48.3	2.2	31.6	−40.2	1.5	−1.5
家具及其零件	176.0	38.2	1.8	43.3	7.1	2.0	9.6
鞋靴	172.1	24.2	1.8	29.6	−24.8	1.4	−0.2
* 高新技术产品	604.0	91.6	6.3	168.8	21.5	7.9	19.8
其中：计算机与通信技术	179.7	153.3	1.9	49.4	22.7	2.3	21.6
生命科学技术	177.7	31.3	1.9	49.6	31.6	2.3	13.4
基本有机化学品	186.2	14.7	2.0	42.2	−3.5	2.0	7.5
成品油	174.3	−28.1	1.8	44.4	10.7	2.1	9.0

（三）进口以资源类产品为主，进口快速增长

"十三五"期间，浙江省自拉美国家进口以资源类商品为主。累计进口金属矿砂1153.9亿元，同比增长1.3倍，年均增速达44.5%，占同期全省自拉美国家进口总值的37.0%，大幅提升12.4个百分点。其中，铁矿砂、铜矿砂进口增速分别达到44.5%和43.1%。进口未锻轧铜及铜材、纸浆及其制品同比分别增长16.8%和1.0倍，年均增速分别达到24.6%和18.0%。此外，进口农产品增长78.4%，年均增速为12.5%，占全省自拉美国家进口总值的比重较"十二五"提升2.2个百分点。

表 3　“十三五”期间浙江自拉美国家主要进口商品统计表

单位：亿元，%

进口商品	“十三五”期间			2020 年			年均增速
	进口值	同比	占比	进口值	同比	占比	
进口总值	3119.6	53.7	100.0	845.3	7.4	100.0	20.1
* 金属矿及矿砂	1153.9	131.2	37.0	372.4	15.8	44.1	44.5
其中：铁矿砂及其精矿	702.1	59.3	22.5	231.1	23.0	27.3	44.5
铜矿砂及其精矿	422.0	713.4	13.5	128.7	3.7	15.2	43.1
* 农产品	498.6	78.4	16.0	119.2	5.7	14.1	12.5
其中：大豆	294.6	45.6	9.4	45.2	–14.0	5.3	–2.2
肉类（包含杂碎）	51.7	1016.7	1.7	22.5	87.7	2.7	78.9
鲜、干水果及坚果	46.0	4254.1	1.5	22.5	14.9	2.7	119.9
未锻轧铜及铜材	444.9	16.8	14.3	136.9	34.1	16.2	24.6
纸浆、纸及其制品	222.6	103.2	7.1	56.8	38.5	6.7	18.0
原油	76.7	74.4	2.5	16.9	–59.5	2.0	7.1

（四）巴西、墨西哥、智利和秘鲁的贸易额稳居前四，带动浙江与拉美国家进出口快速增长

“十三五”期间，浙江省对拉美国家贸易保持快速增长。其中，巴西、墨西哥、智利和秘鲁的贸易额稳居前四，四国合计占浙江对拉美国家进出口总值的比重达到69.8%，较“十二五”提升6.0个百分点，年均增速分别为12.0%、9.7%、13.2%和18.4%，均高于同期全省对拉美国家进出口整体增速。对厄瓜多尔和危地马拉进出口增长较快，较“十二五”期间分别增长72.3%和74.7%。

表 4　“十三五”期间浙江对拉美主要贸易国别进出口统计表

单位：亿元，%

国别	“十三五”期间			2020 年			年均增速
	进出口值	同比	占比	进出口值	同比	占比	
巴西	3617.4	31.0	28.6	877.4	–1.0	29.3	12.0
墨西哥	2371.2	68.8	18.7	550.5	–0.3	18.4	9.7
智利	1988.5	49.5	15.7	492.5	14.6	16.4	13.2
秘鲁	855.0	77.7	6.8	231.4	9.7	7.7	18.4
哥伦比亚	756.3	40.4	6.0	162.4	–3.8	5.4	5.9
巴拿马	638.3	–17.1	5.0	166.0	12.4	5.5	8.3
阿根廷	595.2	14.4	4.7	119.3	12.8	4.0	1.0
厄瓜多尔	261.6	72.3	2.1	67.1	11.5	2.2	13.4
危地马拉	209.6	74.7	1.7	47.2	3.1	1.6	9.1
乌拉圭	192.5	7.7	1.5	34.4	–11.9	1.1	–2.5

（五）各类贸易方式均保持快速增长

“十三五”期间，浙江对拉美国家各类贸易方式进出口年均增速均在7%以上。其中，一般贸易进出口9550.9亿元，同比增长31.0%，占同期全省对拉美国家进出口总值的75.5%；市场采购进出口1362.0亿元，占比从“十二五”末的10.9%上升至2020年的11.3%。此外，保税物流进出口年均增速达到15.2%，为各类贸易方式中年均增速最快，占比从“十二五”末的5.5%提升至2020年的7.1%。

表 5　“十三五”期间浙江对拉美国家主要贸易方式统计表

单位：亿元，%

贸易方式	“十三五”期间			2020 年			年均增速
	进出口值	同比	占比	进出口值	同比	占比	
一般贸易	9550.9	31.0	75.5	2234.6	3.9	74.6	9.4
市场采购	1362.0	515.4	10.8	339.4	9.4	11.3	10.5
加工贸易	933.9	7.7	7.4	206.4	–2.7	6.9	7.2
保税物流	780.2	17.7	6.2	211.9	–6.4	7.1	15.2

（六）民营企业进出口规模大、增长快

“十三五”期间，民营企业作为浙江外贸发展的主力军，对拉美国家进出口始终保持主导地位，累计进出口9693.1亿元，同比增长52.5%，占同期全省对拉美国家进出口总值的76.6%，规模和增幅均居各类型企业首位。

表 6　“十三五”期间浙江对拉美国家进出口贸易主体统计表

单位：亿元，%

贸易主体	“十三五”期间			2020 年			年均增速
	进出口值	同比	占比	进出口值	同比	占比	
民营企业	9693.1	52.5	76.6	2306.4	4.4	77.0	10.4
国有企业	1503.0	36.0	11.9	405.0	1.1	13.5	18.3
外商投资企业	1451.4	–23.7	11.5	282.8	–4.5	9.4	–1.5

（七）甬、杭、金龙头作用突出

“十三五”期间，浙江省各地市对拉美国家进出口年均增速均为正增长。宁波、杭州、金华与拉美国家贸易额居前三位，合计进出口7725.7亿元，占全省的61.1%，同比分别增长29.1%、57.1%和98.8%，对全省与拉美国家贸易的增长贡献率合计达80.6%。

二、“十三五”期间促进浙江省对拉美国家贸易发展的有利因素

（一）中拉领导人频繁互访，浙拉经贸合作开启新征程

拉美国家作为我国在全球贸易中的重要合作伙伴，地位突出。“十三五”期间，拉美国家元首、议长和政府首脑多次访华，中国领导人的身影也频现拉美。高层交往不断增强政治互信，推动互利合作。2015年1月，中拉论坛首届部长级会议在北京召开，会议通过《中国与拉美和加勒比国家合作规划（2015—2019）》，为搭建中拉整体合作新平台开辟了新路径。2019年，浙江经贸代表团应邀访问多米尼加，成为中国与多米尼加建交后首个到访的经贸代表团。新冠肺炎疫情暴发后，中拉双方政治交往和互信继续深化，经贸合作逆势上扬，中拉命运共同体建设结出硕果。浙江通过举办网上出口交易会拉美系列站等活动，开启了零距离、零障碍、零时差的“云交往”新模式，成为了疫情期间的一大亮点。

（二）浙江省与拉美国家产业互补明显，为经贸发展提供持久动力

拉美国家自然资源丰富，能够提供充足的初级产品和原材料，如巴西的铁矿石、智利的铜矿砂等，同时生产的优质农产品，如大豆、葡萄酒、奶制品、牛肉等，正跻身浙江市场，进入浙江人民的生活。同时，拉美国家轻工业产品的消费市场庞大，基础设施建设需求旺盛，为全省提供了广阔的制成品市场。双方产业互补明显，浙拉贸易结构也逐步走向多元。另外中国和智利、秘鲁、哥斯达黎加分别签署了自由贸易协定，协定双方更能发挥自身产业优势，协同发展，为浙江省的外贸发展提供持久动力。

（三）浙江与拉美国家双向投资向纵深推进，将带动双方贸易新发展

拉美国家亟需发展基础设施建设，提高制造业水平和规模，十分欢迎外来资本、技术和管理经验。浙江省在基础设施建设、装备制造业等领域具有明显优势，特别符合拉美国家当前所需。浙江企业在拉美国家从设立办事处、建设营销网络，到直接建立生产基地，拉美逐步成为了浙江“走出去”的重点地区之一，如在巴西南大河省合作建设阿雷格里港输电线路和变电站、在墨西哥杜兰戈市合作建设太阳能光伏电站等，宁波舟山港股份有限公司与巴西淡水河谷国际有限公司组建合资公司，双方企业在多领域的深化合作将带动双方贸易深

入发展。

面对纷繁复杂的世界变局和日益增多的全球性挑战，作为世界上国土面积最大的发展中国家和全球发展中国家比较集中的地区，中拉命运相连、利益相融。经过“十三五”的发展，拉美各国对发展拉中关系具有战略意义的认识比以往任何时候都更加清晰。在此背景下，浙江与拉美国家有望持续深入拓展经贸合作，持续扩大经贸合作规模，不断拓宽经贸领域，优化贸易结构。相信在双方携手努力下，必将在“十四五”期间构建起真诚互信、合作共赢、相互促进的浙拉关系新格局。

（陆海生　沈海勇　孔玲玲）

2018年浙江国际贸易（巴拿马）展览会

中东欧：中欧节点　务实合作

中东欧17国[1]地处欧亚大陆要冲，区位优势突出，是通向西欧和北欧的重要中转站，是“一带一路”倡议融入欧洲经济圈的重要承接带。自中国—中东欧国家合作正式启动以来，浙江省积极参与构筑我国与中东欧交流合作大平台，与中东欧17国之间的经贸往来日益增多。“十三五”期间，浙江省对中东欧贸易总值4296.3亿元，同比增长65.5%，占全国对中东欧贸易总值的14.9%，居全国第3位。其中，出口4004.6亿元，同比增长66.9%，占全国对中东欧出口总值的18.8%，居全国第2位。

一、“十三五”期间浙江省对中东欧进出口主要特点

（一）进出口稳步增长，迈上千亿新台阶

“十三五”期间，浙江省对中东欧进出口年均增长13.3%，较“十二五”提高8.7个百分点，较同期全省外贸年均增速高出3.8个百分点。2020年，进出口值突破1000亿元大关，达到1010.8亿元，创历史新高。出口方面，年度增速在2016—2018年间逐年加快。2018年，达到20.9%的峰值，出口值占全国对中东欧出口总值的19.6%。之后两年，浙江省对中东欧出口增速放缓，但规模

[1] 中东欧 17 国为波兰、希腊、罗马尼亚、捷克、斯洛文尼亚、匈牙利、立陶宛、保加利亚、克罗地亚、斯洛伐克、塞尔维亚、拉脱维亚、阿尔巴尼亚、爱沙尼亚、波黑、北马其顿、黑山。

仍继续扩大。进口方面，在2016年小幅增长后，2017年增速大幅提升，达到43.5%，在全国占比也由3.5%上升到3.9%。此后增速有所回落，进口值全国占比在3.9%—4.1%之间波动。

表1　2011—2020年浙江对中东欧贸易年度统计表

单位：亿元，%

年份	进出口		出口		进口	
	总值	同比	总值	同比	总值	同比
“十二五”期间	2595.5	36.5	2399.4	34.3	196.1	70.8
2011年	500.6	15.9	458.6	16.7	42.0	8.0
2012年	472.4	–5.6	432.8	–5.6	39.6	–5.7
2013年	514.5	8.9	472.9	9.3	41.5	4.9
2014年	567.0	10.2	527.9	11.6	39.1	–5.9
2015年	541.1	–4.6	507.2	–3.9	33.8	–13.5
“十三五”期间	4296.3	65.5	4004.6	66.9	291.8	48.8
2016年	629.1	16.3	594.0	17.1	35.1	3.7
2017年	753.7	19.8	703.3	18.4	50.3	43.5
2018年	912.5	21.1	850.3	20.9	62.2	23.7
2019年	990.2	8.5	920.9	8.3	69.3	11.3
2020年	1010.8	2.1	936.0	1.6	74.8	8.0

（二）出口以机电产品、劳密产品为主，汽车进口增长迅速

“十三五”期间，浙江省对中东欧出口商品结构保持稳定，主要以机电产品和服装、纺织等劳密产品为主。其中，出口机电产品2027.0亿元，同比增长66.6%，占同期出口总值的50.6%；出口劳密产品1372.0亿元，同比增长67.1%；出口高新技术产品281.8亿元，同比增长50.7%。

表 2　"十三五"期间浙江对中东欧主要出口商品统计表

单位：亿元，%

出口商品	"十三五"期间			2020 年			年均增速
	出口值	同比	占比	出口值	同比	占比	
出口总值	4004.6	66.9	100.0	936.0	1.6	100.0	13.0
* 机电产品	2027.0	66.6	50.6	496.3	10.1	53.0	13.8
其中：电工器材	169.7	68.9	4.2	42.5	10.4	4.5	13.6
家用电器	148.9	92.8	3.7	36.6	10.2	3.9	16.0
* 劳动密集型产品	1372.0	67.1	34.3	299.6	−9.2	32.0	12.7
其中：纺织纱线、织物及其制品	432.3	102.6	10.8	99.6	−3.1	10.6	15.8
服装及衣着附件	360.3	39.9	9.0	70.5	−17.3	7.5	7.5
鞋靴	186.7	14.0	4.7	33.1	−30.2	3.5	7.2
塑料制品	161.3	91.3	4.0	38.8	5.8	4.1	12.3
* 高新技术产品	281.8	50.7	7.0	79.4	20.1	8.5	18.8

"十三五"期间，浙江省自中东欧主要进口商品较"十二五"有所变化，基本有机化学品、金属矿及矿砂、玻璃及其制品退出了主要进口商品行列。"十三五"期间，浙江省自中东欧进口机电产品82.7亿元，增长1.7倍，占同期全省自中东欧进口总值的28.3%，较"十二五"提升12.6个百分点。其中，汽车进口从无到有，从"十二五"期间的0.2亿元猛增至10.4亿元，增长42.0倍。

表 3　"十三五"期间浙江自中东欧主要进口商品统计表

单位：亿元，%

进口商品	"十三五"期间			2020 年			年均增速
	进口值	同比	占比	进口值	同比	占比	
进口总值	291.8	48.8	100.0	74.8	8.0	100.0	17.2
* 机电产品	82.7	168.1	28.3	28.8	63.9	38.5	32.5
其中：电工器材	14.7	188.3	5.0	3.5	0.9	4.7	21.9
汽车零配件	10.8	169.4	3.7	5.4	69.4	7.2	28.3
汽车(包含底盘)	10.4	4203.4	3.6	7.6	4102.2	10.1	261.0
* 消费品	46.1	411.0	15.8	18.6	81.2	24.9	50.7
未锻轧铜及铜材	41.4	32.0	14.2	9.3	−38.0	12.5	15.6
木及其制品	28.0	165.3	9.6	9.3	27.6	12.5	31.0
* 高新技术产品	18.6	231.4	6.4	5.4	8.3	7.2	30.5
* 农产品	13.4	85.7	4.6	3.5	−1.1	4.6	22.1

（三）波兰为最大贸易国，贸易集中度较高

“十三五”期间，波兰始终为浙江省在中东欧的第一大贸易国，进出口总值1428.9亿元，较“十二五”期间增长74.2%；占浙江省对中东欧进出口总值的33.3%，较“十二五”提升1.7个百分点；对中东欧外贸的增长贡献率达到35.8%。其中，出口1368.1亿元，同比增长78.6%，占浙江对中东欧出口总值的34.2%，较“十二五”提升2.3个百分点；进口60.8亿元，同比增长12.2%，占浙江对中东欧进口总值的20.8%，较“十二五”下降6.9个百分点。“十三五”期间，浙江省对希腊、罗马尼亚、斯洛文尼亚、捷克、匈牙利等五国的进出口值分别为533.8亿元、377.5亿元、375.8亿元、306.5亿元和301.8亿元，加上波兰，六国合计约占浙江省对中东欧进出口总值的八成，贸易集中度较高。另外，浙江省对波黑、北马其顿、塞尔维亚出口年均增速较快，分别为35.9%、26.8%和21.5%；自斯洛伐克和立陶宛进口年均增速较快，分别为55.6%和51.7%。

表4 “十三五”期间浙江对中东欧国家进出口统计表

单位：亿元，%

国别	进出口值	年均增速	出口值	年均增速	进口值	年均增速
波兰	1428.9	14.5	1368.1	14.7	60.8	10.5
希腊	533.8	16.1	522.8	16.0	10.9	21.4
罗马尼亚	377.5	10.7	342.8	10.5	34.7	12.1
斯洛文尼亚	375.8	12.3	365.4	12.3	10.4	13.0
捷克	306.5	17.1	263.4	17.8	43.2	12.8
匈牙利	301.8	17.5	267.4	17.1	34.5	20.2
立陶宛	196.0	12.1	164.6	8.2	31.3	51.7
保加利亚	151.9	5.9	135.2	5.6	16.7	8.9
克罗地亚	140.5	6.2	135.1	5.7	5.5	22.5
斯洛伐克	130.6	17.5	112.2	12.2	18.4	55.6
拉脱维亚	109.8	2.2	101.2	2.3	8.6	1.5
阿尔巴尼亚	82.7	9.0	80.3	9.0	2.4	7.6
爱沙尼亚	67.6	0.8	63.2	0.8	4.3	–0.1
塞尔维亚	62.7	19.8	58.6	21.5	4.1	4.1
波黑	11.1	33.4	8.2	35.9	3.0	27.0
北马其顿	9.9	16.7	7.2	26.8	2.7	10.1
黑山	9.3	–5.4	9.0	–5.7	0.3	5.8

（四）民营企业占比大幅提升，外商投资企业稳步增长

“十三五”期间，浙江省民营企业快速发展，对中东欧进出口3536.0亿元，同比增长88.6%，占全省对中东欧进出口总值的82.3%，较“十二五”提高10.1个百分点；进出口值从“十二五”末的417.3亿元增至2020年的846.5亿元，年均增长15.2%，高出同期浙江对中东欧进出口整体增速1.9个百分点。外商投资企业对中东欧进出口由“十二五”末的89.3亿元增至2020年的122.4亿元，年均增长6.5%。

表5　“十三五”期间浙江对中东欧进出口贸易主体统计表

单位：亿元，%

贸易主体	“十三五”期间			2020年			年均增速
	进出口值	同比	占比	进出口值	同比	占比	
民营企业	3536.0	88.6	82.3	846.5	3.1	83.7	15.2
外商投资企业	556.4	8.5	13.0	122.4	1.2	12.1	6.5
国有企业	197.3	–5.0	4.6	40.2	–7.1	4.0	3.2

（五）一般贸易占据主导地位，市场采购成为新增长点

“十三五”期间，浙江省对中东欧以一般贸易方式进出口3583.5亿元，增长64.6%，年均增长14.2%，占同期浙江对中东欧进出口总值的83.4%。以市场采购方式进出口发展迅速，成为新的增长点。“十三五”期间，累计进出口417.3亿元，增长56.9倍，年均增长10.7%，占同期浙江对中东欧进出口总值的9.7%，较“十二五”提高7.3个百分点。

表6　“十三五”期间浙江对中东欧主要贸易方式统计表

单位：亿元，%

贸易方式	“十三五”期间			2020年			年均增速
	进出口值	同比	占比	进出口值	同比	占比	
一般贸易	3583.5	64.6	83.4	850.7	2.7	84.2	14.2
市场采购	417.3	568.5	9.7	95.3	–2.6	9.4	10.4
加工贸易	253.8	2.2	5.9	52.2	2.9	5.2	5.1
保税物流	33.1	63.3	0.8	10.1	24.6	1.0	27.3

（六）航空、铁路运输大幅增长，运输渠道趋于多元化

“十三五”期间，浙江省对中东欧进出口仍以水路运输为主，年均增长11.7%；以航空运输快速发展，累计进出口268.1亿元，年均增长18.2%。

自2014年开行第一列“义新欧”中欧班列后，以铁路运输进出口大幅增长，“十三五”期间累计进出口146.6亿元，年均增长70.7%。特别是在2020年新冠肺炎疫情期间水路运输受阻的情况下，逆势增长88.2%，成为稳外贸增长、促“17+1”合作的黄金通道。

（七）宁波龙头地位突出，全省均衡增长

宁波是浙江省对中东欧贸易的龙头，“十三五”期间进出口1226.4亿元，年均增长14.4%，快于整体增速1.1个百分点。全省十一地市协调发展，大部分地市年均增速保持在10%—15%的区间内。湖州年均增长17.3%，增速最快。

二、“十三五”期间促进浙江省对中东欧贸易发展的有利因素

“十三五”期间，浙江省与中东欧国家的贸易投资合作、互联互通合作、海关通关等合作持续加深，双向投资规模不断扩大。

（一）建设国家级开放平台，促进双方投资贸易合作

“十三五”期间，中东欧成为浙江省深度参与“一带一路”建设、扩大对外开放的重要窗口。截至2020年，中国—中东欧国家经贸促进部长级会议在浙江召开了3次；省政府与商务部一起主办了4届中国—中东欧投资贸易博览会，并于2019年升级为中国—中东欧国家博览会。目前，浙江省已与中东欧17国缔结了40多对友好城市，在全国与中东欧建立的友好城市中占了近三成。同时，中国—中东欧国家经贸合作示范区建设深入推进，2020年，仅宁波一地就与中东欧国家签订160个双向投资项目，总投资5.6亿美元，居全国前列。双向投资规模的不断提升，进一步深化了浙江省企业和中东欧国家企业的互利合作。

（二）中欧班列规模持续扩大，畅通双方贸易通道

从2014年义乌开行第一列经停波兰的中欧班列开始，到2020年义乌打通前往立陶宛首都维尔纽斯的新线路，“义新欧”中欧班列开行线路版图持续扩大，开行量不断增加，运送集装箱量与日俱增。2020年，“义新欧”中欧班列开行量增至1399列，增长1.6倍，是2016年开行量的14倍。依托“义新欧”中欧班列，浙江省“十三五”期间通过铁路运输方式对中东欧国家进出口146.6亿元，较“十二五”期间增长21.1倍。浙江—中东欧国际物流大通道亦在不断创新发展，“中欧班列+海铁联运”的运输新模式将助推浙江省与中东欧进出口

进一步增长。

（三）海关合作日益密切，提供双边进出口通关便利

“十三五”期间，浙江省举办了“中国—中东欧国家海关合作论坛”，为提升中国与中东欧国家间贸易便利化水平提供了沟通交流的平台。中国与中东欧国家在推进产品准入、促进贸易畅通等方面达成了多项共识，促进了中国和中东欧国家海关间“信息互换、监管互认、执法互助”。截至2020年，海关总署已与中东欧国家海关签署合作文件95份，涉及15个国家，已批准14国的132种食品、41种活动物和农产品输华，有效促进了中东欧优质农食品进入浙江省，对浙江省消费升级具有积极影响。

三、“十四五”期间浙江省对中东欧贸易前景展望

中国—中东欧国家合作是跨区域合作的典范，中国—中东欧国家领导人会晤（总理级）自2012年以来至今已举行了9次。2021年召开的中国—中东欧国家领导人峰会，进一步昭示了各国通力合作、共克时艰、共谋发展的决心。

展望“十四五”，随着共建“一带一路”倡议的逐步推进，中东欧国家将成为浙江省开拓欧洲市场、强化中欧经贸往来的“桥头堡”。浙江将抓住机遇，一方面引导企业合理有序全球布局，将产业、资金及技术优势与中东欧国家的需求紧密结合，吸引上下游产业链整体协同布局，有效整合资源，构建适应“双循环”发展新格局供应链产业链体系；另一方面中东欧国家的机电产品、汽车及零部件、农食产品、轻纺产品等具有比较优势，扩大优质优价商品进口规模，有利于促进浙江省消费升级，深化双方产业优势互补，浙江省与中东欧国家的经贸合作也将走深走实、前景广阔。

（陆海生　戴皓宇　叶陶然）

机电产品：生“机”勃勃　再创华章

机电产品是浙江对外贸易规模最大的商品类别。“十三五”期间，浙江通过培育先进制造业集群、深入实施数字经济“一号工程”、加强制造业协同创新等多项举措，大力推动了机电产品的生产制造与国际贸易；通过产品变革、效率变革和动力变革，巩固提升了机电产品在全省外贸中的支柱地位和辐射带动作用。

“十三五”期间，浙江省机电产品累计进出口5.18万亿元，同比增长41.0%，年均增长10.2%，拉动全省外贸增长14.5个百分点。其中，机电产品出口总值4.58万亿元，增长43.4%。2020年，机电产品出口首次突破1万亿元大关，成为全省唯一年度出口突破万亿元的大类产品。

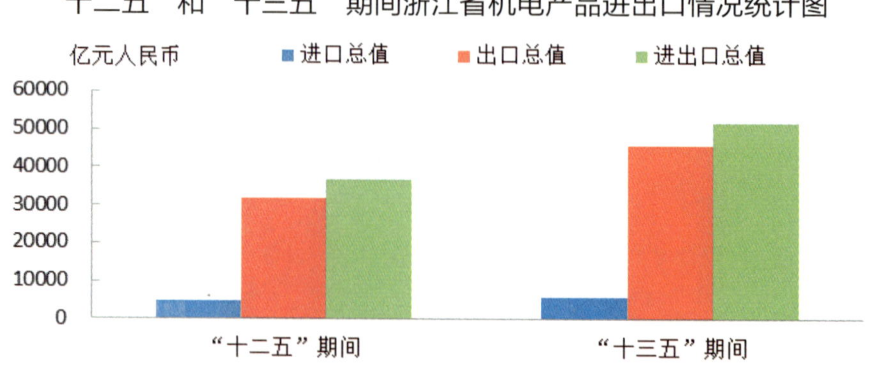

一、“十三五”期间浙江省机电产品出口主要特点

“十三五”期间，浙江省机电产品累计出口4.58万亿元，同比增长43.4%，年均增速为9.9%，高出全国同期同类产品年均增速4.3个百分点。按美元统计，累计出口6755.5亿美元，同比增长32.7%。

（一）出口总值逐年攀升，期末增速再创新高

“十三五”期间，浙江省机电产品出口规模逐年攀升，尤其在2020年新冠肺炎疫情全球大流行的情况下保持增长尤为不易。艰难方显勇毅，磨砺始得玉成。在2017年、2019年先后突破8000亿元和9000亿元大关后，2020年机电产品出口总值达1.14万亿元，创历史新高，逆势增长14.9%，增速创近10年来新高，占同期浙江省出口总值的45.1%。与“十二五”期末相比，2020年浙江省机电产品出口增长60.6%。

表1　2011—2020年浙江机电产品出口年度统计表

单位：亿元，%

年份	出口总值	同比	占比
“十二五”期间	31900.9	50.0	41.1
2011年	5912.5	11.3	42.1
2012年	5959.4	0.8	42.0
2013年	6188.9	3.9	40.1
2014年	6769.1	9.4	40.3
2015年	7070.9	4.5	41.2
“十三五”期间	45753.4	43.4	43.0
2016年	7319.9	3.5	41.4
2017年	8211.5	12.2	42.2
2018年	8979.3	9.4	42.4
2019年	9887.1	10.1	42.8
2020年	11355.5	14.9	45.1

（二）出口增速领先其他沿海省份，展现强劲发展势头

“十三五”期间，浙江省机电产品出口总值在全国居第四位，以43.4%的增速遥遥领先于其他东部沿海主要外贸省市；占全国的份额为9.7%，较“十二五”期间提高1.4个百分点。2019年，浙江省跃升全国机电产品出口第三大省份。2020年，浙江省机电产品出口占全国的份额达到

10.7%，出口规模创历史新高。五年间浙江省机电产品出口增势强劲，年均增速达到9.9%。

表2 “十三五”期间部分省市机电产品出口统计表

单位：亿元，%

省市	“十三五”期间			2020年			年均增速
	出口值	同比	全国份额	出口值	同比	全国份额	
全国	472561.6	22.7	100.0	106586.9	6.0	100.0	5.6
广东	143429.8	12.4	30.4	29756.1	0.8	27.9	2.0
江苏	83732.0	22.9	17.7	18339.1	2.4	17.2	5.6
上海	46185.5	2.2	9.8	9476.6	0.1	8.9	2.2
浙江	45753.4	43.4	9.7	11355.5	14.9	10.7	9.9
山东	22969.5	22.7	4.9	5588.9	19.2	5.2	7.2
福建	13896.5	17.6	2.9	3198.9	7.4	3.0	5.2

（三）主要出口商品大幅增长

“十三五”期间，浙江省机电产品出口保持门类齐全、商品丰富的特色，主要出口商品同比均大幅增长，其中音视频设备及其零件、手用或机用工具、计量检测分析自控仪器及器具分别增长1.1倍、68.4%和65.5%，合计拉动全省机电产品出口增长4.6个百分点。除电子元件和音视频设备及其零件外，其余主要出口商品占全国同类商品出口份额均超10%，通用机械设备、机械基础件和手用或机用工具所占份额更是高达26.3%、30.6%和27.9%。主要商品出口特点如下。

1. 电工器材出口稳居首位，锂电池出口增长动力十足

“十三五”期间，电工器材类商品累计出口3844.9亿元，占全国同类商品出口总值的12.6%，居全国第3位。其中，锂电池作为新能源汽车的核心零部件，在新能源汽车技术不断突破、市场需求快速增长及国家支持力度不断加大的机遇中发展迅猛。“十三五”期间，浙江省出口锂电池117.5亿元，年均增长32.0%，高于同期机电产品出口年均增速22.1个百分点。

2. 通用机械设备出口大幅增长，阀门及类似装置出口居全国第一

“十三五”期间，通用机械设备出口3233.5亿元，同比增长49.5%，占同期全省机电产品出口总值的7.1%。其中，阀门及类似装置为主要出口商品，共

出口1571.8亿元，占同期全省通用机械设备出口的比重近五成；占全国阀门及类似装置出口总值的39.7%，稳居全国之首。

3. 汽车及汽车零配件行业出口势头强劲，汽车零配件出口全国排位持续提升

经过多年培育，浙江省已形成较完整的汽车产业链，产业集群和市场开拓优势逐步释放。“十三五”期间，浙江省出口汽车36.5万辆，同比增加38.9%；汽车出口单价由2015年的3.6万元/台上涨至2020年的9.3万元/台。处于产业链上游的汽车零配件出口2852.6亿元，同比增长36.9%，占同期全国汽车零配 件出口总值的14.4%，居全国第3位。近年来，浙江省汽车零配件出口份额在全国排名持续提升：2015年，居全国第4位；2017年，跃升至第3位；2019年，跃升至全国第2位。

表3　“十三五”期间浙江主要机电产品出口统计表

单位：亿元，%

出口商品	“十三五”期间			2020年			年均增速
	出口值	同比	全国份额	出口值	同比	全国份额	
电工器材	3844.9	44.0	12.6	908.3	9.9	13.0	8.7
通用机械设备	3233.5	49.5	26.3	807.5	11.6	28.1	10.6
家用电器	3158.1	55.7	17.9	851.4	23.4	18.6	13.7
汽车零配件	2852.6	36.9	14.4	613.7	–2.0	15.7	6.8
机械基础件	2116.3	37.0	30.6	477.4	2.9	31.6	8.7
灯具照明装置及其零件	2110.0	51.5	19.6	521.7	24.9	20.1	5.7
电子元件	1717.9	51.2	3.1	460.2	7.4	3.2	10.5
音视频设备及其零件	1401.1	110.5	7.6	328.2	11.4	8.7	13.8
手用或机用工具	1039.1	68.4	27.9	253.6	13.5	30.2	9.7
计量检测分析自控仪器及器具	807.8	65.5	11.7	222.1	28.7	12.7	13.8

（四）对主要市场出口全面增长，对美出口年均增速达到两位数

“十三五”期间，浙江省对主要出口市场出口机电产品增长显著。其中，对欧盟出口突破万亿大关，达到1.05万亿元，同比增长37.9%，占同期浙江省机电产品出口总值的22.9%；对美国出口8386.2亿元，大幅增长59.0%，年均增长10.9%。对新兴市场出口表现抢眼，其中对东盟和印度出口分别增长39.5%和72.5%，年均增长15.9%和7.8%。

表 4 “十三五”期间浙江机电产品出口主要贸易市场统计表

单位：亿元，%

贸易市场	“十三五”期间			2020 年			年均增速
	出口值	同比	占比	出口值	同比	占比	
欧盟	10491.7	37.9	22.9	2505.4	10.1	22.1	9.3
美国	8386.2	59.0	18.3	2089.0	27.4	18.4	10.9
东盟	4555.4	39.5	10.0	1311.2	19.7	11.5	15.9
拉丁美洲	4128.0	36.8	9.0	1012.5	10.7	8.9	9.6
非洲	3325.2	60.1	7.3	830.5	8.0	7.3	10.0
日本	1786.8	15.0	3.9	408.5	5.1	3.6	6.7
印度	1670.3	72.5	3.7	338.2	–11.6	3.0	7.8
俄罗斯	1464.1	19.6	3.2	350.8	7.0	3.1	12.0
韩国	1118.4	59.9	2.4	293.3	18.0	2.6	14.0
澳大利亚	888.0	39.2	1.9	225.0	19.1	2.0	11.0

（五）市场采购后来居上，新型贸易业态激发新潜能

一般贸易作为浙江机电产品出口的主要贸易方式，“十三五”期间累计出口3.62万亿元，年均增长10.7%。同期，市场采购贸易方式蓬勃兴起，出口机电产品年均增长14.7%，分别高于一般贸易和加工贸易4.0个和14.5个百分点。2019年，市场采购首次超过加工贸易成为浙江出口机电产品的第二大贸易方式。此外，“十三五”期间，浙江通过跨境电商管理平台出口机电产品36.2亿元，尽管体量尚小，但年均增速达到了77.2%，未来可期。

表 5 “十三五”期间浙江机电产品出口主要贸易方式统计表

单位：亿元，%

贸易方式	“十三五”期间			2020 年			年均增速
	出口值	同比	占比	出口值	同比	占比	
一般贸易	36186.7	49.1	79.1	8933.2	13.4	78.7	10.7
加工贸易	4799.5	–20.2	10.5	1030.0	12.5	9.1	0.2
市场采购	4331.2	202.0	9.5	1229.8	25.9	10.8	14.7

（六）民营企业为出口主力，数量突破6万家

“十三五”期间，民营企业出口机电产品3.51万亿元，年均增长13.0%，占同期全省机电产品出口总值的76.7%。民营企业出口主体数量不断增加，累

计达6.1万家，增加53.1%。2020年，民营企业出口值占当年全省机电产品出口总值的比重突破八成，达到80.5%。

表 6 “十三五”期间浙江机电产品出口主要贸易主体统计表

单位：亿元，%

贸易主体	“十三五”期间			2020 年			年均增速
	出口值	同比	占比	出口值	同比	占比	
民营企业	35074.1	72.3	76.7	9136.3	19.1	80.5	13.0
外商投资企业	9291.6	−5.4	20.3	1933.9	0.9	17.0	1.2
国有企业	1387.3	−19.4	3.0	284.9	−5.0	2.5	0.1

二、“十三五”期间浙江省机电产品进口的主要特点

机电产品是浙江省主要进口商品之一，在外贸进口总值中占有较高比例。“十三五”期间，浙江省机电产品进口一直保持较快增长，累计进口6015.4亿元，增长25.1%，年均增速为12.2%，高出全国同期机电产品进口年均增速6.7个百分点；占同期浙江省进口总值的17.4%，拉动全省进口增长4.6%。按美元统计，累计进口889.1亿美元，增长16.3%。

（一）连续四年进口值超千亿元，进口规模五连增

“十三五”期间，浙江省机电产品进口连续五年保持正增长，扭转了“十二五”期间“先扬后抑”的趋势。2017年，进口总值继2012年后再次迈上千亿元台阶，增长25.0%。此后连年增长。2020年，浙江机电产品进口1455.9亿元，创历史新高。但是，占全省进口总值的比重有所降低，“十三五”期间，机电产品累计进口占同期全省进口总值的17.4%，较“十二五”期间下降0.8个百分点。

表 7 2011—2020 年浙江机电产品进口年度统计表

单位：亿元，%

年份	进口总值	增速	占同期全省进口总值的比重
“十二五”期间	4806.9	−2.4	18.2
2011 年	1169.0	6.0	19.4
2012 年	1001.7	−14.3	18.1
2013 年	926.3	−7.5	17.1
2014 年	889.9	−3.9	17.7

续表

年份	进口总值	增速	占同期全省进口总值的比重
2015 年	820.0	–7.9	18.7
“十三五”期间	6015.4	25.1	17.4
2016 年	851.4	3.8	18.7
2017 年	1064.7	25.0	17.3
2018 年	1272.6	19.5	17.3
2019 年	1370.8	7.7	17.7
2020 年	1455.9	6.2	16.8

（二）关键设备和零部件进口比重提升

“十三五”期间，电子元件、自动数据处理设备及其零部件占全省机电产品进口总值的比重分别为25.1%、4.9%，同比提高7.3个、3.4个百分点。集成电路累计进口1274.0亿元，同比增长1.1倍，占同期全省机电产品进口总值的21.2%，为进口规模最大的单一机电产品。自动数据处理设备及其零部件和汽车零配件进口增长较快，年均分别增长41.6%和34.2%。

表 8　“十三五”期间浙江主要机电产品进口统计表

单位：亿元，%

进口商品	“十三五”期间			2020 年			年均增速
	进口值	同比	占比	进口值	同比	占比	
电子元件	1509.4	76.7	25.1	349.4	–6.1	24.0	9.7
其中：集成电路	1274.0	113.2	21.2	304.8	–5.3	20.9	15.2
液晶显示板	327.0	–52.5	5.4	67.3	8.7	4.6	–3.4
计量检测分析自控仪器及器具	325.2	54.5	5.4	79.7	10.6	5.5	14.3
通用机械设备	306.3	27.1	5.1	86.6	1.6	6.0	21.2
电工器材	303.6	13.3	5.0	64.9	–6.2	4.5	4.5
自动数据处理设备及其零部件	293.3	314.9	4.9	94.5	14.2	6.5	41.6
机床	219.1	17.8	3.6	28.8	–30.8	2.0	0.9
汽车零配件	206.5	168.6	3.4	76.1	54.6	5.2	34.2
机械基础件	125.1	23.4	2.1	28.0	7.4	1.9	10.0

（三）自东盟进口快速增长

“十三五”期间，欧盟、日本、我国台湾地区为浙江机电产品主要进口来源地，合计占同期全省机电产品进口总值的61.4%。自东盟和拉美国家进口增长较快，年均增速分别高达35.7%和19.6%，高于同期浙江省机电产品进口年均增速 23.5个和7.4个百分点。2018年，东盟超过我国台湾地区成为浙江省第三大机电产品进口来源地。2020年，自东盟进口比重达到17.9%，接近第2位的日本。

表 9　“十三五”期间浙江机电产品主要进口市场统计表

单位：亿元，%

进口市场	“十三五”期间			2020 年			年均增速
	进口值	同比	占比	进口值	同比	占比	
欧盟	1334.0	23.5	22.2	318.9	12.5	21.9	13.6
日本	1236.6	32.6	20.6	262.4	−17.9	18.0	13.3
中国台湾	1121.4	−18.3	18.6	243.3	5.8	16.7	1.4
东盟	698.5	144.5	11.6	260.9	56.6	17.9	35.7
韩国	564.5	63.7	9.4	120.4	−7.7	8.3	9.8
美国	387.5	43.0	6.4	89.3	11.9	6.1	8.6
瑞士	91.9	12.7	1.5	21.9	−5.2	1.5	14.3
拉丁美洲	33.7	90.6	0.6	10.9	58.0	0.7	19.6
加拿大	24.5	41.2	0.4	5.2	−13.4	0.4	7.1
中国香港	15.0	−37.4	0.2	2.8	12.4	0.2	−4.8

（四）外商投资企业进口显著回升，民营企业进口快速增长

外商投资企业是浙江机电产品进口的最大贸易主体，“十三五”期间，累计进口3371.6亿元，增长7.0%，占同期全省机电产品进口总值的56.0%。2016年，外商投资企业进口机电产品增长7.3%，结束了2011年以来连续五年下跌的趋势。此后进口规模逐年攀升，“十三五”期间年均增长11.9%。2020年，外商投资企业进口机电产品827.0亿元，创近10年来新高。“十三五”期间，民营企业进口机电产品年均增长14.5%，高于外商投资企业2.6个百分点，进口规模五年间增长了近一倍。同时，参与进口的民营企业数量也迅速增加，“十三五”期间有进口实绩的民营企业有1.7万家，增加30.0%。

表 10　“十三五”期间浙江机电产品进口贸易主体统计表

单位：亿元，%

贸易主体	“十三五”期间			2020 年			年均增速
	进口值	同比	占比	进口值	同比	占比	
外商投资企业	3371.6	7.0	56.0	827.0	7.0	56.8	11.9
民营企业	2282.9	78.1	38.0	579.5	9.0	39.8	14.5
国有企业	360.7	−3.4	6.0	49.4	−25.5	3.4	−1.8

三、“十三五”期间浙江省机电产品进出口发展的有利因素

“十三五”期间，国家出台了一系列政策支持“智能制造”。浙江乘风借力，以“智能制造”为突破口，推动机电产业转型升级，促进电工器材、通用机械设备、家用电器、汽车零配件等产业高速发展，拉动全省机电产品进出口稳定增长。此外，随着“块状经济”的逐步发展，浙江已经形成年产值超100亿元的产业集群80多个、超1000亿元的产业集群12个。2020年，在国家工业和信息化部组织的先进制造业集群竞赛中，浙江入选5个，居全国第一。从与机电产品相关的产业集群分布看，浙江省诸多地市已经形成机电产品区域特色经济，如金华的现代五金、宁波的通用设备、温州乐清的低压电器、台州温岭的泵与电机和玉环的汽摩配等等。这些具有区域特色的产业集群，为浙江省机电行业发展提供了必要的市场信息，保障了原材料的供给，扩大了产品的销售渠道，提高了抵御风险的能力，使浙江省机电行业在国际外贸环境复杂多变，全球产业链遭到新冠肺炎疫情严重冲击，外需拉动力趋弱的背景下仍可占得先机。

四、“十四五”期间浙江省机电产品进出口发展展望

“十四五”期间，新一轮科技革命和产业革命将深入发展，“万物互联”的数字化时代加快来临。浙江省机电行业需以产业数字化改革为引领，不断深化科技创新和业态创新，聚焦产业竞争力提升，充分发挥产业集群基础和区位优势，把发展优势转化为发展胜势，继续与新机遇、新变化、新挑战一路同行，实现高质量发展。

（韩　杰　陈志成　王月娟）

汽车及零部件：整零协同　驰行天下

汽车及零部件产业作为浙江省主要制造产业之一，在浙江省外贸发展中占据重要地位，是拉动浙江省外贸增长的重要引擎。“十三五”期间，在中美经贸摩擦、全球新冠肺炎疫情等制约因素影响下，浙江省汽车及零部件产业依然动力强劲，保持增长。“十三五”期间，浙江省汽车及零部件进出口总值为3334.4亿元，同比增长49.5%，占同期全国汽车及零部件进出口总值的6.4%，比重较“十二五”期间提高1.5个百分点。其中，整车出口年均增长91.7%。2020年，浙江省汽车零部件出口值占全国的15.7%，居第2位。按美元统计，“十三五”期间，浙江省汽车及零部件共进出口492.6亿美元，增长38.4%。

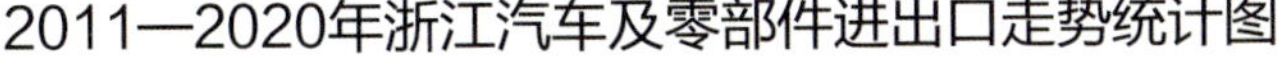

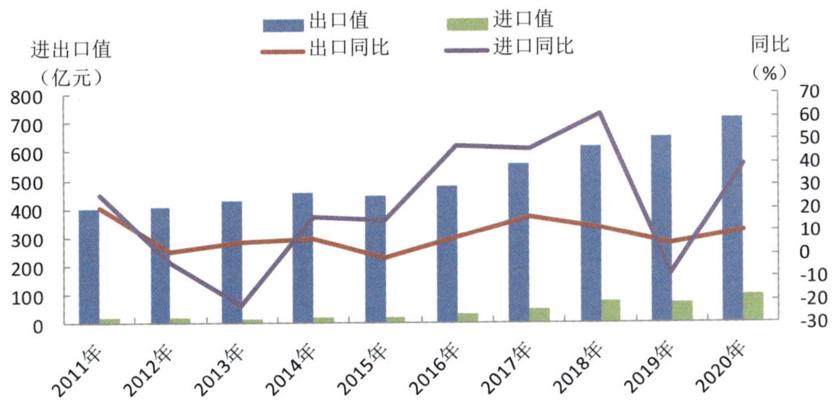

一、"十三五"期间浙江省汽车及零部件出口的主要特点

"十三五"期间，浙江省汽车及零部件出口3010.4亿元，增长41.4%，年均增速为9.8%，高出全国同期同类产品年均增速6.6个百分点。出口连续五年实现增长，2020年出口值达到历史峰值。其中，整车出口157.8亿元，增长2.5倍；零部件出口2852.6亿元，增长36.9%。

按美元统计，"十三五"期间，浙江省汽车及零部件共出口444.7亿美元，增长30.9%。其中，整车出口23.0亿美元，增长2.3倍；零部件产品出口421.7亿美元，增长26.8%。

表1　2011—2020年浙江汽车及零部件出口年度统计表

单位：亿元，%

年份	汽车及零部件		整车		汽车零部件	
	总值	同比	总值	同比	总值	同比
"十二五"期间	2128.4	60.7	44.6	9.3	2083.8	62.4
2011年	398.3	20.4	8.9	61.1	389.4	19.7
2012年	403.9	1.4	14.0	57.2	389.9	0.1
2013年	425.7	5.4	9.5	−32.3	416.2	6.8
2014年	454.4	6.7	8.3	−12.2	446.0	7.2
2015年	446.1	−1.8	3.8	−54.2	442.2	−0.8
"十三五"期间	3010.4	41.4	157.8	254.0	2852.6	36.9
2016年	478.0	7.2	5.3	39.5	472.6	6.9
2017年	554.8	16.1	12.9	142.0	541.9	14.6
2018年	617.6	11.3	19.5	51.7	598.1	10.4
2019年	647.4	4.8	21.1	8.1	626.3	4.7
2020年	712.6	10.1	98.9	368.0	613.7	−2.0

（一）整车出口高速增长，零部件产品拉动全国出口增长

得益于新能源汽车领域快速发展并加快"走出去"步伐、中国品牌汽车加大海外市场布局，浙江省整车出口高速增长。[1]"十三五"期间，浙江省整车出口157.8亿元，同比增长2.5倍，年均增速达91.7%。2020年，整车出口98.9亿元，是2015年的25.9倍，占同期全省汽车及零部件出口的比重从2015年的不到

[1] 数据来源于商务部《中国汽车贸易高质量发展报告（2019）》。

1%上升至2020年的13.9%。其中，电动载人汽车出口更是从无到有，2020年占全省汽车及零部件出口的比重达到8.4%。

5年来，汽车零部件出口保持稳定增长，累计出口2852.6亿元，同比增长36.9%，年均增速为6.8%，高于全国4.5个百分点，对“十三五”期间全国汽车零部件出口增长贡献率高达25.5%。出口主要商品有车轮及其零部件、悬挂系统及其零件、制动器和助力制动器及其零件、装有差速器的驱动桥及零件和非驱动桥及零件、其他电气照明或视觉信号装置、转向盘和转向柱及转向器及零件等，各种类商品占比变化不大，出口商品结构较为稳定。

表2　“十三五”期间浙江汽车及零部件出口统计表

单位：亿元，%

商品名称	“十三五”期间			2020年			年均增速
	出口值	同比	占比	出口值	同比	占比	
汽车（包含底盘）	157.8	254.0	5.2	98.9	368.0	13.9	91.7
其中：电动载人汽车	76.1	---	2.5	59.7	590.7	8.4	---
汽车零部件	2852.6	36.9	94.8	613.7	−2.0	86.1	6.8

表3　“十三五”期间浙江汽车零部件出口商品变化统计表

单位：亿元，、%

商品名称	“十三五”期间		2020年		年均增速
	出口值	占比	出口值	占比	
车轮及其零件、附件	491.4	17.2	92.1	15.0	2.0
悬挂系统及其零件	383.7	13.5	83.2	13.5	8.7
车用橡胶轮胎	316.5	11.1	62.2	10.1	2.5
制动器、助力制动器及其零件	228.5	8.0	48.6	7.9	5.7
车身（包括驾驶室）零件、附件	219.5	7.7	53.1	8.7	11.4
转向盘、转向柱及转向器及零件	110.1	3.9	24.0	3.9	10.7
电气照明或视觉信号装置	117.7	4.1	28.2	4.6	11.6
装有差速器的驱动桥及零件；非驱动桥及零件	92.7	3.3	23.5	3.8	9.5
车用坐具及零件	85.1	3.0	15.1	2.5	6.6
散热器（水箱）及其零件	83.3	2.9	17.7	2.9	5.6

（二）加工贸易出口整车激增，市场采购助推零部件出口提速

“十三五”期间，浙江省整车出口以一般贸易为主，加工贸易出口快速

增长，增幅高达11.8倍。2020年，全省以加工贸易方式出口整车61.1亿元，较2015年激增92.6倍。

同期，全省汽车零部件以一般贸易方式出口占比超八成，市场采购出口增长较快，年均增长21.5%，高于整体14.7个百分点。

表 4 "十三五"期间浙江整车出口主要贸易方式统计表

单位：亿元，%

贸易方式	"十三五"期间			2020 年			年均增速
	出口值	同比	占比	出口值	同比	占比	
一般贸易	95.6	142.5	60.6	37.6	79.9	38.0	64.8
加工贸易	61.3	1180.9	38.9	61.1	64952.8	61.8	147.9
市场采购	0.3	5770.9	0.2	0.0	−60.0	0.0	49.9

表 5 "十三五"期间浙江汽车零部件出口主要贸易方式统计表

单位：亿元，%

贸易方式	"十三五"期间			2020 年			年均增速
	出口值	同比	占比	出口值	同比	占比	
一般贸易	2309.7	42.5	81.0	496.7	−0.9	80.9	6.9
加工贸易	434.5	0.1	15.2	85.4	−14.9	13.9	2.7
市场采购	102.3	728.7	3.6	30.6	28.5	5.0	21.5

（三）对欧盟整车出口后发优势凸显，美国居零部件出口市场首位

"十三五"期间，浙江省整车出口市场主要为中东和欧盟，两者合计占同期浙江整车出口总值的52.3%。整车出口市场结构发生了较大变化。受欧洲对新能源汽车加大补贴力度以及实施排放限制等政策影响，2020年欧盟等市场迅速崛起。2020年，浙江省对欧盟、挪威和白俄罗斯出口整车猛增至34.3亿元、13.0亿元和9.0亿元，分别占"十三五"期间浙江省对其出口汽车及零部件总值的84.9%、91.6%和83.3%。

浙江省汽车零部件出口市场主要为美国、欧盟、拉丁美洲，三者合计占"十三五"期间全省汽车零部件出口总值的62.1%。在共建"一带一路"倡议带动下，浙江对中东欧出口汽车零部件增长迅速，年均增长13.7%，快于整体6.9个百分点。

表 6 “十三五”期间浙江整车出口市场统计表

单位：亿元，%

贸易市场	“十三五”期间			2020 年			年均增速
	出口值	同比	占比	出口值	同比	占比	
中东	42.2	438.3	26.7	18.9	474.5	19.1	109.2
欧盟	40.4	13319.7	25.6	34.3	655.5	34.7	282.3
挪威	14.2	--	9.0	13.0	987.0	13.1	--
拉丁美洲	12.0	24.2	7.6	3.8	64.3	3.9	38.1
白俄罗斯	10.8	7647.9	6.8	9.0	403.3	9.1	--
孟加拉国	10.6	2810.0	6.7	2.1	–42.6	2.1	54.0
东盟	8.0	207.9	5.0	4.1	79.5	4.2	85.5
美国	6.4	13734.2	4.1	6.1	39162.6	6.2	362.0

表 7 “十三五”期间浙江汽车零部件出口市场统计表

单位：亿元，%

贸易市场	“十三五”期间			2020 年			年均增速
	出口值	同比	占比	出口值	同比	占比	
美国	875.1	49.5	30.7	175.9	–0.2	28.6	8.3
欧盟	536.5	42.3	18.8	116.5	–1.1	19.0	8.0
拉丁美洲	360.0	50.9	12.6	81.1	–8.1	13.2	9.9
中东	221.3	8.0	7.8	50.2	4.5	8.2	3.4
东盟	160.9	29.8	5.6	39.7	4.3	6.5	7.6
中东欧 17 国	128.3	76.0	4.5	28.4	–1.0	4.6	13.7
日本	127.0	11.9	4.5	21.4	–16.4	3.5	–1.5

（四）民营企业活力迸发，外商投资企业持续发展

“十三五”期间，浙江省民营企业出口汽车及零部件1975.1亿元，增长62.4%，年均增速为13.7%，占同期全省汽车及零部件出口总值的65.6%，较“十二五”提高8.5个百分点。同期，外商投资企业出口增长18.7%，年均增长3.3%。

表 8 “十三五”期间浙江汽车及零部件出口贸易主体统计表

单位：亿元，%

贸易主体	“十三五”期间					2020 年		年均增速
	出口值	同比	占比	整车出口值	汽配出口值	出口值	占比	
民营企业	1975.1	62.4	65.6	146.2	1828.9	508.0	71.3	13.7
外商投资企业	971.3	18.7	32.3	10.8	960.5	191.4	26.9	3.3
国有企业	64.0	-31.7	2.1	0.8	63.2	13.3	1.9	-3.7

（五）台州整车出口后来居上，甬、杭、台领跑汽车零部件出口

“十三五”期间，浙江省汽车及零部件出口形成了以杭州、宁波、台州为引领，金华、嘉兴、温州等地紧随其后的局面。同期，浙江省整车出口主要以台州、宁波、杭州、金华为主，出口值分别为52.8亿元、50.9亿元、33.1亿元、17.7亿元，合计占全省整车出口总值的97.9%，对“十三五”期间全省汽车出口起到重要支撑作用。其中台州依托于新能源汽车优势后来居上，2020年出口值达51.3亿元，跃居全省首位。

“十三五”期间，宁波、杭州、台州仍占据浙江省汽车零部件出口前三名，分别出口805.5亿元、587.7亿元、366.5亿元，合计占全省汽车零部件出口总值的61.7%。此外，金华、宁波、舟山和丽水年均增速较快，分别领先全省汽车零部件出口年均增速4.8个、2.8个、30.5个、6.1个百分点。

二、“十三五”期间浙江省汽车及零部件进口的主要特点

“十三五”期间，浙江省汽车及零部件进口324.0亿元，增长2.2倍，年均增速34.5%，高出同期全国年均增速31.0个百分点。其中，整车进口总值为117.5亿元，增长3.8倍；汽车零部件进口206.5亿元，增长1.7倍。按美元统计，“十三五”期间，浙江省汽车及零部件进口47.9亿美元，增长2.0倍。其中，整车进口17.5亿美元，增长3.5倍；汽车零部件进口30.4亿美元，增长1.5倍。

表 9　2011—2020 年浙江汽车及零部件进口年度统计表

单位：亿元，%

年份	汽车及零部件进口		整车进口		汽车零部件进口	
	总值	同比	总值	同比	总值	同比
“十二五”期间	101.4	0.2	24.5	-61.4	76.9	103.4
2011 年	22.1	26.1	7.3	36.6	14.8	21.5
2012 年	21.3	-3.8	6.7	-8.2	14.5	-1.6
2013 年	16.6	-22.1	3.4	-49.1	13.1	-9.7
2014 年	19.2	16.2	2.3	-32.1	16.9	28.8
2015 年	22.2	15.1	4.6	99.5	17.5	3.5
“十三五”期间	324.0	219.7	117.5	380.3	206.5	168.6
2016 年	32.6	47.1	15.6	235.6	17.0	-2.9
2017 年	47.5	45.8	26.1	67.5	21.4	25.9
2018 年	76.4	60.8	33.6	28.7	42.8	99.9
2019 年	70.0	-8.3	20.8	-38.1	49.2	15.1
2020 年	97.4	39.1	21.3	2.3	76.1	54.6

（一）整车及零部件进口均快速增长

“十三五”期间，受中美经贸摩擦和国内汽车产销量下降影响，浙江省整车进口规模在2018年到达顶峰33.6亿元后出现回调，但整车进口年均增速仍高达35.6%，高于全国32.6个百分点。汽车零部件进口同样高速增长，年均增长34.2%，高于全国30.0个百分点。其中，机动车辆用离合器及其零件、车身（包括驾驶室）零件附件的年均增速超过平均值。

表 10　“十三五”期间浙江汽车及零部件进口商品统计表

单位：亿元，%

商品名称	“十三五”期间		2020 年		年均增速
	进口值	占比	进口值	占比	
* 汽车（包含底盘）	117.5	36.3	21.3	21.9	35.6
* 汽车零部件	206.5	63.7	76.1	78.1	34.2
其中：变速箱	88.2	27.2	24.7	25.3	30.0
离合器及其零件	23.7	7.3	10.1	10.4	43.3
车身（包括驾驶室）零件、附件	20.3	6.3	8.5	8.7	38.6
带充气系统的安全气囊及其零件	16.0	4.9	4.9	5.0	27.7

（二）欧盟、日本、美国为主要进口来源地

“十三五”期间，浙江省整车进口市场主要为日本、欧盟、美国，合计占同期全省进口总值的94.4%。其中，自日本、欧盟进口均保持较快增长态势。同期，浙江省汽车零部件进口主要市场为欧盟、日本、美国，合计占同期全省汽车零部件进口总值的80.2%，其中自欧盟和美国进口年均增速分别高达51.2%、87.0%。

表11　“十三五”期间浙江整车进口市场统计表

单位：亿元，%

贸易市场	“十三五”期间			2020年			年均增速
	进口值	同比	占比	进口值	同比	占比	
日本	42.6	531.0	36.3	6.3	–52.4	29.6	34.3
欧盟	40.9	448.9	34.8	9.9	186.5	46.5	34.6
美国	27.4	1367.1	23.3	0.8	–73.8	3.8	–0.2
东盟	6.5	–	5.5	4.3	317.2	20.1	–

表12　“十三五”期间浙江汽车零部件进口市场统计表

单位：亿元，%

贸易市场	“十三五”期间			2020年			年均增速
	进口值	同比	占比	进口值	同比	占比	
欧盟	92.8	354.0	45.0	35.0	60.8	46.0	51.2
日本	47.2	76.3	22.9	8.5	–47.6	11.2	3.6
美国	25.5	1023.4	12.4	19.4	744.4	25.5	87.0
韩国	11.8	53.1	5.7	2.5	17.9	3.2	12.1
东盟	10.0	67.6	4.9	4.1	3.9	5.3	30.2

（三）整车进口以宁波和杭州为主，宁波和台州零部件进口增速快

“十三五”期间，浙江省汽车及零部件进口主要集中在宁波和杭州，两地合计占全省汽车及零部件进口总值的82.5%。其中，整车进口几乎由宁波和杭州包揽，进口值分别为105.0亿元、12.5亿元，分别占全省整车进口总值的89.4%和10.6%。汽车零部件进口同样以宁波、杭州为主，进口值分别为81.0亿元、68.7亿元，合计占全省汽车零部件进口总值的72.5%。台州和宁波汽车零部件进口增长较快，年均增速分别为1.8倍、52.1%。

三、“十三五”期间促进浙江省汽车及零部件进出口发展的有利因素

（一）产业集群特征明显，支撑区域经济发展

浙江汽车产业在发展过程中逐步形成了各具特色的产业集群，块状发展特征明显。目前已形成杭州、宁波、台州、金华四大重点整车制造基地，同时以新能源汽车制造为主导的温州、湖州、嘉兴整车基地正在加速形成。全省汽车零部件产业群主要分布在杭州（萧山、钱塘新区、余杭）、宁波（鄞州、北仑、慈溪、余姚、宁海）、温州（瓯海、瑞安）、台州（玉环、路桥、温岭）、金华（婺城、永康）、湖州（长兴）、嘉兴（平湖、桐乡）、绍兴（新昌、诸暨）、丽水（龙泉）等地区。汽车零部件产业集群围绕地方特色领域大力推进专业化分工与协作，成为支撑当地经济发展的重点产业。[1]

（二）产业链条完整，龙头企业带动强劲

浙江省有超过1万家汽车及零部件生产企业，产业链条完整。既有以“吉利”、“东风裕隆”、“众泰”、“青年”、“上汽大众”宁波公司为代表的整车企业，也有涉及动力系统、车身系统、底盘、电子电器及新能源等各个零部件领域，覆盖汽车各大系统总成的零部件企业。这些零部件企业部分产品或已进入国内主要整车集团和国际整车企业的配套服务体系，或专注服务于汽车后市场。近年来，吉利集团等一些骨干企业在市场中不断发展，产量和销量快速增长，品牌知名度不断提高。浙江省汽车及零部件产业逐渐形成“自主整车企业—龙头零部件企业—中小零部件企业”带动发展的雁形方阵，实现全产业协同发展。

（三）前瞻技术布局，聚焦新兴动能

“十三五”期间，浙江省先后发布了《浙江省人民政府关于加快节能与新能源汽车产业发展的实施意见》《浙江省新能源汽车产业“十三五”发展规划》等一系列支持新能源汽车产业发展的政策，提前谋划，加速布局新能源汽车和智能网联汽车产业领域。一批龙头企业在电池技术创新、电控系统、智能驾驶控制系统、电动转向系统、制动系统等新能源关键技术上攻关并取得突

[1] 数据来源于浙江省经济和信息化厅、浙江省汽车行业协会公布的《浙江省汽车产业年度发展报告》（2020 版）。

破。2020年，浙江省电动汽车出口增长近6倍，成为全省外贸出口新的增长点和结构优化的新亮点。

四、“十四五”期间浙江省汽车产业发展展望

“十四五”期间，全球汽车产业发展格局将加快重塑，新能源汽车会成为汽车产业转型发展的主要方向和推动世界经济持续增长的重要引擎。“智能化”“网联化”“电动化”“共享化”等“新四化”成为新趋势，汽车产业正处于重要的战略机遇期。

浙江省应把握好汽车“新四化”的发展趋势，突出创新驱动发展，增强核心技术创新动力，强化关键零部件基础配套能力，创新发展节能环保汽车发动机、自动变速器等核心部件，汽车电控、汽车电子等高端零部件和动力电池单体，电池系统，永磁电机、电控等新能源汽车关键零部件，以及车载光学系统、车载雷达系统等智能汽车关键零部件，[1]提升整车综合竞争力，推进形成整车与零部件生产相互促进、协同发展的局面，把市场优势转化为产业优势，推动新能源汽车产业成为浙江省高质量发展的战略性支撑，加快建设汽车强省。

（陆　军　李　琳　郑文豪）

[1] 浙江省人民政府办公厅发布的《浙江省汽车产业高质量发展行动计划（2019—2022年）》。

家用电器：居家新宠 智能转型

家电[1]与人们生活密切相关，已成为当今家庭生活娱乐必需品。当前国际市场需求稳步向好，浙江企业积极引进发达国家先进的家电制造技术，努力提高自我研发能力，促进了家电行业在外贸市场的快速发展。“十三五”期间，浙江省家电进出口总值跃上3000亿大关，规模保持全国第2位，占同期全国家电进出口总值的份额较“十二五”期间提升1.9个百分点，对全国家电进出口增长的贡献率达22.4%。其中出口居全国第二，进口居全国第五，是浙江省进出口产品中的“优等生”。

一、“十三五”期间浙江省家电进出口概况

“十三五”期间，浙江省家电产品累计进出口3185.7亿元，同比增长56.6%，年均增长13.8%，占全国家电进出口总值的份额从“十二五”末的16.4%逐步升至2020年的18.0%。其中，累计出口3158.1亿元，同比增长55.7%，年均增长13.7%，占同期全国家电出口总值的17.9%；累计进口27.6亿元，同比增长3.4倍，年均增长28.2%，占同期全国家电进口总值的3.7%。

以美元统计，“十三五”期间，浙江省家电产品累计进出口469.8亿美元，同比增长44.5%。其中，出口465.7亿美元，增长43.7%；进口4.1亿美元，增长3.1倍。

[1] 家电，主要包括电扇、空调、冰箱、洗衣机、吸尘器、家用电动或电热器具、微波炉等。

表 1　2011—2020 年浙江家电进出口年度统计表

单位：亿元，%

年份	进出口			出口			进口		
	总值	同比	全国占比	总值	同比	全国占比	总值	同比	全国占比
“十二五”期间	2034.0	71.8	15.4	2027.8	72.0	15.7	6.2	34.0	1.9
2011 年	351.7	15.8	14.5	350.5	16.0	14.7	1.2	−12.1	2.4
2012 年	378.2	7.5	14.9	377.4	7.7	15.2	0.7	−36.1	1.4
2013 年	415.6	9.9	15.5	414.7	9.9	15.8	0.9	21.7	1.6
2014 年	438.7	5.6	15.6	437.5	5.5	16.0	1.3	39.5	1.6
2015 年	449.8	2.5	16.4	447.7	2.3	16.8	2.1	68.2	2.6
“十三五”期间	3185.7	56.6	17.3	3158.1	55.7	17.9	27.6	342.6	3.7
2016 年	478.2	6.3	16.5	475.1	6.1	16.9	3.0	41.5	3.1
2017 年	537.7	12.4	16.4	532.7	12.1	17.0	5.0	63.6	3.6
2018 年	612.8	14.0	17.3	608.9	14.3	17.9	3.9	−21.4	2.5
2019 年	698.2	13.9	18.0	689.8	13.3	18.7	8.4	114.8	4.6
2020 年	858.8	23.0	18.0	851.4	23.4	18.6	7.4	−11.6	4.0

二、“十三五”期间浙江省家电出口的主要特点

（一）冰箱、吸尘器和洗衣机居前三位，空调、电扇出口增速明显

“十三五”期间，全省冰箱出口从“十二五”末的38.0亿元增长到2020年的62.0亿元，累计出口238.6亿元，年均增长10.3%，占同期全省家电出口总值的7.6%；吸尘器累计出口227.8亿元，年均增长13.9%，占全省家电出口总值的7.2%，比重较“十二五”提升1.1个百分点。除此之外，空调出口年均增长27.2%，占全省家电出口总值的比重较“十二五”提升1.2个百分点；电扇出口年均增长22.8%，占全省家电出口总值的比重较“十二五”提升1.4个百分点。

表 2 “十三五”期间浙江家电主要出口商品统计表

单位：亿元，%

出口商品	“十三五”期间			2020 年			年均增速
	出口值	同比	占比	出口值	同比	占比	
冰箱	238.6	20.4	7.6	62.0	23.2	7.3	10.3
吸尘器	227.8	82.7	7.2	64.6	41.3	7.6	13.9
洗衣机	147.7	–11.1	4.7	29.2	–11.1	3.4	0.4
空调	145.4	113.4	4.6	39.2	6.3	4.6	27.2
电扇	138.0	129.7	4.4	41.0	37.6	4.8	22.8
微波炉	1.6	172.0	0.1	0.5	32.5	0.1	15.2

（二）欧盟、美国、东盟市场年均两位数增长

“十三五”期间，浙江省对欧盟出口家电826.9亿元，同比增长62.5%，年均增长12.2%；对美国出口家电703.9亿元，同比增长81.8%，年均增长17.1%；对东盟出口220.6亿元，同比增长1.2倍，年均增长24.3%。合计占“十三五”期间全省家电出口总值的55.5%，较“十二五”提升6.3个百分点。2020年，美国超过欧盟成为浙江省家电第一大出口市场。

表 3 “十三五”期间浙江家电出口主要市场统计表

单位：亿元，%

出口市场	“十三五”期间			2020 年			年均增速
	出口值	同比	占比	出口值	同比	占比	
“一带一路”沿线国家	852.1	55.0	27.0	230.2	22.1	27.0	14.0
欧盟	826.9	62.5	26.2	207.2	16.1	24.3	12.2
美国	703.9	81.8	22.3	214.7	49.0	25.2	17.1
拉丁美洲	257.6	28.6	8.2	62.4	3.4	7.3	9.3
其中：巴西	90.2	21.2	2.9	21.0	–7.5	2.5	7.4
东盟	220.6	118.2	7.0	73.1	49.6	8.6	24.3
非洲	197.7	33.0	6.3	50.8	8.8	6.0	10.9
日本	161.8	14.7	5.1	41.5	19.9	4.9	10.3
韩国	110.5	173.3	3.5	26.1	–5.9	3.1	19.6
俄罗斯联邦	91.6	32.6	2.9	22.8	9.6	2.7	16.1
澳大利亚	69.9	51.3	2.2	20.2	35.0	2.4	14.8
印度	64.4	98.2	2.0	14.4	–9.4	1.7	12.6

（三）一般贸易比重提升，市场采购飞速发展

“十三五”期间，浙江省以一般贸易方式出口家电2134.1亿元，同比增长59.5%，年均增长16.1%，占同期全省家电出口总值的67.6%，比重较“十二五”提升1.6个百分点。此外，以市场采购出口225.5亿元，同比增长5.3倍，年均增长31.4%，占“十三五”期间全省家电出口总值的7.1%，比重较“十二五”提升5.4个百分点。

表4　“十三五”期间浙江家电出口主要贸易方式统计表

单位：亿元，%

贸易方式	“十三五”期间			2020年			年均增速
	出口值	同比	占比	出口值	同比	占比	
一般贸易	2134.1	59.5	67.6	582.8	22.4	68.4	16.1
加工贸易	777.3	19.1	24.6	175.7	13.4	20.6	3.4
市场采购	225.5	534.4	7.1	85.2	63.6	10.0	31.4

（四）民营企业增速最快，比重大幅提升

“十三五”期间，浙江省民营企业一直是家电出口的主力军，累计出口2671.1亿元，同比增长75.9%，年均增长15.6%，占同期全省家电出口总值的84.6%，比重较“十二五”提升9.7个百分点。同期，外商投资企业出口家电保持小幅增长。

表5　“十三五”期间浙江家电出口贸易主体统计表

单位：亿元，%

贸易主体	“十三五”期间			2020年			年均增速
	出口值	同比	占比	出口值	同比	占比	
民营企业	2671.1	75.9	84.6	741.5	24.6	87.1	15.6
外商投资企业	448.3	0.8	14.2	100.7	16.1	11.8	4.3
国有企业	38.6	-39.6	1.2	9.3	15.7	1.1	7.3

（五）宁波龙头地位突出，丽水年均增长最快

“十三五”期间，全省十一地市中有九个地市家电出口年均增速达到两位数。其中，宁波累计出口家电2123.1亿元，同比增长45.0%，年均增长11.3%，占同期全省家电出口总值的66.6%，出口规模遥遥领先；金华累计出口家电328.0亿元，同比增长1.9倍，占同期全省家电出口总值的10.3%，年均增长23.5%；丽水出口家电年均增长36.6%，增速列全省首位。

三、“十三五”期间浙江省家电进口的主要特点

（一）冰箱、吸尘器进口比重大、增速快

“十三五”期间，全省冰箱累计进口3.3亿元，年均增长1.2倍，占同期全省家电进口总值的12.1%，比重较“十二五”提升4.5个百分点；吸尘器累计进口2.4亿元，年均增长62.6%，占同期全省家电进口总值的8.8%，比重较“十二五”提升1.6个百分点。

表6　“十三五”期间浙江家电主要进口商品统计表

单位：万元，%

进口商品	“十三五”期间			2020年			年均增速
	进口值	同比	占比	进口值	同比	占比	
冰箱	33469	959.1	12.1	17265	124.4	23.3	115.4
吸尘器	24326	1731.8	8.8	10669	–2.4	14.4	62.6
电扇	7114	–23.8	2.6	1164	20.1	1.6	–11.1
洗衣机	4757	–4.9	1.7	340	56.1	0.5	–22.2
空调	718	–76.1	0.3	116	–38.8	0.2	–12.5
微波炉	554	141.9	0.2	41	44.3	0.1	–11.4

（二）欧盟、日本、东盟、韩国、美国为前五大进口市场

“十三五”期间，浙江省自欧盟、日本、东盟、韩国、美国等前五大家电进口市场合计进口家电22.9亿元，占同期全省家电进口总值的82.7%。2020年，日本成为浙江省家电第一大进口市场，进口家电2.6亿元，占当年全省家电进口总值的35.5%；东盟跃升至第二大进口市场，进口1.6亿元，占当年全省家电进口总值的22.0%。

表7　“十三五”期间浙江家电进口主要市场统计表

单位：亿元，%

进口市场	“十三五”期间			2020年			年均增速
	进口值	同比	占比	进口值	同比	占比	
欧盟	8.6	164.5	31.2	1.3	–64.4	18.2	3.7
日本	6.5	1453.6	23.4	2.6	61.6	35.5	75.5
东盟	3.8	646.3	13.7	1.6	–3.4	22.0	86.7
韩国	3.3	437.0	11.9	0.2	–24.7	2.8	–10.6
美国	0.7	398.7	2.5	0.2	–15.7	2.5	38.8

（三）保税物流进口年均增速较快

“十三五”期间，浙江省以一般贸易方式进口家电20.8亿元，年均增长28.7%，占同期全省家电进口总值的75.4%，比重较“十二五”提升15.5个百分点；以保税物流方式进口家电5.9亿元，年均增长75.9%，占同期全省家电进口总值的21.4%，比重较“十二五”提升17.5个百分点。

（四）民营企业占比大幅提升

“十三五”期间，浙江省民营企业进口家电17.0亿元，年均增长24.7%，占同期全省家电进口总值的61.5%，较“十二五”期间提升20.0个百分点。

四、“十三五”期间促进浙江省家电出口的有利因素

（一）产业集聚，有利于形成出口规模效应

“十三五”期间，浙江家电行业的产业集聚和配套优势，有效支持了出口规模的扩大。如慈溪是全国最大的饮水机、电熨斗、电吹风、双缸洗衣机、电源插座生产基地，有“方太”“先锋”等一大批品牌企业，是国内三大家电生产基地之一，也是亚洲最大的电熨斗生产基地。台州是中国重要的家电及制冷配件生产基地，冷柜、压力锅、空调器等产品在国内市场占有领先地位，有“星星”“苏泊尔”“爱仕达”等中国驰名商标。

（二）智能转型，提升出口竞争力

随着工业化与信息化“两化”深度融合的不断推进，浙江省家电行业迎来增强高端产能、淘汰低端产能、提升行业效率和国际竞争力的良好机遇。浙江不少家电企业提前布局，进军智能家居领域，推动制造业与互联网的融合发展。为拓展海外市场，浙江家电企业纷纷推出智能家电产品，抓住家电市场更新换代的契机，不断提升智能化水平，有力提升了产品出口竞争力。

（三）电商崛起，快速拓展出口渠道

跨境电商和海外电商等渠道快速发展，线上模式从产品、交易方式、交易平台等各方面为新主体的培育和发展提供了更多的机会。通过线上平台结合线下工厂，实现了产品创新、设计、制造等环节完整的价值运营。数字平台给国内的新品牌商提供了去中心化的营销渠道，使它们有机会参与到激烈的市场竞争中，这为代工企业向品牌综合运营商转型提供了机遇。

（四）“宅经济”助推出口需求增长

一方面，在海外新冠肺炎疫情持续蔓延的情况下，人们居家时间增加，导致对家电的刚性需求增大；另一方面，疫情也催生了全球对健康家电的需求，空气健康、呼吸健康等方面的新型需求激增。面对市场变化，浙江家电厂商及时做出反应，为产品增添相关创新功能，不仅在国内市场受到好评，也受到海外市场的青睐。

（五）并购创牌，品牌影响力持续提升

浙江家电出口企业加大向全球化品牌转型的力度，特别是海外并购和自主品牌建设取得突破性进展。通过并购国外知名品牌，引入品牌管理团队及经验，以此提高在发达国家的家电市场占有率，提升品牌份额和产品附加值。在非洲等新兴市场，则通过投资建厂、合作生产，或赞助赛事等方式大力发展自主品牌。

五、“十四五”期间浙江省家电出口前景展望

中国是全球家电重要生产基地，已经形成庞大的生产能力，家电出口在我国外贸出口中一直占据重要地位，同样也是浙江外贸出口的重要力量。新冠肺炎疫情终将过去，全球家电消费市场将出现恢复性增长，创新型企业将引领全球消费升级，跨境电商的增长将会进一步改变消费者购物习惯。浙江家电出口将抓住全球家电产业格局的洗牌机会，提高对供应链的掌控力，在订单增长中寻求更高的品牌溢价和产品溢价，提高独创品类或在全球范围内拥有创新技术优势的产品占比，顺应锂电化、无线化趋势，开发更多富有竞争力的新能源产品。此外，在聚焦欧美市场的同时，努力开拓“一带一路”沿线国家等新兴市场，让浙江家电走入更广阔市场的“寻常百姓家”，成为“地球村”中居家必备之“新宠”。

（殷键栋　邵湘水）

视频摄录设备：智能物联　领军全球

视频摄录设备产业是浙江省数字经济与新制造业有机结合的示范产业。“十三五”以来，浙江省坚持数字产业化、产业数字化，全面实施数字经济倍增计划，深入推进“云上浙江、数字强省”建设，在“平安城市”“智慧城市”等大型项目带动下，视频摄录设备不断融合人工智能（AI）、5G和云计算技术，产业集聚发展已形成较为完整的产业链体系，规模不断迈上新台阶，国际市场竞争力不断提升。“十三五”期间，浙江省视频摄录设备[1]出口大幅增长，全国份额已超过四成，居首位，并涌现了一批全球龙头企业。

一、“十三五”期间浙江省视频摄录设备出口的主要特点

（一）规模实现两级跳，全国份额突破四成

“十三五”期间，浙江省视频摄录设备累计出口906.6亿元，同比增长3.1倍，年均增长18.0%；占全国视频摄录设备出口总值的39.8%，较“十二五”期间提高28.4个百分点。按美元统计，“十三五”期间，浙江省视频摄录设备累计出口133.8亿美元，同比增长2.7倍，年均增长15.5%。2020年，出口31.5亿美元，同比增长7.2%。

2016年，浙江视频摄录设备企业在G20杭州峰会等国家级活动中积累了丰

[1] 不含视频摄录一体机。

富的经验和资源，促进了产业的快速发展，推动出口规模迈上新台阶。2016年，浙江视频摄录设备出口首次突破百亿元，达到128.9亿元，增长35.3%，占全国同类产品出口份额首次突破30%，达到34.2%。2017年，浙江省视频摄录设备出口166.4亿元，增长29.1%，占全国份额跃居全国首位，达到38.9%。2018年，全国份额突破四成，达到40.3%。

2019年，全省视频摄录设备出口增长步伐有所放缓，但当年出口仍然实现了6.3%的增长，规模首次突破200亿元关口，达到202.7亿元，全国份额攀升至43.5%的峰值。

2020年，浙江省多家视频摄录设备企业在复工复产中主动觅机，凭借技术积累和研发实力，对产品进行升级提升，短期内推出防疫设备和解决方案，取得先发优势。当年出口视频摄录设备217.8亿元，增长7.4%，占全国同类产品出口总值的40.5%，份额较2015年提高17.5个百分点。值得关注的是，2020年新增防疫类视频摄录设备[1]出口58.7亿元。

表1 “十三五”期间浙江视频摄录设备年度出口统计表

单位：亿元，%

年份	出口总值	同比	占全国份额
“十二五”期间	222.4	1166.0	11.4
2011年	12.2	29.6	5.1
2012年	18.1	49.0	5.4
2013年	34.8	91.8	6.2
2014年	62.0	78.3	15.6
2015年	95.3	53.6	23.0
“十三五”期间	906.6	307.6	39.8
2016年	128.9	35.3	34.2
2017年	166.4	29.1	38.9
2018年	190.7	14.6	40.3
2019年	202.7	6.3	43.5
2020年	217.8	7.4	40.5

[1] 主要包括热成像摄像机、人脸识别装置等，HS编码为8543709990、9025900010、9031499090。因相关参数不具有全国可比性，防疫类视频摄录设备不纳入视频摄录设备出口总值统计。

（二）各类产品年均增速均达两位数

“十三五”期间，浙江省出口视频摄录探头665.0亿元，占同期全省视频摄录设备出口总值的73.3%；出口视频信号录制设备241.6亿元，占26.7%。2020年，因防疫需要，浙江省共出口防疫类视频摄录设备58.7亿元。其中，热成像仪器及配件出口12.8亿元；人脸识别装置出口45.8亿元。防疫产品的开发，有力促进了当年全省视频摄录设备产业的发展和出口的稳步上行。

表2 “十三五”期间浙江视频摄录设备出口主要产品统计表

单位：亿元，%

出口商品	“十三五”期间			2020年			年均增速
	出口值	同比	占比	出口值	同比	占比	
出口总值	906.6	307.6	100.0	217.8	7.4	100.0	18.0
视频摄录探头	665.0	379.6	73.3	169.3	13.4	77.7	21.1
视频信号录制设备	241.6	188.4	26.7	48.5	−9.3	22.3	9.9

（三）市场“朋友圈”不断扩大

“十三五”期间，浙江省视频摄录设备出口市场进一步扩大，出口国家和地区由“十二五”期间的199个增至208个。欧盟、美国和拉丁美洲为出口前三大市场，分别出口186.9亿元、178.7亿元和101.3亿元，合计占“十三五”期间浙江省视频摄录设备出口总值的51.5%。近年来，欧美国家更新换代需求和家庭住宅需求的不断增加，以及东盟各国对无线监控需求的逐步增长，推动了浙江对主要出口市场出口视频摄录设备的较快增长。“十三五”期间，浙江省对欧盟出口视频摄录设备年均增速为19.2%；对东盟出口年均增速达到28.9%，高于同期全省视频摄录设备出口年均增速10.9个百分点；对“一带一路”沿线国家出口361.9亿元，占同期全省视频摄录设备出口总值的39.9%，年均增速为23.9%。

表 3 “十三五”期间浙江视频摄录设备出口主要市场统计表

单位：亿元，%

出口市场	“十三五”期间			2020 年			年均增长
	出口值	同比	占比	出口值	同比	占比	
总值	906.6	307.6	100.0	217.8	7.4	100.0	18.0
“一带一路”沿线国家	361.9	360.2	39.9	87.9	3.1	40.4	23.9
欧盟	186.9	274.1	20.6	47.7	13.7	21.9	19.2
美国	178.7	226.3	19.7	31.9	−1.7	14.7	2.1
拉丁美洲	101.3	308.9	11.2	24.4	−5.1	11.2	22.0
东盟	85.9	414.0	9.5	23.4	7.4	10.7	28.9
印度	64.4	297.9	7.1	9.1	−33.9	4.2	7.7
非洲	39.4	412.9	4.3	10.1	−6.1	4.6	21.9
俄罗斯	34.2	344.2	3.8	8.7	33.0	4.0	22.4

（四）浙江民营企业引领全球视频摄录设备出口

“十三五”期间，浙江有视频摄录设备出口实绩的企业达到3154家，较“十二五”期间增加了2002家。浙江民营企业累计出口视频摄录设备898.7亿元，占同期全省同类产品出口总值的99.1%，产生了一批具有较强国际竞争力的龙头民营企业，在各细分领域有的专业公司处于行业领先地位，有的已发展成为全球行业龙头。

表 4 “十三五”期间浙江视频摄录设备出口贸易主体统计表

单位：亿元，%

贸易主体	“十三五”期间			2020 年			年均增长
	出口值	同比	占比	出口值	同比	占比	
出口总值	906.6	307.9	100.0	217.8	7.4	100.0	18.0
民营企业	898.7	404.1	99.1	217.1	7.6	99.7	18.5
外资企业	7.2	−83.3	0.8	0.4	−40.2	0.2	−28.9
国有企业	0.7	−30.6	0.1	0.3	6.6	0.1	11.6

（五）杭州成为全球视频摄录设备产业核心基地

近年来，杭州充分发挥数字经济先发优势，以推进“城市大脑”建设为重要抓手，努力打造“全国数字治理第一城”，作为数字经济重要组成部分的视频摄录设备产业得到大力发展。“十三五”期间，杭州市已成为全球视频摄录设备产业的核心基地，全市累计出口视频摄录设备864.1亿元，占同期全省视频摄录设备出口的95.3%。嘉兴、宁波、金华三地出口规模虽然较小，但也保持了较快增长，其中嘉兴市累计出口视频摄录设备13.9亿元，年均增速达到1.3倍。

二、“十三五”期间浙江省视频摄录设备产业快速发展的原因

（一）产业链优势提升整体竞争力

浙江省聚力将视频摄录设备产业打造为万亿级产业集群，十三五”期间出台了各项支持政策。近年来，视频摄录设备产业在浙江省，尤其是在杭州市的数字经济产业中的地位不断攀升，形成了起点高、发展快、龙头企业聚集、整体解决方案提供能力强等产业特点，并逐步形成了全产业链的竞争优势。龙头企业通过产品拓展和企业并购等途径不断完善产品线，拥有了全线监控产品和行业整体解决方案。在细分领域里，各类专业化设备生产商和集成商不断涌现，占据了行业领先地位。

（二）服务贸易成为产业发展新亮点

随着全球对视频摄录设备需求的不断提升，浙江省视频摄录设备产业头部企业以视频摄录设备的货物贸易为依托，不断将产业链前拓、中扩、后延。上游以个性化行业数据分析解决方案的设计作为方向；中游以配套视频摄录设备工程建设为重点；下游朝着云存储运维等技术服务领域发展。不断深耕服务贸易市场，已取得阶段性成果，个别企业个性化分析解决方案的营业收入已经赶超产品销售收入。

三、“十四五”期间浙江省视频摄录设备产业前景展望

（一）政策支持带来强大助力

《浙江省产业创新服务综合体建设行动计划（2017—2020年）》提出，到2025年，浙江省视频摄录设备产业链年产值再上新台阶。杭州市“十四五”规划提出进一步提高全市数字经济核心产业主营收入。视频摄录设备产业作为浙江“数字经济”的重要组成部分，有望实现进一步发展，并引领全国视频摄录设备产业进入智能物联时代。

（二）“智慧亚运”为产业发展带来新机遇

2022年杭州亚运会是杭州向全世界展示城市治理能力的窗口，也是杭州视频摄录设备企业对外展示其对“平安亚运”“智慧亚运”的机遇，有助于杭州城市智慧治理体系及治理方案的推广应用。

（三）应用市场进一步拓展

视频摄录设备应用领域已逐渐从传统的金融、能源、交通等重点领域向社会各领域逐步拓展，从网联到物联的发展趋势明显。随着数字社会建设加快，生活数字化、公共服务数字化将使视频摄录设备的应用市场不断拓展，浙江视频摄录设备产业的发展前景必将更加广阔。

（陆海生　郑路以）

劳密产品：爬坡过坎　拾级而上

传统劳动密集型产业在浙江省外贸发展中占据着重要地位。经过几十年发展，浙江省劳动密集型产业基础扎实，产业链日趋完善，是拉动浙江省外贸增长的重要引擎。“十三五”期间，受生产要素成本上升、国际竞争优势弱化、新冠肺炎疫情全球蔓延等多重因素影响，浙江省劳密产品[1]出口增速有所放缓。但是，在浙江省产业链不断升级、出口产品结构持续优化、机电产品占全省出口比重不断攀升的情况下，劳密产品仍稳居浙江省第二大类出口商品的地位，出口规模呈逐年递增态势。2019年，浙江省劳密产品出口值居全国第一并保持至今，贡献了当年全球十二分之一的劳密产品出口。劳密产品出口成为稳住全省外贸出口“基本盘”的重要基石，在繁荣市场、吸纳就业等方面也起着不可替代的作用。

一、“十三五”期间浙江省劳密产品出口的主要特点

“十三五”期间，浙江省劳密产品出口3.83万亿元，同比增长27.2%，年均增长5.1%，领先全国劳密产品出口年均增速1.2个百分点，占同期全省出口总值的35.9%；进口1148.5亿元，增长10.7%；实现贸易顺差3.71万亿元，占浙江省“十三五”期间贸易顺差总值的51.5%。虽受新冠肺炎疫情影响，

[1] 劳密产品，包括纺织品、服装、家具、箱包、鞋靴、塑料制品、玩具等 7 大类。

“十三五”期间，浙江省劳密产品出口增速呈倒“U”形，但出口规模自2016年起仍逐年递增。2020年，出口值达到8451.6亿元，创历史新高。

按美元统计，“十三五”期间，浙江省传统劳密产品出口5653.9亿美元，同比增长17.7%，年均增长2.8%，领先全国劳密产品出口年均增速1.2个百分点。

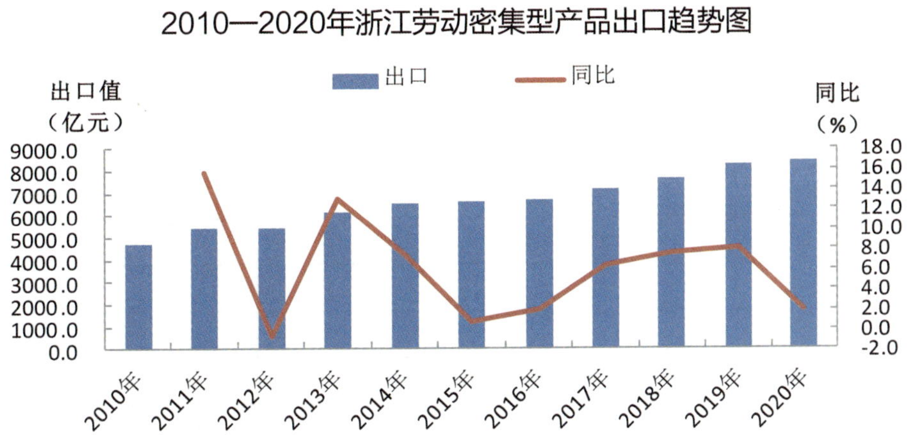

2010—2020年浙江劳动密集型产品出口趋势图

（一）出口规模跃居全国首位，份额稳步提升

“十三五”期间，浙江省劳密产品累计出口值占全国的份额为23.7%，列全国第二。2019年，浙江省劳密产品出口跃居全国首位；占全国份额由2015年的22.3%提升至2020年的23.6%，最高为2019年，占24.6%。

表1　“十三五”期间全国主要省市劳密产品出口统计表

单位：亿元，%

省市	“十三五”期间			2020 年			年均增速
	出口值	同比	占全国份额	出口值	同比	占全国份额	
全国	161538.2	15.0	100.0	35752.6	6.1	100.0	3.9
广东	39292.5	17.6	24.3	7881.6	3.1	22.0	0.5
浙江	38262.0	27.2	23.7	8451.6	2.0	23.6	5.1
江苏	21897.4	24.6	13.6	4722.7	1.1	13.2	5.8
福建	13991.0	9.9	8.7	2996.3	–2.6	8.4	2.1
山东	10852.5	24.5	6.7	2868.8	31.8	8.0	9.3
上海	9266.6	1.9	5.7	1975.4	6.7	5.5	2.4

（二）比较优势依然突出，吸纳就业成效明显

“十三五”期间，浙江省劳密产品净出口比率[1]达94.2%，与“十二五”期间的93.3%相比略有提升，表明浙江省劳密产品在面临激烈的国际竞争的情况下，比较优势或竞争力依然较强。根据GTA数据测算，“十三五”期间，浙江劳密产品出口约占全球劳密产品出口总值的7.8%，较“十二五”期间提升0.7个百分点，2020年占全球劳密市场份额达到8.3%的峰值。

表2　2011—2020年浙江劳密产品出口与全球、全国对比统计表

单位：亿美元，%

年份	出口值	全国份额	测算全球出口份额
“十二五”期间	4803.0	21.4	7.1
2011年	837.6	21.6	6.6
2012年	855.1	20.2	6.7
2013年	982.7	21.1	7.1
2014年	1065.4	21.7	7.4
2015年	1062.2	22.3	7.8
“十三五”期间	5653.9	23.7	7.8
2016年	1018.0	23.0	7.5
2017年	1052.8	22.8	7.4
2018年	1163.2	24.2	7.7
2019年	1201.5	24.6	8.0
2020年	1218.4	23.6	8.3

“十三五”期间，有劳密产品出口实绩的企业数占全省出口企业数的比重为65.3%，高于同期劳密产品出口占全省整体出口的比重（35.9%）。2015年，浙江有劳密产品出口实绩的企业为34931家。2020年，增至50557家，较2015年增加44.7%，“十三五”年均增加7.7%。劳动密集型产品出口稳定增长对稳就业保民生发挥了重要作用。

[1] 净出口比率的计算方式为：净出口比率 =（出口值 − 进口值）/ 进出口总值。一般认为，净出口率≥ 0.6，表明该商品具有较强的比较优势；0.4 <净出口率< 0.7，表明该商品的比较优势一般；0 < 净出口率 ≤ 0.4 表明该商品的比较优势较弱；净出口率 ≤ 0 表明该商品的比较优势极弱。

表 3 “十三五”期间浙江劳密产品出口企业数量统计表

单位：家，%

年份	数量	占全省出口企业比重
“十三五”期间	72099	65.3
2016 年	35756	58.9
2017 年	37920	58.4
2018 年	41512	59.2
2019 年	45120	60.1
2020 年	50557	62.2

（三）各类劳密产品出口份额保持全国前列

“十三五”期间，浙江省七大类劳密产品出口占全国的份额均稳居前三位，其中纺织品居首位，服装、塑料制品、家具、鞋靴、箱包均列第二，彰显浙江劳密产品市场竞争力。

表 4 “十三五”期间浙江劳密产品出口分类统计表

单位：亿元，%

产品种类	“十三五”期间			2020			年均增速
	出口值	同比	占全国份额	出口值	同比	占全国份额	
纺织品	13461.5	26.3	32.9	3175.0	9.0	29.7	7.3
服装	9503.0	0.5	18.9	1763.3	–11.8	18.5	–1.8
塑料制品	5702.4	80.2	25.1	1459.3	15.9	24.7	11.0
家具	4173.5	50.4	24.0	1026.6	17.5	25.4	10.1
鞋靴	2715.0	5.6	18.7	447.8	–25.5	18.3	–4.3
箱包	1650.4	33.2	19.3	278.5	–27.0	19.5	–1.4
玩具	1407.3	218.7	15.7	399.9	21.3	17.3	25.5

1. 纺织品

纺织品长期稳居浙江省劳密产品出口首位，“十三五”期间连续五年出口保持增长。2020年，浙江省纺织品出口突破3000亿元大关，创历史新高。浙江省纺织品主要出口区域为绍兴、杭州和宁波，主要出口到东盟、欧盟、非洲、美国等国家和地区。

2. 服装

服装为浙江省第二大类劳密出口产品，“十三五”期间，服装出口增速虽放缓，但所占全国份额较“十二五”提升了0.7个百分点。浙江服装主要出口区域为宁波、金华和杭州，主要出口到欧盟、美国、拉丁美洲、日本等国家和地区。

3. 塑料制品

“十三五”期间，浙江省出口塑料制品5702.4亿元，占同期全省劳密产品出口总值的14.9%；出口年均增速达11.0%，列劳密产品第二。2018年，浙江省塑料制品出口值跨越1000亿元人民币大关。2020年，在新冠肺炎疫情影响下，全球对于医用塑料制品、塑料软包装制品等防疫相关产品的需求大幅上升，浙江省塑料制品出口1459.3亿元，创历史新高，全国份额较2015年提升0.4个百分点。浙江塑料制品主要出口区域为金华、宁波和台州，主要出口市场为美国、欧盟、东盟、拉丁美洲等国家和地区。

4. 家具

“十三五”期间，浙江省家具出口表现稳定，呈逐年增长趋势，年均增速达10.1%。尤其是在2020年，全省家具企业紧紧抓住新冠肺炎疫情影响下“宅经济”需求大增的契机，积极开拓全球市场，家具出口逆势上扬，一举跨越1000亿元关口，占全国同类商品出口份额较2015年提升5.5个百分点。浙江家具出口主要区域为湖州、嘉兴和宁波，主要出口市场为美国、欧盟、拉丁美洲、东盟等国家和地区。

5. 鞋靴

“十三五”后期，浙江省鞋靴出口受新冠肺炎疫情冲击较大，但整体来看，仍保持稳定。“十三五”期间，出口规模仍然增长了5.6%，全国份额较“十二五”期间提升1.4个百分点。浙江鞋靴出口主要区域为温州、金华和台州，主要出口市场为欧盟、美国、非洲、拉丁美洲、俄罗斯等国家和地区。

6. 箱包

2016—2019年，全省箱包出口连年增长，2020年因受新冠肺炎疫情影响大幅下滑，但“十三五”期间的整体增幅仍然高达33.2%，全国份额较“十二五”期间提升4.3个百分点。浙江箱包出口主要区域为金华、嘉兴和宁波，主要出口市场为欧盟、美国、拉丁美洲、非洲、东盟等国家和地区。

7. 玩具

玩具是“十三五”期间浙江省劳密产品中出口增长最快的产品类别，年均增速达25.5%，全国份额较“十二五”期间大幅提升4.8个百分点。浙江玩具出口主要区域为金华、宁波和丽水，主要出口市场为美国、欧盟、拉丁美洲、东盟等国家和地区。

表 5　2015—2020 年浙江劳密产品出口分类统计表

单位：亿元

年份	纺织品	服装	塑料	家具	鞋靴	箱包	玩具
2015 年	2233.7	1929.6	864.5	634.7	558.7	298.4	128.3
2016 年	2273.5	1886.3	914.7	660.6	546.0	307.0	181.1
2017 年	2438.1	1889.8	984.6	765.5	553.8	326.7	240.4
2018 年	2661.4	1964.7	1084.1	847.3	566.2	356.7	256.2
2019 年	2913.6	1998.9	1259.6	873.5	601.1	381.5	329.6
2020 年	3175.0	1763.3	1459.3	1026.6	447.8	278.5	399.9

（四）对主要市场出口保持增长，美国、东盟等市场比重稳定

“十三五”期间，浙江省劳密产品对主要市场出口均保持增长。其中，欧盟稳居首位，年均增长5.3%，2020年所占比重较2015年小幅提升0.2个百分点；美国仍稳居第二位，较“十二五”期间增长42.4%，2020年所占比重较2015年提升1.8个百分点；对东盟出口劳密产品年均增长11.7%，在主要市场中发展最快，2020年所占比重较2015年提升2.6个百分点。同期，对印度、韩国的出口增幅在50%以上。

表 6　“十三五”期间浙江劳密产品主要出口市场统计表

单位：亿元，%

国家（地区）	“十三五”期间			2020 年			年均增速
	出口值	同比	占全省比重	出口值	同比	占全省比重	
欧盟	8926.3	19.7	23.3	2019.0	9.1	23.9	5.3
美国	7797.8	42.4	20.4	1762.8	9.8	20.9	7.0
东盟	3405.6	71.2	8.9	847.7	5.6	10.0	11.7
日本	1306.2	–6.1	3.4	307.2	20.0	3.6	5.4
俄罗斯	962.4	1.8	2.5	210.4	0.0	2.5	5.9
印度	952.8	58.5	2.5	164.1	–31.2	1.9	0.9
韩国	630.7	73.7	1.6	150.9	10.9	1.8	10.6

（五）民营企业比重提升至八成以上，主力军作用凸显

“十三五”期间，浙江省民营企业累计出口劳密产品3.20万亿元，增长46.3%，占同期全省劳密产品出口总值的83.7%，较“十二五”大幅提升10.9个百分点，拉动全省“十三五”期间劳密产品出口增长33.7个百分点。

表7 “十三五”期间浙江劳密产品出口贸易主体统计表

单位：亿元，%

贸易主体	“十三五”期间			2020年			年均增速
	出口值	同比	占全省比重	出口值	同比	占全省比重	
民营企业	32027.4	46.3	83.7	7372.3	4.4	87.2	7.4
外商投资企业	4667.6	–22.1	12.2	812.6	–11.7	9.6	–5.0
国有企业	1566.7	–28.5	4.1	266.4	–13.2	3.2	–7.2

（六）一般贸易挑大梁，市场采购贡献大

“十三五”期间，一般贸易出口凭借贸易效益高、内生动力强的优势，占浙江省劳密产品出口的比重稳定在八成以上，2020年达到了83.4%。市场采购自2014年11月落地义乌以来持续发力，2015年即超越加工贸易成为劳密产品出口的第二大贸易方式。“十三五”期间，市场采购出口年均增长10.0%，快于整体增速4.9个百分点，2020年占全省劳密产品出口的比重提升至12.4%，对浙江省2020年劳密出口增长贡献度达55.3%。同期，跨境电商成为浙江省劳密产品出口增长的新亮点。2020年，通过海关跨境电商管理平台出口劳密产品27.7亿元，较2019年迅猛增长21.3倍，“十三五”期间年均增长8.7%。

表8 “十三五”期间浙江劳密产品出口主要贸易方式（业态）统计表

单位：亿元，%

贸易方式（业态）	“十三五”期间			2020年			年均增速
	出口值	同比	占全省比重	出口值	同比	占全省比重	
一般贸易	32115.8	23.7	83.9	7044.7	1.5	83.4	5.1
市场采购	4172.0	491.8	10.9	1051.8	9.5	12.4	10.0
加工贸易	1834.3	–24.4	4.8	296.0	–16.1	3.5	–7.3
跨境电商	46.6	145.4	0.1	27.7	2126.3	0.3	8.7

二、“十三五”期间浙江省劳密产品出口稳定增长的主要原因

（一）产业政策引领，助力高质量发展

2017年6月，浙江省政府推出《浙江省全面改造提升传统制造业行动计划（2017—2020）》，2018年发布《浙江省人民政府关于加快发展工业互联网促进制造业高质量发展的实施意见》，推动传统制造业智能化改造、深化“互联网+浙江制造数先进制造业”，实现智能化技术改造行动全覆盖，助力产业数字转型和高质量发展。截至2020年，全省已培育行业级、区域级和企业级工业互联网平台210个，基本覆盖十大标志性产业链、17个重点传统制造行业和主要块状经济产业集聚区。通过智能化改造、平台搭建、空间整合、园区集聚等一系列“组合拳”，2020年浙江产业数字化指数列全国第一，传统制造业劳动生产率年均提高6%，传统制造业对浙江全省工业增长贡献率达58.8%。[1]

（二）数字创新赋能，加速产业链升级

服装、塑料和鞋靴等行业不断融入大数据管理、云计算、区块链等数字新技术，强化信息化与自动化建设，推动全方位智能化升级，同时深耕产品创新，产品研发速度加快、成效明显，劳动密集型产业核心竞争力不断增强。以温州为例，多家外贸服装企业加快智能化改造步伐，数字化技术在市场调研、研发设计、生产制造、物流仓储等多个环节得到深度应用，“十三五”期间温州服装出口年均增长4.6%。又如温州塑料行业协会反映，近几年医用塑料制品，航空、汽车塑料用品等新兴产品的产能逐步增加，技术含量逐渐提高，占比呈逐年扩大趋势，而传统产品如塑料合成革占比则相应地从2018年的18.3%下降至2020年的8.2%，行业产品结构不断调整优化。[2]

（三）块状经济加快转型，电商放大产业集聚效应

随着国际化、信息化、现代化发展趋势日益明显，浙江劳动密集型产业格局呈现新特征，产业新动能加速形成，块状经济不断向现代产业集群转型。一方面，借鉴特色小镇发展理念，提升开放合作程度，建设区域产业

---

[1]《浙江产业数字化指数全国第一，新智造加速涌现》，人民网，2020年11月11日。

[2] 数据来源于温州市塑料行业协会提供的《2020年温州塑料制品工业经济运行报告》。

链、技术链，促进块状经济向智能化、信息化转型。另一方面，借力“互联网+”“电商换市”，拓宽市场空间。浙江（余姚）塑料市场、绍兴轻纺城、海宁皮革城、嘉兴茧丝绸市场等浙江省重点专业市场，都已经开通线上平台，通过互联网扩大市场辐射半径。截至2020年底，全省在“速卖通”“Wish”“eBay”“亚马逊”等全球主流跨境电商平台上的跨境电商出口活跃网店数量不断增长，在主要第三方平台上的出口活跃网店突破11.8万家，占全省注册零售网店总数的8.1%。[1]

三、“十四五”期间浙江省传统劳动密集型产业发展展望

“十四五”期间，虽然浙江省劳动密集型产业面临劳动力等生产要素成本持续上升、国际竞争加剧、贸易保护主义抬头、人民币汇率波动等挑战和风险，但同时也迎来了数字化时代创新制胜、科技赋能、智能升级等转型发展的红利。浙货电商化的比较优势激发了更深层的发展潜力，RCEP、中欧投资协定等利好，还将继续助力投资与外贸的协同增长。浙江省劳密产品净出口占进出口总值比率高达90%以上，比较优势十分明显。

展望“十四五”，锚定高质量发展目标，浙江劳动密集型产业将依托扎实的产业基础和完善的产业链优势，以及技术、电商、市场等优势，努力实现“浙江制造”向“浙江创造浙江智造”转变，实现“浙江速度”向“浙江质量”转变，实现“浙江产品”向“浙江品牌”转变。

（倪洪中　陆海生　谢彬君）

[1] 数据来源于《浙江省“十三五”跨境电商发展报告》。

纺织服装：起承转合　织染天下

纺织服装是国际贸易中规模较大的大类商品之一，纺织服装产业也是浙江较具优势和国际竞争力的产业之一，累计贡献了全省逾六分之一的进出口总值和五分之一的出口总值，在全省货物贸易中发挥着重要作用。自2008年以来，浙江已连续13年位居全国纺织服装出口首位。经过多年的深耕，浙江纺织服装产业链日趋完善，供应链日益稳定，本着“补上、强中、延下”的原则，不断夯实基础。“十三五”期间，国际环境错综复杂，但浙江纺织服装行业顽强顶住各种冲击和压力，上下游产业链联动互补，主体活力得到进一步激发，形成富有市场竞争力的多元化发展格局，全省纺织服装出口占全国份额提升至四分之一，占全球近十分之一，大幅领先全国其他地区。

一、“十三五”期间浙江省纺织服装进出口主要特点

（一）出口规模显著扩大，增速维持稳步增长

“十三五”期间，浙江省纺织服装累计进出口2.37万亿元，较“十二五”期间增长13.8%，占全省同期外贸总值的16.8%，占全国同期纺织服装进出口总值的23.9%，继续居全国首位。其中，出口2.30万亿元，增长14.2%，占全国纺织服装出口总值的25.2%，较“十二五”期间提升1.3个百分点，规模继续稳居全国首位，龙头地位进一步巩固；进口731.8亿元，增

长2.9%，居全国第四。以美元统计，“十三五”期间，浙江省纺织服装累计进出口3502.9亿美元，较“十二五”期间增长5.4%。其中，出口3394.4亿美元，增长5.7%；进口108.5亿美元，下降4.5%。

“十三五”期间，浙江省纺织服装进出口总值在“十二五”末4303.7亿元的基础上，提升至2020年的5076.6亿元，年均增长3.4%。其中，出口除2016年外，其余4年均呈不同程度增长，2020年较2015年增长18.6%，年均增长3.5%；进口则先升后降，年均微降0.3%。

表1 2011—2020年浙江纺织服装进出口年度统计表

单位：亿元，%

年份	进出口		出口		进口	
	总值	同比	总值	同比	总值	同比
“十二五”期间	20821.0	45.4	20109.6	45.3	711.5	49.3
2011年	3979.6	15.9	3853.2	15.7	126.4	20.4
2012年	3858.7	–3.0	3714.6	–3.6	144.1	14.0
2013年	4256.2	10.3	4099.6	10.4	156.6	8.7
2014年	4422.8	3.9	4278.9	4.4	143.9	–8.1
2015年	4303.7	–2.7	4163.3	–2.7	140.5	–2.4
“十三五”期间	23696.3	13.8	22964.5	14.2	731.8	2.9
2016年	4303.0	0.0	4159.8	–0.1	143.2	1.9
2017年	4482.5	4.2	4327.9	4.0	154.6	8.0
2018年	4778.5	6.6	4626.1	6.9	152.4	–1.4
2019年	5055.7	5.8	4912.5	6.2	143.2	–6.0
2020年	5076.6	0.4	4938.3	0.5	138.4	–3.4

（二）纺织品出口稳步增长，服装出口保持稳定

从分项看，“十三五”期间，浙江省纺织品累计出口1.35万亿元，居全国首位，较“十二五”期间增长26.3%，年均增长7.3%。2016—2019年，全省纺织品年度出口增速不断加快，占全国纺织品出口的比重从33.2%提升至35.5%。2020年，受全球新冠肺炎疫情影响，纺织品出口一度受到冲击，但在口罩等防疫物资的带动下，纺织品仍实现9.0%的同比增长。此外，“十三五”期间，全省服装出口增减不一，2016年和2020年虽有不同程度下

降，但整体出口规模较“十二五”期间增长0.5%，出口总值仍次于广东，稳居全国第二。

表2　2011—2020年浙江纺织品、服装出口年度统计表

单位：亿元，%

年份	纺织品		服装	
	总值	同比	总值	同比
“十二五”期间	10656.6	58.4	9453.0	32.9
2011年	1999.1	19.7	1854.0	11.7
2012年	1953.1	–2.3	1761.5	–5.0
2013年	2175.7	11.4	1923.9	9.2
2014年	2295.0	5.5	1983.9	3.1
2015年	2233.7	–2.7	1929.6	–2.7
“十三五”期间	13461.5	26.3	9503.0	0.5
2016年	2273.5	1.8	1886.3	–2.2
2017年	2438.1	7.2	1889.8	0.2
2018年	2661.4	9.2	1964.7	4.0
2019年	2913.6	9.5	1998.9	1.7
2020年	3175.0	9.0	1763.3	–11.8

（三）传统市场平稳增长，新兴市场快速崛起

欧盟和美国是浙江省纺织服装传统贸易市场。“十三五”期间，浙江对欧盟和美国出口纺织服装分别年均增长4.8%和4.9%。特别是对美出口较好地应对了中美经贸摩擦以及新冠肺炎疫情的影响，规模逐年攀升，2020年增幅达到11.0%。此外，“十三五”期间，东盟、拉美、非洲等新兴市场进一步崛起。2018年，东盟跃升为浙江省第三大纺织服装出口市场，并保持至今。“十三五”期间，浙江对东盟出口纺织服装年均增速达到6.9%，高出同期浙江出口纺织服装年均增速3.4个百分点，比重从“十二五”末的8.9%提升至2020年的10.4%；对非洲出口年均增长4.3%；对“一带一路”沿线国家累计出口纺织服装8041.9亿元，年均增长2.9%。

表 3 “十三五”期间浙江纺织服装出口主要市场统计表

单位：亿元，%

出口市场	“十三五”期间			2020 年			年均增速
	出口值	同比	占比	出口值	同比	占比	
出口总值	22964.5	14.2	100.0	4938.3	0.5	100.0	3.5
“一带一路”沿线国家	8041.9	24.8	35.0	1627.5	-11.2	33.0	2.9
欧盟	5147.0	7.9	22.4	1200.6	18.2	24.3	4.8
美国	3762.8	23.9	16.4	850.8	11.0	17.2	4.9
东盟	2434.3	53.6	10.6	515.8	-10.2	10.4	6.9
非洲	2230.9	18.8	9.7	493.1	-6.3	10.0	4.3
拉丁美洲	2218.7	4.0	9.7	422.6	-12.1	8.6	0.4
日本	862.7	-16.9	3.8	199.6	23.1	4.0	3.6

（四）一般贸易稳步增长，贸易新业态蓬勃发展

“十三五”期间，一般贸易仍居浙江省纺织服装出口的主导地位，累计出口2.05万亿元，占同期全省纺织服装出口总值的89.3%，与“十二五”期间所占比重基本保持一致，年均增长3.5%。与此同时，浙江省纺织服装出口贸易方式逐渐多元化，其中新型的市场采购贸易方式呈蓬勃发展的态势，较“十二五”期间增长1.5倍，年均增长12.2%，比重较“十二五”期间提升3.2个百分点。此外，随着对外开放功能平台的不断增多，保税物流出口较“十二五”期间增长1.2倍，年均增长24.6%。

表 4 “十三五”期间浙江纺织服装出口主要贸易方式统计表

单位：亿元，%

贸易方式	“十三五”期间			2020 年			年均增速
	出口值	同比	占比	出口值	同比	占比	
出口总值	22964.5	14.2	100.0	4938.3	0.5	100.0	3.5
一般贸易	20516.2	13.9	89.3	4385.9	-0.2	88.8	3.5
市场采购	1345.0	150.6	5.9	358.8	13.9	7.3	12.2
加工贸易	1015.6	-33.4	4.4	154.7	-17.7	3.1	-9.5
保税物流	78.2	120.7	0.3	29.9	82.7	0.6	24.6

（五）民营企业焕发活力，比较优势继续扩大

“十三五”期间，民营企业一直占据浙江省纺织服装出口主导地位，

而且呈现较强的增长势头，出口值由“十二五”末的3161.5亿元迅速增长到2020年的4209.7亿元。“十三五”期间，累计出口1.87万亿元，同比增长30.9%，年均增长5.9%，高于全省纺织服装出口年均增速2.4个百分点。同期，外资企业和国有企业出口结构逐步调整，在纺织服装出口中所占的比重缩减。

表5 “十三五”期间浙江纺织服装出口主要贸易主体统计表

单位：亿元，%

贸易主体	“十三五”期间			2020年			年均增速
	出口值	同比	占比	出口值	同比	占比	
出口总值	22964.5	14.2	100.0	4938.3	0.5	100.0	3.5
民营企业	18734.1	30.9	81.6	4209.7	3.0	85.2	5.9
外商投资企业	3117.4	–26.3	13.6	532.5	–13.0	10.8	–5.9
国有企业	1112.6	–29.2	4.8	195.7	–8.8	4.0	–6.9

（六）绍、甬、杭、金比重较大，产业集中，共促发展

“十三五”期间，柯桥轻纺、诸暨袜业、余杭家纺布艺、宁波奉化服装、义乌服装等多个具有特色的纺织服装集群快速发展，绍兴、宁波、杭州、金华分别累计出口5949.7亿元、4429.0亿元、3954.3亿元和3180.6亿元，四者合计占同期全省纺织服装出口总值的76.3%。2020年，绍兴、宁波成为全省两个纺织服装出口规模突破千亿元的地市，出口规模分别居全国各地市第3位和第4位，杭州、金华、嘉兴分别居第5、第7、第9位。此外，温州纺织服装出口在“十三五”期间保持快速增长，由2015年的158.0亿元增至2020年303.7亿元，年均增长14.0%。

（七）产业结构日趋完善，中下游产品优势明显

浙江省作为全国纺织服装出口大省，拥有纺织原料—纺织纱线（初加工品）—纺织织物（深加工品）—纺织制品和服装（成品）完整的产业链。浙江省纺织服装出口以中下游产品中的纺织面料、纺织制品和服装为主，在全国乃至全球占有较高份额。“十三五”期间，全省纺织服装出口值占全国纺织服装出口总值的25.2%，占全球的9.4%。从细分商品看，纺织纱线出口1311.3亿元，年均增长5.2%，占全国的34.8%、全球的8.7%；纺织织物出口

6976.9亿元，年均增长1.0%，占全国的37.2%、全球的19.2%；纺织制品和服装出口1.47万亿元，年均增长4.4%，占全国的21.4%、全球的7.4%。同期，全省纺织原料出口157.6亿元，占全国的15.7%、全球的1.5%。

表6 "十三五"期间浙江纺织服装产业链出口统计表

单位：亿元，%

纺织服装产业链	"十三五"期间			2020年			年均增速
	出口值	全国同类产品份额	全球同类产品份额	出口值	全国同类产品份额	全球同类产品份额	
纺织服装	22964.5	25.2	9.4	4940.4	24.4	9.8	3.5
其中：纺织纱线	1311.3	34.8	8.7	251.4	37.2	9.8	5.2
纺织织物	6976.9	37.2	19.2	1318.5	38.3	20.6	1.0
纺织制品及服装	14676.3	21.4	7.4	3368.4	20.9	8.4	4.4
纺织原料	157.6	15.7	1.5	25.3	16.3	1.3	-3.1

二、"十三五"期间促进浙江省纺织服装进出口发展的有利因素

（一）产业集群提升制造产业链规模效益

"十三五"期间，浙江省的纺织服装产业结构不断提质扩面，形成垂直完整的产业链，成为国内首屈一指的纺织服装产业链中心和供应链枢纽；不断发挥市场化程度高、灵活性强的优势，并通过与科研院所合作建立产品开发基地等举措，积聚了大量优秀科技研发设计人才，有效提升了产业集群的发展质量。如今，浙江无论是产业规模，还是产业链配套等方面，均堪称是全球纺织服装产业中顶尖的区域之一。

（二）"互联网+数据化"助推产业转型升级

"十三五"期间，浙江纺织服装产业互联网融合升级持续推进。随着移动互联网、大数据、云计算、物联网在纺织行业的融合应用，纺织服装成为"互联网+"平台最活跃的交易品类之一。此外，浙江纺织服装产品通过个性化定制和小批量、多品种的智能制造、柔性制造模式创新，逐渐打破"大订单—大制造"流水线生产的禁锢，满足多品种、小批量、快交货的需求，网络采购和网络销售的比重不断提高。

（三）强化智能化应用，提升产业科技含量

“十三五”期间，浙江以纺织新材料、绿色制造、高端纺织制成品为中心，不断加强产业链配套产品及关键技术装备的开发应用，带动纺织全产业体系结构升级。浙江纺织服装产业充分发挥本省中小企业多、“船小掉头快”的优势，走差别化、特色化之路，紧跟市场前沿技术，开启技术转型升级。浙江省纺织服装产业正从一些常规纺织品转向以发展品牌服装、高技术含量和高附加值的新型化学纤维转变，特别是一些具有本省特色的蚕丝、竹纤维及高档纺织面料的开发，不断提升浙江省服装服饰以及家用纺织品的品质和科技附加值。

三、“十四五”期间浙江省纺织服装外贸前景展望

“却顾所来径，苍苍横翠微。”经过改革开放三十年的蓬勃发展，浙江纺织服装产业已大步迈向国际市场，成为“浙江制造”的标志性产业和浙江外贸出口的支柱性产业。“十三五”期间，浙江纺织服装行业进一步适应复杂多变的外部环境，有力克服中美经贸摩擦和新冠肺炎疫情带来的冲击，表现出强大韧性。展望“十四五”，浙江省纺织服装出口的重心将逐渐向新兴工业化国家、发展中国家阶梯式转移，把有限的资源投入到可以创造更多效益的高端产品的生产中去，努力提高本省纺织服装高端产品的国际竞争力。同时，将积极参与“一带一路”建设，充分利用RCEP等自贸协定优惠政策，加快纺织服装产业转型升级步伐，寻求专业化、差异化、精品化和国际化的发展道路，浙江纺织服装产业必将在新时代激发起新热点、创造出新机遇。

（李晓斌　陶颖洁）

家具产品：因时而变　乘势而上

浙江省是全国主要的家具生产基地。“十三五”以来，面临着中美经贸摩擦及全球新冠肺炎疫情带来的机遇和挑战，浙江省家具行业积极应对，因时而变，趁势而上，家具出口继续走在全国前列，市场份额进一步巩固。“十三五”期间，浙江省家具出口占全国同类产品出口的24.0%，稳居全国第二，年均增幅达到10.1%。

一、“十三五”期间浙江省家具进出口概况

“十三五”期间，浙江省家具累计进出口4217.6亿元，同比增长50.7%，占全省外贸总值的3.0%，较“十二五”期间提升了0.3个百分点，占同期全国家具进出口总值的23.5%。其中，出口4173.5亿元，增长50.4%；进口44.1亿元，增长88.8%；出口、进口年均增速均达到10.1%。

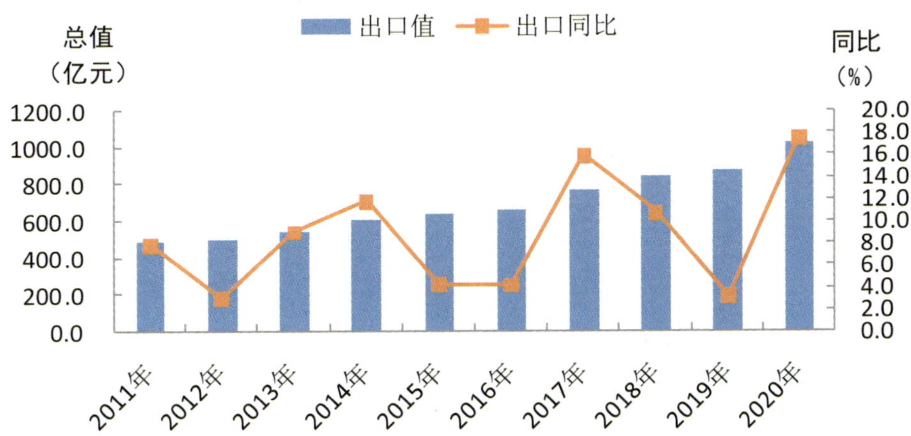

以美元计，“十三五”期间，浙江省家具进出口623.1亿美元，增长39.4%。其中，出口616.6亿美元，增长39.1%。

二、“十三五”期间浙江省家具出口的主要特点

（一）出口规模突破千亿大关，全国份额涨幅明显

“十三五”期间，浙江省家具出口实现五连增，增长50.4%，除2016、2019年外，其余3年增速均达到两位数以上。2020年，虽受新冠肺炎疫情影响，但在“宅经济”的带动下，出口增速仍达到了17.5%，为“十三五”期间最高。同时，浙江家具出口占全国份额呈现明显攀升态势。2016年即达到21.7%，超过“十二五”期间各年水平。2020年，浙江省家具出口规模首次突破1000亿元大关，达到1026.6亿元，占当年全省出口总值的4.1%，拉动全省出口增长0.7个百分点。占同期全国家具出口总值的25.4%，较2015年的19.9%提升5.5个百分点；占全球家具市场出口份额的9.1%，较2015年提升1.7个百分点，均创历史新高。

表1　2011—2020年浙江家具出口统计表

单位：亿元，%

年份	出口值	同比	占全省出口比重	占全国家具出口份额
“十二五”期间	2774.7	61.1	3.6	18.7
2011年	486.0	7.8	3.5	20.3
2012年	500.0	2.9	3.5	16.6
2013年	544.9	9.0	3.5	17.4
2014年	609.1	11.8	3.6	19.6
2015年	634.7	4.2	3.7	19.9
“十三五”期间	4173.5	50.4	3.9	24.0
2016年	660.6	4.1	3.7	21.7
2017年	765.5	15.9	3.9	23.4
2018年	847.3	10.7	4.0	24.8
2019年	873.5	3.1	3.8	24.3
2020年	1026.6	17.5	4.1	25.4

（二）贸易市场以美欧为主，整体增长略有波动

美国是浙江省最大的家具出口市场，欧盟次之。“十三五”期间，浙江省对美国出口家具1715.9亿元，同比增长70.0%，年均增长9.1%，占同期全省家具出口总值的41.1%。对欧盟出口1127.9亿元，占同期全省家具出口总值的27.0%，同比增长43.7%，年均增长9.3%。对东盟出口176.0亿元，占同期全省家具出口总值的4.2%，年均增长32.7%，高于全省家具出口年均增速22.6个百分点，增长势头强劲。

表2　“十三五”期间浙江家具出口主要市场统计表

单位：亿元，%

贸易市场	“十三五”期间			2020年			年均增速
	出口值	同比	占比	出口值	同比	占比	
总值	4173.5	50.4	100.0	1026.6	17.5	100.0	10.1
美国	1715.9	70.0	41.1	374.1	11.5	36.4	9.1
欧盟	1127.9	43.7	27.0	276.8	11.4	27.0	9.3
拉丁美洲	176.0	38.2	4.2	43.3	7.1	4.2	9.6
东盟	176.0	116.8	4.2	77.6	96.7	7.6	32.7
加拿大	161.7	30.4	3.9	40.0	16.1	3.9	9.6
澳大利亚	160.5	39.2	3.8	43.6	33.9	4.2	11.4
日本	113.7	31.1	2.7	29.2	25.3	2.8	10.6
韩国	71.2	98.0	1.7	23.0	67.6	2.2	17.0
沙特阿拉伯	58.9	11.7	1.4	16.8	36.0	1.6	5.4

（三）一般贸易占据主导，市场采购发展迅速

“十三五”期间，浙江省家具出口由一般贸易占据主导地位，累计以一般贸易方式出口3608.4亿元，占同期全省出口总值的86.5%，占比稳定，5年内均保持在86%以上；累计以加工贸易方式出口315.6亿元，占7.6%。“十三五”期间，市场采购出口增长明显。相比于2015年，2020年市场采购出口占当年全省出口总值的比重提升了3.9个百分点，超过加工贸易达到9.0%，为历史峰值。

表3 “十三五”期间浙江家具出口主要贸易方式统计表

单位：亿元，%

贸易方式	“十三五”期间			2020年			年均增速
	出口值	同比	占比	出口值	同比	占比	
一般贸易	3608.4	53.3	86.5	885.3	16.6	86.2	10.8
加工贸易	315.6	−4.2	7.6	46.7	−19.4	4.6	−7.9
市场采购	243.1	595.1	5.8	92.3	68.8	9.0	23.3

（四）民营企业蓬勃发展，占比持续增长

民营企业是浙江家具出口的主力军。“十三五”期间，浙江省民营企业累计出口家具3336.2亿元，占同期全省家具出口总值的79.9%，相较于“十二五”期间提升了14.8个百分点，年均增长15.0%。2020年民营企业家具出口值占全省家具出口总值的比重达到了86.8%。浙江省家具出口前十大企业中七家为民营企业。“十三五”期间，外商投资企业累计出口家具762.5亿元，占同期全省家具出口总值的18.3%。

表4 “十三五”期间浙江家具出口贸易主体统计表

单位：亿元，%

贸易主体	“十三五”期间			2020年			年均增速
	出口值	同比	占比	出口值	同比	占比	
民营企业	3336.2	84.6	79.9	891.5	24.1	86.8	15.0
外商投资企业	762.5	−12.6	18.3	122.3	−13.1	11.9	−6.9
国有企业	74.8	−21.7	1.8	12.8	−8.9	1.2	−5.6

（五）出口区域相对集中，湖州龙头地位突出

浙江省家具出口主要集中在湖州、嘉兴、宁波、杭州、金华等市。“十三五”期间，湖州市出口家具超过10亿元的企业达到了18家，全市累计出口家具1036.8亿元，占同期全省家具出口总值的24.8%，为全省唯一出口家具突破千亿元的地级市。5年间，湖州市家具出口持续增长，年均增速达到13.8%，高于全省平均增速3.7个百分点。2020年，湖州市家具出口占全省家具出口的比重达到25.8%，较2015年提升4.0个百分点。“十三五”期间，宁波家具出口占全省的比重逐步超过嘉兴，并在2019年跃居第二。2020年，宁波家具出口196.0亿元，占全省家具出口的19.1%，较2015年年均增长13.6%。

（六）零件出口增长迅速，成品出口稳定增长

浙江省家具出口以家具成品为主，但“十三五”期间，受全球产业链逐步转移影响，家具零件出口增长迅速。“十三五”期间，浙江省家具成品出口3764.7亿元，同比增长46.8%，2020年出口924.8亿元，5年来持续保持增长，年均增长率达9.5%，占全国同期家具成品出口的26.2%。家具零件出口408.8亿元，同比增长94.3%，高于家具成品出口增长率47.5个百分点，年均增长率达16.0%，2020年出口101.9亿元，首次突破百亿元大关，占全国同期家具零件出口的20.0%。主要出口市场中除美国、欧盟、日本、韩国等传统市场外，还包括越南、墨西哥等新兴市场。

三、“十三五”期间促进浙江省家具出口的有利因素

（一）产业集群效应明显，企业数量增长迅速

中国50个家具产业集群中，浙江省有8个，包括中国椅业之乡安吉县、中国红木（雕刻）家具之都东阳市等。区域产业集中促使当地的相关家具品类发展迅速，加之浙江省民间资本力量强劲，中小企业快速增长。2020年，浙江省有出口家具实绩的企业数量达8953家，相比于2015年增长77.4%，为省内家具产业链的完善提供了支撑。

（二）产业发展总体稳定，供给侧结构性改革利好逐步呈现

浙江省家具产业经历了以代加工为主到全产业链自给自足的发展历程。“十三五”期间，浙江省家具产业发展以消费升级为导向，加大创新研发投

入，促进省内家具企业积极地“增品种、提品质、创品牌”，不断转型升级，提升智能化制造水平，提升浙江省家具产品在国际市场的竞争力。2020年，浙江省1012家规模以上家具企业共计投入研发费用27.4亿元，较上年增长19.6%，同时销售费用及管理费用则均呈下降趋势。技术研发、品牌建设等非传统生产销售领域越来越受到传统家具企业重视。

四、“十四五”期间浙江省家具出口前景展望

随着越南等东南亚国家对美家具出口份额快速攀升，其劳动力成本优势、配套基础设施的完善加速了家具生产国际产能的转移。“十四五”期间，浙江省家具生产企业应注重长远布局，将关键部件的生产及核心技术留在省内，提升省内家具产业的核心竞争力。减少对欧美市场的过度依赖，积极开拓和优化国际市场，扩大国内市场，逐步构建“双循环”相互促进的新发展格局。

随着智能制造的快速发展，“十四五”期间，浙江省家具生产企业应把握机遇，从依靠资源要素的低成本竞争，向提高产品科技含量和附加值转变；从单纯的产品向“产品+服务”转变；从家具制造商向家居系统解决方案提供商转变，继续因时而变，乘势而上。

（陆海生　林炜杰）

高新产品：勇进有为　智创辉煌

“十三五”期间，浙江省坚持“创新强省”，增创发展新优势，以“制造强省”为建设目标，以高新技术产业引领转型发展为主线，聚力打好产业基础高级化、产业链现代化攻坚战，着力构建以高新技术产业为先导的现代产业体系。在此期间，浙江省高新产品进出口总值突破万亿元大关，达到1.12万亿元，较“十二五”增长50.8%；占同期全省外贸进出口总值的8.0%，较“十二五”提升0.8个百分点；年均增长14.2%，较“十二五”提升15.2个百分点。

一、“十三五”期间浙江省高新产品进出口的主要特点

（一）进出口值屡创新高，年均增速大幅高于“十二五”期间

“十三五”期间，浙江省高新产品累计出口7412.3亿元，增长54.2%，占同期全省外贸出口总值的7.0%；累计进口3809.3亿元，增长44.7%，占同期全省外贸进口总值的11.1%。浙江省高新产品进出口值逐年攀升，在2018年突破2000亿元，达到2190.6亿元。2020年，浙江省高新产品进出口、出口、进口均创历史新高，进出口值达到2939.7亿元，较2015年增长94.0%，占当年全省进出口总值的8.7%，较2015年提升1.7个百分点；出口首次突破2000亿元，达到2025.4亿元，较2015年增长94.2%；进口914.3亿元，较2015年增长93.7%；顺差首次超过1000亿元，达到1111.1亿元，较2015年扩大94.6%。

“十三五”期间，全省高新产品出口、进口年均分别增长14.2%、

14.1%，分别较“十二五”高出13.1个和19.0个百分点。五年间，浙江省高新产品进出口、出口增速和进口增速均有四年达到两位数。

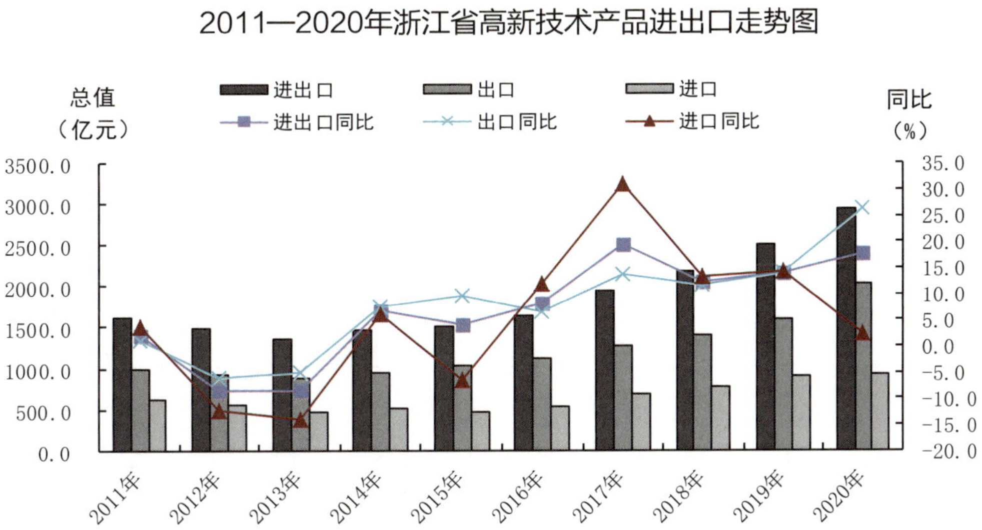

2011—2020年浙江省高新技术产品进出口走势图

总值（亿元）　进出口　出口　进口　进出口同比　出口同比　进口同比　同比（%）

3500.0 3000.0 2500.0 2000.0 1500.0 1000.0 500.0 0.0

35.0 30.0 25.0 20.0 15.0 10.0 5.0 0.0 -5.0 -10.0 -15.0 -20.0

2011年 2012年 2013年 2014年 2015年 2016年 2017年 2018年 2019年 2020年

（二）占全国份额提升，年均增速领先全国

“十三五”期间，浙江省高新产品进出口总值占全国同类产品进出口总值的2.5%，较“十二五”上升0.4个百分点。其中，出口、进口分别占全国的3.1%、1.8%，较“十二五”分别上升0.6、0.2个百分点；出口居全国第7位，较“十二五”提升3位。2020年，浙江省高新产品进出口总值占全国的2.9%，其中，出口占3.8%，进口占1.9%，份额分别较2015年上升1.2和0.5个百分点。从增速看，“十三五”期间，浙江省高新产品进出口、出口、进口年均增速分别高出全国8.0个、8.4个、7.4个百分点。

表1　2011—2020年浙江高新产品进出口统计表

单位：亿元，%

年份	进出口			出口			进口		
	总值	同比	占比	总值	同比	占比	总值	同比	占比
“十二五”期间	7439.1	6.7	7.2	4806.3	13.2	6.2	2632.8	-3.5	10.0
2011年	1623.6	2.1	8.1	994.9	1.0	7.1	628.7	3.9	10.4
2012年	1485.0	-8.5	7.5	932.6	-6.3	6.6	552.4	-12.1	10.0

续表

年份	进出口			出口			进口		
	总值	同比	占比	总值	同比	占比	总值	同比	占比
2013 年	1359.9	–8.4	6.5	884.3	–5.2	5.7	475.6	–13.9	8.8
2014 年	1455.6	7.0	6.7	951.5	7.6	5.7	504.1	6.0	10.0
2015 年	1515.0	4.1	7.0	1042.9	9.6	6.1	472.1	–6.4	10.8
“十三五”期间	11221.7	50.8	8.0	7412.3	54.2	7.0	3809.3	44.7	11.0
2016 年	1638.0	8.1	7.4	1110.5	6.5	6.3	527.6	11.8	11.6
2017 年	1953.9	19.3	7.6	1263.1	13.7	6.5	690.7	30.9	11.2
2018 年	2190.6	12.1	7.7	1408.3	11.5	6.7	782.3	13.3	10.7
2019 年	2499.4	14.1	8.1	1605.0	14.0	7.0	894.4	14.3	11.5
2020 年	2939.7	17.6	8.7	2025.4	26.2	8.0	914.3	2.2	10.5

（三）计算机与通信技术、生命科学技术、电子技术产品出口上升势头强劲

“十三五”期间，计算机与通信技术、生命科学技术、电子技术产品是浙江省高新技术三大主要出口品类，合计占同期全省高新产品出口总值的80.3%，年均分别增长14.1%、15.8%、15.7%，增速较“十二五”高出12.4个、5.5个、21.2个百分点。其中2020年，分别出口683.2亿元、563.2亿元、403.0亿元，较2015年增长93.0%、1.1倍、1.1倍。从具体商品来看，“十三五”期间，计算机与通信技术产品中的电视摄像机及摄录一体机、电子技术产品中的太阳能电池增长较快，年均分别增长19.2%和20.3%。

表 2 “十三五”期间浙江高新产品出口商品统计表

单位：亿元，%

产品类别	“十三五”期间			2020 年			年均增速
	出口值	同比	占比	出口值	同比	占比	
高新技术产品	7412.3	54.2	100.0	2025.4	26.2	100.0	14.2
其中：计算机与通信技术	2529.8	56.9	34.1	683.2	39.4	33.7	14.1
生命科学技术	1936.4	60.9	26.1	563.2	39.4	27.8	15.8
电子技术	1489.5	75.5	20.1	403.0	3.5	19.9	15.7
计算机集成制造技术	758.2	100.2	10.2	205.5	16.9	10.1	18.3
光电技术	375.6	–30.3	5.1	93.0	20.6	4.6	1.6

续表

产品类别	“十三五”期间			2020 年			年均增速
	出口值	同比	占比	出口值	同比	占比	
材料技术	190.8	47.9	2.6	43.0	5.1	2.1	10.8
生物技术	69.6	55.1	0.9	18.5	15.3	0.9	8.3
航空航天技术	38.9	20.7	0.5	10.7	45.7	0.5	9.3
其他技术	23.6	29.9	0.3	5.3	17.9	0.3	3.9

（四）电子技术产品为主要进口产品，计算机与通信技术产品进口拉动作用大

“十三五”期间，浙江省累计进口电子技术产品1534.8亿元，年均增长11.9%，占同期全省高新产品进口总值的40.3%，较“十二五”上升7.3个百分点；计算机与通信技术产品进口增速迅猛，年均增长42.0%，高出整体增速27.9个百分点。2020年，计算机与通信技术产品进口197.3亿元，占当年全省高新产品进口总值的21.6%，较2015年提升14.4个百分点，拉动当年全省高新产品进口增长9.4个百分点。从具体商品来看，“十三五”期间，电子技术产品中的集成电路年均增长15.2%，占同期全省高新产品进口总值的33.4%。

表 3　“十三五”期间浙江高新产品进口商品统计表

单位：亿元，%

产品类别	“十三五”期间			2020 年			年均增速
	进口值	同比	占比	进口值	同比	占比	
高新技术产品	3809.3	44.7	100.0	914.3	2.2	100.0	14.1
其中：电子技术	1534.8	76.7	40.3	355.6	−5.8	38.9	11.9
生命科学技术	669.6	81.3	17.6	133.0	−17.2	14.5	10.5
计算机集成制造技术	543.2	42.8	14.3	107.8	−13.6	11.8	16.8
计算机与通信技术	507.8	169.2	13.3	197.3	74.3	21.6	42.0
光电技术	442.1	−41.2	11.6	98.2	10.4	10.7	1.2
航空航天技术	72.4	106.4	1.9	10.8	−44.3	1.2	10.2
材料技术	35.7	2.1	0.9	10.9	16.6	1.2	20.2
其他技术	1.9	3.7	0.1	0.5	14.7	0.1	11.1
生物技术	1.9	−28.2	0.0	0.2	−35.6	0.0	−29.1

（五）出口市场多元化趋势明显，对新兴市场出口强劲

“十三五”期间，浙江省高新产品出口前三大贸易市场为欧盟、美国、东盟，年均分别增长16.0%、12.6%、19.2%，合计占同期浙江高新产品出口总值的47.1%。对新兴市场出口势头强劲，对俄罗斯和巴西的出口年均增速分别达到30.5%、23.1%；对拉丁美洲和非洲分别出口高新产品604.0亿元和258.7亿元，年均增长19.8%和15.0%。此外，对“一带一路”国家进出口高新产品2495.9亿元，年均增长率为17.9%。

表4　“十三五”期间浙江高新产品主要出口市场统计表

单位：亿元，%

国家（地区）	“十三五”期间			2020年			年均增速
	出口值	同比	占比	出口值	同比	占比	
欧盟	1615.5	32.9	21.8	479.7	35.5	23.7	16.0
美国	1100.7	54.9	14.9	305.1	56.2	15.1	12.6
东盟	773.3	100.7	10.4	223.3	15.4	11.0	19.2
印度	598.5	91.7	8.1	137.4	8.8	6.8	11.9
日本	565.5	34.3	7.6	133.8	4.1	6.6	9.3
中国香港	324.1	–25.0	4.4	80.7	43.5	4.0	–1.4
韩国	278.4	85.4	3.8	77.4	19.3	3.8	16.1
巴西	206.0	84.4	2.8	60.4	18.9	3.0	23.1
澳大利亚	176.8	45.0	2.4	42.0	3.4	2.1	13.7
俄罗斯	167.8	124.1	2.3	49.6	32.1	2.4	30.5

（六）进口市场集聚度较高，自东盟进口增长亮眼

“十三五”期间，浙江省高新产品进口主要贸易市场为欧盟、我国台湾地区、日本、东盟、韩国，合计占同期全省高新产品进口总值的84.5%，年均分别增长11.8%、4.8%、15.2%、39.2%、15.5%。其中，东盟增长尤为亮眼。2020年，自东盟进口高新产品占当年全省高新产品进口的23.9%，较2015年上升15.1个百分点，从2015年的第四大市场跃居首位。

表 5 “十三五”期间浙江高新产品进口市场统计表

单位：亿元，%

国家（地区）	“十三五”期间			2020 年			年均增速
	进口值	同比	占比	进口值	同比	占比	
欧盟	860.5	68.8	22.6	175.1	−11.9	19.1	11.8
中国台湾	857.9	−15.6	22.5	192.9	6.5	21.1	4.8
日本	571.8	72.1	15.0	116.8	−27.5	12.8	15.2
东盟	567.5	206.2	14.9	218.4	66.0	23.9	39.2
韩国	361.9	114.0	9.5	82.7	3.5	9.1	15.5
美国	164.5	33.5	4.3	34.7	−5.7	3.8	5.8
瑞士	25.0	17.2	0.7	4.8	−14.2	0.5	7.9
印度	22.5	137.1	0.6	5.1	−9.8	0.6	19.0
墨西哥	8.1	66.5	0.2	2.0	6.1	0.2	8.6
中国香港	8.0	−33.2	0.2	1.0	−18.2	0.1	−7.8

（七）民营企业占比过半，成为拉动进出口增长重要引擎

“十三五”期间，浙江省民营企业进出口高新产品6325.8亿元，年均增长21.0%，占同期全省高新产品进出口总值的56.4%。其中，出口5067.9亿元，年均增长21.7%，占同期全省高新产品出口总值的68.4%。2016年，民营企业进出口高新产品占全省的比重为50.5%，首次超越外商投资企业的占比（45.7%）。此后民营企业占比不断扩大，到2020年，达到62.0%，高出同年外商投资企业26.7个百分点，拉动当年全省高新产品进出口增长15.9个百分点，成为浙江省进出口增长的重要引擎。“十三五”期间，外商投资企业仍然在浙江高新产品进出口方面发挥着重要作用，年均增长7.1%，贡献了全省40.3%的进出口规模。

表 6 “十三五”期间浙江高新产品贸易主体统计表

单位：亿元，%

贸易主体	“十三五”期间			2020 年			年均增速
	进出口值	同比	占比	进出口值	同比	占比	
民营企业	6325.8	145.4	56.4	1822.6	27.8	62.0	21.0
外商投资企业	4521.6	2.8	40.3	1037.0	4.1	35.3	7.1
国有企业	374.1	−18.8	3.3	79.9	3.5	2.7	0.6

（八）国家级高新技术企业数量翻番，头部企业引领作用明显

2020年，全省新认定或重新认定国家高新技术企业8535家，累计认定高新技术企业22151家，超额完成“到2020年认定1.5万家高新技术企业、较2015年翻一番”的目标任务。2020年，有高新产品进出口实绩的企业达18005家，较2015年增长1.5倍。“十三五”期间，浙江高新产品进出口总值在100亿以上的企业有16家，较“十二五”增加10家，合计进出口总值占同期全省高新产品进出口总值的38.2%，较“十二五”上升6.0个百分点。其中，出口值在100亿元以上的有8家，较“十二五”增加4家，合计出口值占同期全省高新产品出口值的26.7%，较“十二五”上升6.5个百分点；出口值在10亿以上的有100家，较“十二五”增加28家。

（九）一般贸易主导地位不断巩固，比重持续扩大

“十三五”期间，浙江省以一般贸易方式进出口高新产品8613.1亿元，年均增长16.2%，占同期全省高新产品进出口总值的76.8%，较“十二五”提升19.0个百分点。其中，出口5865.6亿元，占同期全省高新产品出口值的79.1%，较“十二五”提升15.7个百分点。

表7　“十三五”期间浙江高新产品主要贸易方式统计表

单位：亿元，%

贸易方式	“十三五”期间			2020年			年均增速
	进出口值	同比	占比	进出口值	同比	占比	
一般贸易	8613.1	100.4	76.8	2186.6	9.4	74.4	16.2
加工贸易	2055.6	–26.8	18.3	542.6	47.6	18.5	5.8
市场采购	134.3	51.2	1.2	42.8	42.4	1.5	17.9

（十）杭州、宁波为高新技术集聚高地，嘉兴、湖州进出口增长迅猛

“十三五”期间，杭州和宁波分别进出口高新产品4224.2亿元和3443.5亿元，合计占同期全省高新产品进出口总值的68.3%，年均分别增长11.5%和11.7%，增速较“十二五”高出8.5和17.4个百分点。其中，出口分别为2635.9亿元和1911.5亿元，合计占同期全省高新产品出口值的61.3%；进口分别为1588.3亿元和1532.0亿元，合计占同期全省高新产品进口值的81.9%。2020年，杭州高新产品进出口总值达到997.1亿元，宁波达到838.2亿元，分别较

“十三五”期间,浙江先进技术设备进口快速增长，图为绍兴海关关员正在对方舱CT机核心部分X射线管组件进行查验

2015年增长72.1%和73.5%。此外，“十三五”期间，嘉兴、湖州高新产品进出口增长较快，年均分别增长33.0%、30.4%。

二、“十四五”期间浙江省高新产品进出口前景展望

回顾“十三五”，征途辉煌璀璨；展望“十四五”，携梦蓄势待发。新一轮科技革命和产业变革正在世界范围内加速演进，学科、技术、产业间的交叉融合更加紧密，数字技术、数字经济、数据要素等对高新技术产业发展的撬动和引领作用将进一步加强，并促进新业态、新模式、新产品的持续涌现。“十四五”期间，浙江省将实施数字经济“一号工程2.0版”，力争到“十四五”期末，高新技术产业创新型人才队伍建设、体制机制改革、重大平台打造、创新主体培育等取得重大突破，重要指标实现“六倍增六提升”，基本建成国际一流的“互联网+”科创高地，初步建成国际一流的新材料科创高地和生命健康科创高地，培育打造世界级高新技术产业集群，为浙江省建设社会主义现代化先行省贡献产业创新核心驱动力。

（韩　杰　陈丹青）

医疗产品：云程发轫　万里可期

医疗产业是民生产业和重要的高新技术产业，对于浙江省抢占新一轮科技革命和产业革命制高点，推动生命健康产业发展，加快建设健康浙江具有重要意义。“十三五”期间，浙江省出台了一系列推动医疗产业高质量发展的政策措施，良好的政策环境和优越的平台支撑使得医疗产品[1]进出口规模逐年快速攀升。“十三五”期间，浙江省累计进出口医疗产品2319.3亿元，同比增长66.1%，高于同期全省外贸增幅30.5个百分点。其中，出口1616.1亿元，增长59.9%；进口703.2亿元，增长82.2%。

一、“十三五”期间浙江省医疗产品进出口的主要特点

（一）出口持续高速增长，进口略有波动但增幅明显

“十三五”期间，浙江省医疗产品进出口增长较快，从2015年的309.1亿元增长至2020年的605.2亿元，年均增长14.4%，高于同期全省外贸增幅4.9个百分点。其中，出口年均增长15.9%，除2019年受中美经贸摩擦等因素干扰致当年增速略有放缓外，其他各年份同比均呈现两位数增长。新冠肺炎疫情暴发以来，医疗产品出口带动作用更为明显，2020年浙江省医疗产品出口增幅高达40.1%，对当年全省出口增长贡献率达6.3%。“十三五”期间，浙江

[1] 本文医疗产品包括医药材及药品、医疗仪器及器械。

省医疗产品进口年均增长10.1%，受部分医疗器械进口关税下调等因素影响，2017年医疗产品进口同比增长39.6%，增幅为五年之最。

按美元统计，“十三五”期间，全省累计进出口医疗产品342.4亿美元，较“十二五”期间增长53.6%，高于同期全省外贸增幅28.1个百分点。其中，出口238.6亿美元，增长48.0%；进口103.8亿美元，增长68.4%。

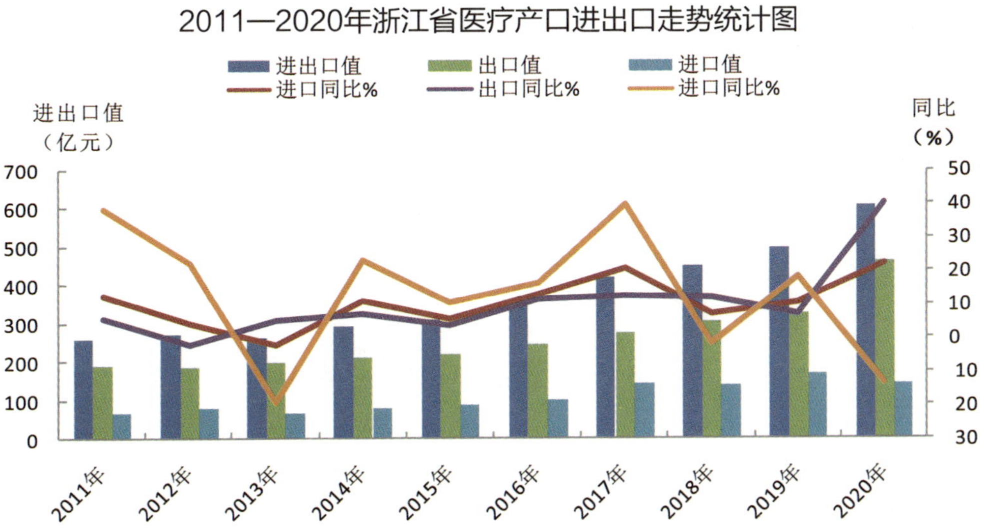

2011—2020年浙江省医疗产口进出口走势统计图

表1　2011—2020年浙江医疗产品进出口年度统计表

单位：亿元，%

年份	进出口		出口		进口	
	总值	同比	总值	同比	总值	同比
“十二五”期间	1396.3	58.0	1010.4	39.1	385.9	144.8
2011年	259.7	12.3	192.5	5.4	67.2	38.2
2012年	270.3	4.1	188.3	-2.2	82.1	22.1
2013年	264.1	-2.3	198.0	5.2	66.1	-19.5
2014年	293.1	11.0	211.9	7.1	81.2	22.9
2015年	309.1	5.5	219.8	3.7	89.4	10.1
“十三五”期间	2319.3	66.1	1616.1	59.9	703.2	82.2
2016年	348.1	12.6	244.4	11.2	103.7	16.0
2017年	420.0	20.7	275.3	12.6	144.8	39.6
2018年	449.5	7.0	307.4	11.7	142.1	-1.9
2019年	496.4	10.4	328.6	6.9	167.8	18.1
2020年	605.2	21.9	460.4	40.1	144.8	-13.7

（二）原料药出口规模保持全国领先，生物医药出口规模跃居全国首位

“十三五”期间，浙江省医疗产品出口以原料药、医疗仪器及器械和成品药为主，分别出口595.1亿元、552.7亿元和150.5亿元，占同期全省医疗产品出口值的36.8%、34.2%和9.3%。作为原料药出口的传统大省，“十三五”期间，浙江省原料药出口规模继续保持全国第一，累计出口值占同期全国原料药出口的22.1%。其中，抗菌素、维生素等原料药为浙江省医药品中主要出口优势品类，分别累计出口203.1亿元和293.5亿元，占同期全国同类产品出口的17.7%和29.5%。浙江省出口的医疗器械产品以保健康复、医用耗材等中低端产品为主，“十三五”期间，累计出口按摩器具253.2亿元，导管、插管及类似品97.4亿元，年均增速分别为25.5%、8.2%。同期，浙江省生物医药出口高速发展，出口值从“十二五”末的8.2亿元增长至2020年的85.6亿元，年均增长59.8%，高于同期全省医疗产品出口年均增速43.9个百分点，2017年跃升全国首位后一直保持至今。

表2 “十三五”期间浙江主要医疗产品出口统计表

单位：亿元，%

出口商品	“十三五”期间			2020年			年均增速
	出口值	同比	占比	出口值	同比	占比	
出口总值	1616.1	59.9	100.0	460.4	40.1	100.0	15.9
医药材及药品	1063.4	47.9	65.8	300.4	45.1	65.2	14.8
其中：原料药	595.1	28.7	36.8	139.6	13.5	30.3	10.2
成品药	150.5	140.6	9.3	35.1	16.1	7.6	9.2
生物医药	138.2	311.6	8.6	85.6	455.3	18.6	59.8
半成品药	29.6	12.2	1.8	7.7	33.8	1.7	8.3
中药材	13.6	1.6	0.8	2.7	9.7	0.6	0.0
医疗仪器及器械	552.7	89.7	34.2	160.0	31.7	34.8	18.2

（三）成品药进口占八成以上，半成品药、中药材进口增速较快

“十三五”期间，浙江省累计进口成品药589.8亿元，进口医疗器械66.2亿元，分别占同期浙江省医疗产品进口总值的83.9%和9.4%。其中，成品药进口值从“十二五”末的73.1亿元增长到2020年的121.0亿元，增长65.5%。受进口关税率下调等政策利好影响，成品药进口于2017年首次突破百亿元大关并保持至今，2019年达到142.8亿元的峰值。“十三五”期间，浙江省累计进

口半成品药11.7亿元、中药材3.5亿元，年均增速分别为25.9%和22.4%。

表 3 “十三五”期间浙江主要医疗产品进口统计表

单位：亿元，%

进口商品	“十三五”期间			2020 年			年均增速
	进口值	同比	占比	进口值	同比	占比	
进口总值	703.2	82.2	100.0	144.8	–13.7	100.0	10.1
医药材及药品	637.0	107.8	90.6	131.5	–14.4	90.8	10.5
其中：成品药	589.8	122.6	83.9	121.0	–15.2	83.6	10.6
生物医药	23.1	–2.3	3.3	3.6	–32.3	2.5	1.1
半成品药	11.7	8.0	1.7	3.5	31.9	2.5	25.9
中药材	3.5	108.4	0.5	1.1	63.4	0.7	22.4
医疗仪器及器械	66.2	–16.6	9.4	13.4	–5.8	9.2	6.5

（四）对欧盟出口增长较快，自日本和东盟进口增长显著

“十三五”期间，浙江省医疗产品进出口的主要贸易市场为欧盟、美国和东盟，合计进出口医疗产品1547.2亿元，占同期浙江省医疗产品进出口总值的66.7%。其中，出口主要流向美国、德国、荷兰及东盟诸国，进口主要来自法国和英国。与“十二五”期末相比，浙江省对欧盟出口规模明显扩大。2020年，对欧盟出口医疗产品的总值较2015年增长1.7倍，占全省医疗产品出口的比重较2015年提升7.1个百分点。“十三五”期间，浙江省自日本和东盟进口医疗产品快速增长，分别累计进口17.9亿元和14.6亿元，年均增长35.8%和22.5%。

表 4 “十三五”期间浙江医疗产品进出口市场统计表

单位：亿元，%

贸易市场	“十三五”期间			2020 年			年均增速
	进出口值	同比	占比	进出口值	同比	占比	
欧盟	982.4	76.2	42.4	252.3	19.3	41.7	16.0
美国	422.7	57.9	18.2	112.5	29.2	18.6	14.7
东盟	142.2	98.8	6.1	38.1	25.2	6.3	13.0
韩国	107.5	137.1	4.6	26.6	16.4	4.4	14.6
日本	99.5	32.9	4.3	23.1	8.2	3.8	11.5
印度	89.3	16.0	3.9	23.4	13.1	3.9	10.8
非洲	70.5	44.5	3.0	17.7	15.3	2.9	9.3

（五）一般贸易保持较快增长，保税物流成为第二大贸易方式

“十三五”期间，浙江省以一般贸易进出口医疗产品1869.2亿元，占同期全省医疗产品进出口总值的80.6%。同期，保税物流增长较快，进出口值从“十二五”末的1.9亿元增长至2020年的76.5亿元，年均增长1.1倍。2020年，保税物流超越加工贸易成为第二大贸易方式。

表5　“十三五”期间浙江医疗产品进出口主要贸易方式统计表

单位：亿元，%

贸易方式	“十三五”期间			2020 年			年均增速
	进出口值	同比	占比	进出口值	同比	占比	
一般贸易	1869.2	60.7	80.6	454.1	16.6	75.0	12.6
加工贸易	277.9	35.5	12.0	60.1	8.5	9.9	4.6
保税物流	126.2	1079.6	5.4	76.5	84.1	12.6	108.4

（六）民营企业占比过半，外资企业稳步增长

“十三五”期间，受稳外贸等一系列政策举措影响，浙江省民营企业进出口医疗产品大幅增长，规模达到1341.9亿元，年均增长23.4%，占同期浙江省医疗产品进出口总值的57.9%，较“十二五”提升12.7个百分点。2020年，民营企业发挥机制灵活优势，积极投身新冠肺炎疫情防控和复工复产，进口医疗产品75.8亿元、出口348.0亿元，分别比2015年增长5.7倍和1.5倍，占当年全省医疗产品进口、出口的比重较2015年分别提升39.6个和13.3个百分点，达到52.3%和75.6%。“十三五”期间，外资企业医疗产品进出口稳步增长，年均增长4.1%。

表6　“十三五”期间浙江医疗产品进出口贸易主体统计表

单位：亿元，%

贸易主体	“十三五”期间			2020 年			年均增速
	进出口值	同比	占比	进出口值	同比	占比	
民营企业	1341.9	112.5	57.9	423.8	41.8	70.0	23.4
外商投资企业	880.3	60.5	38.0	164.2	–8.6	27.1	4.1
国有企业	96.8	–55.3	4.2	17.0	–5.1	2.8	–8.4

（七）杭州占比近五成，丽水、湖州年均增速较快

"十三五"期间，浙江省大力推进医药产业集聚发展，杭州、宁波、绍兴等多地陆续规划建设了一批医药产业聚集区，吸引了"葛兰素史克""默沙东""辉瑞制药"等世界500强医药企业及其他国内外知名医药生产企业入驻投产，对浙江省医药产业的发展起到了明显的拉动作用。全省各地市医疗产品进出口均保持年均8%以上的较快增速。其中，杭州龙头地位突出，"十三五"期间累计进出口医疗产品1123.1亿元，占同期全省医疗产品进出口总值的48.4%。杭州、绍兴、台州医药品出口集中度高，合计出口819.2亿元，增长41.7%，占"十三五"期间全省医药品出口总值的77.0%。宁波、杭州医疗器械出口优势显著，合计出口273.3亿元，增长86.8%，占"十三五"期间全省医疗器械出口总值的49.4%。丽水、湖州进出口增幅较大，年均增速分别为47.8%和40.5%。

二、"十三五"期间促进浙江省医疗产品进出口发展的有利因素

（一）医疗市场刚需推动进出口持续增长

随着我国国民经济发展进入新常态，新医改的深入推进激发了人民群众健康需求的持续增长，医保体系健全完善推动了消费结构升级，居民人均可支配收入增加、人口老龄化加速和全面二孩政策的实施等因素，进一步推动国内、省内医疗产品市场规模较快增长。与此同时，国际新兴市场和新技术市场迅速发展，生物技术药物、仿制药等需求也随之快速增长。特别是2015年以来，国际市场已有近2000亿美元的专利药的保护期陆续结束，为仿制药厂商提供了市场拓展新机会。据权威机构预测，2021年全球药品支出将接近1.5万亿美元，比2016年高3700亿美元。[1]

（二）政策充分供给激发产业活力

2017年至今，我国多次下调抗癌药、高端医疗设备等医疗产品的进口关税和增值税，加上国内集中采购和"一致性评价"等政策加快了医疗产业的供给端改革，有效刺激了相关产品进口。"十三五"期间，浙江省先后制定出台

[1] QuintilesIMS《2021 年全球药品市场展望》，《科技中国》2017 年第 4 期。

加快推进医药产业创新发展、生物经济发展、医药产业高质量发展等方面的政策，并将生物医药纳入“浙江制造精品”重点领域，将医疗设备纳入浙江省高端装备制造业发展重点领域，有力推动了全省医疗产业高质量发展。

（三）规模集聚支撑医药产业发展壮大

“十三五”期间，浙江省持续强化医疗产业平台载体支撑，形成了杭州生物产业国家高新技术产业基地、台州医药国家新型工业化产业示范基地、绍兴滨海现代医药高新园区、德清县生物医药产业基地、桐庐（国际）生命健康产业先行试验区、杭州“东部医药港”及磐安“江南药镇”等医药基地，为产业发展提供有力支撑。在国际市场上，浙江省医疗企业具有原料药的资源优势和良好的产业发展基础，产业集聚区的持续壮大与创新发展，有效带动医疗产品进出口持续走高。此外，浙江省已具备形成科研机构和生物技术企业全方位协作，构建生物技术产业生态的条件，产、学、研共同发展加速释放浙江生物医药产业潜能。

三、“十四五”期间浙江省医疗产品进出口前景展望

我国“十四五”规划纲要中强调要把保障人民健康放在优先发展的战略位置，明确提出“全面推进健康中国建设”和“实施积极应对人口老龄化国家战略”，为医疗产业发展带来新的机遇。站在新的五年规划的起点，浙江省医疗产业有信心屹立于世界浪潮之巅，把握前沿技术和产业动态，突破高端技术壁垒，实现高质量发展。

（一）加强产业引导，加大政策支持

“十四五”期间，浙江省将注重医疗产业布局和重点企业培育，在增强自主创新能力方面加大支持力度，积极发掘企业创新和原研方面的新动向并主动跟进，多渠道、全方位提升产业创新力和竞争力，特别是鼓励以精准治疗和临床价值为导向的医疗产品及医疗手段的科研突破。

（二）抓住“空窗期”，提升产业地位

积极利用国内外新冠肺炎疫情发展“时间差”，加快医疗产业转型升级，在全国、全球产业链重构中争取更多的发展机会，实现产业链巩固、发展和升级。持续巩固大宗原料药的国际竞争优势地位，大力提升特色原料药

品种出口比重和其他高附加值产品出口的规模。

（三）加快国际合作，提高核心竞争力

积极参与“一带一路”建设，着眼全球医疗资源，引导省内化学原料药、药物制剂和医疗器械等优势产业开展国际合作。鼓励医药企业和社会资本联合设立国际医药投资合作基金，支持有实力的医药企业开展直接投资、股权投资、海外并购和战略联盟等形式的国际投资合作，提高浙江省医疗企业核心竞争力。

（倪洪中　陈志成　许　练）

集成电路：数字浙江　芯片驱动

浙江省作为长三角集成电路产业集群的重要组成部分，“十三五”期间形成在集成电路设计、应用等方面的产业特色，集成电路进出口高速增长。“十三五”期间，浙江省累计进出口集成电路1372.6亿元，同比增长1.1倍，年均增长14.7%，占同期全省外贸总值的1.0%。

一、“十三五”期间浙江省集成电路进出口主要特点

（一）进口规模大增长快，出口规模小波动大

“十三五”期间，进口1274.0亿元，增长1.1倍，年均增长15.2%，占同期全省进口总值的3.7%。进口在2020年之前始终保持稳步增长，增速在12%—32%之间，2020年全球疫情影响集成电路供应链，浙江省集成电路进口有所下降。“十三五”期间，浙江省集成电路出口波动较大。前4年年度出口值均不足20亿元，2016年降幅高达32.8%。2020年，浙江省集成电路出口突破35亿元，同比增幅高达87.9%。

按美元统计，“十三五”期间，浙江省进口集成电路188.0亿美元，较“十二五”期间增长97.0%，年均增长12.7%；出口集成电路14.5亿美元，较“十二五”期间增长51.0%，年均增长9.1%。

表 1　2011—2020 年浙江集成电路进出口统计表

单位：亿元，%

年份	进出口		出口		进口	
	总值	同比	总值	同比	总值	同比
“十二五”期间	657.9	–1.2	60.3	1.6	597.6	–1.5
2011 年	114.7	–16.5	7.1	–22.0	107.6	–16.2
2012 年	108.9	–5.0	7.9	10.7	101.1	–6.1
2013 年	117.6	7.9	10.8	37.4	106.7	5.6
2014 年	145.2	23.5	13.2	22.4	132.0	23.6
2015 年	171.5	18.1	21.3	60.6	150.3	13.8
“十三五”期间	1372.6	108.6	98.5	63.5	1274.0	113.2
2016 年	183.0	6.7	14.3	–32.8	168.7	12.3
2017 年	237.3	29.7	14.9	4.3	222.4	31.8
2018 年	270.5	14.0	14.4	–3.5	256.1	15.1
2019 年	341.1	26.1	19.1	32.9	322.0	25.7
2020 年	340.7	–0.1	35.9	87.9	304.8	–5.3

（二）一般贸易进出口稳定增长，保税物流成倍增长

“十三五”期间，浙江以一般贸易方式进出口集成电路1158.3亿元，占全省集成电路进出口总值的84.4%，年均增长20.4%。以保税物流进出口集成电路则从2018年起快速增长，连续3年增速保持在25%以上，2020年更是达到了44.7%，超越加工贸易成为第二大贸易方式。

表 2 “十三五”期间浙江集成电路进出口贸易方式统计表

单位：亿元，%

年份	一般贸易			加工贸易			保税物流		
	总值	占比	同比	总值	占比	同比	总值	占比	同比
“十二五”期间	355.3	54.0	103.1	197.2	30.0	–25.8	104.7	15.9	–53.4
2011 年	39.0	34.0	–2.9	54.0	47.1	–26.7	21.6	18.8	–7.7
2012 年	49.1	45.0	25.8	41.9	38.4	–22.5	17.9	16.4	–17.0
2013 年	64.7	55.0	31.8	31.3	26.7	–25.2	21.4	18.2	19.8
2014 年	91.2	62.8	41.1	30.4	20.9	–3.1	23.5	16.1	9.3
2015 年	111.4	64.9	22.1	39.7	23.1	30.7	20.3	11.8	–13.4

年份	一般贸易			加工贸易			保税物流		
	总值	占比	同比	总值	占比	同比	总值	占比	同比
“十三五”期间	1158.3	84.4	226.0	117.3	8.5	-40.5	95.2	6.9	-9.1
2016年	149.3	81.6	34.0	18.5	10.1	-53.5	14.9	8.1	-26.6
2017年	205.5	86.6	37.7	18.5	7.8	0.0	12.7	5.4	-14.7
2018年	229.0	84.7	11.4	24.9	9.2	34.9	16.4	6.1	29.2
2019年	292.1	85.7	27.6	27.8	8.2	11.8	20.9	6.1	27.4
2020年	282.4	82.9	-3.3	27.7	8.1	-0.6	30.3	8.9	44.7

（三）外资企业占据半壁江山，民营企业规模不断扩大

“十三五”期间，外资企业进出口集成电路从“十二五”末的86.3亿元增长到2019年的214.2亿元，2020年虽略有下降，但仍占61.0%的比重，年均增长率为19.2%。民营企业进出口规模逐年扩大，年均增速为9.9%。

表3　“十三五”期间浙江集成电路进出口贸易主体统计表

单位：亿元，%

年份	国有企业			民营企业			外资企业		
	总值	占比	同比	总值	占比	同比	总值	占比	同比
2016年	3.9	2.1	13.2	72.3	39.5	-11.7	106.9	58.4	23.9
2017年	2.2	1.0	-43.7	91.0	38.3	25.9	144.2	60.7	34.9
2018年	1.7	0.6	-19.5	111.1	41.1	22.1	157.6	58.3	9.3
2019年	2.1	0.6	19.1	124.8	36.6	12.3	214.2	62.8	35.9
2020年	1.7	0.5	-19.2	131.3	38.5	5.2	207.7	61.0	-3.1

（四）自台、日、韩进口快速增长

浙江省集成电路主要进口自我国台湾地区、日本和韩国。“十三五”期间，浙江自我国台湾地区、日本、韩国分别进口集成电路367.2亿元、289.6亿元和246.4亿元，年均增速分别为10.5%、23.6%和21.4%。我国香港地区为浙江集成电路出口主要市场，“十三五”期间累计出口67.3亿元，占同期全省出口集成电路总值的68.3%，年均增长10.8%。

表4 “十三五”期间浙江省集成电路进出口主要市场统计表

单位：亿元，%

年份	中国台湾		日本		韩国		中国香港	
	进口	占比	进口	占比	进口	占比	出口	占比
2016年	54.4	32.3	34.5	20.4	33.0	19.5	9.1	63.7
2017年	63.9	28.7	51.4	23.1	42.2	19.0	9.1	60.7
2018年	77.0	30.1	56.0	21.9	54.0	21.1	9.0	62.6
2019年	83.2	25.8	89.1	27.7	56.2	17.4	12.8	67.3
2020年	88.7	29.1	58.6	19.2	61.0	20.0	27.3	76.0

（五）宁波、杭州保持主力地位，嘉兴、绍兴后发优势显著

“十三五”期间，浙江省集成电路进出口企业集中在宁波和杭州。2016—2019年，两地合计集成电路进出口值占同期全省集成电路进出口总值的九成以上，且均呈现较大幅度增长。2020年，嘉兴进出口集成电路27.7亿元，同比增长93.4%，占全省进出口集成电路的8.1%；绍兴进出口1.4亿元，同比增长1.8倍，占0.4%。

二、“十三五”期间浙江省集成电路进出口发展的有利因素

（一）加大支持力度，加快浙江集成电路产业发展

2016年，国务院印发《“十三五”国家战略性新兴产业发展规划》，启动集成电路重大生产力布局规划工程，对集成电路产业从上游专利授权、设计，中游制造、封测，到下游应用，全方位进行支持。2017年，浙江省出台了《关于加快集成电路产业发展的实施意见》，明确了加快集成电路产业发展的总体要求和发展重点，以及相应的政策支持和保障措施。在各项政策的助力下，浙江依托杭州国家集成电路设计产业化基地、宁波微电子创新产业园，优化产业结构和布局，形成了以杭州、宁波为引领，嘉兴、衢州、绍兴等地特色发展的“两极多点”的发展格局。

（二）数字经济持续快速发展，拉动集成电路需求增长

“十三五”期间，浙江省重点发展数字产业，取得巨大成就。在数字基建完善基础上，浙江电子商务平台、云数据平台、“智慧城市”、人工智能等诸多应用场景和相关产业蓬勃发展。集成电路作为数字经济和产业数字化

转型的必需产品，在需求带动下进入快速成长期。

三、“十四五”期间浙江省集成电路进出口发展展望

（一）数字化改革持续深入，奠定集成电路进出口增长基础

“十四五”期间，浙江将着力推进数字化改革，向数据要动力，未来浙江省数字化产业将继续高速发展。在此背景下，物联网、自动驾驶、“智慧城市”等数字化应用场景将获得广泛发展，必将带动集成电路需求的进一步扩大，集成电路进出口规模有望保持同步增长。

（二）产业投资布局加速，国产化率步伐加快

“十三五”期间，浙江省组建省级数字经济产业投资基金，参与集成电路产业投资布局，重点投资关键元器件及材料、云计算、大数据、物联网、人工智能及产业数字化领域的基础型、战略性和前瞻性重大项目。“十三五”后期，国产集成电路逐步量产。部分制造商已具备自行研发、设计生产存储芯片的能力，存储器类集成电路获得突破。“十四五”期间，国产化率有望加快。

（三）支持政策明确有力，促进集成电路产业加快发展

“十三五”末期，财政部、国家税务总局、国家发展改革委、工信部四部委联合发布公告，明确了未来长期支持集成电路产业发展的政策，增强了行业企业的投资信心，有望持续推动集成电路相关产业发展。

（陈　迎　冯春鸣）

初级产品：外引内振　动力强劲

“十三五”期间，随着工业经济的发展和人民生活水平的提高，铁矿砂、成品油、原油、农产品等初级产品需求不断增长。浙江作为资源小省，在加强国内协调的同时，需要不断加大初级产品进口的保障力度。浙江自贸试验区获批成立后，以油气为核心的大宗商品资源配置基地加快推进建设，为浙江省初级产品进口增添强劲动力。“十三五”期间，浙江省初级产品进出口贸易快速发展，进出口值年均增长15.1%。其中，累计进口值占同期全省外贸进口总值的比重超过四成，较“十二五”期间提高3.8个百分点；累计出口值占同期全省外贸出口总值的2.7%，较“十二五”期间下降0.8个百分点。外贸进出口结构进一步优化提升。

一、“十三五”期间浙江省初级产品进出口的主要特点

“十三五”期间，浙江省初级产品累计进出口1.73万亿元，较“十二五”增长35.9%；占同期浙江省外贸进出口总值的12.3%，与“十二五”期间持平。其中，出口2890.1亿元，增长6.4%，占同期全省出口总值的2.7%；进口1.44万亿元，增长43.9%，占同期全省进口总值的41.8%。

按美元统计，“十三五”期间，全省初级产品累计进出口2555.6亿美元，年均增长12.7%。其中，出口427.0亿美元，年均增长4.9%；进口2128.6亿美元，年均增长14.5%。

表1　2011—2020年浙江初级产品进出口年度统计表

单位：亿元，%

年份	进出口	同比	出口	同比	进口	同比
“十二五”期间	12740.5	78.0	2715.0	69.9	10025.5	80.3
2011年	2665.6	36.9	531.7	40.1	2133.9	36.2
2012年	2722.8	2.1	596.8	12.2	2126.0	–0.4
2013年	2717.0	–0.2	594.6	–0.4	2122.4	–0.2
2014年	2492.3	–8.3	524.9	–11.7	1967.4	–7.3
2015年	2142.9	–14.0	466.9	–11.0	1676.0	–14.8
“十三五”期间	17312.8	35.9	2890.1	6.4	14422.7	43.9
2016年	2293.1	7.0	461.5	–1.2	1831.6	9.3
2017年	3128.1	36.4	525.7	13.9	2602.4	42.1
2018年	3647.4	16.6	616.2	17.2	3031.2	16.5
2019年	3906.6	7.1	624.0	1.3	3282.6	8.3
2020年	4337.6	11.0	662.6	6.2	3675.0	12.0

（一）工业经济稳定发展带动初级产品进口连年增长

“十三五”期间，浙江省工业经济稳定发展，规模以上工业销售产值从“十二五”末的6.45万亿元增长至2020年的7.33万亿元，年均增速2.6%，带动初级产品进口连续五年增长。尤其是2017年，由于铁矿砂、农产品、成品油、原油等主要的初级产品进口价格猛涨，全年初级产品进口2602.4亿元，较上年增长42.1%。2020年，浙江省初级产品进口3675.0亿元，较2015年增长1.2倍，年均增速为17.0%，高于同期浙江省进口年均增速2.3个百分点。浙江省初级产品进口占全省进口比重由2015年的38.3%震荡提升至2020年的42.4%，高于2020年全国水平9.2个百分点。“十三五”期间，浙江省初级产品进口占全国初级产品进口的6.8%，较“十二五”提高1.4个百分点。

出口方面，“十三五”期间，浙江省出口产品结构不断优化，工业制成品出口比重不断提升，附加值相对较低的初级产品出口比重明显减少。初级产品出口占同期全省出口总值的2.7%，比重较“十二五”减少0.8个百分点，出口规模年均增长7.3%；占同期全国初级产品出口总值的7.0%，份额较“十二五”减少1.2个百分点。

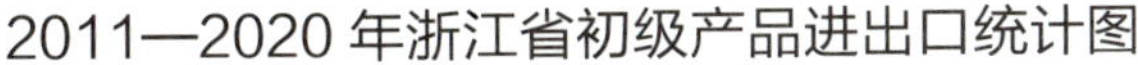

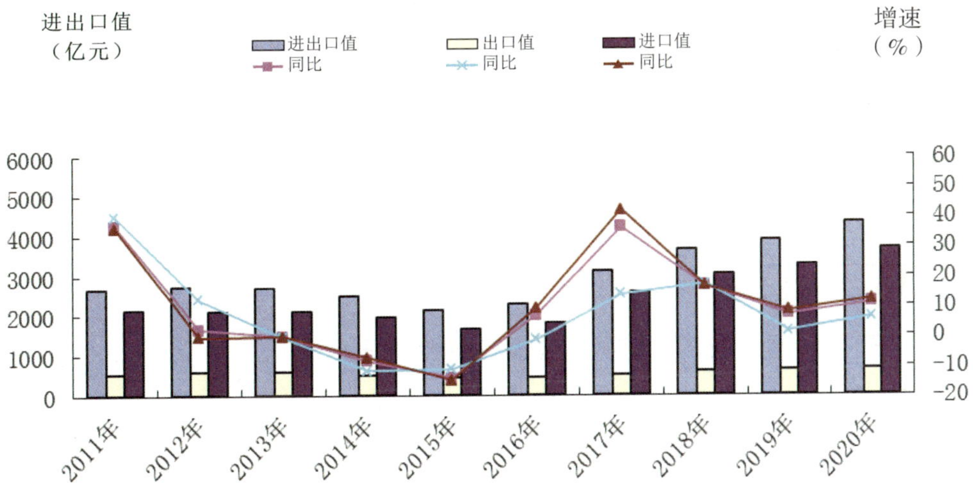

（二）主要进口市场保持增长，新兴市场增长较快

“十三五”期间，浙江省自主要市场（美国、日本除外）进口初级产品均保持增长。2020年，随着中美第一阶段协议的签署实施，浙江自美进口初级产品大幅回升84.7%。自新兴市场进口增长较快，其中，自东盟、拉美国家、俄罗斯进口分别年均增长19.5%、20.5%和24.6%。此外，“十三五”期间，浙江自“一带一路”沿线国家进口初级产品进口增长较快，累计增幅和年均增幅分别高出同期全省初级产品进口整体水平29.2和12.0个百分点。

表 2　“十三五”期间浙江初级产品主要进口市场统计表

单位：亿元，%

贸易市场	“十三五”期间			2020 年			年均增速
	进口值	同比	比重	进口值	同比	比重	
进口总值	14422.7	43.9	100.0	3675.0	12.0	100.0	17.0
“一带一路”沿线国家	4840.1	73.1	33.6	1458.1	23.3	39.7	29.0
东盟	2482.9	52.2	17.2	592.4	–5.3	16.1	19.5
澳大利亚	2270.4	60.8	15.7	573.3	7.2	15.6	18.4
拉丁美洲	2146.6	76.3	14.9	571.4	4.7	15.5	20.5
欧盟	1144.9	13.7	7.9	216.5	–8.8	5.9	4.8
美国	1101.6	–5.2	7.6	222.3	84.7	6.0	0.7
非洲	741.0	34.3	5.1	168.1	–2.5	4.6	8.2

续表

贸易市场	“十三五”期间			2020 年			年均增速
	进口值	同比	比重	进口值	同比	比重	
韩国	667.2	105.5	4.6	176.9	17.8	4.8	29.8
日本	588.1	–22.5	4.1	79.5	–19.0	2.2	–6.3
俄罗斯	500.3	76.1	3.5	119.6	–5.3	3.3	24.6
加拿大	439.0	3.1	3.0	96.3	–1.5	2.6	6.7

（三）民营企业优势扩大，国有企业作用提升

“十三五”期间，浙江省民营企业进口初级产品8098.6亿元，较“十二五”增长58.5%，年均增长17.8%，占“十三五”全省初级产品进口总值的56.2%，比重较“十二五”提高5.2个百分点，对全省初级产品进口带动作用更加突出；国有企业进口4202.7亿元，增长1.2倍，年均增长29.2%，占同期全省初级产品进口总值的29.1%，较“十二五”提高9.8个百分点，在进口初级产品，尤其是油气煤矿等大宗资源性商品，保障浙江省经济增长和产业升级方面作用大幅提升。2020年，浙江省民营企业进口初级产品占全省比重提升至60.0%，国有企业提升至30.5%。

表 3　“十三五”期间浙江初级产品进口贸易主体统计表

单位：亿元，%

贸易主体	“十三五”期间			2020 年			年均增速
	进口值	同比	比重	进口值	同比	比重	
进口总值	14422.7	43.9	100.0	3675.0	12.0	100.0	17.0
民营企业	8098.6	58.5	56.2	2205.5	22.5	60.0	17.8
国有企业	4202.7	116.6	29.1	1121.2	6.6	30.5	29.2
外资企业	2120.6	–28.7	14.7	348.3	–19.0	9.5	–2.4

（四）各主要贸易方式齐头并进

“十三五”期间，浙江省以一般贸易方式进口初级产品1.10万亿元，较“十二五”增长41.6%，年均增长17.7%，占“十三五”期间全省初级产品进口的76.3%。2020年，比重已达到79.6%，主导地位更加稳固。此外，保税物流和加工贸易进口年均增速也分别达到14.6%和14.7%。

表4 “十三五”期间浙江初级产品进口主要贸易方式统计表

单位：亿元，%

贸易方式	“十三五”期间			2020年			年均增速
	进口值	同比	比重	进口值	同比	比重	
进口总值	14422.7	43.9	100.0	3675.0	12.0	100.0	17.0
一般贸易	11004.7	41.6	76.3	2923.7	21.7	79.6	17.7
保税物流	2662.8	53.1	18.5	575.8	-15.5	15.7	14.6
加工贸易	754.6	46.8	5.2	175.3	-11.9	4.8	14.7

（五）废金属进口大幅缩减，能源产品进口大幅增长

“十三五”期间，浙江省初级产品进口主要为铁矿砂、农产品、废金属、成品油和原油[1]，五者合计占“十三五”期间全省初级产品进口总值的61.5%。此外，“十三五”后期，因部分重大项目在浙江落地，石油气及其他烃类气体进口量成倍增加，成为拉动初级产品进口增长的重要因素。

1. 废金属进口大幅缩减

长期以来，废金属一直是浙江省主要进口的初级产品之一，以废铜、废钢铁为主，二者合计占废金属进口值的90%以上。2016—2017年间，浙江省废金属进口量仍有所增加。2018年后，随着我国禁止洋垃圾入境、固体废物进口管理制度改革的推进，全省废金属进口量连续三年大幅减少。“十三五”期间，全省废金属进口量1155.1万吨，较“十二五”减少39.1%；进口值1546.3亿元，占同期全省初级产品进口总值的10.7%，较“十二五”减少7.6个百分点。其中，2020年所占比重已大幅缩至5.8%。

2. 石油气进口成倍增加

“十三五”期间，浙江省石油气进口量2155.8万吨，较“十二五”增加4.7倍；进口值685.4亿元，增长3.2倍，占同期全省初级产品进口总值的4.8%，较“十二五”提高3.1个百分点。

其中，丙烷进口1565.8万吨，增加4.4倍；进口值519.1亿元，增长3.5倍，占“十三五”期间全省石油气进口总值的75.7%。宁波“福基石化”年产66万吨丙烷脱氢制丙烯项目和“卫星石化”年产45万吨丙烷脱氢制丙烯项目分别

[1] 铁矿砂、农产品、成品油、原油进口另有专题篇目介绍。

于2016年10月和2019年2月投产，带动全省丙烷进口大幅增长。

另外天然气进口从无到有，快速增长。中国海洋石油集团有限公司宁波液化天然气接收站于2012年投产，新奥集团舟山液化天然气接收站于2018年正式投产，多家浙江属地企业开始从事天然气进口业务。2018年，全省进口天然气31.8万吨。2019年，进口71.7万吨，较2018年增加1.3倍。2020年，进口238.9万吨，较2019年增加2.3倍。“十三五”期间，全省天然气进口量为343.6万吨，进口值为78.9亿元，占同期全省石油气进口总值的11.5%。

3. 煤炭进口量大幅增长，价格波动明显

“十三五”期间，全省全社会用电量显著增加。2020年，浙江省全社会用电量4830亿千瓦时，较2015年增加58.8%。旺盛的电力需求带动煤炭进口稳步走高。“十三五”期间，浙江省煤炭进口量1.32亿吨，增加98.6%；进口值645.5亿元，增长79.6%，占同期全省初级产品进口总值的4.5%，较“十二五”提高0.9个百分点。2020年，浙江省煤炭进口2853.5万吨，较2015年增加84.5%，年均增长13.0%。

从进口均价来看，“十三五”期间，煤炭进口价格呈倒“N”形波动。2016年，进口均价为每吨352.0元，延续“十二五”期间价格持续下跌的趋势，较2015年下跌4.6%。随着国民经济稳中有进、稳中向好和煤炭行业供给侧结构性改革的积极影响，我国煤炭供大于求的局面有所改变，煤炭价格大幅回升。加上同期国际市场煤炭价格趋于上升，2017—2018年，全省煤炭进口均价连续上涨，于2018年达到每吨571.0元的“十三五”期间峰值。此后，受中美经贸摩擦、新冠肺炎疫情全球暴发等因素影响，全球经济增速放缓，国际市场煤炭价格连续下跌，全省煤炭进口均价也连续下跌，2020年进口均价为每吨480.5元。

表5 “十三五”期间浙江初级产品进口统计表

单位：亿元，%

进口产品	“十三五”期间			2020年			年均增速
	进口值	同比	比重	进口值	同比	比重	
总值	14422.7	43.9	100.0	3675	12.0	100.0	17.0
铁矿砂及其精矿	2516.4	28.0	17.4	740.7	20.3	20.2	27.3
*农产品	2397.0	62.0	16.6	610.4	13.4	16.6	14.3
废金属	1546.3	–16.0	10.7	212.9	–31.4	5.8	–3.4

续表

进口产品	“十三五”期间			2020 年			年均增速
	进口值	同比	比重	进口值	同比	比重	
成品油	1518.8	28.0	10.5	254.1	–35.6	6.9	8.8
原油	900.4	138.7	6.2	539.3	143.9	14.7	49.6
木及其制品	765.1	44.7	5.3	128.2	–19.0	3.5	–1.0
纸浆	702.1	25.6	4.9	161.2	12.0	4.4	9.5
石油气及其他烃类气体	685.4	324.6	4.8	182.7	14.1	5.0	24.0
煤及褐煤	645.5	79.6	4.5	137.1	–0.9	3.7	19.2

二、“十四五”期间浙江省初级产品进口展望

“十三五”期间，浙江经济稳定发展带动了铁矿、油品、农产品等初级产品进口需求。同时，浙江自贸试验区获批设立、鼠浪湖矿石中转码头、舟山绿色石化基地等一批重大项目建成投产，带动初级产品进口快速增长。

展望“十四五”，浙江省努力打造高质量发展开放高地，实现经济持续健康较快发展，原油、铁矿、液化天然气、农产品等初级产品进口需求将继续增长。同时，浙江省将高标准建设浙江自贸试验区，持续打造以油气为核心的大宗商品资源配置基地、新型国际贸易中心、国际航运和物流枢纽，大力推动宁波舟山港建设世界一流强港，打造世界级港口群，为初级产品进口提供有利条件。随着舟山绿色石化基地二期项目、“新奥舟山LNG”二期项目、“浙能六横LNG”项目等一批重大项目的陆续建成投产，将为浙江省初级产品进口增添强劲新动力。

（刘四海　沈永平）

农产品：内外兼修　惠泽民生

“十三五”以来，浙江省以“创新、协调、绿色、开放、共享”五大发展理念为引领，以“八八战略”为总纲，着力推进农业发展方式转变、农业供给侧结构性改革、农业生态环境建设和农民持续较快增收，努力打造高效生态、特色精品、绿色安全的高质量、高水平现代农业强省，为“十四五”现代农业更好发展奠定了坚实基础。“十三五”期间，浙江省农产品进出口规模连续5年实现增长，同比增长32.7%，年均增速高于同期全国平均水平0.4个百分点，跨境电商平台农产品进口更是实现了40%以上的年均增长。

一、“十三五”期间浙江省农产品进出口的主要特点

（一）进出口规模连年增长，增速快于全国

“十三五”期间，浙江省农产品累计进出口4244.3亿元，同比增长32.7%，年均增长8.6%，高于同期全国平均水平0.4个百分点；占同期全省进出口总值的3.0%，比重与“十二五”期间基本持平。其中，出口1757.3亿元，增长13.0%，年均增长1.7%；进口2487.0亿元，增长51.4%，年均增长13.9%。2020年，浙江省农产品进出口总值974.3亿元，较2015年增长51.2%。

按美元统计，“十三五”期间，全省农产品累计进出口627.5亿美元，同比增长23.1%，年均增长6.3%。其中，出口260.2亿美元，增长4.8%，年均下降0.5%；进口367.3亿美元，增长40.4%，年均增长11.5%。

表 1　2011—2020 年浙江农产品进出口年度统计表

单位：亿元，%

年份	进出口	同比	出口	同比	进口	同比
“十二五”期间	3197.5	47.4	1555.3	39.3	1642.2	55.9
2011 年	643.9	21.1	295.0	18.6	348.9	23.3
2012 年	636.8	–1.1	297.6	0.9	339.2	–2.8
2013 年	644.0	1.1	321.9	8.1	322.1	–5.0
2014 年	628.6	–2.4	327.0	1.6	301.6	–6.4
2015 年	644.2	2.5	313.8	–4.1	330.4	9.5
“十三五”期间	4244.3	32.7	1757.3	13.0	2487.0	51.4
2016 年	695.5	8.0	324.0	3.3	371.5	12.4
2017 年	789.4	13.5	347.5	7.2	441.9	19.0
2018 年	859.5	8.9	375.1	8.0	484.3	9.6
2019 年	925.6	7.7	368.8	–1.7	556.8	15.0
2020 年	974.3	5.3	341.8	–7.3	632.4	13.6

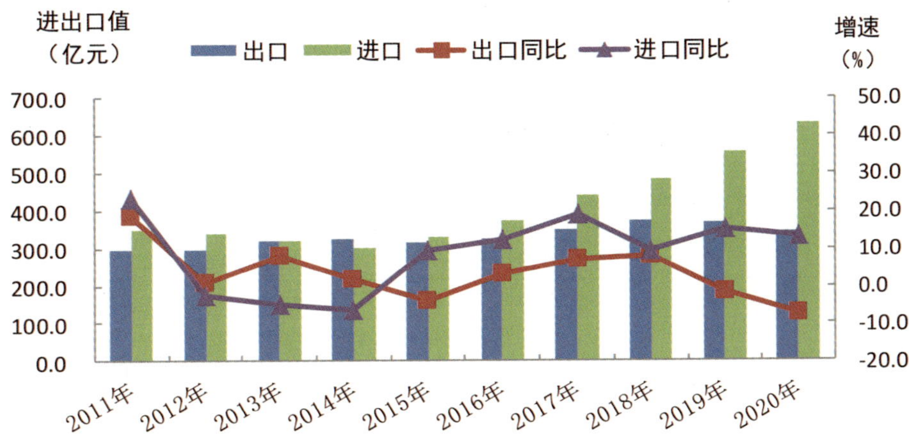

出口方面，2016—2018年，全省农产品出口连续三年保持增长，2018年达到375.1亿元。此后受中美经贸摩擦和新冠肺炎疫情全球暴发影响，全省农产品出口连续两年下降。

进口方面，浙江省农产品进口连续5年实现增长，从2015年的330.4亿元增至2020年的632.4亿元，年均增长13.9%；年均增速高于同期全国平均水平3.4个百分点，在东部主要沿海省市中居第2位。“十三五”期间，全省农产品进口占全国农产品进口的份额由“十二五”末的4.6%提高至2020年的5.3%。

（二）主要出口商品保持稳定

水产品、茶叶、罐头和蔬菜是浙江主要出口农产品，合计占六成以上。“十三五”期间，全省主要农产品出口规模保持稳定，继续走在全国前列。水产品累计出口639.7亿元，较“十二五”增长8.8%，出口值居全国第5位。其中舟山市出口350.1亿元，占全省水产品出口总值的54.7%；宁波市出口208.1亿元，占32.5%。茶叶累计出口162.7亿元，增长1.2%，出口规模继续居全国首位。其中，绍兴市出口60.5亿元，占全省茶叶出口总值的37.2%；杭州市出口43.0亿元，占26.4%；宁波市出口35.0亿元，占21.5%。罐头累计出口131.2亿元，增长4.5%，出口值居全国第3位。其中，宁波市出口66.1亿元，占全省罐头出口总值的50.4%；台州市出口28.7亿元，占21.9%；绍兴市出口17.1亿元，占13.0%。蔬菜累计出口125.9亿元，下降0.6%，以杭州市和宁波市为主。

表2　“十三五”期间浙江农产品主要出口商品统计表

单位：亿元，%

出口商品	“十三五”期间			2020年			年均增速
	出口值	同比	比重	出口值	同比	比重	
出口总值	1757.3	13.0	100.0	341.8	–7.3	100.0	1.7
水产品	639.7	8.8	36.4	117.8	–12.8	34.5	0.5
茶叶	162.7	1.2	9.3	31.1	–6.7	9.1	–0.8
罐头	131.2	4.5	7.5	26.7	4.8	7.8	2.2
蔬菜	125.9	–0.6	7.2	25.7	–0.7	7.5	2.7
配制的动物饲料	81.0	17.2	4.6	14.4	–0.4	4.2	0.8
豆粕	28.2	276.8	1.6	0.02	–99.1	0.02	–68.1
巧克力及其他含可可的食品	24.7	1503.5	1.4	5.4	–15.6	1.6	42.9

（三）粮食进口保持增长，“菜篮子”商品进口大幅增长

“十三五”期间，浙江省农产品进口商品结构更加优化，水果、水产品、肉类等“菜篮子”商品进口大幅增长，更好地满足了人民日益增长的物质生活需要。在此期间，全省粮食进口476.4亿元，较“十二五”增长8.3%。其中，大豆进口399.5亿元，增长9.3%；乳品进口225.0亿元，增长21.7%，而受益于中澳自贸协定的实施，自澳大利亚进口乳品增长1.0倍；水果进口167.0

亿元，增长14.8倍。2019年，水果进口68.3亿元，同比增长4.0倍，超过粮食成为全省农产品进口第一大商品。

表3　“十三五”期间浙江农产品主要进口商品统计表

单位：亿元，%

进口商品	“十三五”期间			2020年			年均增速
	进口值	同比	比重	进口值	同比	比重	
进口总值	2487.0	51.4	100.0	632.4	13.6	100.0	13.9
粮食	476.4	8.3	19.2	64.4	–2.9	10.2	–7.7
乳品	225.0	21.7	9.0	52.8	20.8	8.4	10.0
羊毛及毛条	187.3	26.5	7.5	28.1	–28.6	4.4	–0.8
鲜、干水果及坚果	167.0	1481.3	6.7	79.5	16.4	12.6	74.2
水产品	152.8	136.7	6.1	41.7	–0.1	6.6	26.1
酒类及饮料	147.1	198.5	5.9	40.4	17.6	6.4	22.0
肉类（包含杂碎）	114.6	626.9	4.6	63.9	195.6	10.1	66.4
食用植物油	65.1	43.7	2.6	14.1	–33.4	2.2	20.9

（四）对东盟、拉美等新兴市场进出口增长较快

“十三五”期间，浙江省对东盟出口农产品增长28.9%，占全省农产品出口总值的11.6%，比重较“十二五”提高1.5个百分点；对拉丁美洲出口农产品增长84.0%，占全省农产品出口总值的3.7%，较“十二五”提高1.5个百分点；对日本、美国出口农产品占全省的比重，则较“十二五”分别下降了1.1个和0.7个百分点。此外，对“一带一路”沿线国家出口占全省农产品出口的20.2%，较“十二五”提高1.7个百分点。

表4　“十三五”期间浙江农产品主要出口市场统计表

单位：亿元，%

贸易市场	“十三五”期间			2020年			年均增速
	出口值	同比	比重	出口值	同比	比重	
出口总值	1757.3	13.0	100.0	341.8	–7.3	100.0	1.7
日本	371.8	7.3	21.2	65.7	–11.8	19.2	–0.9
“一带一路”沿线国家	354.8	23.4	20.2	74.8	–9.4	21.9	3.4
欧盟	278.3	13.8	15.8	55.0	–7.9	16.1	3.2
美国	220.8	6.9	12.6	42.7	4.8	12.5	1.1
非洲	208.3	12.6	11.9	38.4	–15.1	11.2	0.4

续表

贸易市场	“十三五”期间			2020 年			年均增速
	出口值	同比	比重	出口值	同比	比重	
东盟	203.3	28.9	11.6	47.5	0.8	13.9	4.7
韩国	125.6	–12.9	7.1	22.0	–12.9	6.4	–2.9
拉丁美洲	64.3	84.0	3.7	14.2	4.6	4.1	10.8
中国香港	55.8	16.4	3.2	13.0	1.2	3.8	7.4
中国台湾	39.6	31.4	2.3	8.5	–4.5	2.5	4.5
俄罗斯	38.4	24.8	2.2	6.0	–28.2	1.8	5.9

“十三五”期间，除自美国进口农产品受中美经贸摩擦影响出现下降外，全省自其他主要市场进口农产品均实现较快增长。其中，自拉美进口增长78.4%，占全省农产品进口总值的比重较“十二五”提升3.0个百分点；自东盟进口增长1.0倍，比重提升4.5个百分点；自澳大利亚进口增长60.8%，比重提升0.9个百分点；自欧盟进口增长64.2%，比重提升1.1个百分点。同期，自“一带一路”沿线国家进口537.6亿元，占全省农产品进口总值的21.6%，较“十二五”提升3.7个百分点。2020年，全省自美进口农产品大幅回升，已恢复至“十二五”期末水平。

表 5　“十三五”期间浙江农产品主要进口市场统计表

单位：亿元，%

贸易市场	“十三五”期间			2020 年			年均增速
	进口值	同比	比重	进口值	同比	比重	
进口总值	2487.0	51.4	100.0	632.4	13.6	100.0	13.9
“一带一路”沿线国家	537.6	82.6	21.6	145.1	6.6	22.9	19.0
拉丁美洲	498.6	78.4	20.0	119.2	5.7	18.8	12.5
东盟	433.0	104.2	17.4	103.9	–2.2	16.4	15.1
澳大利亚	385.1	60.8	15.5	89.7	–4.3	14.2	15.5
欧盟	359.1	64.2	14.4	93.6	26.3	14.8	10.5
美国	291.8	–17.8	11.7	61.7	46.3	9.8	0.3
新西兰	141.9	–3.8	5.7	36.5	16.1	5.8	15.6
加拿大	85.4	156.5	3.4	32.2	58.2	5.1	43.4
非洲	62.1	69.1	2.5	13.9	–9.5	2.2	7.0
日本	57.5	484.9	2.3	19.8	51.6	3.1	36.1
韩国	34.3	254.6	1.4	14.3	31.5	2.3	44.1

（三）民营企业带动作用更加突出

“十三五”期间，浙江省农产品进口商品结构更加优化，水果、水产品、肉类等“菜篮子”商品进口大幅增长，更好地满足了人民日益增长的物质生活需要。在此期间，全省粮食进口476.4亿元，较“十二五”增长8.3%。其中，大豆进口399.5亿元，增长9.3%；乳品进口225.0亿元，增长21.7%，而受益于中澳自贸协定的实施，自澳大利亚进口乳品增长1.0倍；水果进口167.0亿元，增长14.8倍。2019年，水果进口68.3亿元，同比增长4.0倍，超过粮食成为全省农产品进口第一大商品。

表6　“十三五”期间浙江农产品进出口贸易主体统计表

单位：亿元，%

贸易主体	“十三五”期间			2020年			年均增速
	进出口值	同比	比重	进出口值	同比	比重	
总值	4244.3	32.7	100.0	974.3	5.3	100.0	8.6
民营企业	2977.4	49.4	70.2	696.4	7.3	71.5	10.2
外资企业	829.1	2.5	19.5	163.1	−7.2	16.7	3.8
国有企业	436.9	10.4	10.3	114.8	14	11.8	7.6

（四）一般贸易主导地位突出，跨境电商进口大幅增长

“十三五”期间，浙江省以一般贸易方式进出口农产品3615.7亿元，占同期全省农产品进出口总值的85.2%，比重较“十二五”提高1.5个百分点，主导地位更加突出；以保税物流方式进出口281.0亿元，年均增长19.6%，高于同期全国平均水平13.8个百分点。2020年，浙江省跨境电商进口农产品149.0亿元，占当年全省农产品进口总值的23.6%，较2015年大幅提高15.7个百分点，年均增长41.8%。

表7　“十三五”期间浙江农产品进出口主要贸易方式统计表

单位：亿元，%

贸易方式	“十三五”期间			2020年			年均增速
	进出口值	同比	比重	进出口值	同比	比重	
进出口总值	4244.3	32.7	100.0	974.3	5.3	100.0	8.6
一般贸易	3615.7	35.0	85.2	843.2	6.2	86.5	8.8
加工贸易	344.1	−3.4	8.1	60.8	−6.7	6.2	−0.1
保税物流	281.0	75.1	6.6	69.5	5.8	7.1	19.6

二、“十四五”期间浙江省农产品进出口发展展望

“十三五”期间，浙江省在稳定和扩大传统市场的同时，加大“一带一路”沿线新兴市场开拓力度；持续推进出口农产品基地建设，提高出口农产品国际竞争力；办好中国国际茶叶博览会、浙江农业博览会等展会，拓展农产品出口渠道，推动农产品进出口稳定增长。展望“十四五”，浙江省将持续深化农业国际交流合作，坚持“走出去”和“引进来”并重，大力培育浙江农业对外合作大平台、农业大企业和大品牌，加快构建特色鲜明的产业体系、充满活力的“走出去”经营体系、多元稳定的农产品市场体系和健全的对外合作服务体系，推动形成浙江农业全面对外合作新格局，着力打造农产品出口大省、农业“走出去”强省、开放型农业经济示范省，浙江省农产品进出口将实现更高质量发展。

（刘四海　万梦龙）

油品：“油光溢彩” 前景广阔

“十三五”期间，在国际形势错综复杂以及国际油价剧烈震荡的背景下，浙江省油品进出口贸易依托自身区位优势、自贸试验区政策优势以及油气全产业链集群发展效应，呈现出快速发展的态势。“十三五”期间，浙江省油品进出口总量1.21亿吨，同比增加96.3%；总值3232.0亿元，同比增长31.3%。其中，进口总量9071.7万吨，同比增加1.3倍；进口总值2419.2亿元，同比增长54.7%；出口总量3005.7万吨，同比增加35.2%；出口总值812.8亿元，同比下降9.4%。出口量值均居全国第2位。

一、“十三五”期间浙江省油品进出口主要特点

（一）进口增速高于全国

“十三五”期间，浙江省油品进口量连续5年实现正增长，年均增长27.5%；进口值年均增长27.1%，领先全国年均增速19.7个百分点，占同期全省进口总值的7.0%，比重较“十二五”上升1.1个百分点，拉动全省进口增长3.2个百分点。2020年，全省油品进口3472.0万吨，较2015年增加2.4倍；进口值793.4亿元，占同期全省进口总值的9.2%，较2015年提高3.7个百分点。

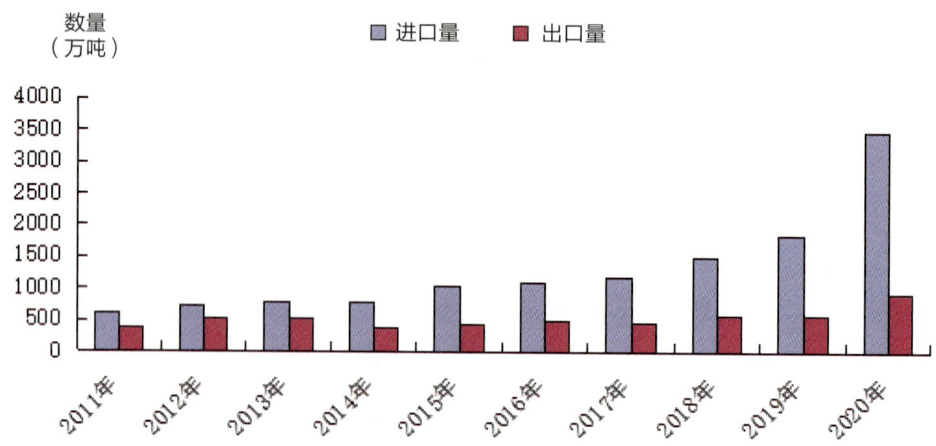

表1 “十三五”期间浙江原油、成品油进出口统计表

单位：亿元，万吨

年份	原油				成品油			
	进口值	进口量	出口值	出口量	进口值	进口量	出口值	出口量
“十二五”期间	377.2	923.4	180.6	357.4	1186.4	3004.8	716.9	1866.4
2011年	87.4	174.7	46.7	92.1	209.6	439.1	134.0	294.5
2012年	81.7	155.0	62.7	112.1	269.6	575.4	181.3	406.1
2013年	41.4	85.8	37.3	69.6	309.7	696.3	185.8	455.3
2014年	95.0	206.2	13.2	26.7	230.6	567.1	132.8	337.9
2015年	71.9	301.6	20.7	56.9	166.9	726.9	83.1	372.6
“十三五”期间	900.4	3736.4	68.5	292.5	1518.8	5335.3	744.3	2713.2
2016年	43.6	253.1	26.1	122.5	163.6	828.5	61.3	351.7
2017年	62.1	235.7	22.3	82.3	252.5	954.3	92.6	384.0
2018年	34.4	95.7	4.0	13.9	454.4	1384.5	171.0	560.8
2019年	221.1	661.1	5.8	18.7	394.4	1186.8	181.9	555.7
2020年	539.3	2490.8	10.3	55.2	254.1	981.2	237.5	861.0

（二）成品油进出口涨势迅猛，原油进口创历史新高

浙江省油品进出口主要集中在舟山、宁波口岸，“十三五”期间二者合计占浙江省油品总进出量的97.9%，其中舟山口岸占进出口总量的85.9%。

1. 保税燃料油供应拉动成品油进出口快速增长

“十三五”期间，浙江省进出口成品油持续稳定增长，累计达8048.5万吨，较“十二五”增加65.2%，年均增加10.9%。浙江自贸试验区保税燃油加注业务的蓬勃发展是拉动成品油进出口大幅增长的重要原因。2017年浙江自贸试验区成立后，保税燃料油成为油品产业链建设的突破口，2018年7月在全国率先突破船用燃料油混兑调和政策，2020年初低硫船用燃料油出口退税政策落地。在多项有利政策的驱动下，2019年，舟山与全球船用燃料油最大供应市场——新加坡的保税燃料油价差明显缩小。2020年出口退税政策实施后，舟山与新加坡价格已相当接近，船用保税燃料油供应竞争力增强。2018年，舟山港成为全国第一、全球前十供油港。2020年，保税油供应量突破470万吨，稳居供油港全国第一，世界前八。浙江省业已成为我国保税船供油增速最快的区域。

2. 炼油产能扩大，油价暴跌，刺激原油进口快速增长

“十三五”期间，浙江省原油累计进口3736.4万吨，年均增加52.5%。全省原油进口量在2018年短暂回落后呈现快速增长态势。尤其在2020年，进口量达到2490.8万吨，创历史新高，同比增加2.8倍，较2015年增长7.3倍。“十三五”期间，浙石化炼化一体化项目等重大炼化项目投产，同时，国际原油价格受新冠肺炎疫情以及沙特阿拉伯价格战影响处于低位，企业进口意愿提升，进口量创历史新高。

（三）成品油进出口市场相对稳定，自中东进口原油比重大幅提升

“十三五”期间，浙江省成品油前五大进口来源国为马来西亚、新加坡、俄罗斯、韩国和阿联酋，五者合计占同期全省成品油进口总量的76.2%。其中自马来西亚进口快速增长，较“十二五”期间增长5.0倍，占比提升18.0个百分点。

原油进口市场结构发生较大变化，中东国家占比大幅提升。其中，沙特阿拉伯和阿联酋跃居原油进口总量前两位，分别占32.5%和12.8%。此外，自阿曼的原油进口量较“十二五”成倍增长。

浙江省成品油出口贸易市场主要为我国香港地区、巴拿马、利比里亚、马绍尔群岛和新加坡，五者合计占“十三五”时期全省成品油出口总量的73.8%。

表2 “十三五”期间浙江成品油进口主要贸易国别统计表

单位：万吨，%

国别	“十三五”期间			2020年			年均增速
	进口量	同比	占比	进口量	同比	占比	
马来西亚	1373.5	496.0	25.7	383.7	-0.5	39.1	60.9
新加坡	931.1	2.9	17.5	89.6	-55.2	9.1	-14.1
俄罗斯	814.5	114.0	15.3	170.9	-8.8	17.4	14.5
韩国	582.3	94.8	10.9	143.1	15.8	14.6	17.7
阿联酋	366.2	272.4	6.9	57.1	-36.1	5.8	10.0
日本	239.4	105.6	4.5	20.7	-69.4	2.1	-3.3

表3 “十三五”期间浙江原油进口主要贸易国别统计表

单位：万吨，%

国别	“十三五”期间			2020年			年均增速
	进口量	同比	占比	进口量	同比	占比	
沙特阿拉伯	1213.7	---	32.5	966.4	290.6	38.8	---
阿联酋	479.8	---	12.8	466.2	3348.6	18.7	---
阿曼	339.6	161.4	9.1	205.9	663.1	8.3	20.4
俄罗斯	224.6	198.3	6.0	66.8	127.2	2.7	---
科威特	221.9	744.6	5.9	193.3	575.1	7.8	49.0
巴西	217.3	---	5.8	81.9	-24.5	3.3	---

（四）民营企业进口原油占比大幅提升

“十三五”期间，浙江省原油进口占浙江省油品进口的比重大幅提升至八成以上。民营企业累计进口原油3145.4万吨，同比增加8.7倍，占同期浙江省原油进口总量的84.2%，年均增加73.9%。期间，民营企业进口成品油998.1万吨，增加91.5%；出口208.1万吨，增加21.5%。

（五）保税物流为成品油进出口主要贸易方式，一般贸易方式进口原油比重显著提升

“十三五”期间，浙江省以保税物流方式进口成品油4700.9万吨，占同期全省成品油进口总量的88.1%，同比增长73.5%；一般贸易方式进口627.5万吨，占11.8%。原油进口以一般贸易为主，累计进口2446.8万吨，占“十三五”期间全省原油进口总量的65.5%，“十二五”期间无原油进口。

“十三五”期间，受保税燃料油供应拉动，以保税物流方式出口成品油占据浙江省成品油出口的绝对主导地位。累计出口2704.1万吨，占同期全省成品油出口的99.7%。

表 4　“十三五”期间浙江油品进口贸易方式统计表

单位：万吨，%

进口产品	贸易方式	“十三五”期间			2020 年			年均增速
		进口量	同比	占比	进口量	同比	占比	
成品油	保税物流	4700.9	73.5	88.1	729.3	–28.5	74.3	1.6
	一般贸易	627.5	113.4	11.8	251.7	50.7	25.7	37.1
	加工贸易	6.9	734.4	0.1	0.2	–13.5	0.002	–14.3
原油	一般贸易	2446.8	---	65.5	2041.8	404.2	82.0	---
	保税物流	1289.7	39.7	34.5	449.0	75.3	18.0	8.3

表 5　“十三五”期间浙江成品油出口贸易方式统计表

单位：万吨、%

贸易方式	“十三五”期间			2020 年			年均增速
	出口量	同比	占比	出口量	同比	占比	
保税物流	2704.1	44.9	99.7	852.6	53.5	99.0	18.0
一般贸易	8.6	4808.2	0.3	8.4	16991.3	1.0	235.1
加工贸易	0.5	41.6	0.02	0.04	–31.3	0.004	–19.2

三、“十三五”期间浙江省油品进出口快速增长的原因

（一）省内炼化产能大幅提升

“十三五”期间，浙石化炼化一体化项目一期全面投产，具有2000万吨/年的炼化能力。加上宁波大榭炼油装置的扩能，截至2020年9月，在原油加工方面，浙江省炼油一次加工能力已经达到5700万吨/年。炼化产能持续扩大提振了原油需求，从而拉动进口量增长。

（二）浙江自贸试验区政策红利不断释放

浙江自贸试验区是我国唯一一个以油气全产业链建设为特色的自贸试验区。2017年3月成立以来，浙江自贸试验区“从无到有”，聚集了万亿级油气产业集群，充分利用自贸先行先试的政策优势，政策红利不断释放。在“不同税号船用燃料油品混兑”“低硫燃料油出口退税”等政策驱动下，浙江自贸试验区成品油进出口快速增长，极大地促进了全省油品进出口贸易的发展。

（三）低位油价刺激进口意愿

“十三五”期间，国际原油价格处于低位。尤其在2020年3月，受新冠肺炎疫情以及沙特阿拉伯价格战影响，全球原油市场供需快速失衡，国际原油价格断崖式暴跌，甚至出现历史罕见的负值。2020年，国际油价全年下跌超20%，超低油价强烈刺激企业进口意愿。

四、“十四五”期间浙江省油品进出口发展展望

一是外部环境逐渐恢复。随着新冠肺炎疫苗规模化生产和大范围接种，疫情防控效果逐步显现，世界主要经济体的经济恢复将好于预期。国际油市整体基本面和运行情况将随之改善，全球石油需求将逐步增长。

二是战略布局形成发展动力。浙江省政府在2020年7月发布的《浙江省人民政府关于支持中国（浙江）自由贸易试验区油气全产业链开放发展的实施意见》中提出“健全船用低硫燃料油供应市场，完善燃料油出口退税等政策体系，力争到2025年船用燃料油加注量突破1000万吨；加快推进石化产业转型升级，加快谋划浙石化三期项目，力争到2025年绿色石化基地工业产值达到8000亿元”。

三是油气产业链日趋完整。浙石化于2020年7月获成品油出口资质，浙江省由此形成保税燃料油、汽油、煤油、柴油四大油品出口格局，出口油品更加丰富。同时，浙石化二期将于2021年年底前全面投产，浙江省炼油装置总规模将跨进全国前三。浙江省油品进出口有望实现稳中有升。

（於佩佩　金一兵）

“十三五”期间，舟山围绕海洋经济发展，做好“一桶油”的大文章，外贸年均增速领跑全省

金属矿砂：工业基石　矿里淘金

金属矿砂[1]作为工业生产的重要基础材料，其冶炼成品被广泛应用于钢铁工业、机械制造业、电器制造业、建筑工业、交通工具制造业及国防工业等领域，在经济和社会发展中具有重要地位。由于我国铁、铜等金属矿产无法满足国内巨大的消费需求，因此一直是世界上最大的铁、铜金属矿砂进口国。“十三五”期间，浙江省充分利用拥有优质港口及江海联运的优势，大力发展金属矿砂进口贸易，同比增速较全国同类产品进口平均增速高30.5个百分点；累计进口值排名跃升至全国第五，较“十二五”期间前进1位；规模保持稳定增长，实现环比5连增，有力促进了浙江省外贸发展。

一、“十三五”期间浙江省金属矿砂进口主要特点

（一）进口规模迈上新台阶，对全省进口增长贡献率大

“十三五”期间，浙江省累计进口金属矿砂5.28亿吨，增加52.1%；价值3586.9亿元，增长46.5%，占同期全国同类产品进口总值的7.5%，占全省外贸进口总值的10.4%，对浙江省外贸进口增长贡献率达14.1%。2018年，浙江省金属矿砂进口量首次突破亿吨。2020年，进口1.20亿吨，较2015年增

[1] 本文的“金属矿砂”是指铁矿砂、铜矿砂、铝矿砂、钨品以及稀土等五类商品。

加83.3%，年均增加12.9%；价值首次突破千亿元大关，达到1039.0亿元，较2015年增长2.5倍，年均增长28.4%。

按美元统计，“十三五”期间，浙江省累计进口527.9亿美元，增长35.4%，年均增长25.6%。2020年，浙江省进口金属矿砂150.1亿美元，较2015年增长2.1倍，年均增长25.6%。

表1　2011—2020年浙江金属矿砂进口年度统计表

单位：万吨，亿元，%

年份	进口量	同比	全国占比	进口值	同比	全国占比
“十二五”期间	34719.7	135.4	7.1	2448.8	103.9	5.9
2011 年	5922.0	37.3	7.3	572.3	53.6	5.9
2012 年	6866.7	16.0	7.8	506.1	–11.6	6.0
2013 年	8003.8	16.6	7.9	590.0	16.6	6.4
2014 年	7398.8	–7.6	7.0	482.9	–18.2	5.8
2015 年	6528.4	–11.8	6.0	297.5	–38.4	5.1
“十三五”期间	52813.0	52.1	8.3	3586.9	46.5	7.5
2016 年	8494.9	30.1	7.3	388.3	30.5	6.2
2017 年	9877.2	16.3	8.0	591.6	52.3	6.9
2018 年	10972.7	11.1	8.7	666.9	12.7	7.4
2019 年	11501.4	4.8	8.8	901.1	35.1	7.9
2020 年	11966.9	4.0	8.5	1039.0	15.3	8.1

（二）铁矿砂进口量快速增长，进口量首次突破亿吨

“十三五”期间，浙江省进口的金属矿砂以铁矿砂为主，铁矿砂进口量逐年增加，2020年进口量创历史新高，首次突破亿吨，达到1.04亿吨，价值740.7亿元。“十三五”期间，浙江省累计进口铁矿砂4.66亿吨，货值2516.4亿元，分别占全省金属矿砂进口总量、总值的88.2%和70.2%；累计进口铜矿砂605.8万吨，货值623.5亿元，分别占全省金属矿砂进口总量、总值的1.1%和17.4%。此外，累计进口铝矿砂201.0万吨，货值6.5亿元。

表 2 “十三五”期间浙江金属矿砂进口主要商品统计表

单位：亿元，%

进口商品	“十三五”期间			2020 年			年均增速
	进口值	同比	占比	进口值	同比	占比	
进口总值	3586.9	46.5	100.0	1039.0	15.3	100.0	28.4
铁矿砂	2516.4	28.0	70.2	740.7	20.3	71.3	27.3
铜矿砂	623.5	480.4	17.4	182.1	15.5	17.5	36.3
铝矿砂	6.5	571.8	0.2	3.2	344.9	0.3	26.9

（三）贸易结构不断优化，保税物流等进口比重上升

“十三五”期间，浙江省金属矿砂进口贸易结构不断优化调整，不同贸易方式比例趋于均衡。五年间，浙江省以一般贸易方式累计进口金属矿砂2977.7亿元，同比增长27.6%，年均增长23.7%；以保税物流方式进口金属矿砂354.8亿元，增长2.8倍，年均增长66.5%，2020年所占比重较2015年上升9.0个百分点；以加工贸易进口金属矿砂254.3亿元，增长11.7倍，年均增长77.5%，2020年所占比重上升至9.3%。

表 3 “十三五”期间浙江金属矿砂进口贸易方式统计表

单位：亿元，%

贸易方式	“十三五”期间			2020 年			年均增速
	进口值	同比	占比	进口值	同比	占比	
一般贸易	2977.7	27.6	83.0	818.3	13.6	78.8	23.7
保税物流	354.8	276.1	9.9	124.1	12.4	11.9	66.5
加工贸易	254.3	1165.5	7.1	96.5	37.0	9.3	77.5

（四）国有企业和民营企业占主导地位，国企跃居进口首位

“十三五”期间，浙江省国有企业进口金属矿砂大幅增长，年均增速为40.6%，累计进口1957.8亿元，占同期浙江省金属矿砂进口总值的54.6%；民营企业累计进口1505.7亿元，年均增速为22.5%，占42.0%；外资企业累计进口123.4亿元，占3.4%。

表 4 “十三五”期间浙江金属矿砂进口贸易主体统计表

单位：亿元，%

贸易主体	“十三五”期间			2020 年			年均增速
	进口值	同比	占比	进口值	同比	占比	
国有企业	1957.8	117.5	54.6	587.2	14.9	56.5	40.6
民营企业	1505.7	39.5	42.0	422.2	15.1	40.6	22.5
外资企业	123.4	–73.7	3.4	29.6	27.7	2.9	–4.8

二、“十三五”期间浙江省金属矿砂进口分类特点

（一）铁矿砂进口量价齐增

“十三五”期间，随着我国工业化、城镇化发展不断推进，国民经济平稳运行，钢材消费持续快速增长。2020年，我国钢材实际年消费量约12.9亿吨，“十三五”期间年均增长4.7%。随着钢铁行业生产需求持续旺盛，国内铁矿砂供应缺口增大，拉动进口增长。以浙江鼠浪湖矿石中转码头为例，自“十三五”期间投入运行以来，累计接卸进口铁矿砂破亿吨，对全国铁矿砂进口增长贡献率为6.6%。

“十三五”期间，浙江省累计进口铁矿砂4.66亿吨，增加59.2%。价格方面，铁矿砂进口均价除2018年略有下降外，一直保持稳定上涨，到2020年攀升至每吨713.1元，年均上涨14.3%。

表 5 2011—2020 年浙江铁矿砂进口年度统计表

年份	进口量（万吨）	同比（%）	进口值（亿元）	同比（%）	均价（元/吨）	同比（%）
“十二五”期间	29263.8	128.3	1965.9	114.0	671.8	–6.2
2011 年	4742.8	27.2	466.6	50.4	983.7	18.3
2012 年	5443.2	14.8	413.9	–11.3	760.4	–22.7
2013 年	6495.3	19.3	479.3	15.8	738.0	–3.0
2014 年	6530.5	0.5	384.7	–19.7	589.1	–20.2
2015 年	6052.0	–7.3	221.4	–42.5	365.8	–37.9
“十三五”期间	46577.7	59.2	2516.4	28.0	540.3	–19.6
2016 年	7800.3	28.9	295.2	33.4	378.5	3.5
2017 年	8963.8	14.9	420.4	42.4	469.0	23.9
2018 年	9732.1	8.6	444.5	5.7	456.7	–2.6
2019 年	9694.8	–0.4	615.6	38.5	635.0	39.0
2020 年	10386.6	7.1	740.7	20.3	713.1	12.3

“十三五”期间，浙江省铁矿砂进口以一般贸易为主，累计进口4.13亿吨，同比增加48.5%，占全省铁矿砂进口总量的88.7%；其余则通过海关特殊监管区域方式进口。铁矿砂进口贸易主体中，国有企业继续领先，“十三五”期间累计进口铁矿砂3.14亿吨，占同期全省铁矿砂进口总量的67.7%；民营企业累计进口1.30亿吨，增加16.1%，占同期全省铁矿砂进口总量的28.0%。进口来源地主要为澳大利亚、巴西，分别进口2.49亿吨和1.00亿吨，分别占同期浙江省铁矿砂进口总量的53.4%和21.5%。此外，“十三五”期间，新增特立尼达和多巴哥、刚果、肯尼亚三个进口来源地。

（二）铜矿砂需求持续旺盛支撑进口快速增长

“十三五”期间，电线电缆、家电、汽车等铜耗行业生产火热，带动了铜产品消费，铜精矿进口需求旺盛。浙江省铜矿砂年进口量均保持两位数高增长，2018年突破百万吨，2020年攀升至166.6万吨。与此同时，进口铜价持续保持高位。随着2017年8月以来一系列固废进口政策的出台，废铜进口受限，更多企业选择进口精炼铜等来填补废铜缺口。受此影响，2017年铜矿砂价格大幅上涨33.9%，此后铜矿砂进口均价维持在每吨万元以上。

“十三五”期间，浙江省累计进口铜矿砂605.7万吨，增加3.9倍，年均增加27.0%；货值623.5亿元，增长4.8倍，年均增长36.3%。铜矿砂进口以一般贸易为主。“十三五”期间，浙江省以一般贸易方式进口铜矿砂342.3万吨，占同期全省铜矿砂进口总量的56.5%；以加工贸易方式进口占36.1%；通过海关特殊监管区域贸易方式进口占6.8%。同期，浙江民营企业进口铜矿砂占全省铜矿砂进口总量的82.6%，国有企业占17.3%。进口来源地主要是秘鲁、智利和墨西哥，进口量分别占27.7%、25.1%和11.2%。

表6　2011—2020年浙江铜矿砂进口年度统计表

年份	进口量（万吨）	同比（%）	进口值（亿元）	同比（%）	均价（元/吨）	同比（%）
“十二五”期间	124.3	381.6	107.4	437.9	8643.9	11.7
2011年	3.0	-58.2	2.8	-17.2	9435.6	98.4
2012年	2.8	-5.6	3.1	7.5	10753.1	14.0
2013年	30.6	973.8	27.0	782.1	8833.2	-17.9
2014年	37.3	22.2	35.8	32.7	9593.6	8.6
2015年	50.5	35.3	38.7	8.0	7661.1	-20.1

续表

年份	进口量（万吨）	同比（%）	进口值（亿元）	同比（%）	均价（元/吨）	同比（%）
“十三五”期间	605.7	387.3	623.5	480.4	10293.8	19.1
2016年	71.1	40.9	55.8	44.3	7846.9	2.4
2017年	99.2	39.5	104.3	86.7	10504.9	33.9
2018年	120.5	21.5	123.6	18.6	10256.0	–2.4
2019年	148.1	22.9	157.7	27.5	10645.4	3.8
2020年	166.6	12.5	182.1	15.5	10927.5	2.7

（三）铝矿砂进口稳定增长

“十三五”期间，浙江省进口铝矿砂6.5亿元，占同期全省金属矿砂进口总值的0.2%，年均增长26.9%，进口量201.0万吨，年均增加19.4%。

（四）放管服改革深入推进，通关效率不断提升

2018年，国务院印发《优化口岸营商环境促进跨境贸易便利化工作方案》，海关总署积极响应，发布公告，如2019年第159号“关于优化进口大宗商品重量鉴定监管方式的公告”、2020年第69号“关于优化进口铁矿品质检验监管方式的公告”，优化了检验监管模式，进一步简政放权，充分发挥企业主体责任。此外，在现行模式下，如采用本港结算的，将直接节省原先本港检测时间，如采用卸货港结算的，也增加了企业对通关时效的可预见性，进一步简化口岸通关流程，提高通关效率，将加快进口铁矿砂等大宗商品的周转周期。

三、“十四五”期间浙江省金属矿砂进口发展展望

（一）铁矿砂港口建设有序推进，布局更加合理

2020年，我国从现有沿海港口铁矿石运输体系发展状况与钢铁产业布局和发展需要出发，批准建设一批铁矿石码头，加强铁矿砂中转储运能力。在原有7个40万吨级铁矿石码头的基础上，新批准建设4个40万吨级铁矿石码头。宁波舟山港与巴西“淡水河谷”合资新建的舟山鼠浪湖国际矿石中转储运码头西三区项目，预计三年内建成，将使港口处理能力达2000万吨。靠泊25—30万吨级大型船舶的嵊泗马迹山港3期铁矿石中转码头项目进入实际开工。铁矿砂港口建设有序推进，将为“十四五”期间我国钢铁产业发展奠定

良好基础。

（二）产业结构不断优化，发展更趋高质量

随着国内经济结构的转变，对金属矿砂的需求向高质量发展，钢铁“去产能”调控及环保低碳的绿色发展要求，金属矿砂进口长期来看将逐步趋于稳定。短期来看，2021年由于世界经济重启加速，金属矿砂需求持续旺盛加上各国宽松的货币流动性刺激，金属矿砂价格上涨或将持续。同时随着RCEP的签订，区域关税和关税壁垒逐步降低，贸易自由度加大，我国作为铜材重要生产加工国，铜产业链条相对完整，具备成本优势，更深入地参与到国际铜产业链中，有利于我国的铜产业链向中高端转移，推动铜产业高质量发展。

（周凌明　王　峰）

浙江自贸试验区是全省大宗商品进口集散地，图为杭州海关关员正在铁矿石堆场查验

一般贸易：中流砥柱　再上台阶

一般贸易对浙江外贸起着决定性作用。“十三五”期间，浙江一般贸易进出口持续增长，对全省外贸增长贡献率达八成以上，为浙江外贸整体增长打下坚实基础。

据海关统计，“十三五”期间，浙江一般贸易进出口总值达11.12万亿元，同比增长38.0%，占同期浙江省进出口总值的78.9%。其中，出口8.45万亿元，增长37.1%，占同期浙江省出口值的79.3%；进口2.67万亿元，增长41.1%，占同期浙江省进口值的77.4%。一般贸易进出口和出口规模均跻身全国前两位。

一、“十三五”期间浙江省一般贸易进出口的主要特点

（一）进口、出口始终保持增长

“十三五”期间，浙江一般贸易进出口整体发展良好，每年进出口增速均高于5%，进口、出口均保持增长。2015年，浙江一般贸易进出口占全省进出口总值的77.0%。2017年，占比达到“十三五”期间的最高值79.3%。尽管2018—2020年随着国际贸易整体环境的变化有所回落，但均高于2015年的占比。

“十三五”期间，浙江一般贸易进出口对全省进出口增长贡献率达

82.7%，其中，出口增长贡献率为79.0%，进口增长贡献率为96.0%。此外，“十三五”期间，浙江一般贸易进出口总值列全国第2位，较“十二五”期间提升1位，占全国进出口总值的份额也从12.2%提升至13.1%。其中，出口列全国第2位，占18.5%；进口列全国第5位，占6.8%。2020年，浙江一般贸易进出口总值为2.67万亿元，增长10.4%，年均增长10.0%。其中，出口1.99万亿元，同比增长8.8%，年均增长8.3%；进口6875.2亿元，同比增长15.4%，年均增长16.3%。浙江省一般贸易进出口连续多年的稳定增长，充分发挥了其作为外贸“压舱石”的作用。

以美元统计，“十三五”期间，浙江一般贸易进出口总值为1.64万亿美元，同比增长27.7%。其中，出口1.25万亿美元，增长26.8%；进口3938.1亿美元，增长30.8%。

表1　2011—2020年浙江一般贸易进出口统计表

单位：亿元，%

年份	进出口		出口		进口	
	总值	同比	总值	同比	总值	同比
“十二五”期间	80563.2	55.5	61656.5	56.0	18906.7	53.8
2011年	15698.2	19.0	11458.2	16.5	4239.9	26.5
2012年	15287.4	−2.6	11345.2	−1.0	3942.2	−7.0
2013年	16105.4	5.4	12182.1	7.4	3923.3	−0.5
2014年	16891.2	4.9	13316.4	9.3	3574.8	−8.9
2015年	16581.0	−1.8	13354.5	0.3	3226.4	−9.7
“十三五”期间	111180.3	38.0	84504.2	37.1	26676.2	41.1
2016年	17425.4	5.1	13936.8	4.4	3488.6	8.1
2017年	20297.4	16.5	15502.0	11.2	4795.4	37.5
2018年	22518.9	10.9	16959.9	9.4	5559.0	15.9
2019年	24209.2	7.5	18251.3	7.6	5957.9	7.2
2020年	26729.3	10.4	19854.1	8.8	6875.2	15.4

（二）出口以机电产品和劳密产品为主，高新产品出口增势明显

“十三五”期间，浙江一般贸易主要出口商品结构相对稳定，以机电产品

和劳密产品为主，两者合计占比超八成，但机电产品占比有所上升，劳密产品则出现下降。“十三五”期间，浙江一般贸易出口机电产品3.62万亿元，同比增长49.1%，年均增长10.7%；出口劳密产品3.21万亿元，增长23.7%，年均增长5.1%；出口高新产品同比增长92.4%，年均增速达16.2%，与省内高新技术产业发展升级的步调保持一致。

表2 “十三五”期间浙江一般贸易主要出口商品统计表

单位：亿元，%

出口商品	“十三五”期间			2020年			年均增速
	出口值	同比	占比	出口值	同比	占比	
出口总值	84504.2	37.1	100.0	19854.1	8.8	100.0	8.3
* 机电产品	36186.7	49.1	42.8	8933.2	13.4	45.0	10.7
其中：电工器材	3311.6	41.1	3.9	775.7	9.6	3.9	8.8
通用机械设备	2829.2	44.0	3.3	677.5	8.2	3.4	9.5
汽车零配件	2309.7	42.5	2.7	496.7	–0.9	2.5	6.9
家用电器	2134.1	59.5	2.5	582.8	22.4	2.9	16.1
* 劳动密集型产品	32115.8	23.7	38.0	7044.7	1.5	35.5	5.1
其中：纺织纱线、织物及其制品	12400.4	28.1	14.7	2914.7	8.0	14.7	7.6
服装及衣着附件	8115.8	–2.6	9.6	1471.3	–13.1	7.4	–2.5
塑料制品	3833.2	80.6	4.5	1006.5	18.6	5.1	14.1
家具及其零件	3608.4	53.3	4.3	885.3	16.6	4.5	10.8
* 高新技术产品	5865.6	92.4	6.9	1600.4	21.2	8.1	16.2

（三）进口以机电产品和资源类产品为主，原油、化妆品增长明显

“十三五”期间，浙江一般贸易进口机电产品、初级形状的塑料、铁矿砂和农产品4290.7亿元、2416.5亿元、2209.5亿元和2058.8亿元，合计占同期浙江一般贸易进口总值的41.1%，同比分别增长71.8%、65.3%、17.4%和60.7%，年均分别增长15.7%、15.7%、24.0%和14.6%。此外，“十三五”期间，浙江一般贸易进口原油578.4亿元。得益于“美妆经济”的快速兴起，进口化妆品469.1亿元，增长38.3倍，年均增速高达79.8%。

表 3 "十三五"期间浙江一般贸易主要进口商品统计表

单位：亿元，%

进口商品	"十三五"期间			2020 年			年均增速
	进口值	同比	占比	进口值	同比	占比	
进口总值	26676.2	41.1	100.0	6875.2	15.4	100.0	16.3
* 机电产品	4290.7	71.8	16.1	999.9	−0.1	14.5	15.7
其中：集成电路	1085.4	238.7	4.1	257.8	−7.1	3.7	20.3
初级形状的塑料	2416.5	65.3	9.1	606.1	3.5	8.8	15.7
铁矿砂及其精矿	2209.5	17.4	8.3	631.7	21.9	9.2	24.0
* 农产品	2058.8	60.7	7.7	543.8	17.6	7.9	14.6
二甲苯	1123.0	3.1	4.2	198.7	−33.6	2.9	4.6
未锻轧铜及铜材	1106.6	54.0	4.1	450.8	100.0	6.6	37.2
纸浆、纸及其制品	681.1	27.1	2.6	175.5	34.7	2.6	12.6
原油	578.4	--	2.2	442.8	226.6	6.4	--
美容化妆品及洗护用品	469.1	3825.1	1.8	186.6	42.4	2.7	79.8

（四）对主要市场进出口保持两位数增长，东盟增速较快

"十三五"期间，浙江对欧盟、美国以一般贸易方式分别进出口2.39万亿元、1.88万亿元，合计占同期浙江一般贸易进出口总值的38.4%，年均增速分别为8.5%、8.9%；对东盟进出口1.23万亿元，同比增长73.2%，占同期全省一般贸易进出口总值的11.0%，年均增速达17.1%，东盟成为增速最快的主要市场。此外，对韩国、澳大利亚和俄罗斯进出口年均增速分别达到14.6%、14.9%和14.3%。

表 4 "十三五"期间浙江一般贸易主要进出口市场统计表

单位：亿元，%

国家（地区）	"十三五"期间			2020 年			年均增速
	进出口值	同比	占比	进出口值	同比	占比	
欧盟	23921.6	33.6	21.5	5549.1	8.6	20.8	8.5
美国	18753.8	48.9	16.9	4425.4	20.8	16.6	8.9
东盟	12255.4	73.2	11.0	3356.9	16.8	12.6	17.1
拉丁美洲	9550.9	31.0	8.6	2234.6	3.9	8.4	9.4
非洲	6289.5	26.4	5.7	1474.8	1.4	5.5	6.7
日本	5433.7	16.3	4.9	1200.3	4.1	4.5	7.5
韩国	4503.5	51.8	4.1	1108.4	10.3	4.1	14.6
澳大利亚	4252.7	55.1	3.8	1065.3	9.3	4.0	14.9
印度	3600.8	50.8	3.2	867.4	6.1	3.2	11.6
俄罗斯联邦	3098.6	23.7	2.8	805.6	16.4	3.0	14.3

（五）民营企业占据主导地位

民营企业作为浙江外贸的主力军，“十三五”期间，在一般贸易进出口中占据主导地位，且增速显著高于外商投资企业和国有企业。“十三五”期间，浙江民营企业一般贸易进出口8.42万亿元，同比增长54.7%，年均增速为11.8%。同期，外商投资企业和国有企业一般贸易进出口分别增长0.7%和9.1%。

表 5 “十三五”期间浙江一般贸易主要贸易主体统计表

单位：亿元，%

贸易主体	“十三五”期间			2020 年			年均增速
	进出口值	同比	占比	进出口值	同比	占比	
民营企业	84201.7	54.7	75.7	20879.0	12.9	78.1	11.8
外商投资企业	18701.1	0.7	16.8	3782.9	-4.6	14.2	2.6
国有企业	8253.3	9.1	7.4	2066.6	18.3	7.7	9.6

（六）各地市进出口普遍保持增长

“十三五”期间，浙江各地市一般贸易进出口整体呈现百花齐放态势。“十三五”期间，宁波、杭州一般贸易进出口规模稳居全省前两位，合计占同期全省一般贸易进出口总值的52.4%，合计增长40.9%，对全省一般贸易增长贡献率达到55.2%，成为稳定的增长极；舟山、丽水、湖州增长趋势明显，同比分别增长1.6倍、65.1%和58.9%，年均增速分别达到31.2%、9.5%和13.6%。

二、“十四五”期间浙江省一般贸易进出口发展展望

展望“十四五”，浙江省一般贸易仍有其发展优势及机遇。一方面，浙江省民营企业在外贸进出口中的比重较高，民营企业的蓬勃发展客观上奠定了浙江一般贸易进一步增长的基础。另一方面，浙江作为全国经贸改革的前沿阵地，各类新型贸易方式均有试点，新型贸易方式的试点也带来了各项鼓励外贸发展的政策举措。伴随着“十四五”期间对外开放力度加大、营商环境改善等有利因素，浙江一般贸易有望实现可持续发展。

（倪洪中　经周晨）

加工贸易：回稳提质　转型升级

加工贸易，作为一种充分利用两种资源、两个市场的有效方式，在解决就业、促进外贸增长等方面发挥了不可替代的重要作用。“十三五”期间，浙江以国际产业分工深度调整为契机，推动全省产业向全球价值链高端跃升，推动加工贸易发展提质增效，加工贸易进出口年均增长0.8%，较“十二五”期间回升6.4个百分点。其中，高新产品以加工贸易出口、进口占同期全省出口值、进口值的比重分别由“十二五”末的13.8%、23.7%提升至2020年的18.7%和26.3%，高质量发展进入新阶段。

一、“十三五”期间浙江省加工贸易进出口概况

据海关统计，“十三五”期间，浙江省加工贸易累计进出口1.27万亿元，下降14.7%，占同期全省外贸进出口总值的9.0%。其中，出口8959.8亿元，下降13.5%，占同期全省外贸出口总值的8.4%；进口3714.4亿元，下降17.6%，占同期全省外贸进口总值的10.8%。

2020年，浙江省加工贸易进出口、出口、进口分别为2578.7亿元、1783.2亿元和795.5亿元，较2015年分别增长3.9%、-1.8%、和19.5%。“十三五“期间，加工贸易进出口、出口和进口年均增速分别为0.8%、-0.4%和3.6%。

以美元统计，“十三五”期间，浙江省加工贸易累计进出口1877.3亿美元，较“十二五”期间下降20.7%。其中，出口1327.3亿美元，下降19.5%；进

口550.0亿美元，下降23.4%。2020年，全省加工贸易进出口373.0亿美元，较2015年下降6.8%。

二、“十三五”浙江省加工贸易进出口的主要特点

（一）进出口规模止跌回稳

随着加工贸易领域的结构性调整，“十三五”期间，浙江省加工贸易较“十二五”下降明显，但各年增速呈现止跌回升态势，进出口规模相对稳定，占全省外贸进出口总值比重的下滑速度也有所放缓。2016年，全省加工贸易进出口值为2301.9亿元，为“十三五”期间最低。之后两年连续增长。2018年，全省加工贸易进出口2686.5亿元，为“十三五”期间最高，2019年下降4.9%，2020年再次回升至2578.7亿元。

表1　2011—2020年浙江加工贸易进出口年度统计表

单位：亿，、%

年份	进出口			出口			进口		
	总值	同比	占全国份额	总值	同比	占全国份额	总值	同比	占全国份额
“十二五”期间	14863.8	1.0	3.6	10353.7	3.3	3.9	4510.2	-3.9	3.0
2011年	3456.6	4.4	4.1	2340.7	4.5	4.3	1115.8	4.4	3.7
2012年	3154.6	-8.7	3.7	2190.7	-6.4	4.0	963.9	-13.6	3.2
2013年	2899.0	-8.1	3.4	2002.1	-8.6	3.8	896.9	-7.0	2.9
2014年	2872.9	-0.9	3.3	2005.2	0.2	3.7	867.7	-3.3	2.7
2015年	2480.8	-13.6	3.2	1815.0	-9.5	3.7	665.8	-23.3	2.4
“十三五”期间	12674.2	-14.7	3.2	8959.8	-13.5	3.6	3714.4	-17.6	2.6
2016年	2301.9	-7.2	3.1	1693.9	-6.7	3.6	608.0	-8.7	2.3
2017年	2552.8	10.9	3.2	1834.4	8.3	3.6	718.4	18.2	2.5
2018年	2686.5	5.2	3.2	1874.1	2.2	3.6	812.4	13.1	2.6
2019年	2554.3	-4.9	3.2	1774.1	-5.3	3.5	780.1	-4.0	2.7
2020年	2578.7	1.0	3.4	1783.2	0.5	3.7	795.5	2.0	2.9

“十三五”期间，浙江省加工贸易进出口占全国加工贸易进出口的份额，从2016年的3.1%增至2020年的3.4%。增速方面，除2016年落后全国外，

其余四年均高于全国整体增速。与沿海主要省市相比，浙江省加工贸易表现相对较好，年均增速高于绝大部分省市，2020年是沿海主要省市中唯一实现增长的省份。

表2 2020年沿海主要省市加工贸易进出口情况统计表

单位：亿元，%

省市	进出口值	同比	占全国份额	“十三五期间”年均增速
全国	76461.4	–3.8	100.0	–0.2
广东	19976.5	–13.3	26.1	–6.1
江苏	15714.4	–3.6	20.6	2.0
上海	7030.9	–0.1	9.2	–0.8
山东	3836.5	–2.8	5.0	–3.6
浙江	2578.7	1.0	3.4	0.8
福建	1934.4	–11.4	2.5	–4.5
天津	1927.3	–10.2	2.5	–5.4

（二）头部企业规模提升较快

“十三五”期间，浙江省加工贸易企业的年度户均进出口规模为9665.3万元，较“十二五”期间增长20.7%。其中，2020年户均规模为1.1亿元，较“十二五”末增长44.2%。从不同规模企业看，大型企业的业务发展相对较好。2020年，全省加工贸易进出口10亿元以上的企业有41家，平均进出口值为32.0亿元，较2015年增长41.1%；1至10亿元的企业有328家，平均进出口值为2.9亿元，较2015年增长6.7%；1亿元以下企业平均进出口值为1644.6万元，较2015年增长4.0%。

表3 2020年和2015年浙江加工贸易进出口平均规模统计表

单位：亿元，家

规模	2020年			2015年		
	家数	总值	均值	家数	总值	均值
10亿元以上	41	1312.9	32.0	45	1021.0	22.7
1—10亿元	328	945.1	2.9	377	1017.9	2.7
1亿元以下	1950	320.7	0.2	2795	441.9	0.2

（三）主动适应国际环境，向高附加值行业转变

“十三五”期间，受东南亚产能迅速发展、欧美市场贸易保护主义加剧、国内制造成本上涨等多重因素影响，传统劳动密集型的加工贸易产业发展乏力。在此情况下，浙江省主动适应国内外形势变化，积极转向高附加值产品方向发展。2020年，浙江省纺织、服装、鞋帽、家具、塑料制品等传统制造业的出口、进口合计占当年全省整体出口、进口的比重分别为17.4%和7.9%，分别较2015年下降了5.7个、1.8个百分点；通信设备、计算机及其他电子设备制造业的出口、进口占比分别为12.0%和15.3%，“十三五”期间年均增速分别达9.8%和13.9%。此外，全省的医药制造业发展也相对较快，“十三五”期间出口、进口的年均增速分别达9.2%和6.9%。

表4　“十三五”期间浙江加工贸易出口主要行业统计表

单位：亿元，%

主要行业	“十三五”期间			2020 年			年均增速
	出口值	同比	占比	出口值	同比	占比	
出口总值	8959.8	−13.5	100.0	1783.2	0.5	100.0	−0.4
制造业	8938.7	−11.5	99.8	1780.1	0.5	99.8	−0.3
其中：电气机械及器材制造业	1381.1	−0.1	15.4	273.9	1.3	15.4	−0.4
交通运输设备制造业	889.1	−39.8	9.9	200.6	13.6	11.2	−2.2
通信设备、计算机及其他电子设备制造业	779.1	−1.8	8.7	214.1	69.7	12.0	9.8
化学原料及化学制品制造业	650.0	51.1	7.3	104.2	−23.9	5.8	4.2
通用设备制造业	648.6	18.8	7.2	149.8	13.8	8.4	5.3
纺织服装、鞋、帽制造业	551.0	−24.4	6.1	81.1	−26.6	4.5	−7.8
纺织业	534.8	−35.8	6.0	87.2	−7.6	4.9	−9.3
塑料制品业	395.1	2.3	4.4	85.6	−0.9	4.8	2.7
家具制造业	381.4	−0.2	4.3	57.2	−20.8	3.2	−6.6
橡胶制品业	365.8	−4.5	4.1	70.9	−16.6	4.0	2.0
医药制造业	322.7	39.5	3.6	70.2	12.3	3.9	9.2
造纸及纸制品业	295.3	38.5	3.3	62.8	−10.4	3.5	7.9

表5　“十三五”期间浙江加工贸易进口主要行业统计表

单位：亿元，%

主要行业	“十三五”期间			2020年			年均增速
	进口值	同比	占比	进口值	同比	占比	
进口总值	3714.4	-17.6	100.0	795.5	2.0	100.0	3.6
制造业	3302.5	-21.4	88.9	679.1	0.2	85.4	1.6
其中：化学原料及化学制品制造业	724.2	-29.9	19.5	118.6	-12.4	14.9	-4.1
仪器仪表及文化、办公用机械制造业	414.3	-48.8	11.2	84.4	5.7	10.6	-3.1
有色金属冶炼及压延加工业	330.7	59.3	8.9	48.4	-26.7	6.1	5.2
通信设备、计算机及其他电子设备制造业	311.4	-24.5	8.4	121.9	154.9	15.3	13.9
纺织业	228.5	-22.5	6.2	37.1	-18.1	4.7	-4.3
通用设备制造业	199.2	-16.9	5.4	41.1	-14.3	5.2	0.6
造纸及纸制品业	148.4	58.5	4.0	30.2	-17.3	3.8	9.9
医药制造业	129.5	18.1	3.5	26.1	-7.4	3.3	6.9
电气机械及器材制造业	115.7	-38.6	3.1	20.8	-2.1	2.6	-5.7
塑料制品业	102.5	-10.5	2.8	25.6	12.2	3.2	8.0

（四）稳住传统市场基本盘，寻找新兴市场增长点

“十三五”期间，浙江省对美国、欧盟两大传统加工贸易市场进出口相对平稳，年均增速分别为0.1%和1.9%；合计占同期全省加工贸易进出口总值的34.6%，较“十二五”提升3.2个百分点。同期，浙江省积极寻找加工贸易新兴市场增长点，对东盟、拉美、非洲等市场的进出口增长较快，年均增速分别为4.9%、7.2%和4.8%，其中对越南进出口年均增速达20.2%。

表6　“十三五”期间浙江加工贸易进出口主要市场统计表

单位：亿元，%

国家（地区）	“十三五”期间			2020年			年均增速
	进出口值	同比	占比	进出口值	同比	占比	
“一带一路”沿线国家	2695.0	-5.6	21.3	572.6	4.6	22.2	2.4
美国	2362.6	3.3	18.6	463.2	2.9	18.0	0.1
欧盟	2022.4	-15.1	16.0	432.5	6.9	16.8	1.9
日本	1706.6	-20.8	13.5	319.3	-9.6	12.4	-1.2
东盟	1294.8	6.6	10.2	305.6	11.0	11.9	4.9

续表

国家（地区）	“十三五”期间			2020 年			年均增速
	进出口值	同比	占比	进出口值	同比	占比	
拉丁美洲	933.9	7.7	7.4	206.4	−2.7	8.0	7.2
韩国	813.9	−15.9	6.4	158.9	−6.2	6.2	0.6
中国台湾	793.0	−40.6	6.3	152.9	0.8	5.9	−2.7
非洲	475.4	4.3	3.8	82.2	−20.4	3.2	4.8
中国香港	379.6	−57.5	3.0	83.3	24.4	3.2	−8.1
澳大利亚	253.6	−6.6	2.0	58.4	14.6	2.3	3.7

（五）甬、杭、嘉占比超七成，产业集聚趋势更明显

20世纪90年代以来，浙江省的加工贸易业务便主要集中在宁波、杭州、嘉兴三个地区，多年来，三者的加工贸易进出口值一直稳居全省前三位。“十三五”期间，宁波、杭州、嘉兴所占比重进一步提升，三地合计占全省加工贸易进出口总值的75.1%，较“十二五”期间提升3.2个百分点，呈现出一定的产业集聚趋势。

三、“十四五”浙江省加工贸易进出口发展前景展望

展望“十四五”，我国加工贸易发展面临的形势将更加严峻，创新是今后浙江省加工贸易可持续发展的最大动力。

（一）依托数字改革，提升加工贸易能级

充分发挥人工智能、大数据分析在提高消费者需求与企业柔性生产的匹配度中的作用，不断推动加工贸易转型升级，鼓励加工贸易企业将多年积累的技术和人力资源优势转化为研发能力，进一步提升加工贸易技术含量和附加值，逐步向研发设计、营销服务、品牌经营等环节延伸。

（二）拓展业态模式，求新求变，契合时代发展

积极培育加工贸易发展新动能，创新保税监管，推进全球维修和再制造业务在浙江省率先试点落地，积极推广企业集团加工贸易监管模式，加快建立“中国智造”生态体系，通过科技创新，增强设计研发能力，向产业链前端的环节延伸。引导加工企业向精深加工方向发展，向加工高附加值、高科技含量等“高、精、深”的产品转移。鼓励智能手机及移动终端、新能源汽车、集成

电路等先进制造业加工贸易发展，逐步形成深度关联、相互配套的产业集群，进而不断实现产业增值。进一步支持新业态发展，推动加工贸易和新型商业模式、贸易业态融合共进。

（三）东中西部地区联合，打造国内国际双循环重要枢纽

逐步实现加工贸易协调发展和合理布局，实现资源、技术、人才等要素的跨区域和跨境流动，加快浙江省对中西部地区的辐射和带动作用，充分推进“一带一路”倡议的深入实施，形成东部地区引领、中西部地区带动、“一带一路”沿线国家溢出的雁阵发展模式。进一步延长加工贸易在各个优势行业的产业链、供应链，使之成为国内国际双循环的制造枢纽和贸易枢纽。

（钱宇鹏　娄泽黎）

“十三五”期间，浙江市场采购贸易复制推广，继续走在全国前列。图为海关关员正在指导义乌国际商贸城商户申报市场采购出口手续

市场采购：蒸蒸日上　作用凸显

市场采购[1]作为一种贸易新业态，在浙江大地诞生，并以“无中生有”“点石成金”的改革创新精神，提升了浙江外贸便利化水平，释放了民营企业和小商品经济的巨大活力，成为推动浙江外贸发展的新动能和新的增长极。“十三五”期间，浙江市场采购出口规模突破万亿元，达到1.14万亿元，年均增速为11.0%，超过加工贸易成为全省外贸出口第二大贸易方式，拉动全省出口增长9.1个百分点，对全省出口增长贡献率达到24.5%。以美元计价，“十三五”期间，浙江市场采购累计出口1677.1亿美元。

一、“十三五”期间浙江省市场采购出口的主要特点

（一）因地制宜，开拓创新

市场采购贸易方式源自浙江大地，肇始于“孝义衍今”“群乌衔土”的义乌，2014年正式启动，前身为“旅游购物”监管模式。2015年，嘉兴海宁成为浙江第二个市场采购试点。“十三五”期间，浙江充分利用先行先试的优势，推动市场采购这一贸易新业态迅速发展壮大，温州、绍兴、台州和湖州相继开展试点。截至2020年年底，全国市场采购贸易方式试点总数达到31个，浙江占有6个，是试点市场最多的省份。

[1] 本篇的市场采购贸易统计数据包括原旅游购物监管方式下的贸易统计数据。

（二）节节攀升，贡献突出

“十三五”期间，浙江市场采购累计出口1.14万亿元，年均增速为11.0%，高于同期全省出口年均增速3.0个百分点。2016年，浙江市场采购出口1863.3亿元，增长5.5%，超过加工贸易成为全省第二大出口贸易方式。2018年，出口规模突破2000亿元。2020年，浙江市场采购出口2977.5亿元，增长14.6%，较2015年增长68.6%；占全省出口总值的11.8%，较2015年提升1.5个百分点，拉动全省出口增长1.6个百分点，对全省出口增长贡献率达到18.1%。

表 1　2011—2020 年浙江市场采购贸易方式出口年度统计表

单位：亿元，%

年份	出口值	同比	占浙江出口总值	拉动浙江出口增长
“十二五”期间	4289.2	4240.8	5.5	8.4
2011 年	0.6	–53.0	0.0	0.0
2012 年	333.5	56838.4	2.4	2.4
2013 年	950.1	184.9	6.2	4.3
2014 年	1238.9	30.4	7.4	1.9
2015 年	1766.1	42.6	10.3	3.1
“十三五”期间	11372.3	165.1	10.7	9.1
2016 年	1863.3	5.5	10.5	0.6
2017 年	1894.2	1.7	9.7	0.2
2018 年	2039.4	7.7	9.6	0.7
2019 年	2597.9	27.4	11.3	2.6
2020 年	2977.5	14.6	11.8	1.6

（三）一枝独秀，遍地生花

义乌是市场采购贸易方式的发源地。“十三五”期间，义乌市场采购出口1.03万亿元，占同期浙江市场采购出口的90.8%，年均增速为4.7%。随着市场采购的复制推广，义乌市场面临分流压力，2020年，义乌市场采购出口2221.4亿元，占当年浙江市场采购出口总值的74.6%，同比下降4.5%，但仍较2015年增长26.0%。

温州（鹿城）轻工产品交易中心市场采购试点始于2018年11月。温州试点在开设之后，其出口呈现出飞速增长。2020年，温州市场采购出口403.8亿元，同比增长48.0%，占当年浙江市场采购出口总值的13.6%，占比较2019年提升3.1个百分点，规模成为浙江市场采购第2位。

绍兴、台州、湖州是全国最新一批的市场采购试点城市。试点落地后的2020年11—12月，绍兴、台州、湖州市场采购试点分别出口544.2万元、58.6万元、1113.8万元，在“十三五”的收官之际开启了市场采购的新篇章。

（四）机电和劳密产品出口齐头并进

“十三五”期间，浙江市场采购出口商品以机电产品、劳密产品为主，分别出口4331.2亿元、4172.0亿元，占同期浙江市场采购出口总值的38.1%和36.7%。机电产品中，电工器材、家电、灯具、通用机械设备和汽车零配件等出口均实现两位数增长。劳密产品中，七大类产品均实现增长，其中，纺织品、玩具和家具出口年均增速均为两位数。2020年，浙江机电产品和劳密产品以市场采购贸易方式分别出口1229.8亿元、1051.8亿元，占当年全省市场采购出口的41.3%、35.3%。

表2　“十三五”期间浙江市场采购主要出口商品统计表

单位：亿元，%

出口商品	“十三五”期间			2020 年			年均增速
	出口值	同比	占比	出口值	同比	占比	
* 机电产品	4331.2	202.0	38.1	1229.8	25.9	41.3	14.7
其中：电工器材	320.7	278.4	2.8	86.4	21.0	2.9	11.9
灯具、照明装置及其零件	255.1	236.3	2.2	77.9	38.9	2.6	15.9
家用电器	225.5	534.4	2.0	85.2	63.6	2.9	31.4
通用机械设备	153.2	265.2	1.3	48.4	33.6	1.6	19.5
汽车零配件	102.3	279.2	0.9	30.6	28.5	1.0	21.4
* 劳动密集型产品	4172.0	158.8	36.7	1051.8	9.5	35.3	9.9
其中：塑料制品	1441.7	129.8	12.7	358.9	13.0	12.1	6.4
服装及衣着附件	768.8	133.4	6.8	188.1	4.9	6.3	8.5
纺织纱线、织物及其制品	576.1	178.0	5.1	170.7	25.9	5.7	17.3
玩具	443.8	973.7	3.9	109.6	4.2	3.7	31.0
箱包及类似容器	398.0	100.0	3.5	77.1	–24.4	2.6	1.7
鞋靴	398.0	141.9	3.5	80.6	–9.2	2.7	1.4
家具及其零件	243.1	178.0	2.1	92.3	68.8	3.1	23.2
* 高新技术产品	134.3	259.6	1.2	42.8	42.4	1.4	17.9

（五）非洲、东盟和拉美为前三大出口市场，对美国出口快速增长

“十三五”期间，非洲、东盟和拉美为浙江市场采购前三大出口市场，分别累计出口2834.7亿元、1471.8亿元和1362.0亿元，合计占同期浙江市场采购出口总值的49.8%。其中，对东盟市场出口年均增速为24.1%，尤其是对越南、泰国、缅甸、印度尼西亚，年均增速分别达到51.9%、41.1%、37.5%、34.6%。同期，浙江对美国市场采购出口快速增长，年均增速达39.3%。2020年，浙江对美国市场采购出口161.3亿元，增长1.2倍。“十三五”期间，浙江市场采购对“一带一路”沿线国家出口6066.7亿元，占同期浙江市场采购出口总值的53.3%，年均增速为9.9%。

表3　“十三五”期间浙江市场采购贸易方式主要出口市场统计表

单位：亿元，%

国家（地区）	“十三五”期间			2020年			年均增速
	出口值	同比	占比	出口值	同比	占比	
“一带一路”沿线国家	6066.7	168.4	53.3	1548.3	11.2	52.0	9.9
非洲	2834.7	154.1	24.9	691.9	5.1	23.2	9.2
东盟	1471.8	270.6	12.9	503.6	46.9	16.9	24.1
其中：菲律宾	457.7	284.6	4.0	131.5	19.7	4.4	17.3
马来西亚	329.2	134.7	2.9	97.7	38.2	3.3	12.3
拉丁美洲	1362.0	155.7	12.0	339.4	9.4	11.4	10.5
欧盟	958.1	122.0	8.4	226.1	7.4	7.6	6.1
印度	726.4	221.7	6.4	125.3	−37.6	4.2	4.3
伊拉克	597.4	179.5	5.3	158.0	14.3	5.3	9.9
伊朗	379.3	91.9	3.3	43.9	−14.4	1.5	−10.7
美国	325.3	372.1	2.9	161.3	124.1	5.4	39.3

二、“十四五”期间浙江省市场采购发展前景展望

浙江本身是市场大省、贸易大省，试点市场多、产业集聚度高、产业支撑和持续创新能力强，市场采购与跨境电商、外综服等贸易新业态融合发展将产生优势叠加效应。

随着市场采购在全国的复制推广，市场采购全行业有望进一步做大做强和规范发展。

（陆海生　郑无忌　郎杭俊）

跨境电商：新兴业态　星火燎原

跨境电商作为新兴业态，在政策鼓励支持下，已成为“大众创业、万众创新”的热点和风口。“十三五”期间，浙江全面践行开放发展理念，充分利用先行先试的优势，推动跨境电商全面发展壮大。在全国首个跨境电商综试区（杭州）的示范带动下，全省新增宁波、金华、温州、绍兴、湖州、嘉兴、衢州、台州、丽水跨境电商综试区，基本实现了跨境电商综试区在省内地市全覆盖（2017年4月1日，浙江自贸试验区正式在舟山群岛新区挂牌成立），跨境电商已成为浙江对外贸易新的增长点和发展新动力。同时，业态模式和发展经验向全国复制推广，成为全国跨境电商创新发展的重要策源地。

“十三五”期间，浙江通过海关跨境电商管理平台进出口1379.6亿元，增长14.4倍，年均增长41.9%，高于同期全省进出口年均增速32.4个百分点，对全省进出口增长贡献率为3.5%。其中，出口258.9亿元，增长7.5倍，年均增长34.2%；进口1120.7亿元，增长17.9倍，年均增长45.3%，对全省进口增长的贡献率达到13.1%。

按美元统计，“十三五”期间，浙江通过跨境电商平台进出口203.4亿美元，增长13.2倍，年均增长39.3%。其中，出口38.6亿美元，增长7.0倍，年均增长32.2%；进口164.8亿美元，增长16.4倍，年均增长42.5%。

一、“十三五”期间浙江省跨境电商进出口的主要特点

（一）进出口持续高速增长

“十三五”期间，浙江省跨境电商发展势头良好，进出口和进口呈现逐年递增、屡创新高态势。其中，进出口总值在2016年首次突破百亿元大关，2020年接近500亿元，年度增速除2019年外，均保持在40%以上；进口在2017年首次超过百亿元，年均增速均保持两位数。出口规模较小，增速波动较大，其中，2020年出口值首次跃上百亿元大关，出口增速达到4.4倍。

表1　2014—2020年浙江跨境电商进出口年度统计表

单位：亿元，%

年份	进出口		出口		进口	
	总值	同比	总值	同比	总值	同比
2014年	4.3	–	1.2	–	3.2	–
2015年	85.3	1864.7	29.1	2379.5	56.2	1673.8
2016年	125.1	46.6	40.8	39.9	84.4	50.1
2017年	191.0	52.7	28.2	–30.9	162.8	93.0
2018年	275.5	44.2	39.6	40.7	235.9	44.9
2019年	297.4	7.9	23.5	–40.8	273.9	16.1
2020年	490.7	65.0	126.9	441.1	363.7	32.8

（二）进出口规模稳居全国前列

“十三五”期间，浙江跨境电商平台进出口规模占全国总值的16.8%，居全国各省、市、自治区第2位。其中，出口占全国的5.6%，居第3位；进口占全国的31.0%，居第2位。作为全国跨境电商进口领域的排头兵，五年间，浙江每年对全国跨境电商进口总值增长贡献率均在20%以上，2020年达到了53.9%。

（三）市场以传统发达经济体为主

“十三五”期间，浙江跨境电商出口前三大贸易市场为欧盟、美国、东盟，分别出口96.8亿元、62.9亿元、20.9亿元，合计占同期浙江跨境电商出口总值的69.8%。主要市场中，对东盟市场出口增长最快，年均增速达到143.2%，高出浙江跨境电商出口年均增速109.0个百分点。“十三五”期间，浙江跨境电商进口前三大贸易市场为日本、欧盟、澳大利亚，分别进口253.3亿元、252.5亿元、159.4亿元，合计占同期浙江跨境电商进口总值的59.4%。其中，自澳大利亚进口年均增长

66.2%，高于整体20.9个百分点。

表 2 “十三五”期间浙江跨境电商出口主要市场统计表

单位：亿元，%

国别（地区）	“十三五”期间			2020 年			年均增速
	出口值	同比	占比	出口值	同比	占比	
出口总值	258.9	754.1	100.0	126.9	441.1	100.0	34.2
欧盟	96.8	1197.5	37.4	49.8	488.6	39.2	46.4
“一带一路”沿线国家	66.2	872.5	25.6	31.1	249.9	24.5	35.9
美国	62.9	459.8	24.3	29.4	1104.6	23.1	23.4
东盟	20.9	11717.8	8.1	14.9	283.8	11.7	143.2
俄罗斯	16.1	402.8	6.2	3.5	106.1	2.8	2.5
拉丁美洲	11.0	384.1	4.3	4.7	2476.2	3.7	15.7
加拿大	9.6	989.2	3.7	6.4	3950.7	5.0	48.6
日本	7.5	1346.7	2.9	3.7	37.2	2.9	48.8
印度	7.0	11213.1	2.7	2.6	40.8	2.1	111.8
澳大利亚	4.7	488.7	1.8	1.8	237.7	1.4	17.0

表 3 “十三五”期间浙江跨境电商进口主要市场统计表

单位：亿元，%

国别（地区）	“十三五”期间			2020 年			年均增速
	进口值	同比	占比	进口值	同比	占比	
进口总值	1120.7	1787.5	100.0	363.7	32.8	100.0	45.3
日本	253.3	1029.6	22.6	73.9	30.3	20.3	29.3
欧盟	252.5	1342.8	22.5	82.3	40.7	22.6	37.2
澳大利亚	159.4	3740.7	14.2	52.4	34.2	14.4	66.2
美国	148.0	2735.1	13.2	53.0	37.7	14.6	60.0
韩国	120.2	2326.1	10.7	37.8	26.4	10.4	50.8
东盟	46.8	3676.7	4.2	13.3	–4.6	3.7	62.1
新西兰	46.6	3848.6	4.2	17.5	38.1	4.8	72.8
加拿大	24.8	5723.5	2.2	10.7	79.6	2.9	93.7
瑞士	14.0	32589.0	1.3	4.9	115.8	1.3	164.9
拉丁美洲	7.0	1620.6	0.6	2.1	17.9	0.6	42.7

（四）以民营企业为主导

“十三五”期间，浙江民营企业通过跨境电商进出口1179.8亿元，占同期全省跨境电商进出口总值的比重超过八成，年均增长48.1%，高于整体6.2个百分点。

表4 “十三五”期间浙江跨境电商进出口贸易主体统计表

单位：亿元，%

贸易主体	“十三五”期间			2020年			年均增速
	进出口值	同比	占比	进出口值	同比	占比	
民营企业	1179.8	1793.8	85.5	420.9	76.5	85.8	48.1
外资企业	130.3	1273.3	9.4	46.8	14.2	9.5	37.6
国有企业	49.9	178.5	3.6	22.9	45.2	4.7	6.5

（五）进口商品高度集中

进口以消费品为主，特别是化妆品、乳品最受消费者喜爱。“十三五”期间，浙江通过跨境电商进口化妆品434.6亿元，年均增长79.7%，高于全省跨境电商进口年均增速34.4个百分点。其中，2020年，进口化妆品169.2亿元，占全省跨境电商进口总值的46.5%，占同期全省化妆品进口总值的88.0%。“十三五”期间，进口乳品118.9亿元，年均增长17.1%。

根据跨境电商出口货物“清单申报、清单统计”通关模式，跨境电商出口商品简化申报，主要归入《中华人民共和国海关统计商品目录》中的“低值简易通关商品”。在实际监管中，浙江通过跨境电商出口的产品以玩具、灯具、家具、陶瓷制品、塑料制品等日用品为主。

（六）跨境电商生态圈日趋完善

“十三五”期间，以“六体系两平台”为主体框架的跨境电商生态体系不断完善，以电商平台、电商企业、仓储物流企业、支付企业、外贸代理及服务企业等为主体的跨境电商企业不断集聚和迭代，天猫国际、全球速卖通、菜鸟物流、连连支付等一大批跨境电商及服务企业在“十三五”期间快速成长，为浙江跨境电商发展做出了重要贡献。新冠肺炎疫情突显了跨境电商相对传统外贸的优势，也促进了跨境电商的发展，特别是促进了网上展会、国际物流等方面的创新发展。浙江持续推进“义新欧”中欧班列常态化，推出国际货运包机，推动建设海陆多式联运、线上线下交互的物流大格局，化解国际物流瓶颈，降低跨境电商物流运输成本，促进了跨境电商业务发展。持续创新制度方法和监管模式，特别是率先探索落地跨境电商退换货监管办法，切实解决跨境电商发展中遇到的退换货难题，跨境电商营商环境不断优化完善。

表5 “十三五”期间浙江跨境电商主要进口商品统计表

单位：亿元，%

进口商品	“十三五”期间			2020年			年均增速
	进口值	同比	占比	进口值	同比	占比	
进口总值	1120.7	1787.5	100.0	363.7	32.8	100.0	45.3
* 消费品	1029.3	1722.8	91.8	336.6	32.1	92.5	44.5
其中：乳品	118.9	673.9	10.6	32.8	33.3	9.0	17.1
酒类及饮料	31.8	5737.4	2.8	14.2	92.7	3.9	92.8
美容化妆品及洗护用品	434.6	4659.1	38.8	169.2	38.4	46.5	79.7
* 农产品	441.8	1546.3	39.4	149.0	45.8	41.0	41.7
* 机电产品	40.4	2129.7	3.6	13.4	19.5	3.7	52.1
皮革、毛皮及其制品	14.9	2537.8	1.3	1.5	–64.0	0.4	21.2
服装及衣着附件	9.5	5305.3	0.8	1.9	–15.8	0.5	60.8
塑料制品	8.1	1733.4	0.7	2.3	0.7	0.6	39.6

二、“十四五”期间浙江省跨境电商发展前景展望

“十四五”期间，在“双循环”新发展格局下，浙江将根据新发展阶段的新要求，全面贯彻新发展理念，紧抓数字经济发展机遇，充分发挥跨境电商利好政策的作用，深化跨境电商创新，引领贸易高质量发展。培育跨境电商新渠道、新主体，加强跨境电商人才培养，打好“平台+卖家+服务商”组合拳；深化跨境电商综试区建设；推进电商国际交流合作，围绕“一带一路”建设，支持电商平台及企业“走出去”，加强与东南亚、东北亚、中东、非洲等地区合作力度，巩固和扩大市场份额。到2025年，浙江省将基本建成平台集聚、主体云集、服务高效、生态完善的跨境电商强省。“十四五”期间，浙江跨境电商有望继续保持快速增长势头，尤其在B2B业务上将有更大的发展。

（韩　杰　吴超球）

国际物流：抢抓机遇　隆隆前行

“十三五”期间，浙江省国际物流立足供给侧结构性改革，紧紧围绕国家物流枢纽建设、物流降本增效综合改革试点等重点工作部署，重大项目建设稳步推进，物流发展规模和综合实力持续增强，物流设施布局持续完善，现代物流运输体系基本形成。

一、“十三五”期间浙江省海港及空港发展情况

（一）海港发展情况

截至“十三五”期末，浙江省水运口岸拥有国际航线250余条，集装箱泊位总长度9600米。2016—2019年[1]，全省港口进出口货物吞吐量共计19.6亿吨，进出口集装箱运量8639.5万标箱，较“十二五”前四年分别增长31.0%、48.5%。其中，宁波舟山港货物吞吐量连续12年居世界第一，年均增幅为5.7%；集装箱吞吐量连续3年居全球第三位，年均增幅为6.9%；开通国际航线208条（“一带一路”沿线国家航线101条），覆盖全球190多个国家和地区的600多个港口，初步迈入世界一流强港行列。

（二）空港发展情况

“十三五”期间，浙江省成为全国第二个拥有3座年旅客吞吐量达到“千万

[1] 受新冠肺炎疫情影响，2020 年部分统计数据缺失。

级”机场的省份，开通22条国际航空货运航线，航空货运量达到105万吨。2016—2019年，浙江省空运口岸出入境货邮吞吐量共计78.5万吨，出入境旅客共计2643.4万人次,较“十二五”前四年分别增长104.6%、90.3%。杭州萧山国际机场全面实现24小时无障碍通关，国际航班、旅客和进出口货物随到随检、快速通关。

二、中欧（“义新欧”）班列发展情况

“十三五”期间，杭州海关监管“义新欧”中欧班列开行数量为2688列，监管集装箱（标箱）22.0万箱次。其中，出口开行2241列，进口开行447列，进出口总值达到592.6亿元（出口519.5亿元，进口73.1亿元，进出口、出口和进口年均增速分别达54.6%、52.1%和131.2%）。“义新欧”中欧班列出口商品主要为劳密产品和机电产品，分别占班列出口总值的45.1%、42.7%；进口商品主要为机电产品、未锻轧铜及铜材和农产品，合计占班列进口总值的70.5%。

（一）“双平台”提升运行水平

按照“一个品牌、两个平台、全省统筹、错位发展”的原则，“义新欧”班列于2020年6月实行义乌、金华“双平台”机制运转，月均开行150列。其中，义乌平台实现平均每天3列、最高6列的发运频率；金华平台实现每天1.5列、最高3列的发运频率。开行线路由11条增至15条，海铁联运、过境班列等新模式成功开展。该项工作被评为2020年浙江省改革创新最佳实践案例。

（二）创新经营业态，拓展贸易模式

根据市场需求，开行eWTP“菜鸟号”、国际邮包运邮专列、吉利汽车配件专列、跨境电商B2B出口专列、中国邮政运邮专列、防疫物资专列、中亚进口棉纱专列等。实现日韩过境货物、保税中转集拼、汽车整车出口等突破，实现一般贸易、市场采购、邮（快）件、国际集拼中转等多种贸易方式和业态的全覆盖。

三、“十四五”期间浙江省国际物流发展前景展望

2020年，新冠肺炎疫情蔓延对浙江省国际物流供应链体系构成严峻挑战，运价持续高涨、“一舱难求”、“一箱难求”等问题直接影响全省外贸的稳定发展，暴露了浙江国际物流网络发展不均衡、国际货运能力不足等短板。“十四五”期间，浙江省将以数字化改革为牵引，以“四港”联动为手段，多跨协同推动国际物流供应链智能化、专业化、高端化发展，加大物流与上下游

“十三五”期间，“义新欧”班列快速发展，成为浙江外贸重要的增长点

产业链的协同整合力度，强化全供应链应对外部风险和冲击的韧性。

（一）强化一流强港辐射带动作用

“十四五”期间，浙江省将推进“一带一路”枢纽建设，深化与全球航运企业合作，提高国际航线全球连通能力，推动航线覆盖度进入全球前列。拓展集装箱市场，深耕内贸箱源，挖掘进口箱源。大力发展高端特色航运服务，做强甬舟现代航运服务产业核心区。

（二）打造辐射全球的空港枢纽

浙江省将加快构建国际航线网络，提升区域航空枢纽功能，增强至“一带一路”沿线主要国家（地区）的通达能力。推进国际货站能力建设，推广异地货站集货模式，培育航空总部、智慧物流及关联产业，构建全球72小时航空货运骨干网，推动形成布局合理、要素聚集、供需匹配、畅通高效的国际航空货运发展体系。

（三）高质量推进“义新欧”中欧班列运行

浙江省将全力打造“义新欧”中欧班列义乌枢纽港，建成以杜伊斯堡枢纽站、捷克站为核心的欧洲海外仓体系，形成西、东、中、南多路并举的通道格局；引领长三角“义新欧”中欧班列创新合作，实现“物流+贸易+金融”全链条经营，将“义新欧”中欧班列打造成为市场化、高质量发展的示范班列。

（李　琳　叶正阳）

贸易主体：万众创业　生生不息

外贸企业是进出口贸易的主体和基石。“十三五”期间，浙江省外贸主体进一步壮大，在吸纳社会就业、发挥产业优势、推动业态创新、强化市场联系以及保障产业链、供应链安全等方面发挥了重要作用。特别是在中美经贸摩擦、新冠肺炎疫情等严峻挑战面前，浙江省外贸主体不断创新求变、提质增效，有力稳定了外贸基本盘。据统计，“十三五”期间，浙江省有进出口实绩的外贸企业[1]达12.4万家，较“十二五”期间的8.6万家增长43.8%；进出口总值14.10万亿元，增长35.6%。

“十三五”期间浙江省外贸企业发展主要特点

（一）企业数量稳步增长，平均规模逐年壮大

“十三五”期间，浙江省外贸主体数量稳步增加，从“十二五”末的6.2万家逐年增加至2020年的9.0万家，年均增长7.5%，平均每年增加5465家，较“十二五”平均每年3521家的增幅提速显著，其中2020年增加6774家，为近10年增量最多；进出口规模从“十二五”末的2.15万亿元增长至2020年的3.38万亿元，年均增长9.4%；平均进出口规模从“十二五”末的3449.4万元/家逐年提升至2020年的3771.1万元/家。

[1] 下文所称“外贸企业”除有特殊说明，均指有进出口实绩的海关收发货人企业。

图 1　2011—2020 年浙江省企业主体数量及规模年度统计图

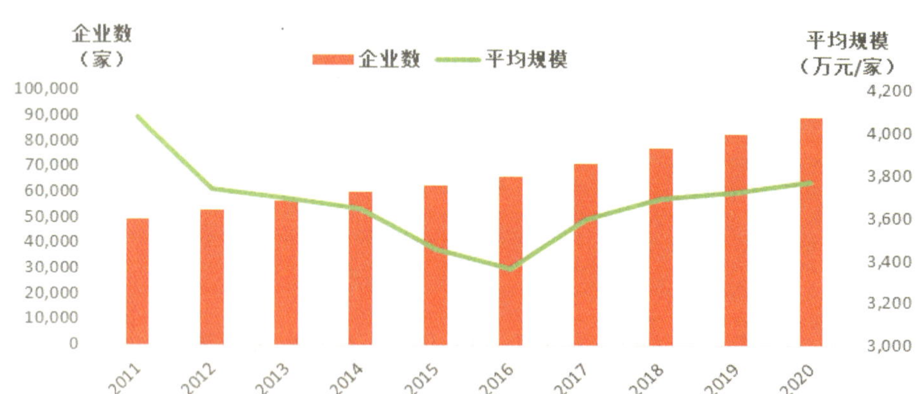

（二）新注册企业连年攀升，外贸活力持续增强

“十三五”期间，浙江省累计新注册外贸企业[1]11.0万家，较“十二五”增长32.9%，年均增长5.8%。其中，2018年新增注册企业首次突破2万家，2020年创下历史新高达到2.7万家。

图 2　2011—2020 年浙江省新注册外贸企业数年度走势图

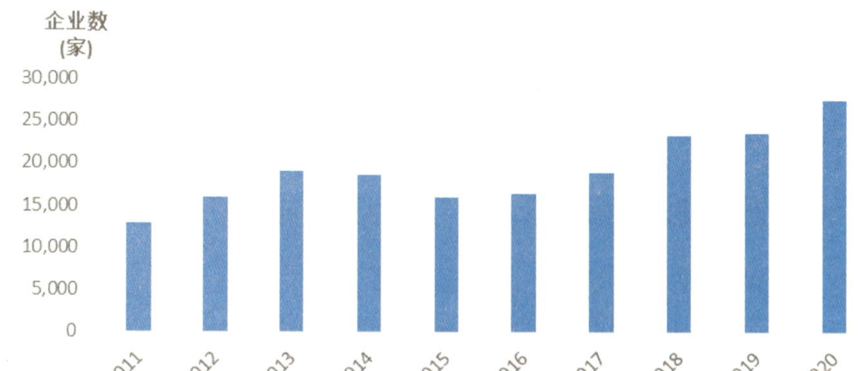

（三）大、中、小型企业各放光彩，既筑根基又显灵活

“十三五”期间，大型企业继续大进大出，筑牢外贸根基。2020年，浙江省有进出口实绩的大型企业[2]有5849家，“十三五”年均增长10.8%，占

[1] 新注册进出口企业以海关进出口收发货人备案为准。

[2] 大型企业：指年进出口规模 1 亿元以上的企业 。

全省企业总数的比重从2015年的5.6%提升至6.5%；进出口总值2.45万亿元，“十三五”年均增长11.4%，占全省外贸总值的比重从2015年的66.4%提升至2020年的72.5%；平均进出口规模4.2亿元/家，“十三五”年均扩大0.6%。特大型企业[1]逐年增长，2020年共计386家，较2015年增加121家，其中民营企业占六成以上，数量从158家增加至240家。此外，进出口规模前100位的龙头企业门槛从2015年的19.5亿元提升至2020年的25.5亿元，总规模从3685.1亿元增长至6419.2亿元。其中，前10位的企业门槛从76.3亿元提升至113.8亿元，总规模从974.2亿元提升至1914.8亿元。

“十三五”期间，浙江省的中型企业[2]在稳步前行中提质增效。2020年，浙江省的中型企业共计2.4万家，“十三五”年均增长4.5%，占全省企业总数的比重从2015年的31.3%下滑至2020年的27.2%；进出口总值7857.1亿元，“十三五”年均增长5.0%，占全省外贸总值的比重从2015年的28.6%降至2020年的23.2%；平均进出口规模3222.3万元/家，“十三五”年均扩大0.5%。

浙江省的小型企业[3]数量多、新增快、活力强。2020年，浙江省的小型企业共计5.9万家，“十三五”期间年均增长8.6%，占全省企业总数的比重从2015年的63.1%提升至2020年的66.3%；进出口总值1437.6亿元，“十三五”年均增长5.8%，占全省外贸总值的比重从2015年的5.0%下滑至2020年的4.2%；平均规模241.6万元/家，“十三五”年均缩小2.6%。

表1　2020年浙江各规模类型企业进出口统计表

单位：家，亿元，万元/家，%

类别	企业数			进出口值			规模	
	数量	占比	“十三五”期间年均增速	总值	占比	“十三五”期间年均增速	平均规模	“十三五”期间年均增速
大型	5849	6.5	10.8	24543.6	72.5	11.4	41962.0	0.6
中型	24384	27.2	4.5	7857.1	23.2	5.0	3222.3	0.5
小型	59498	66.3	8.6	1437.6	4.2	5.8	241.6	–2.6
总计	89731	100.0	7.5	33838.3	100.0	9.5	45425.8	1.8

[1] 特大型企业：指年进出口规模10亿元以上的企业。

[2] 中型企业：指年进出口规模1000万元—1亿元的企业。

[3] 小型企业：指年进出口规模1000万元以下的企业。

（四）出口型企业占据绝对主导，进出口平衡有所提升

2020年，浙江省有出口型企业[1]7.9万家，年均增长7.1%，占当年全省进出口企业总数的88.2%，较2015年下降1.9个百分点；出口值2.46万亿元，“十三五”年均增长8.1%；平均出口规模3106.9万元/家，“十三五”年均扩大1.0%。有进口型企业[2]1.1万家，“十三五”年均增长11.4%，占2020年全省企业总数的11.8%，较2015年提升1.9个百分点；进口值7547.7亿元，“十三五”年均增长17.3%；平均进口规模7121.8万元/家，“十三五”年均扩大5.3%。进、出口企业数量平衡度[3]较2015年提高3.9个百分点，户均规模平衡度提升12.9个百分点。

图 3　2015—2020 年浙江省企业类型进出口统计图

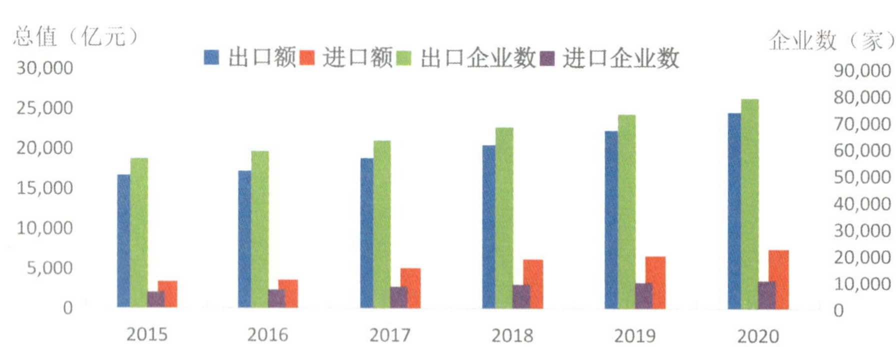

（五）民营企业蓬勃发展，国有、外资企业优胜劣汰

“十三五”期间，浙江省民营企业数量、进出口规模均快速增长。2020年，浙江省有民营进出口企业8.2万家，较2015年增长52.3%，年均增长8.8%，占当年全省进出口企业总数的91.6%，比重较2015年提升5.1个百分点；进出口2.56万亿元，较2015年增长73.8%，年均增长11.7%，占当年全省进出口总值的75.8%，较2015年提升7.3个百分点；平均规模3125.3万元/家，较2015年提升14.1%，年均扩大2.7%。国有企业、外资企业的数量在“十三五”期间虽有下滑，但平均规模均有显著提升，并且国有企业的进出口增速、平均规模及增速均列各类企业第一。2020年，浙江省有国有进出口企业476家，较2015年下

[1] 出口型企业：出口值大于进口值的企业。

[2] 进口型企业：出口值小于进口值的企业。

[3] 平衡度＝进口企业比重－出口企业比重。

降5.4%，占当年全省进出口企业数的0.5%；进出口2732.7亿元，较2015年增长73.9%，年均增长11.9%；平均规模5.7亿元/家，较2015年扩大83.8%，年均扩大13.1%。有外资进出口企业7036家，较2015年下降11.5%；进出口5431.4亿元，较2015年增长4.0%；平均规模7719.5万元/家，扩大17.5%。

表2　2020年浙江各类型进出口贸易主体统计表

单位：家，亿元，万元/家，%

类别	企业数			进出口值			规模	
	数量	占比	“十三五”期间年均增速	总值	占比	“十三五”期间年均增速	平均规模	“十三五”期间年均增速
国有企业	476	0.5	−1.1	2732.7	8.1	11.9	57410.2	13.1
外资企业	7036	7.9	−2.4	5431.4	16.1	0.8	7719.5	3.3
民营企业	82017	91.6	8.8	25633.0	75.8	11.7	3125.3	2.7
总计	89529	100.0	7.5	33797.2	100.0	9.4	3775.0	1.8

（六）宁波企业数居首，金华企业数增加最快

2020年，宁波是浙江省唯一外贸企业数超2万家的地市，有2.3万家，较2015年增长48.2%，年均增长8.2%。外贸企业数破万的地市还有杭州、金华和绍兴，分别有1.4万家、1.1万家和1.1万家。其中，金华的外贸企业数较2015年增长72.7%，占2020年全省外贸企业总数的比重较2015年提升2.1个百分点，达到12.7%，提升最快。此外，2020年，舟山有外贸企业649家，较2015年增长62.0%；平均规模2.6亿元/家，较2015年扩大41.6%，平均规模及其增速均列各地市第一。

（七）品牌商品比重提升，境内品牌增速快于境外品牌

2020年，浙江省企业境内品牌商品出口3631.5亿元，较2018年[1]增长45.8%；占当年全省出口总值的14.4%，较2018年提升2.6个百分点。境外品牌出口6502.5亿元，较2018年增长17.5%；占当年全省出口总值的25.8%，较2018年下降0.3个百分点。无品牌及未申报品牌出口1.5万亿元，占当年全省出口总值的59.7%，较2018年下降2.4个百分点。

---

[1] 海关对进出口品牌数据的完整采集从2018年开始。

表 3　2020 年浙江各品牌类型进出口统计表

单位：亿元，%

品牌类型	出口值	较 2018 年增长	2020 年占比	2018 年占比
境内品牌	3631.5	45.8	14.4	11.8
境外品牌	6502.5	17.5	25.8	26.1
无品牌及未申报	15036.5	14.3	59.7	62.1
合计	25170.6	18.9	100.0	100.0

（八）贸易型企业贡献过半，生产型企业做大做强

2020年，浙江省有贸易型企业4.9万家，较2015年增长78.2%，年均增长12.3%，占当年全省企业总数的54.2%；进出口1.81万亿元，较2015年增长78.2%，年均增长12.2%，占当年全省进出口总值的53.6%；平均规模3726.1万元/家，与2015年基本持平。有生产型企业4.1万家，较2015年增长16.9%，年均增长3.2%；进出口1.57万亿元，较2015年增长38.2%，年均增长6.7%；平均规模3827.5万元/家，较2015年扩大18.0%。

表 4　2020 年浙江贸易型、生产型企业进出口统计表

单位：家，亿元，万元 / 家，%

<table>
<tr><th rowspan="2">类别</th><th colspan="3">企业数</th><th colspan="3">进出口值</th><th colspan="2">规模</th></tr>
<tr><th>数量</th><th>占比</th><th>“十三五”期间年均增速</th><th>总值</th><th>占比</th><th>“十三五”期间年均增速</th><th>平均规模</th><th>“十三五”期间年均增速</th></tr>
<tr><td>贸易型</td><td>48647</td><td>54.2</td><td>12.3</td><td>18126.1</td><td>53.6</td><td>12.2</td><td>3726.1</td><td>0.0</td></tr>
<tr><td>生产型</td><td>40945</td><td>45.6</td><td>3.2</td><td>15671.8</td><td>46.3</td><td>6.7</td><td>3827.5</td><td>3.4</td></tr>
</table>

（倪洪中　王海涛）

国有企业：提质增效　行稳致远

国有企业是浙江省经济社会发展的“助推器”和关键领域的“压舱石”，是平稳、高质量推进外贸领域发展的坚实基础。“十三五”期间，浙江省国有外贸企业继续深化改革，在外贸领域基本实现稳中有进，对全省外贸结构优化和产业升级联动贡献作用明显。进口方面，国有企业在战略性、资源性产品上的地位和作用突出；出口方面，国有企业面临短期小幅波动下行局面，但商品结构优化趋势明显，动能正处于关键转换阶段。据海关统计，“十三五”期间，浙江省国有企业进出口总值由“十二五”末的1559.0亿元增至2020年的2732.7亿元，年均增长11.9%；累计进出口1.11万亿元，同比增长22.3%，占同期全省外贸总值的7.8%。其中，出口5373.7亿元，下降12.7%，占同期全省出口总值的5.0%；进口5688.0亿元，增长96.6%，占同期全省进口总值的16.5%。

按美元计，“十三五”期间，浙江省国有企业累计进出口1632.3亿美元，同比增长13.3%；从“十二五”末的251.4亿美元增至2020年的394.2亿美元，年均增长9.4%。其中，出口795.2亿美元，下降18.9%；进口837.1亿美元，增长81.6%。

一、“十三五”期间浙江省国有企业进出口的主要特点

（一）进出口比重提升，进口增长显著

“十三五”期间，受国有企业改革与供给侧改革推进影响，浙江省国有企业调整战略发展方向，由原来的外贸中间商、代理商角色快速向智慧供应链集

成服务商转变，迅速扭转了“十二五”期间进出口的颓势，5年间贸易规模逐年扩大。特别是2017年、2018年，进出口增速均超过15%，占全省比重由2016年的6.9%提升至2020年的8.1%。同时，受惠于浙江自贸试验区落地，国有企业进口铁矿砂、成品油等大宗商品激增。2018年，全省国有企业进口规模首次超过出口规模，并在此后两年间逆差进一步扩大。“十三五”期间，累计进口5688.0亿元，同比增长96.6%，年均增长27.9%，较同期全省进口年均增速高出13.2个百分点。

表 1　2011—2020 年浙江国有企业进出口年度统计表

单位：亿元，%

年份	进出口值	同比	出口值	同比	进口值	同比
“十二五”期间	9046.8	–5.8	6153.5	–5.9	2893.3	–5.6
2011 年	2045.7	12.9	1372.9	11.0	672.7	17.2
2012 年	1871.3	–8.5	1300.2	–5.3	571.1	–15.1
2013 年	1796.9	–4.0	1200.3	–7.7	596.6	4.5
2014 年	1773.9	–1.3	1200.5	0.0	573.4	–3.9
2015 年	1559.0	–12.1	1079.5	–10.1	479.4	–16.4
“十三五”期间	11061.8	22.3	5373.7	–12.7	5688.0	96.6
2016 年	1538.3	–1.3	964.4	–10.7	573.9	19.7
2017 年	1975.2	28.4	1052.8	9.2	922.4	60.7
2018 年	2346.0	18.8	1142.6	8.5	1203.4	30.5
2019 年	2469.5	5.3	1118.9	–2.1	1350.5	12.2
2020 年	2732.7	10.7	1095.0	–2.1	1637.8	21.3

（二）出口动能换挡调整，大宗商品成为出口新动能

“十三五”期间，浙江省国有企业出口规模虽较“十二五”有所下滑，但占全国国有企业的出口份额由2016年的6.8%提高到了2020年的7.6%，居全国第5位。大宗商品出口高速增长，成为出口新动能。

劳密产品为浙江省国有企业出口最多的大类商品，“十三五”期间累计出口1566.7亿元，占全省国有企业出口总值的29.2%，占全国国有企业劳密产品出口总值的12.6%。但受国有企业经营战略调整、劳动密集型企业自营渠道拓展及跨境电商模式快速发展等因素影响，国有外贸企业代理出口业务有所萎缩，劳密产品出口规模较“十二五”下降28.5%，年均降幅达7.2%。

此外，出口高新产品260.5亿元，虽较“十二五”期间下降17.7%，但已呈现企稳回升态势。2020年，出口65.5亿元，增长15.2%，“十三五”期间年均增长1.8%。

（三）资源类产品进口增长较快

“十三五”期间，浙江省国有企业进口占同期全国国有企业进口总值的3.6%，列全国第6位，份额由2016年的2.4%逐年升至2020年的5.1%。进口商品以资源性产品为主，其中金属矿砂等三大类产品合计占同期国有企业进口总值的56.2%，拉动国有企业进口增长63.9个百分点。此外，“十三五”期间，农产品进口保持良好增势，增长41.6%，其中肉类、乳品、粮食的增幅突出。

（四）对东盟出口增长较快，澳大利亚、巴西为主要进口市场

“十三五”期间，浙江省国有企业的主要出口市场是欧盟、美国，分别累计出口1167.5亿元和767.3亿元，占同期全省国有企业出口总值的21.7%和14.3%，产品以终端消费品为主。对东盟累计出口609.5亿元，同比增长22.4%，年均增速达到6.4%，产品以劳密产品中的原材料与半成品为主。对非洲、俄罗斯、澳大利亚等市场出口虽较“十二五”期间有所下滑，但近年来保持上升态势，年均增速分别为10.6%、5.2%和3.3%。

“十三五”期间，浙江省国有企业自澳大利亚、巴西、东盟分别进口1168.6亿元、708.2亿元和949.9亿元，合计占同期全省国有企业进口总值的49.7%；自俄罗斯、非洲、印度进口高速增长，分别达7.3倍、1.7倍和2.5倍。自“一带一路”沿线国家进口1973.8亿元，增长1.9倍。

表3　“十三五”期间浙江国有企业主要出口市场统计表

单位：亿元，%

国家（地区）	“十三五”期间			2020 年			年均增速
	出口值	同比	占比	出口值	同比	占比	
“一带一路”沿线国家	1666.5	–4.4	31.0	326.4	–4.4	29.8	–0.4
欧盟	1167.5	–23.1	21.7	218.4	–7.5	19.9	–3.4
美国	767.3	–12.3	14.3	132.8	–9.0	12.1	–5.1
东盟	609.5	22.4	11.3	126.2	–6.5	11.5	6.4
拉丁美洲	537.9	–25.7	10.0	107.6	–9.8	9.8	–0.2
非洲	376.0	–13.0	7.0	108.2	29.4	9.9	10.6
日本	225.7	–20.6	4.2	42.0	–12.5	3.8	–0.5

续表

国家（地区）	"十三五"期间			2020 年			年均增速
	出口值	同比	占比	出口值	同比	占比	
印度	211.9	-18.5	3.9	40.8	2.1	3.7	-4.9
韩国	161.3	17.6	3.0	33.5	2.5	3.1	6.1
俄罗斯联邦	139.8	-15.8	2.6	27.8	-14.7	2.5	5.2
澳大利亚	126.3	-10.5	2.3	28.8	6.4	2.6	3.3

表 4　"十三五"期间浙江国有企业主要进口市场统计表

单位：亿元，%

国家（地区）	"十三五"期间			2020 年			年均增速
	进口值	同比	占比	进口值	同比	占比	
"一带一路"沿线国家	1973.8	189.4	34.7	707.8	51.4	43.2	42.7
澳大利亚	1168.6	82.5	20.5	278.1	4.2	17.0	23.7
拉丁美洲	965.1	153.0	17.0	297.4	5.7	18.2	35.2
其中：巴西	708.2	171.6	12.5	225.3	11.8	13.8	47.6
东盟	949.9	148.9	16.7	287.9	15.5	17.6	34.5
俄罗斯联邦	330.4	728.3	5.8	120.4	41.1	7.4	86.9
欧盟	330.2	8.2	5.8	76.8	26.8	4.7	10.5
非洲	287.7	166.4	5.1	74.0	9.3	4.5	29.6
韩国	284.3	85.9	5.0	75.3	18.9	4.6	35.4
印度	235.0	254.0	4.1	135.6	213.9	8.3	86.2
美国	212.0	-14.6	3.7	33.6	27.7	2.1	-6.1

（五）保税物流占比大幅提升，加工贸易有所回暖

"十三五"期间，一般贸易始终居浙江省国有企业进出口的主导地位，比重在70%以上。由于近年来浙江省综保区、保税物流中心等不断发展壮大，国有企业通过保税物流方式进出口比重逐步提升，"十三五"期间累计进出口2166.4亿元，比重跃升至19.6%，较"十二五"提升8.4个百分点。

此外，加工贸易进出口在经历了"十二五"期间的低谷后，呈现回暖迹象，浙江省国有企业自2017年以来通过加工贸易进出口的规模稳定在百亿元之上。"十三五"期间，累计进出口524.3亿元，同比增长26.6%，占同期全省国有企业进出口总值的4.7%。

表5 2011—2020年浙江国有企业贸易方式（业态）统计表

单位：亿元，%

年份	一般贸易		保税物流		加工贸易		跨境电商	
	进出口值	占比	进出口值	占比	进出口值	占比	进出口值	占比
“十二五”期间	7563.1	83.6	1017.7	11.2	414.3	4.6	17.9	0.2
2011年	1769.7	86.5	142.4	7.0	127.1	6.2	--	--
2012年	1538.4	82.2	211.9	11.3	110.2	5.9	--	--
2013年	1481.2	82.4	237.3	13.2	68.4	3.8	--	--
2014年	1466.3	82.7	254.9	14.4	42.7	2.4	1.1	0.1
2015年	1307.5	83.9	171.2	11.0	66.0	4.2	16.8	1.1
“十三五”期间	8253.3	74.6	2166.4	19.6	524.3	4.7	49.9	0.5
2016年	1266.7	82.3	178.2	11.6	79.1	5.1	4.8	0.3
2017年	1522.7	77.1	329.1	16.7	106.7	5.4	0.7	0.0
2018年	1651.0	70.4	547.8	23.3	124.8	5.3	5.7	0.2
2019年	1746.3	70.7	579.0	23.4	111.9	4.5	15.8	0.6
2020年	2066.6	75.6	532.2	19.5	101.9	3.7	22.9	0.8

（六）杭州、宁波比重超七成，舟山快速增长

“十三五”期间，浙江省大型国有企业主要集中在杭州、宁波两市，两地国有企业进出口分别为4945.8亿元和3101.1亿元，分别同比增长26.4%和20.7%，合计占全省国有企业进出口总值的72.7%。舟山市国有企业奋起直追，进出口增速大幅领先杭州、宁波，五年间共进出口1755.9亿元，增长83.5%，年均增长达25.3%。

二、“十三五”期间促进浙江省国有企业外贸发展的有利因素

（一）浙江自贸试验区发展有效激发国有企业外贸活力

经过三年建设，万亿级油气产业集群在浙江自贸试验区从零起步，以国有企业为主导，多元化经营主体参与的油品存储、交易体系基本成型。油气全产业链延伸发展对浙江省国有企业动能转换、换挡提速提供了良好的发展契机，为浙江省国有企业参与全球大宗商品交易搭建了坚实平台。2017—2020年，浙江省国有企业进出口原油、成品油共1402.9亿元，年均增速达30.8%。其中进口792.5亿元，年均增长21.9%；出口610.4亿元，年均增长42.3%。

（二）国有企业改革不断深化，竞争力有效提升

“十三五”期间，浙江省通过引入战略投资、探索员工持股、推进资产证券化和培育主业上市等方式，大力推进和完善省属国有企业混合所有制改革，鼓励更多国有企业改制上市，利用资本市场发展壮大混合所有制经济。如浙江省海、陆、空三大省级交通平台已搭建完成，资源整合效应逐步显现；“浙江国贸”“浙江海港”等集团积极推进下属企业重组整合。国有资本在基础设施、关键领域、优势产业和高新技术领域的集聚度进一步提高，布局结构得到优化，发展质量和效益有所提高，涌现出“物产中大”等一批在相关领域具有全球竞争力的龙头企业。

三、“十四五”期间浙江省国有企业外贸发展前景展望

“十四五”期间，面对日益复杂的国内外经济环境和日趋激烈的市场竞争，浙江省国有企业唯有深入践行“八八战略”，进一步深化混合所有制改革，奋力打造“重要窗口”，才能勇立发展潮头。

（一）量质并举，推动浙江国有企业高质量发展

“十四五”期间，浙江省将坚持稳中求进的工作总基调，进一步深化国有企业混合所有制改革，在做大国有资本的基础上，树立“以质为先”理念，推动国有企业高质量发展，为浙江外向型经济发展贡献更大的国资国企力量。

（二）发挥优势，融入“双循环”新发展格局

有效发挥浙江省国有企业体量大、布局广优势，针对本省产业链、供应链中的薄弱环节，积极实施“补链、扩链、强链”行动，全力维护全球供应链和物流链稳定。利用国有企业技术力量雄厚优势，集中力量对核心产业“卡脖子”环节开展技术攻关，提高应对风险的能力，加快国际产业链高端的科技攻关和产品研发，形成诸多新技术的应用场景和市场化产品，实现产业链与创新链的融合发展。

（倪洪中　屠秋枰）

民营企业：活力进发　蓬勃向上

浙江是民营经济大省，民营企业在浙江外贸发展中发挥着举足轻重的作用。“十三五”期间，浙江民营企业谱写了一曲曲奋勇变革的华章，在稳定增长、创新创业、强链补链等方面发挥着主力军作用，引领了浙江外贸转型升级和高质量发展。

据海关统计，“十三五”期间，浙江省民营企业累计进出口10.25万亿元，同比增长60.2%，占同期浙江省外贸进出口总值的72.7%，较“十二五”期间提升11.2个百分点。其中，出口8.39万亿元，增长61.4%，占同期浙江省外贸出口总值的78.8%，比“十二五”期间提升11.8个百分点。民营企业地位更加稳固，发展成就更显突出。

“十三五”期间，浙江省民营企业进出口、出口和进口年均增速均达到两位数，领先全国水平，分别居东部沿海主要外贸省市第二、第二、第一位，外贸“先锋队”特色鲜明；对全国整体外贸贡献突出，“十三五”期间占全国进出口总值和对全国出口的增长贡献率分别达到17.9%和24.1%，均居全国第2位。

一、“十三五”期间浙江省民营企业外贸主要成就

（一）进出口规模迈上新台阶，占全国比重进一步提升

“十三五”期间，浙江省民营企业进出口逐年稳定增长，除2016年外，各年增速均达到两位数。其中，2018年进出口规模达2.04万亿元，首次迈上两万

亿台阶；2020年进出口2.56万亿元，占同期全国民营企业进出口总值的17.1%，较2015年提升0.9个百分点。进出口规模稳居全国第二，仅次于广东省，占同期全国民营企业进出口总值的16.9%，较“十二五”提升1.0个百分点，对全国外贸增长贡献率达17.9%。进出口年均增速达11.7%，高于同期全国民营企业进出口年均增速1.1个百分点。

表 1　2011—2020 年浙江民营企业进出口年度统计表

单位：亿元，%

年份	进出口值	同比	占比	出口值	同比	占比	进口值	同比	占比
“十二五”期间	63998.7	93.5	61.5	52005.9	99.2	67.0	11992.8	72.1	45.5
2011 年	11024.3	21.0	54.9	8431.4	19.4	60.0	2592.9	26.2	42.9
2012 年	11325.5	2.7	57.4	8894.4	5.5	62.7	2431.1	-6.2	43.8
2013 年	12834.7	13.3	61.6	10379.0	16.7	67.2	2455.7	1.0	45.4
2014 年	14065.6	9.6	64.5	11741.0	13.1	69.9	2324.7	-5.3	46.3
2015 年	14748.6	4.9	68.5	12560.2	7.0	73.2	2188.4	-5.9	50.0
“十三五”期间	102496.3	60.2	72.7	83941.8	61.4	78.8	18554.5	54.7	53.8
2016 年	15703.7	6.5	70.7	13379.7	6.5	75.7	2324.0	6.2	51.2
2017 年	18135.9	15.5	70.8	14950.5	11.7	76.9	3185.4	37.1	51.7
2018 年	20425.2	12.6	71.6	16523.3	10.5	78.0	3901.9	22.5	53.2
2019 年	22598.5	10.6	73.3	18415.7	11.5	79.8	4182.9	7.2	53.9
2020 年	25633.0	13.4	75.8	20672.7	12.3	82.1	4960.3	18.6	57.2

表 2　“十三五”期间全国主要省市民营企业进出口统计表

单位：亿元，%

省市	“十三五”期间				2020 年				年均增速
	进出口总值	同比	占各省市进出口比重	占全国份额	进出口总值	同比	占各省市进出口比重	占全国份额	
全国	605771.3	50.1	41.4	100.0	149969.3	11.2	46.6	100.0	10.6
广东	169923.7	62.1	49.2	28.1	39034.4	5.5	55.1	26.0	9.5
浙江	102496.3	60.2	72.7	16.9	25633.0	13.4	75.8	17.1	11.7
江苏	62139.0	32.4	30.3	10.3	15678.6	14.8	35.2	10.5	9.1
山东	59346.5	55.5	62.3	9.8	15387.1	15.3	69.6	10.3	14.7
上海	33923.6	49.9	20.7	5.6	8328.1	11.2	23.9	5.6	11.6
福建	29702.7	38.0	48.2	4.9	7100.9	9.9	50.4	4.7	7.6

出口方面，“十三五”期间，浙江省民营企业累计出口8.39万亿元，增长61.4%，占同期全省出口总值的78.8%，较“十二五”提升11.8个百分点；出口规模稳居全国第二，仅次于广东省，占同期全国民营企业出口总值的20.9%，较“十二五”提升1.8个百分点；出口年均增速达10.5%，高于同期全国民营企业出口年均增速1.1个百分点，对全国外贸出口增长贡献率达24.1%。2020年，全省民营出口规模首次迈上两万亿台阶，达到2.07万亿元。

表3 “十三五“期间全国主要省市民营企业出口统计表

单位：亿元，%

省市	“十三五”期间				2020 年				年均增速
	出口总值	同比	占各省市出口比重	占全国份额	出口总值	同比	占各省市出口比重	占全国份额	
全国	402474.8	47.9	49.8	100.0	99865.1	12.2	55.7	100.0	9.4
广东	105384.4	58.9	49.9	26.2	24246.1	6.3	55.7	24.3	8.4
浙江	83941.8	61.4	78.8	20.9	20672.7	12.3	82.1	20.7	10.5
江苏	44777.1	43.4	35.3	11.1	11336.1	13.5	41.3	11.4	9.9
山东	33491.6	69.4	62.3	8.3	9246.2	29.0	70.8	9.3	14.1
福建	22548.1	30.7	58.8	5.6	5289.9	6.1	62.4	5.3	5.8
上海	15917.1	36.7	24.0	4.0	3809.0	6.5	27.8	3.8	9.2

进口方面，“十三五”期间，浙江省民营企业累计进口1.86万亿元，增长54.7%，占同期全省进口总值的53.8%，较“十二五”提升8.3个百分点；进口规模逐年稳步扩大，2017年和2018年先后超越江苏省和上海市，排名由全国第五位跃升至全国第三位，占同期全国民营企业进口总值的9.1%，与“十二五”期间持平；进口年均增速达17.7%，领跑东部沿海主要外贸省份（直辖市），高于同期全国民营企业进口年均增速4.7个百分点，对全国外贸进口增长贡献率达7.9%。2020年，进口4960.3亿元，占当年全国民营企业进口总值的9.9%，较2015年提升1.8个百分点。

表4 “十三五”期间全国主要省市民营企业进口统计表

单位：亿元，%

省市	“十三五”期间				2020年				年均增速
	进口总值	同比	占各省市进口比重	占全国份额	进口总值	同比	占各省市进口比重	占全国份额	
全国	203296.5	54.7	31.0	100.0	50104.2	9.2	35.1	100.0	13.1
广东	64539.3	67.5	48.2	31.7	14788.3	4.3	54.0	29.5	11.3
山东	25854.9	40.5	62.2	12.7	6140.9	−0.7	67.7	12.3	15.6
浙江	18554.5	54.7	53.8	9.1	4960.3	18.6	57.2	9.9	17.8
上海	18006.4	63.8	18.5	8.9	4519.1	15.5	21.4	9.0	13.8
江苏	17361.9	10.5	22.2	8.5	4342.5	18.1	25.4	8.7	7.3
福建	7154.6	67.5	30.6	3.5	1811.0	22.6	32.3	3.6	14.4

按美元统计，“十三五”期间，浙江省民营企业累计进出口1.51万亿美元，增长48.0%，年均增长9.3%。其中，出口1.24万亿美元，增长49.0%，年均增长8.1%；进口2739.4亿美元，增长43.3%，年均增长15.3%。2020年，浙江省民营企业进出口3699.6亿美元，增长12.9%。其中，出口2982.4亿美元，进口717.2亿美元，分别增长11.7%和18.2%。

（二）机电产品和高新产品出口保持较快增长

“十三五”期间，机电产品为浙江省民营企业出口最大类商品，累计出口3.51万亿元，同比增长72.3%就；占同期全省民营企业出口总值的41.8%，较“十二五”提升2.7个百分点；年均增长13.0%，高于同期全省民营企业出口年均增速2.5个百分点。其中，电工器材、家电和通用机械出口年均增速均在两位数，占全省民营企业机电产品出口的比重较“十二五”分别提升0.1个、0.3个和0.2个百分点。劳密产品出口年均增长7.4%，其中塑料制品、家具和玩具的出口年均增速达到了两位数。高新产品出口年均增长21.7%，主要出口商品为计算机与通信技术产品、生命科学技术产品，年均增速均在20%以上。

表 5 “十三五”期间浙江民营企业主要出口商品统计表

单位：亿元，%

出口商品	“十三五”期间			2020 年			年均增速
	出口值	同比	占比	出口值	同比	占比	
出口总值	83941.8	61.4	100.0	20672.7	12.3	100.0	10.5
* 机电产品	35074.1	72.3	41.8	9136.3	19.1	44.2	13.0
其中：电工器材	2953.9	65.5	3.5	721.3	12.2	3.5	10.9
家用电器	2671.1	75.9	3.2	741.5	24.6	3.6	15.6
通用机械设备	2575.3	68.9	3.1	667.0	14.2	3.2	13.1
汽车零配件	1828.9	55.8	2.2	419.6	4.5	2.0	9.7
灯具、照明装置及其零件	1812.3	78.1	2.2	464.5	28.6	2.2	7.3
* 劳动密集型产品	32027.4	46.3	38.2	7372.3	4.4	35.7	7.4
其中：纺织纱线、织物及其制品	11508.9	39.6	13.7	2794.4	10.2	13.5	9.3
服装及衣着附件	7225.2	19.2	8.6	1415.3	–8.7	6.8	0.6
塑料制品	5025.6	98.4	6.0	1314.1	18.0	6.4	12.0
家具及其零件	3336.2	84.6	4.0	891.5	24.1	4.3	15.0
鞋靴	2500.3	18.1	3.0	420.9	–24.6	2.0	–3.2
箱包及类似容器	1473.5	51.9	1.8	257.7	–25.9	1.2	0.5
玩具	1286.1	270.1	1.5	372.3	23.0	1.8	27.9
* 高新技术产品	5067.9	148.2	6.0	1492.9	32.7	7.2	21.7
其中：计算机与通信技术	1691.4	265.8	2.0	512.0	61.5	2.5	24.6
生命科学技术	1416.3	88.3	1.7	432.4	42.7	2.1	20.4
基本有机化学品	1550.6	49.5	1.8	385.4	11.0	1.9	12.5
钢材	1210.8	71.4	1.4	300.1	12.5	1.5	12.9
* 农产品	1208.9	25.4	1.4	233.2	–9.6	1.1	2.7

（三）进口商品结构进一步优化，机电产品、高新产品和资源能源类商品进口大幅增长

“十三五”期间，浙江省民营企业进口商品结构进一步优化，资源能源类商品进口大幅增长。其中，金属矿及矿砂、未锻轧铜及铜材、原油进口年均增速分别达22.5%、45.8%和69.8%；机电产品和高新产品占比提升，分别由“十二五”期间的10.7%和4.5%提升至“十三五”期间的12.3%和6.8%，进口年均增速分别为14.5%和18.4%；此外，化妆品进口年均增速达到74.8%，为主要进口商品中年均增速最快的商品，占比较“十二五”提升2.1个百分点。

表6 “十三五”期间浙江民营企业主要进口商品统计表

单位：亿元，%

进口商品	“十三五”期间			2020 年			年均增速
	进口值	同比	占比	进口值	同比	占比	
进口总值	18554.5	54.7	100.0	4960.3	18.6	100.0	17.8
初级形状的塑料	2352.3	66.1	12.7	576.3	1.2	11.6	15.0
* 机电产品	2282.9	78.1	12.3	579.5	9.0	11.7	14.5
其中：电子元件	562.7	149.2	3.0	125.3	–6.5	2.5	3.2
基本有机化学品	1843.7	–0.8	9.9	297.3	–30.6	6.0	6.3
其中：二甲苯	663.9	61.3	3.6	105.0	–40.4	2.1	18.1
乙二醇	409.9	–12.8	2.2	62.6	–32.4	1.3	0.6
* 农产品	1768.5	71.9	9.5	463.2	18.5	9.3	15.6
金属矿及矿砂	1505.7	39.5	8.1	422.2	15.1	8.5	22.5
其中：铁矿砂及其精矿	720.3	–3.9	3.9	218.5	24.8	4.4	17.4
铜矿砂及其精矿	518.9	446.2	2.8	149.8	21.6	3.0	36.3
* 高新技术产品	1258.0	134.8	6.8	329.6	9.5	6.6	18.4
其中：电子技术	565.7	176.1	3.0	127.9	–5.5	2.6	8.7
未锻轧铜及铜材	999.4	76.2	5.4	396.1	101.9	8.0	45.8
原油	755.1	547.5	4.1	495.4	153.4	10.0	69.8
木及其制品	512.5	35.6	2.8	85.9	–13.9	1.7	–1.2
纸浆、纸及其制品	447.4	43.4	2.4	123.3	32.6	2.5	18.4
美容化妆品及洗护用品	407.5	2845.6	2.2	154.0	46.2	3.1	74.8

（四）多元化开拓市场，主要贸易市场均保持增长

“十三五”期间，浙江省民营企业坚持多元化市场战略，对主要贸易市场进出口年均增速均在8%以上。欧盟、美国和东盟继续位居浙江省民营企业前三大进出口市场，合计进出口4.81万亿元，同比增长69.7%，占同期全省民营企业进出口总值的46.9%，较“十二五”提升2.6个百分点。其中，对美国、东盟进出口年均增速达13.1%和18.3%，分别高于同期全国民营企业对美国、东盟进出口的年均增速2.8个和5.6个百分点。

表 7 “十三五”期间浙江民营企业进出口主要市场统计表

单位：亿元，%

国家（地区）	“十三五”期间			2020 年			年均增速
	进出口	同比	占比	进出口	同比	占比	
总值	102496.3	60.2	100.0	25633.0	13.4	100.0	11.7
“一带一路”沿线国家	35851.2	66.5	35.0	9137.4	11.1	35.6	12.5
欧盟	20694.1	53.5	20.2	5071.7	13.1	19.8	11.1
美国	16072.6	79.2	15.7	4091.8	27.6	16.0	13.1
东盟	11309.6	92.3	11.0	3223.0	20.4	12.6	18.3
韩国	3770.6	76.4	3.7	997.8	20.2	3.9	18.9
日本	3761.6	34.6	3.7	903.5	15.8	3.5	11.0
印度	3645.8	80.7	3.6	770.1	–12.5	3.0	9.1
俄罗斯联邦	2801.1	30.5	2.7	682.5	12.0	2.7	11.8
澳大利亚	2696.9	66.9	2.6	734.9	17.9	2.9	15.6
巴西	2455.5	31.3	2.4	562.6	–4.6	2.2	8.4
沙特阿拉伯	2041.7	64.9	2.0	635.7	24.4	2.5	18.0

出口市场方面，“十三五”期间，浙江省民营企业对各主要市场出口年均增速在7.1%以上。欧盟、美国和东盟为浙江省民营企业前三大出口市场，合计出口4.18万亿元，同比增长73.4%，占同期全省民营企业出口总值的49.8%，较“十二五”提升3.5个百分点。其中，对美国、东盟出口年均增速分别为13.5%和17.1%，分别高于全国民营企业对美国、东盟出口的年均增速1.3个百分点和6.0个百分点。

表 8 “十三五”期间浙江民营企业出口主要市场统计表

单位：亿元，%

国家（地区）	“十三五”期间			2020 年			年均增速
	出口	同比	占比	出口	同比	占比	
总值	83941.8	61.4	100.0	20672.7	12.3	100.0	10.5
“一带一路”沿线国家	29512.7	63.9	35.2	7190.4	6.9	34.8	10.2
欧盟	18514.9	54.1	22.1	4527.7	13.7	21.9	10.6
美国	14803.7	87.7	17.6	3783.1	24.4	18.3	13.5
东盟	8446.3	101.8	10.1	2393.0	21.0	11.6	17.1
印度	3282.9	85.5	3.9	658.1	–17.6	3.2	7.1
俄罗斯联邦	2477.1	26.4	3.0	587.5	6.8	2.8	10.9
日本	2216.0	39.4	2.6	562.1	21.7	2.7	11.0

续表

国家（地区）	“十三五”期间			2020 年			年均增速
	出口	同比	占比	出口	同比	占比	
韩国	2052.2	98.4	2.4	567.9	26.7	2.7	17.7
巴西	1900.0	28.9	2.3	439.0	−4.1	2.1	8.6
墨西哥	1731.9	80.0	2.1	419.8	7.3	2.0	10.6
澳大利亚	1598.8	62.1	1.9	423.3	23.6	2.0	12.8

进口市场方面，“十三五”期间，除我国台湾地区外，浙江省民营企业自各主要市场进口年均增速均在7.6%以上。韩国超越日本，与东盟、欧盟成为浙江省民营企业前三大进口市场，合计进口6760.9亿元，占同期全省民营企业进口总值的36.4%；年均分别增长22.3%、16.8%和20.5%，高出全国自韩国、东盟、欧盟进口的年均增速5.9个、3.3个和7.5个百分点。

表 9　“十三五”期间浙江民营企业进口主要市场统计表

单位：亿元，%

国家（地区）	“十三五”期间			2020 年			年均增速
	进口	同比	占比	进口	同比	占比	
总值	18554.5	54.7	100.0	4960.3	18.6	100.0	17.8
“一带一路”沿线国家	6338.5	80.1	34.2	1947.0	29.8	39.3	24.9
东盟	2863.3	69.0	15.4	829.9	18.8	16.7	22.3
欧盟	2179.1	48.0	11.7	544.0	7.6	11.0	16.8
韩国	1718.4	55.8	9.3	429.9	12.6	8.7	20.5
日本	1545.6	28.1	8.3	341.4	7.3	6.9	10.9
美国	1268.9	17.7	6.8	308.6	85.0	6.2	8.3
澳大利亚	1098.1	74.4	5.9	311.6	11.0	6.3	20.4
中国台湾	936.0	11.8	5.0	183.6	−10.8	3.7	1.9
沙特阿拉伯	928.2	84.4	5.0	333.0	38.5	6.7	35.0
智利	573.9	70.6	3.1	176.4	32.8	3.6	30.0
巴西	555.5	40.1	3.0	123.6	−6.3	2.5	7.6

（五）一般贸易迈上新台阶，新兴贸易增长快速

“十三五”期间，浙江省民营企业以一般贸易方式进出口8.42万亿元，同比增长54.7%，占同期全省民营企业进出口总值的82.2%；年均增速为11.8%，

高于全国1.3个百分点。2020年，首次跨上2万亿元台阶，达到2.09万亿元。以保税物流进出口增长较快，年均增长19.2%，高出全国7.8个百分点。以市场采购方式出口年均增长11.1%，通过跨境电商管理平台进出口年均增长48.1%。

表 10　“十三五”期间浙江民营企业主要贸易方式（业态）统计表

单位：亿元，%

贸易方式	“十三五”期间			2020 年			年均增速
	进出口	同比	占比	进出口	同比	占比	
一般贸易	84201.7	54.7	82.2	20879.0	12.9	81.5	11.8
市场采购	11363.9	499.0	11.1	2974.0	14.6	11.6	11.1
加工贸易	4768.5	14.7	4.7	1071.9	8.4	4.2	7.1
保税物流	2024.4	83.8	2.0	654.3	33.1	2.6	19.2
跨境电商	1179.8	1793.8	1.2	420.9	76.5	1.6	48.1

（六）全省11地市均保持快速增长

“十三五”期间，浙江省11地市民营企业进出口年均增速均保持在6%以上。其中，舟山进出口、进口年均增速最快，分别达到了22.8%、33.7%；湖州市民营企业出口年均增速最快，达到了17.4%。

二、“十三五”期间促进浙江省民营企业外贸发展的有利因素

（一）政策支持力度加大，民营经济发展空间不断拓宽

“十三五”以来，国家大力支持民营经济发展，浙江省民营经济的市场主体地位不断巩固，发展空间不断拓宽。浙江省也出台了一系列政策支持民营企业更快更优发展，先后实施“凤凰行动”、“雄鹰行动”、“放水养鱼”行动、“雏鹰行动”、“小升规”行动，推动民营龙头企业做强做优，小微企业上规升级和“专精特新”发展。2020年2月1日，《浙江省民营企业发展促进条例》开始正式实施，在全国省级层面率先通过立法来保障民营企业利益，促进民营企业进一步发展。

（二）民营企业加快转型升级，外贸竞争力进一步增强

“十三五”以来，浙江省民营企业以供给侧结构性改革为主线，聚焦高质量发展，通过转型升级，占据产业发展制高点，切实提高核心竞争力，努力推

动民营经济活力在创新中不断绽放。随着民营企业转型升级不断向纵深发展，企业核心竞争力得到有效提升，其在市场采购、跨境电商、外综服等领域参与度日益扩大，外贸市场比重进一步提升。

三、“十四五”期间浙江省民营企业外贸前景展望

“十四五”期间，随着《浙江省民营企业发展促进条例》的实施，“最多跑一次”改革走向纵深，重点领域改革不断突破，长三角一体化发展国家战略落地实施和自贸试验区建设加快推进，浙江省民营企业将迎来蓬勃发展机遇，主力军作用将更显突出，将为国家科技自立自强贡献更多“浙江力量”，为打造自主可控、安全高效的世界产业链、供应链贡献更多“浙江元素”。

（陆海生　孔玲玲）

“十三五”期间，浙江民营企业通过广交会等展会平台积极开拓国际市场

外资企业：调整优化　稳步前行

外资企业作为浙江省对外贸易的重要主体，通过资金、技术等要素的大规模引入，以宁波、杭州和嘉兴为主要集聚地区，参与、见证并有效促进了浙江省经济社会的快速发展。经过多年持续扩大对外开放，“十三五”期间，浙江外资企业进出口规模上升至全国第4位，年度进出口规模维持在5000亿元左右，年均增长0.8%，在全省外贸发展中继续发挥重要作用。

一、“十三五”期间浙江省外资企业进出口主要特点

（一）从回暖到企稳，全国排名稳中有升

随着我国经济发展逐步进入新常态，外资企业在中国面对劳动力、原材料、土地等诸多要素成本结构性上升的影响，逐步进入产业转型调整阶段。据海关统计，“十三五”期间，浙江省外资企业累计进出口2.73万亿元，同比下降11.6%，年均增长0.8%，占同期全省外贸总值的19.4%。其中，出口1.71万亿元，下降11.9%，年均下降0.8%；进口1.02万亿元，下降11.0%，年均增长3.8%。按美元统计，“十三五”期间，浙江省外资企业累计进出口4041.6亿美元，下降17.8%，年均下降1.4%。其中，出口2533.8亿美元，下降18.1%，年均下降3.0%；进口1507.8亿美元，下降17.3%，年均增长1.6%。

“十三五”期间，浙江省外资企业外贸发展经历了“回暖”和“稳定”两个阶段。

1. “回暖”阶段（2016—2018年）

浙江省外资企业经历了“十二五”时期持续的下行后，在“十三五”规划开局的2016年进出口额下降至阶段性低点4965.8亿元，占全国外资企业外贸份额也下降至4.5%。经过一轮“关停并转撤”以及产业结构调整，国务院和浙江省政府连续出台了一系列鼓励外资的政策措施。2017年，浙江省外资企业进出口重新企稳并恢复增长，当年进出口5481.0亿元，增长10.4%，其中进口增幅达到24.4%。2018年，进出口继续增长4.6%。

2. “稳定”阶段（2019—2020年）

随着我国《外商投资准入特别管理措施（负面清单）》《鼓励外商投资产业目录》的发布和不断更新，特别是经历了漫长起草过程的《中华人民共和国外商投资法》于2020年1月1日正式实施，2019年和2020年，浙江省外资企业进出口虽然有所下降，但仍保持了5687.8亿元和5431.4亿元的相对稳定值。

浙江省有实际进出口业务的外资企业从“十二五”期间的11679家下降到“十三五”期间的10938家，占全省进出口企业的比重也从13.6%下降至8.8%。值得一提的是，外资企业虽然在全省外贸的占比从2015年的24.2%逐年下降至2020年的16.1%，但其持续推进产业迭代升级的步伐并未停止，在全国外资企业的外贸占比也始终保持在4.4%至4.5%之间。“十三五”期间，浙江省外资企业进出口值超越山东省，居全国第4位，排名较“十二五”上升1位。

表1　2011—2020年浙江外资企业进出口统计表

单位：亿元，%

年份	进出口			出口		进口	
	总值	占全省比重	占全国份额	总值	占全省比重	总值	占全省比重
“十二五”期间	30882.3	29.7	5.2	19428.7	25.0	11453.5	43.4
2011年	7008.2	34.9	5.8	4240.5	30.2	2767.7	45.8
2012年	6515.3	33.0	5.4	3976.7	28.1	2538.6	45.8
2013年	6195.2	29.7	5.2	3853.7	25.0	2341.5	43.3
2014年	5945.0	27.3	4.9	3844.5	22.9	2100.5	41.8
2015年	5218.5	24.2	4.6	3513.3	20.5	1705.3	39.0
“十三五”期间	27299.5	19.4	4.4	17111.3	16.1	10188.2	29.6

续表

年份	进出口			出口		进口	
	总值	占全省比重	占全国份额	总值	占全省比重	总值	占全省比重
2016 年	4965.8	22.4	4.5	3321.4	18.8	1644.5	36.2
2017 年	5481.0	21.4	4.4	3435.4	17.7	2045.7	33.2
2018 年	5733.3	20.1	4.4	3507.1	16.6	2226.2	30.3
2019 年	5687.8	18.4	4.5	3475.0	15.1	2212.8	28.5
2020 年	5431.4	16.1	4.4	3372.4	13.4	2059.1	23.8

2011—2020年浙江外资企业进出口年度走势统计图

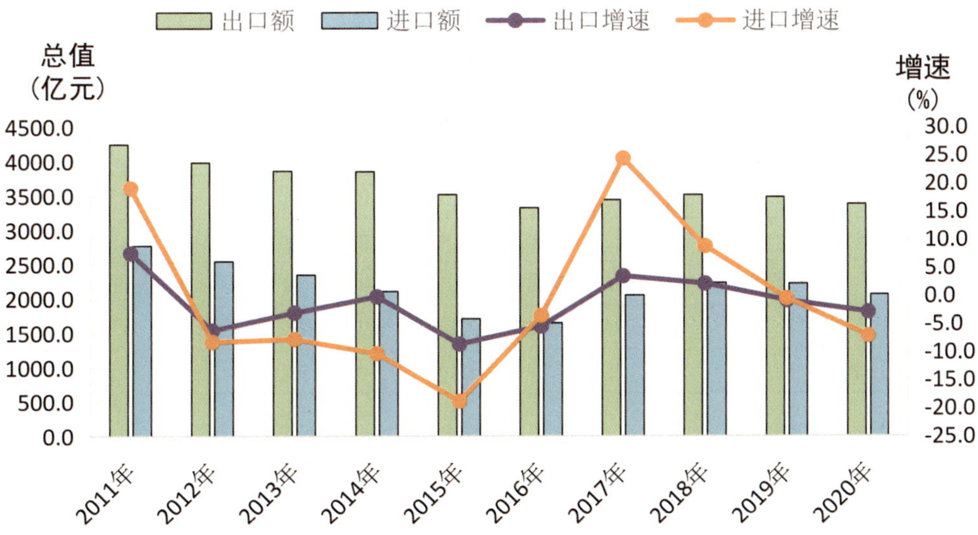

（二）出口商品结构由低附加值向高附加值商品转移

机电产品作为浙江省外资企业的主要出口商品，“十三五”期间，累计出口9291.6亿元，下降5.4%，占全省外资企业出口的比重从“十二五”期间的50.6%上升至54.3%。其中，家用电器、电子元件出口增速较快，年均增速分别为4.3%和5.7%。高新产品出口下降14.9%。其中，电子技术产品、生命科学技术产品保持增长，较“十二五”期间分别增长22.6%、58.6%，年均增速均达到两位数。高新产品的出口结构进一步向产业链高端攀升。劳密产品出口较“十二五”期间下降22.1%，所占比重进一步下降。

表 2 “十三五”期间浙江外资企业主要出口商品统计表

单位：亿元，%

出口商品	“十三五”期间			2020 年			年均增速
	出口值	同比	占比	出口值	同比	占比	
出口总值	17111.3	-11.9	100.0	3372.4	-3.0	100.0	-0.8
* 机电产品	9291.6	-5.4	54.3	1933.9	0.9	57.3	1.2
其中：汽车零配件	960.5	17.6	5.6	181.0	-13.1	5.4	2.1
电工器材	752.3	4.3	4.4	161.4	4.8	4.8	2.6
通用机械设备	501.4	1.2	2.9	105.4	0.5	3.1	1.0
家用电器	448.3	0.8	2.6	100.7	16.1	3.0	4.3
电子元件	440.5	-1.4	2.6	105.8	11.3	3.1	5.7
* 劳动密集型产品	4667.6	-22.1	27.3	812.6	-11.7	24.1	-5.0
其中：纺织纱线、织物及其制品	1473.3	-18.7	8.6	285.3	0.0	8.5	-2.8
服装及衣着附件	1644.0	-32.0	9.6	247.2	-24.4	7.3	-8.9
家具及其零件	762.5	-12.6	4.5	122.3	-13.1	3.6	-6.9
塑料制品	549.7	14.7	3.2	119.7	-0.6	3.5	5.5
* 高新技术产品	2083.6	-14.9	12.2	466.7	10.2	13.8	2.0
其中：计算机与通信技术	821.3	-27.1	4.8	168.5	-1.4	5.0	-1.1
电子技术	428.8	22.6	2.5	110.4	16.3	3.3	10.4
生命科学技术	370.4	58.6	2.2	98.4	39.5	2.9	11.8

（三）机电产品进口最多，高新产品进口增长明显

浙江省外资企业以机电产品为最大进口品类，“十三五”期间，累计进口3371.6亿元，增长7.0%，占全省外资企业进口的比重从“十二五”期间的27.5%增至33.1%，年均增速达11.9%。其中，电子元件、自动数据处理设备及其零部件分别增长51.4%、2.2倍。高新技术产品累计进口2437.7亿元，增长24.8%，年均增长12.8%，其中计算机与通信技术产品增长1.3倍，反映了外资企业对芯片等目前我国尚未取得产业优势的高技术商品的大规模需求。医药品、生命科学技术产品进口分别增长86.1%和88.8%，反映出“十三五”期间医药健康产业发展迅猛。此外，液晶显示板进口下降53.7%，基本有机化学品进口下降27.5%，或与省内相关产业发展方向调整相关。

表 3　“十三五”期间浙江外资企业主要进口商品统计表

单位：亿元，%

进口商品	“十三五”期间			2020 年			年均增速
	进口值	同比	占比	进口值	同比	占比	
进口总值	10188.2	–11.0	100.0	2059.1	–6.9	100.0	3.8
* 机电产品	3371.6	7.0	33.1	827.0	7.0	40.2	11.9
其中：电子元件	932.3	51.4	9.2	221.9	–5.7	10.8	15.2
液晶显示板	303.0	–53.7	3.0	62.5	3.7	3.0	–3.2
电工器材	216.8	6.2	2.1	44.7	–6.8	2.2	3.2
自动数据处理设备及其零部件	164.5	215.2	1.6	49.7	5.1	2.4	37.0
* 高新技术产品	2437.7	24.8	23.9	570.2	–0.5	27.7	12.8
其中：电子技术	953.8	47.3	9.4	225.6	–5.7	11.0	14.5
生命科学技术	478.8	88.8	4.7	66.8	–36.0	3.2	0.7
光电技术	357.8	–47.7	3.5	80.7	7.9	3.9	0.5
计算机与通信技术	339.3	133.2	3.3	140.5	101.6	6.8	42.4
计算机集成制造技术	266.9	47.8	2.6	51.9	–27.8	2.5	14.9
基本有机化学品	1875.0	–27.5	18.4	328.4	–19.5	15.9	–2.1
其中：二甲苯	495.0	–35.2	4.9	98.7	–22.2	4.8	–4.3
乙二醇	176.1	–38.5	1.7	40.0	13.3	1.9	2.4
* 消费品	844.1	98.3	8.3	160.3	–18.6	7.8	7.5
医药材及药品	500.5	86.1	4.9	66.5	–37.2	3.2	–2.0
* 农产品	461.9	6.8	4.5	89.7	–13.1	4.4	6.2
成品油	400.9	–40.1	3.9	53.5	–43.7	2.6	–2.8

（四）对东盟进出口一枝独秀

受中美贸易摩擦的持续影响，“十三五”期间，浙江省外资企业对前三大贸易市场欧盟、美国和日本进出口分别下降7.8%、7.3%和16.1%。而在经贸摩擦背景下，受投资转移等因素影响，东盟成为浙江省外资企业进出口唯一增长的主要贸易市场，“十三五”期间进出口3295.9亿元，增幅高达21.1%，年均增幅也高达9.9%，占全省外资企业进出口的比重更是从“十二五”期间的8.8%提升至12.1%。2020年，东盟已超越日本成为浙江省外资企业第三大贸易市场。此外，“十三五”期间，浙江省外资企业对东盟出口增长16.7%，对我国台湾地区出口增长5.8%；自欧盟进口增长11.5%，自东盟进口增长26.3%。

表 4 “十三五”期间浙江外资企业进出口主要市场统计表

单位：亿元，%

国家（地区）	“十三五”期间			2020 年			年均增速
	进出口值	同比	占比	进出口值	同比	占比	
“一带一路”沿线国家	6391.0	−1.9	23.4	1391.1	−1.5	25.6	4.8
欧盟	5267.7	−7.8	19.3	1043.4	−3.6	19.2	0.8
美国	4776.9	−7.3	17.5	880.5	1.3	16.2	−2.3
日本	3370.5	−16.1	12.3	640.7	−12.8	11.8	0.3
东盟	3295.9	21.1	12.1	791.3	7.3	14.6	9.9
中国台湾	1960.3	−26.2	7.2	375.5	−7.1	6.9	−0.4
韩国	1564.2	−12.3	5.7	309.0	−11.6	5.7	1.1
拉丁美洲	1451.4	−23.7	5.3	282.8	−4.5	5.2	−1.5
非洲	825.2	−8.3	3.0	157.9	−21.0	2.9	0.4
澳大利亚	654.6	−6.1	2.4	125.6	−11.0	2.3	0.0
中国香港	542.8	−43.3	2.0	128.8	29.2	2.4	−1.2

（五）一般贸易稳步增长，加工贸易结构继续调整

在国家加工贸易管理政策从“以合同为单元”向“以企业为单元”转变，以及劳动力成本提升，关税税率下调等多重因素影响下，浙江省外资企业贸易结构延续了自“十二五”以来的调整趋势。“十三五”期间，浙江省外资企业一般贸易进出口1.87万亿元，增长0.7%，年均增长2.6%，占全省外资企业进出口的比重从“十二五”的60.2%提升至68.5%，整体规模相对稳定。其中，进口的年均增速达到了5.6%。加工贸易进出口占比从“十二五”期间的33.1%降至27.0%，进出口规模年均下降3.2%。

表 5 “十三五”期间浙江外资企业主要贸易方式统计表

单位：亿元，%

贸易方式	“十三五”期间			2020 年			年均增速
	进出口值	同比	占比	进出口值	同比	占比	
一般贸易	18701.1	0.7	68.5	3782.9	−4.6	69.6	2.6
加工贸易	7381.4	−27.9	27.0	1404.9	−3.4	25.9	−3.2
保税物流	1118.7	−39.1	4.1	220.6	−10.0	4.1	0.2

（六）集聚宁波、杭州和嘉兴，进出口规模持续扩大

浙江省外资企业进出口主要集中于宁波、杭州和嘉兴三地，三地更为靠近上海、苏南等传统外商投资区域。“十三五”期间，宁波、嘉兴进出口值分别为1.08万亿元、4961.3亿元，年均增速分别为1.4%、5.0%；杭州进出口值为5687.0亿元，保持保定。三地合计进出口值占全省外资企业进出口的比重从2015年的75.7%增至2020年的79.6%。其中，嘉兴进口年均增速达8.6%，出口占比从15.9%增加至19.3%。

二、“十三五”期间促进浙江省外资企业外贸发展的有利因素

（一）国家层面鼓励措施密集出台，提供宽松的政策环境

《外商投资法》的正式实施，是“十三五”期间我国外资发展的标志性事件，一年多来取得显著成效。2020年，中国利用外资逆势增长4.5%，引资规模和全球占比创历史新高，成为全球最大外资流入国。“十三五”期间，国家出台了一系列鼓励外资的政策措施，浙江省也出台了相应的地方性鼓励政策，通过落实进一步扩大对外开放的举措，创新利用外资支持政策，优化外商投资管理服务和工作保障，继续保持浙江省利用外资工作走在全国前列。同时“两清单一目录”持续更新，《外商投资准入特别管理措施（负面清单）（2020年版）》中的特别管理措施由2019年的40条减至33条，《自由贸易试验区外商投资准入特别管理措施（负面清单）（2020年版）》中的特别管理措施由2019年的37条减至30条，《鼓励外商投资产业目录（2020年版）》中的产业则从2019年的1108条增加到1235条。外资准入的不断松绑，对浙江省外资外贸稳定，创新驱动发展，以及进一步扩大对外开放提供了有力的政策支撑。

（二）对外开放平台发挥显著作用，引资规模稳步上升

“十三五”期间，浙江省持续推进“大湾区、大花园、大通道、大都市区”建设，有效统筹浙江自贸试验区、杭州国家自主创新示范区等高能级开放平台发展，完善不同平台区域的制度设计，初步实现先行先试、差别化探索、推动创新开放的目标要求，对全省外资的引领作用凸显。2020年，浙江省新增外资企业2821家，合同利用外资351.0亿美元，实际使用外资157.8亿美元，比上年增长16.4%，增幅高于全国11.9个百分点，占全国份额的10.9%，实际使用

外资规模居全国第5。同时引进外资质量也不断提高，投资总额超亿美元的外资项目有118个，到资1亿美元以上的24个项目主要集中于生物药品制造、“互联网+”、计算机设备制造、汽车零部件及配件制造、百货零售等行业；美国“空气化工”氢能源项目，英国“阿斯利康”与浙江“鑫柔科技”共同投资的金属网格触控传感器项目等重大项目已成功签约落地。

（三）持续优化营商环境，对外资吸引力不断提升

“十三五”期间，浙江省不断推进“最多跑一次”改革，推动外商投资信息跨层级、跨部门共享，降低外资企业制度性交易成本。同时，我国不断推出普惠性减税政策，再投资退税，以及所得税、增值税缴纳等方面政策先后落地，纳税流程和申报资料不断细化、简化，外资企业也能同等享受省内企业的减负担、降成本政策。根据2020年6月发布的《后疫情时代中国城市营商环境指数评价报告》，浙江省有8个地市进入“全国经济总量前100城市营商环境指数”排名，其中，杭州列第5，宁波列第17，绍兴、台州、温州、嘉兴、湖州和金华均进入百强。浙江省的营商环境软实力、硬实力均在全国名列前茅，对留住外资、吸引外资提供了基础保障。

三、“十四五”期间浙江省外资企业外贸发展前景展望

“十三五”期间，国际贸易格局的变化云谲波诡，浙江省外资企业虽经历风雨，成绩卓然，但同时也面临要素成本上涨、跨国公司全球布局调整等影响。展望“十四五”，浙江省将持续优化营商环境，加大保障力度，着力为企业减负降本。通过推进“最多跑一次”改革、贯彻落实《外商投资法》，进一步解放生产力，提高竞争力，使浙江省外资企业能够长期省心、放心、安心地发展。浙江推动更高水平开放的脚步不会停滞，浙江开放的大门只会越开越大。

（万一书　来炯晔）

主要举措

市场开拓：多元布局　贸易全球

坚持市场多元化战略，坚定不移地开拓国际市场，是浙江省以民营企业和一般贸易为主的外贸出口持续增长、领跑全国的成功经验之一。“十三五”期间，浙江省积极主办和参加各类境内外展会，加快构建国际营销网络，培育“品质浙货”出口领军企业、“浙江出口名牌”，持续开拓多元市场，推动全省外贸出口稳定增长。

一、“十三五”期间浙江省拓市场主要成就

贸易伙伴不断扩大。“十三五”期间，与浙江省有贸易来往的国家和地区已经达到238个，浙江省的贸易伙伴几乎遍布世界各地。

外贸规模跃上新台阶。2019年，全省进出口规模首次突破3万亿元。2020年，占到全国份额的10.5%，首次突破十分之一；“十三五”期间，浙江省出口对全国贡献三年居首位。

多元化市场布局更加合理。传统市场保持稳定，欧盟和美国继续位居浙江省第一大贸易伙伴和最大单一出口国。对美国出口比重由“十二五”期间的16.9%上升到“十三五”期间的18.5%，提高1.6个百分点。新兴市场快速发展。浙江省对“一带一路”沿线国家出口比重达到33.0%，比“十二五”期间提高2.2个百分点，其中2019年占全省出口比重超过三分之一。对非洲、拉美和东盟等新兴市场出口比重分别为8.0%、8.9%、10.1%。2020

年，对拉美和东盟出口增速比2015年分别提高2.4个和6.9个百分点。对非洲出口稳居全国前二。市场多元化步伐不断加快，布局更加合理，进一步增强了浙江省外贸的韧性和活力。

二、坚持依托国内外展会拓市场

展会是开拓国际市场最直接有效的平台。“十三五”期间，浙江省按照“能展尽展、全力促展”的总体思路，统筹谋划、合理布局，深耕巩固传统市场，提升新兴市场比重。经过多年培育，形成境外自办展、境内外政策重点展、境外重点类商业展、网上交易会四类展会联动体系，实现了“1+1+1+1>4”的效果。据浙江省国际会议展览业协会统计，“十三五”期间，浙江省外贸企业出国参展面积达到141.4万平方米，出省参展面积达到522.3万平方米，均走在全国前列。其中省级层面累计组织举办475场展会，参展企业共计8.1万家次，意向成交额逾400亿美元。

（一）境内外展会概况

1. 谋划市场多元化布局，全力办好自办展

货物类自办展是浙江省致力于推动企业市场全球化的工作载体和抓手，也是浙江省打造市场化、品牌化、国际化、信息化展会项目的新标杆。“十三五”期间，自办展已经完成日本、越南、巴基斯坦、沙特阿拉伯、吉尔吉斯斯坦等亚洲国家，俄罗斯、捷克、波兰、塞尔维亚等欧洲国家，巴拿马、多米尼加等拉美国家，南非、肯尼亚、埃塞俄比亚等非洲国家，共25个国家的展会布局；举办境外展62个，展位数7367个，参展企业4767家，接待客商60.2万人次，累计成交23.6亿美元。

经过多年耕耘，浙江省自办展已在国际上具有较大影响力。大阪、越南、马来西亚三个自办展获得了国际权威展览机构UFI认证，标志着浙江省自办展已达到了国际展览的较高水平。2017年巴拿马自办展开幕当天，巴拿马总统参加了中国馆开幕式及“品质浙货”发布会剪彩仪式，这是该博览会举办历史上首次邀请到巴拿马总统出席某个国家馆开幕式。

表 1　2016—2020 年境外货物类自办展情况统计表

年份	展会数量（个）	展位数（个）	参展企业数（家）	接待客商数（人次）	成交额（万美元）
2016 年	7	890	579	70467	31604.0
2017 年	12	1520	893	122545	58560.0
2018 年	15	1901	1196	165496	58310.0
2019 年	23	2615	1652	202737	75478.0
2020 年	5	450	447	40342	11610.0
合计	62	7376	4767	601587	235562.0

2. 借助各类展会资源，组织参加境内外重点展

“十三五”期间，浙江省共组织参加我国在境外主办和其他国家主办的重点展74个，展位数2640个，参展企业1695家，接待客商169274人次，成交额5.6亿美元；共组织参加境内重点展34个，展位数1569个，参展企业772家，接待客商192078人次，成交额6.3亿美元。

表 2　2016—2020 年境外重点展情况统计表

年份	展会数量（个）	展位数（个）	参展企业数（家）	接待客商数（人次）	成交额（万美元）
2016 年	29	1171	778	70291	24693.0
2017 年	12	369	216	22910	6406.0
2018 年	13	393	228	30842	10023.0
2019 年	20	707	473	45231	14951.0
2020 年	受新冠肺炎疫情影响未组织				
合计	74	2640	1695	169274	56073.0

表 3　2016—2020 年境内重点展情况统计表

年份	展会数量（个）	展位数（个）	参展企业数（家）	接待客商数（人次）	成交额（万美元）
2016 年	9	441	198	70180	8063.0
2017 年	8	308	174	25085	1768.0
2018 年	6	240	115	11125	1011.0
2019 年	7	260	113	55658	1288.0
2020 年	4	320	172	30030	50690.0（含项目签约 4.79 亿美元）
合计	34	1569	772	192078	62820.0

3. 发挥广交会对外开放大平台作用，深耕广交会

“十三五”期间，浙江省共组织53571家企业参加10届广交会，展位数共计117277个，占全国五分之一左右，意向成交额累计达到330.3亿美元。

表4　2016—2020年浙江省参与广交会情况统计表

序号	展会届次	展位数(个)	参展企业数(家)	采购商数(人次)	成交额(亿美元)
1	第119届	11578	5320	185595	47.6
2	第120届	11559	5348	185704	47.1
3	第121届	11626	5316	196490	36.48
4	第122届	11651	5338	191950	36.92
5	第123届	11670	5339	203346	37.92
6	第124届	11752	5354	189812	36.73
7	第125届	11792	5365	195454	37.73
8	第126届	11822	5381	186015	37.71
9	第127届（线上展）	11873	5399	大会未公布	8.63
10	第128届线上展）	11954	5411	大会未公布	3.49
合计		117277	53571	1534366	330.3

4. 积极参与华交会，助推企业接单成交

“十三五”期间，浙江省累计有4986家企业参加华交会，展位数7374个，成交额33.5亿美元。浙江省展位数大致占全国展位数的近三分之一，并呈上升趋势。第30届华交会受疫情影响改为线上举办，浙江省展位数更是再跃一层，占全国展位数的36.7%。

表5　2016—2020年浙江省参与华交会情况统计表

序号	展会届次	展位数（个）	参展企业数（家）	采购商数（人次）	成交额(亿美元)
1	第26届	1550	958	21454	8.4
2	第27届	1490	907	22140	8.15
3	第28届	1545	920	22311	8.1
4	第29届	1497	909	22757	8.4
5	第30届（线上展）	–	1292	15333	0.35
合计		6082	4986	103995	33.47

（二）境内外展会亮点纷呈，成效明显

1. 多元布局开拓国际市场

五年来，浙江省重点围绕“一带一路”沿线、非洲、中东欧、拉美等15个节点市场和枢纽地区，涉及本省20大类主要出口商品，进一步完善自办展的选址布点工作。在欧、美、日、韩等传统市场，组织企业参加符合本省优势产业和商品特点的当地国际知名专业展会。借助广交会、华交会等国内成熟的综合性国际展会平台，开拓多元市场。借助东盟博览会、亚欧博览会等区域市场国际展会所发挥的地缘优势和人文优势，开拓对应市场。“十三五”期间展会布局涉及38个国家，巩固了传统市场、开拓了新兴市场。

2. 制定政策实现动态管理

浙江省每年系统分类编制、统一发布国际性展会支持目录，并于2018年12月修订了浙江商务展会管理办法，于2019年发布《关于做好境外货物贸易自办展工作的通知》《关于加强做好境外展会活动安全风险防范工作的通知》，加强对商务展会的规范管理和统筹协调，建立重点支持展会的标准化流程。同时，加强对展会的后期评估，不断优化调整自办展、境内外重点展等重点培育展会的计划。

3. 延伸功能拓展展会价值

不断探索展会发展新模式，丰富创新展会内容，在自办展、境内外重点展中举办配套活动，增加贸易机会，提升展会附加值。如在2017年浙江出口商品（塞尔维亚）交易会期间，参展企业将展品留在贝尔麦克物流园区展示厅内全年免费展出，利用园区自身资源及渠道寻找采购商，扩大了交易会的后期效应。在广交会、东盟博览会、中阿博览会等展会上举行供需对接会、行业研讨会、产品发布会、时尚走秀等配套活动，打造浙江主题馆，宣传推广“品质浙货”，为企业打通贸易合作“最后一公里”。

4. 加强合作促进协同发展

与德国法兰克福国际会展中心、德国科隆国际会展中心、英国励展博览集团、西班牙巴塞罗那会展中心、沙特阿拉伯哈里喜展览公司、巴拿马农工商会等国际知名展览公司及商会签订战略合作协议，建立了紧密合作关系，实现资源共享。积极探索与商务部、国家进出口商会联合办展，如浙江省向商务部推荐的印度橡塑机械展会列入了2020年商务部非商展目录。不断培养壮大本省国

际会展主体，如浙江远大国际会展有限公司已成为中国会展行业的领军企业，2019年出国参展项目数位列全国第一。

（三）创新举办浙江出口网上交易会

自2020年新冠肺炎疫情暴发以来，浙江省在全国率先创新举办“2020浙江出口网上交易会（系列站）”。首场浙江出口网上交易会（越南站纺织专场）于3月6日通过云平台连线开幕。全省全年共组织举办524场出口网上交易会，涉及美国、越南、巴基斯坦、意大利等64个国家和地区，涵盖纺织及纺织机械、汽配、防疫、建材、日用消费品等73个行业，组织参展企业超2.4万家次，邀请全球采购商超3.7万家次，洽谈超8.7万次，累计意向成交金额达30亿美元。

1. 成为境内外企业联络洽谈接单的主渠道主平台

第一时间通过“云”端为全省外贸企业重新打通了与境外客商联络的通道，成为国外采购商获取防疫物资、日用消费、居家用品等商品信息的主渠道，成为外贸企业与境外客商洽谈接单的主平台。

2. 成为外贸企业数字化转型的主要推手

通过“Zoom”“腾讯”等网络平台邀请境外采购商与国内参展商开展一对一面对面的精准配对洽谈，部分项目还提供VR展厅、3D实景展示、直播交互视频等工具，推动了数字技术与网上交易会融合，加快了外贸企业数字化改革的步伐。

3. 得到广泛认可并推广

中央电视台、新华社、商务部和外交部官方网站，意大利《国民报》等境内外主流媒体进行了宣传。不少省市前来浙江取经。英富曼会展集团高管表示“浙江是全球出口网上交易会的发源地”。国务院办公厅在《关于进一步做好稳外贸稳外资工作的意见》中推广浙江“一国一品一展”线上展会模式。

三、坚持建设国际营销体系拓市场

浙江企业通过境外投资不断扩大境外营销网络。这是浙江企业开拓国际市场的重要渠道，是提升国际竞争优势的有效路径，是浙江企业“走出去”的重要内容，提升了浙江产业全球竞争力。

“十三五”期间，浙江省投资境外营销网络项目总共3026个，境外投资备案额共计586.5亿美元，分别较“十二五”增长48.1%、174.3%。行业主要集中在制造业、批发和零售业。主要目的国家（地区）集中在印度尼西亚、美国、瑞典、中国香港；从区域来看，主要集中在“一带一路”沿线、RCEP成员国及欧盟。

1. 推动境外外经贸综合服务体系试点建设

“十三五”期间，浙江省大力推动境外经贸服务体系试点建设，鼓励和支持企业在主要出口市场和“一带一路”沿线重点市场设立“浙江制造”海外营运中心，建成以特定产业、产品的细分市场为基础的区域性品牌推广合作中心、仓储物流分拨中心、跨境电商线下展示销售和服务中心、个性化定制产品解决方案集成中心四大载体，形成内外联动的跨境供应链服务体系。

2. 加快推进海外仓建设

海外仓是重要的外贸新型基础设施，是促进外贸高质量发展的重要平台，也是优化我国国际供应链布局、维护外贸产业链供应安全的重要支撑。据不完全统计，截至“十三五”期末，浙江省企业建成了大约590个海外仓，面积约468万平方米。同时，分级、分类、动态培育省级公共海外仓，出台关于加强省级公共海外仓考核评价管理的办法，实行动态考核评价管理，对优秀的省级公共海外仓给予支持，且分五批评定了32个省级外贸公共海外仓，总面积达40余万平方米，其中单个面积超过1万平方米的有11个。

3. 积极开展国际营销网络新模式的探索

“十三五”期间，浙江企业依托公共海外仓建设，在信息化建设、智能化发展、多元化服务、本地化经营等方面开展了大胆尝试，探索“海外仓+一般贸易”“海外仓+市场采购”“海外仓+跨境电商”“海外仓+加工贸易”“海外仓+外综服”等多模式、多业态联动，拓展海外仓增值功能多元化发展，提供仓展销一体、本土化品牌代运营、报关、“门到门”物流、合规咨询、售后服务、仓内加工等增值服务，线上线下融合，为稳定浙江产业链、供应链发挥了重要作用。

“十三五”期间，浙江省积极引导企业通过构建境外营销网络，大力开拓了新兴目标市场，扩大了业务规模；推动了企业以全球视角营销自有品牌、获取溢价，提升企业全球竞争优势，通过“产品走出去—人员走出去—企业走出去”实施跨国经营战略；获取了市场消费信息，反哺产品设计创新与技术改进，将企业价值增值锁定在品牌价值、研发设计、营销渠道与供应网络等高附加值环节。特别是在新冠肺炎疫情发生以来，浙江省企业利用境外营销网络渠道协助采购国内急需的医疗物资，缓解国内疫情，同时依托境外本地化团队，调配全球各生产基地生产能力以增加或保持产能，有效支撑了国内企业的正常生产经营，维持了全球供应链的稳定。

四、坚持培育品牌拓市场

依托品牌效应提高出口产品国际竞争力，是开拓国际市场的重要举措。“十三五”期间，浙江省坚持深入推进“品质浙货行销天下”工程，助推本省外贸高质量发展。

（一）在“品”的建设上，加强出口品牌主体培育

“十三五”期间，浙江省商务厅、杭州海关印发《关于进一步做好出口名牌培育工作的通知》，加强出口品牌主体培育。经过多年努力，浙江省已形成以自主出口品牌企业为基石，“浙江出口名牌”和“浙江省出口名优特产品”为塔身，“品质浙货”出口领军企业为塔尖的金字塔形品牌培育体系。截至“十三五”期末，累计培育“品质浙货”出口领军企业80家、“浙江出口名牌”836个、浙江出口名优特产品79种。逐步形成省、市、县分级培育的培育机制，目前省、市、县三级出口名牌累计达2000个左右，形成了良好的品牌创建氛围。

表 6　2016—2020 年“浙江出口名牌”分地区统计表

地区	2016 年	2017 年	2018 年	2019 年	2020 年	处于有效期的名牌（2018—2020 年）
全省	151	337	292	181	363	836
杭州市	26	56	34	21	56	111
宁波市	28	76	62	44	83	189
温州市	13	29	25	7	31	63
湖州市	9	24	26	13	33	72
嘉兴市	13	19	29	17	27	73
绍兴市	9	31	14	14	28	56
金华市	15	25	30	27	34	91
舟山市	2	0	5	1	1	7

续表

地区	2016 年	2017 年	2018 年	2019 年	2020 年	处于有效期的名牌（2018—2020 年）
台州市	30	61	52	30	56	138
衢州市	0	6	3	1	6	10
丽水市	2	3	5	3	2	10
省级公司	4	7	7	3	6	16

（二）在“质”的建设上，引导出口品牌质量提升

浙江省持续优化外贸结构，不断提高品牌“含金量”。目前，“浙江出口名牌”产品覆盖了机械电子、纺织服装、轻工工艺、建材冶金、化工医药、农副产品等六大行业，其中机械电子类占比达四成以上，在品牌培育上实现从轻纺产品为主向以机电产品为主的跨越性转变。2018年1月1日，海关总署正式将“品牌出口”纳入统计体系。浙江省自主品牌产品出口比重不断提升。截至“十三五”期末，自主品牌产品出口占全省出口产品的比重提升至14.4%，其中境内自主品牌（境内企业自主开发、拥有自主知识产品的品牌）出口占14.3%。

表 7　处于有效期的“浙江出口名牌”分行业统计表

类别	数量
机械电子	391
纺织服装	82
轻工工艺	201
建材冶金	58
化工医药	60
农副产品	20
其他	24
合计	836

（三）在“行”的建设上，全面加强出口品牌宣传

1. 展会宣传

浙江省商务厅从2013年起策划创建了“品质浙货”标识，在2016年第26届华交会上隆重举办了“品质浙货行销天下”发布会。在各类境内外重点国际性展会及自办展中，通过多点布置“品质浙货”宣传元素、发放宣传资料

等方式整体展示本省出口品牌企业形象及产品，提高“品质浙货”的国际美誉度和影响力。

2. 媒体宣传

浙江省商务厅精心制作“品质浙货行销天下”中英文系列宣传片，编印《“品质浙货”出口领军企业》《浙江商务》“品质浙货”专刊等书刊。浙江电视台就“品质浙货行销天下”进行专访并在浙江卫视晚间新闻中播出。《浙江日报》《国际商报》对“浙江出口名牌”专版、专栏进行宣传。

3. 微信推广

在2016年华交会上首次推出“品质浙货”微信服务平台，发布了近80家浙江出口名牌企业的创牌故事及出口产品，通过现场定位功能，快速定位企业展位地点并开启导航模式，有效提升了浙江出口名牌企业与采购商的现场匹配程度。

（四）在“销”的建设上，助力出口品牌拓展市场

2016年，浙江省商务厅制定《“品质浙货行销天下”工程三年行动计划》，明确了工作路线图，为出口品牌企业走向国际市场铺垫了良好的开端。

1. 借助展会渠道

优先为出口名牌企业安排广交会、华交会等展会展位，支持出口品牌企业抱团参展，彰显本地产业特色。在重点展会举办品牌对接活动，2017年秋季广交会上首次举办了出口领军企业与广交会VIP买家的专场对接会，2019年秋季广交会上举办“出口名牌设计之夜暨新品发布对接会”，挖掘潜在订单。

2. 借助机构资源

通过“以沟通促双向认知、以对接促多方成交”的方式把国外客商引进来，与出口品牌企业面对面沟通交流，打通企业外销“最后一公里”。浙江省商务厅先后组织两场联合国及国际组织采购对接会，2018年联合“亚马逊”举办全球卖家直采大会，积极拓展新渠道，助推企业开拓国际市场。

3. 借助政府网络平台

重点推荐“品质浙货”出口领军企业、“浙江出口名牌”企业、浙江出口名优特产品中符合政府采购需求的企业及产品入驻“政采云”平台“浙江制造（精品）馆”，进一步提升品牌企业知名度。

2020年浙江（温岭）出口商品网上交易会（印尼站—水泵专场）

好的经验和传统需要保持。坚持不移地开拓国际市场是保持浙江外贸长盛不衰的成功经验和优良传统。“十四五”期间，浙江省将创新方式，在RCEP成员国、“一带一路”沿线等重点地区，线下线上融合，合理布局境外展会；以海外仓建设为重点，积极构建国际营销网络；加强知识产权申请和保护，鼓励申请海外品牌，以品牌带动出口，开拓多元出口市场，为扩大浙江出口持续发力、保驾护航。

（韩　杰　陈志成　陆　军　虞　靓　王辰悦　梁　璐）

进口促进：扩量提质　共享机遇

“十三五”是浙江省进口加快发展的重要时期。2018年4月10日，习近平总书记在博鳌亚洲论坛开幕式上宣布在上海举办首届进博会，提出主动开放市场的重大决策部署。2018年5月9日，浙江省召开全省对外开放大会，提出积极承接进博会的溢出效应，加快培育进口商品“世界超市”。2019年4月，浙江省出台扩大进口促进对外贸易持续发展的政策措施，加快推进产业和消费升级。借助进博会的东风，浙江省通过创建进口贸易促进创新示范区和重点进口平台、打造“永不落幕进博会”等系列举措，进口规模快速扩大，结构持续优化，与全球市场共享发展机遇。

一、“十三五”期间浙江省进口促进主要成效

（一）进口增幅均高于全国

“十三五”期间，浙江省进口连年增长，增幅均高于全国，年均增长17.4%；累计进口34475.0亿元，较“十二五”期间增长30.7%。2018年，进口首次突破1000亿美元大关。2020年，实现进口值8667.7亿元，占全国进口份额达到6.1%的高点。

（二）进口主体不断壮大

“十三五”期间，有进口实绩的企业数量从20967家增加到31547家，呈逐

年增加态势。龙头企业实力增强。2020年，进口值超1亿美元的企业有205家，其中10亿美元以上的企业17家，分别比2015年增加67家和14家。

表1 “十三五”期间浙江进口发展情况表

年份	浙江		全国		占全国进口份额（%）	进口实绩企业数（家）
	进口值（亿元）	同比（%）	进口值（亿元）	同比（%）		
2016年	4542.8	3.9	104967	0.6	4.3	20967
2017年	6165.6	35.7	124790	18.9	4.9	23586
2018年	7337.1	19.0	140881	12.9	5.2	24452
2019年	7761.9	5.8	143254	1.7	5.4	27775
2020年	8667.7	11.2	142305	−0.7	6.1	31547

（三）集散功能不断增强

全省各地结合区位优势，明确功能定位，打造集散中心。杭州积极谋划建设进口商品街区展示中心。宁波依托宁波保税区这一国家进口贸易促进创新示范区，加快建设国内最大的中东欧商品常年展示交易中心。嘉兴建设长三角区域性进口商品展销平台。舟山利用自贸试验区打造油品等大宗商品交易中心和国际农产品贸易中心。温州积极打造浙南闽北赣东进口商品集散中心。义乌成功创建国家进口贸易促进创新示范区，积极谋划建设新型进口市场，打造全球日用消费品展贸中心。丽水青田发挥侨乡优势，积极建设侨乡进口商品城。

二、“十三五”期间浙江省进口促进主要举措

（一）以“浙江担当”高质量参与进博会

浙江省突出“灵动浙江”主题，深入实施“十百千万”工程[1]，积极参与2018—2020年在上海举办的三届进博会，各项成果走在全国前列。

1. 招商采购数量居全国前列

三届进博会期间，浙江省参与采购的企业和人数逐年增加，累计组织采购企业近5万家、人员12万余人，累计达成意向成交额230多亿美元，均居全国前列。进口采购覆盖进博会所有展区，结构持续优化，对产业、消费、贸易升级

[1] “十百千万”工程，即至少组织十场进口专场采购会、百家进口平台企业、千家重点进口企业、万家采购商。

发挥积极作用。

2. 投资合作量质并举

三届进博会期间，浙江省累计举办300余场投资促进活动，涵盖开放平台推介、产业专题招商、国别专题招商、对话500强、特色小镇产业推介等内容；举办浙江省重大外资项目集中签约活动，签约项目总投资超200亿美元；举办重大外资项目开工仪式，累计完成近百个项目集体开工，总投资近300亿美元，涉及高端装备制造、绿色石化、生命健康、数字经济、现代服务业等领域，有效推动产业升级。

3. 配套活动数量居全国前列

三届进博会前后，共组织近百场配套活动，积极为参展商和采购商搭建合作平台，活动数量及影响力居全国前列。连续三年举办中国（浙江）—欧洲（德国）数字经济和高新技术产业高峰对接会，“拜耳”“SAP”“莱茵”等近百家来自欧洲的世界500强和数字经济领军企业，与300多家浙江省数字经济和高新技术领域企业，围绕新型基础设施建设、数字经济新业态、基础研究、技术创新等内容展开对话与合作。举办全球跨境进口和供应链领袖峰会、进口贸易助力消费升级论坛等综合性经贸合作活动，组织浙江省进口药品耗材、医疗器械采购意向签约等专场采购会等，这些配套活动对交易成交的促进作用明显。

4. 积极拓展经贸交流渠道

进博会期间，组织投资促进机构和企业，参加越南贸易促进局杭州贸易促进办公室揭牌仪式、巴基斯坦贸易和投资会议、克罗地亚—中国经贸论坛及对接会、捷克—中国商务论坛等，全力拓展对外联络渠道，扩大对外交往的“朋友圈”。组织安排70余场外事活动，邀请浙江省企业参加相关经贸活动，涉及日本、德国、新加坡、西班牙等经贸合作重点国家和地区，有力推动国际合作。

（二）以创新精神推动进口促进体系建设

浙江省在全国率先开展省级进口贸易促进创新示范区和重点进口平台的创建工作，推动产业升级和消费升级。

1. 率先开展省级进口促进创新示范区创建

2020年，义乌市正式入围商务部、国家发展改革委、财政部等九部门确定的新一批10个国家级进口贸易促进创新示范区名单。这是浙江省继宁波保税区（2012年列入）之后的第2个，数量与上海、江苏并列全国首位。同时，在全国率先出台《浙江省进口贸易促进创新示范区和重点进口平台创建办法》，明确创建条件和程序，引导各县（市、区）、开发区（产业集聚区）、综保区、跨境电商试验区等，结合区位、产业和贸易条件优势，通过进口监管、政策、功能和业态创新，集聚大量进口企业和平台，打造对全省进口商品“世界超市”建设有示范、辐射、带动效应的创新示范区。

表2 “十三五”期间浙江进口贸易促进创新示范区名单

序号	所在地市	示范区名称
1	杭州市	杭州综合保税区
2	宁波市	梅山保税港区
3	舟山市	浙江国际农产品贸易中心
4	金华市	义乌市
5	温州市	瓯海区
6	衢州市	衢江区
7	丽水市	青田县
8	湖州市	南浔区
9	金华市	金义综合保税区

注：排名不分先后。

2. 打造多元化的省级重点进口平台

坚持分类原则，设置进口交易平台、进口展贸平台、进口供应链平台、进口促进服务平台等4类平台，发挥重点进口平台推动设施建设、拓展服务功能、提升进口能级、优化进口结构等示范效应。

表3 “十三五”期间浙江重点进口平台名单

序号	平台名称	主体名称	属地	平台种类
1	义乌中国进口商品城	浙江中国小商品城集团股份有限公司	金华义乌市	进口交易平台
2	青田县侨乡进口商品城	浙江青田县侨乡进口商品城集团有限公司	丽水青田县	进口交易平台
3	温州全球商品贸易港	温州进口商品贸易港有限公司	温州瓯海区	进口交易平台

续表

序号	平台名称	主体名称	属地	平台种类
4	平湖国际进口商品城	平湖市香都市场开发有限公司	嘉兴平湖市	进口交易平台
5	嘉兴海广兴精品水果交易中心	嘉兴海广兴市场经营管理有限公司	嘉兴南湖区	进口交易平台
6	富阳口岸进口商品交易平台	浙江富阳口岸国际物流港有限公司	杭州富阳区	进口交易平台
7	浙江东阳木材交易中心	浙江东阳木材交易中心有限公司	金华东阳市	进口交易平台
8	汇金大通有色金属现货交易平台	宁波汇金大通有色金属储备交易中心有限公司	宁波镇海区	进口交易平台
9	考拉海购	杭州优卖网络科技有限公司	杭州滨江区	进口交易平台
10	天猫国际	杭州天猫进出口有限公司	杭州余杭区	进口交易平台
11	云集	浙江集商优选电子商务有限公司	杭州下城区	进口交易平台
12	妮素跨境电商进口平台	浙江妮素网络科技股份有限公司	湖州吴兴区	进口交易平台
13	中国义乌进口商品博览会	义乌中国小商品城展览有限公司	金华义乌市	进口展贸平台
14	浙江国际进口（武林洋淘）博览会	浙江跨贸小镇建设投资发展有限公司	杭州下城区	进口展贸平台
15	华侨进口商品博览会暨青田进口葡萄酒交易会	浙江青田县侨乡进口商品城集团有限公司	丽水青田县	进口展贸平台
16	浙江（温州）进口消费品博览会	温州市商务局	温州市	进口展贸平台
17	浙江石油化工有限公司进口平台	浙江石油化工有限公司	舟山市	进口供应链平台
18	浙江大洋世家股份有限公司进口平台	浙江大洋世家股份有限公司	舟山市	进口供应链平台
19	浙江明日控股集团股份有限公司进口平台	浙江明日控股集团股份有限公司	杭州滨江区	进口供应链平台
20	万凯新材料股份有限公司进口平台	万凯新材料股份有限公司	嘉兴海宁市	进口供应链平台
21	物产国际进口平台	浙江物产国际贸易有限公司	省属企业	进口供应链平台
22	杭州钢铁集团有限公司进口平台	杭州钢铁集团有限公司	省属企业	进口供应链平台

续表

序号	平台名称	主体名称	属地	平台种类
23	浙江省土产畜产进出口集团有限公司进口平台	浙江省土产畜产进出口集团有限公司	省属企业	进口供应链平台
24	物产化工粮油进口交易平台	浙江物产化工集团有限公司	省属企业	进口供应链平台
25	华友镍钴资源进口制造平台	浙江华友钴业股份有限公司	嘉兴桐乡市	进口供应链平台
26	振石控股集团有限公司进口平台	振石控股集团有限公司	嘉兴桐乡市	进口供应链平台
27	仙鹤股份有限公司进口平台	仙鹤股份有限公司	衢州市	进口供应链平台
28	浙江晶科能源有限公司进口平台	浙江晶科能源有限公司	嘉兴海宁市	进口供应链平台
29	龙码进口供应链平台	浙江龙码供应链管理有限公司	湖州德清县	进口供应链平台
30	远大物产集团有限公司进口平台	远大物产集团有限公司	宁波大榭开发区	进口供应链平台
31	中哲进口供应链平台	中哲控股集团有限公司	宁波鄞州区	进口供应链平台
32	宁波华茂国际贸易有限公司进口平台	宁波华茂国际贸易有限公司	宁波鄞州区	进口供应链平台
33	立得购	宁波立得购电子商务有限公司	宁波杭州湾新区	进口供应链平台
34	宁波亚洲浆纸业有限公司进口供应链平台	宁波亚洲浆纸业有限公司	宁波北仑区	进口供应链平台
35	浙商中拓集团股份有限公司进口供应链平台	浙商中拓集团股份有限公司	省属企业	进口供应链平台
36	浙物进口高端服务贸易平台	浙江物产金属集团股份有限公司	省属企业	进口供应链平台
37	舟山国家远洋渔业基地供应链服务平台	舟山群岛新区水产品交易中心有限公司	舟山国家远洋渔业基地	进口供应链平台
38	中大通进口平台	浙江中大元通实业有限公司	省属企业	进口供应链平台
39	物产通进口供应链服务平台	物产中大云商有限公司	省属企业	进口供应链平台
40	同捷供应链服务平台	杭州同捷仓储服务有限公司	杭州综合保税区	进口供应链平台

续表

序号	平台名称	主体名称	属地	平台种类
41	和德“浙冷链农产品进口服务平台”	浙江义乌和德进出口有限公司	义乌市	进口供应链平台
42	湖州市产投进口供应链平台	湖州市对外贸易股份有限公司	湖州南浔区	进口供应链平台
43	ECOVS 生态电商云分销平台	杭州泛捷供应链管理有限公司	杭州余杭区	进口供应链平台
44	金士敦供应链“速贸通”进口综合服务平台（进口商务中心）	浙江金士敦供应链管理有限公司	义乌市	进口供应链平台
45	中基宁波集团股份有限公司进口供应链服务平台	中基宁波集团股份有限公司	宁波鄞州区	进口供应链平台
46	宁波君安控股有限公司进口供应链平台	宁波君安控股有限公司	宁波国家高新技术产业开发区	进口供应链平台
47	宁波保税区宁兴优贝国际贸易有限公司进口供应链平台	宁波保税区宁兴优贝国际贸易有限公司	宁波市	进口供应链平台
48	中国宁波国际合作有限责任公司进口供应链平台	中国宁波国际合作有限责任公司	宁波北仑区	进口供应链平台
49	浙江自贸区跨境电子商务公共服务平台	浙江自贸区跨境电商服务有限公司	浙江舟山群岛新区海洋产业集聚区	进口促进服务平台
50	义乌保税物流中心	义乌保税物流中心有限公司	义乌市	进口促进服务平台
51	浙江生物医药特殊物品出入境公共服务平台	杭州医智捷供应链管理有限公司	杭州余杭区	进口促进服务平台
52	宁波跨境贸易电子商务服务平台	宁波国际物流发展股份有限公司	宁波市	进口促进服务平台
53	义乌市义贸云商供应链平台	义乌市义贸云商供应链管理有限公司	义乌市	进口促进服务平台
54	中信港通进口汽车专业服务平台	中信港通国际物流有限公司	宁波市	进口促进服务平台

注：排名不分先后。

3. 打造全省“永不落幕进博会”

浙江省积极承接进博会溢出效应，中国—中东欧国家博览会暨国际消费品博览会、浙江国际进口（武林洋淘）博览会、浙江（温州）进口消费品博览会、中国义乌进口商品博览会等全省进口重点展会的国际影响力不断增强。积极布局各类进口市场主体，全力培育进口商品“世界超市”，比如：宁波建设以中东欧为特色的进口商品城；温州依托全球商品贸易港，打造浙南闽北赣东进口商品集散中心；义乌市发挥“世界小商品之都”的优势，建设进口商品城孵化区；青田发挥华侨优势，积极建设侨乡进口商品城。

（三）以市场导向扩大优质商品进口

浙江省坚持市场导向，推进产业和消费升级，优化进口商品结构，提高进口商品质量，实现外贸健康稳定发展。

1. 鼓励先进技术装备进口

修订出台《浙江省鼓励进口技术和产品目录》，支持保障产业链安全所需的卡脖子技术、重要装备和关键零部件进口。加强国家有关进口促进政策宣传，帮助企业用好国家和省级进口支持政策、鼓励类产业进口设备免税政策以及信贷政策等，降低企业进口成本。

2. 支持大宗商品进口

利用浙江自贸试验区、各类海关特殊监管区等功能平台，开展油品、铁矿砂、液化天然气等大宗商品进口业务。以打造舟山油品全产业链为重点，扩大原油进口。积极推进浙江国际农产品贸易中心、浙石化绿色石化基地等重大项目建设，帮助企业申请大宗商品进口资质和配额许可证等，浙石化成功获批原油非国营贸易进口资质、进口配额和成品油出口配额，物产中大石油有限公司、浙石油贸易有限公司等2家企业获得贸易型原油进口企业资质，促进资源性产品进口。

3. 扩大防疫物资进口，助力疫情防控

全球暴发新冠肺炎疫情后，浙江省成立防疫医疗物资进口专班，实现医疗防疫物资高效进口。推动300余家防疫进口企业与各地保障组对接，发动驻外商务代表处、外经和外资企业全球组货，组织省货代协会发动会员企业，提供物资回运服务。实施省级采购，建立商务、经信、药监三方会商线上快速决策机制，加强海关、口岸、交通等部门协作，急事急办，特事特办，加速通关，确保急需的医用物资进口入库。积极举办网上对接，紧急开发进口服务平台，组织进口和跨境电商企业，与市县政府指定采购商进行网上对接采购。完善突发公共卫生事件物资进口保障体系，推动省国贸集团与10家全球知名企业签署

2019年进博会浙江交易团采购成交集中签约仪式

浙江防疫医疗物资国际合作协议，打通国际采购供应链。

三、“十四五”期间浙江省进口促进展望

“十四五”期间，浙江省进口促进工作将坚持扩大进口与促进消费升级相结合，坚持扩大进口与推进“一带一路”建设相结合，坚持市场主导与政策引导相结合，积极扩大进口促进对外贸易平衡发展。

（一）深化进口促进体系

提升进口贸易创新示范区和重点进口平台建设，推动进口工作机制、政策、模式创新，鼓励先进技术装备零部件进口，支持大宗商品进口，加强关系民生的消费品进口，积极发展服务贸易，加快建设进口商品“世界超市”。

（二）持续扩宽进口渠道

积极参与进博会，举办浙江国际进口商品海淘汇，办好中东欧特色商品展及常年展，支持举办省内重点进口展，打造“永不落幕进博会”，推动进口商品质量不断提高，结构进一步优化。

（三）全方位优化进口环境

推进国际贸易“单一窗口”建设，全面落实各项通关便利化举措，优化口岸进口环境。积极应对非市场风险，鼓励进出口银行、出口信用保险机构等建立预警监测机制，帮助企业规避进口风险，实现外贸健康稳定发展。

（韩　杰　陆海生　潘　中　赵　赛　曾王栋）

主体培育：固本强基　乘势加力

外贸企业作为对外贸易的主体，是外贸稳增长、促发展的根本。培育好外贸企业，在外贸发展中能发挥固本强基的重要作用。2016年10月，浙江省制定《开放型经济发展“十三五”规划》，提出积极培育外贸竞争新优势，进一步完善外综服企业，强化外综服企业联盟，培育一批带动力强的出口龙头企业等重要举措。2017年上半年，浙江省相继实施“外贸小微企业成长三年行动计划”和“万企贸易成长计划”，大力培育外贸主体，提升外贸企业竞争力。2017年12月，在全国率先出台《浙江省对外贸易主体培育行动计划（2018—2020）》，制定外贸企业“从无资质到有资质，从有资质到有实绩，从有实绩到上规模，从上规模到扩体量，从扩体量到强实力”等政策举措，做大外贸规模企业，做强外贸龙头企业，推动规模企业国际化发展。

一、“十三五”期间浙江省外贸主体培育主要成效

（一）外贸经营者备案登记企业创历史新高

外贸经营者备案登记逐年增加，至2020年累计达273224家，比2015年增长（下同）101.1%。其中，内资企业265085家，增长101.9%；外资企业3940家，增长90.9%；个体经营者4199家，增长66.4%。

表 1 "十三五"期间浙江对外贸易经营者备案登记情况表

单位：家

年份	截至当年累计数				当年新增数			
	总数	内资企业	外资企业	个体经营者	总数	内资企业	外资企业	个体经营者
2016 年	151723	146725	2241	2757	15873	15393	263	217
2017 年	170165	164465	2727	2973	18442	17740	486	216
2018 年	204079	197697	3081	3301	33914	33232	354	328
2019 年	241349	234060	3553	3736	37270	36363	472	435
2020 年	273224	265085	3940	4199	31875	31025	387	463

（二）进出口实绩企业队伍持续壮大

进出口实绩企业连年增长，2020年达到89731家，较2015年增长43.8%。其中，进口实绩企业31547家，较2015年增长81.6%；出口实绩企业81263家，较2015年增长40.7%。

表 2 "十三五"期间浙江外贸实绩企业进出口情况表

单位：家

年份	2016 年	2017 年	2018 年	2019 年	2020 年
进出口实绩企业数	66060	71334	77299	82957	89731
进口实绩企业数	20967	23586	24452	27775	31547
出口实绩企业数	60709	64962	70161	75137	81263

（三）进出口实绩企业规模不断扩大

出口在300万美元以上、1500万美元以下的企业有13283家，增长18.8%；出口在1500万美元以上的4825家，增长53.2%。进口在300万美元以上、1500万美元以下的企业有1586家，增长10.5%；出口在1500万美元以上的927家，增长24.8%。进口龙头企业数量增长迅猛，进口值超1亿美元的企业有205家，其中，10亿美元以上的企业17家，分别增长48.6%和466.7%。

表 3 “十三五”期间浙江进出口实绩企业规模结构统计表

单位：家

年份	进口实绩企业数			出口实绩企业数		
	300 万美元以下	300 万 -1500 万美元	1500 万美元以上	300 万美元以下	300 万 -1500 万美元	1500 万美元以上
2016 年	18849	1404	714	46578	10997	3087
2017 年	21279	1461	846	50127	11445	3385
2018 年	21917	1630	904	53922	12319	3913
2019 年	25297	1612	866	58089	12862	4179
2020 年	29033	1586	927	63160	13283	4825

二、“十三五”期间浙江省外贸主体培育主要举措

（一）壮大外贸主体队伍

浙江省积极制定实施对外贸易主体培育行动计划，做到全省上下目标明确，措施有力，取得较好成效。

1. 鼓励企业开展对外贸易经营者备案登记

对规上制造业企业进行全面摸排，分批次引导和鼓励其开展对外贸易经营者备案登记。每年在不同行业中排出需要开展对外贸易经营者备案登记的规下制造业企业的名单，有序引导其备案登记。鼓励规上批发零售企业、具有一定销售规模（年销售在500万元以上）和品牌效应的内贸电商主体开展外贸经营者备案登记。每年排出一批重点市场、重点企业、重点商户名单，鼓励其开展外贸经营者备案登记。“十三五”期间，全省制造业企业开展对外贸易经营者备案登记的比例不断上升；跨境电商主体培育初见成效，各专业市场每年新增对外贸易经营者占市场企业和个体工商户总数的比重逐年提高。

2. 鼓励无进出口实绩企业开展外贸业务

深入了解开展外贸业务存在的问题和政策诉求，有针对性地为企业提供相关服务。鼓励新增备案登记企业开展外贸业务，对新增对外贸易经营者备案登记、当年实现外贸零的突破并达到一定进出口规模的企业，结合各地实际给予相应的政策鼓励。鼓励外资企业开展外贸业务，推进外贸与外资联动，加大制造业外资企业招商引资力度，鼓励外资企业利用国际资源，开拓国际市场。对

未开展外贸业务的制造业外资企业进行摸底，鼓励和引导制造业外资企业开展外贸业务，鼓励外资企业开拓国际市场。

3. 坚持问题导向，开展帮扶服务

坚持问需于企、问计于企，加强对重点机电和高新技术产业出口以及进口贸易形势的研判和分析，强化重点产业进出口监测分析，有针对性地实施应对举措，助推重点产业发展。同时，对于外贸经营困难的企业，建立一对一的帮扶和联系制度，深入了解开展外贸业务存在的问题和政策诉求，全面梳理企业服务名单和培训内容清单，建立“外贸企业孵化中心”，为企业提供相关服务。

（二）助推小微企业发展

深入实施“外贸小微企业成长三年行动计划”和“万企贸易成长计划”，大力推进外贸小微企业发展。

1. 打造外贸小微企业服务平台

坚持问题导向、分类指导、精准对接，发挥外贸公共服务平台、外贸综合服务体等外贸服务平台，优化小微企业综合服务。支持和鼓励各地积极参与产业创新服务综合服务体建设，打造服务外贸小微企业的各类服务平台。鼓励外贸公司通过代理模式、经销模式、股权合作模式等多种途径，加强与外贸小微企业的合作。支持海外仓、境外展示中心、合作园区等境外外经贸综合服务体帮助全省中小企业抱团拓展海外市场。

2. 加强出口信保政策支持

积极发挥出口信用保险作用，为小微企业开拓国际市场“保驾护航”。推动搭建小微统保平台，实现全省小微统保平台覆盖所有县（市、区），对小微企业支出的保费给予支持，有效降低小微企业投保费用。通过保单融资有效带动银行等金融机构为小微企业提供融资支持，2016至2020年，累计帮助小微企业获得融资5.7亿美元。

3. 鼓励外贸小微企业开展跨境电商业务

积极培育跨境电商经营主体，开展“产业集群+跨境电商”试点，鼓励传统小微外贸企业和国内网商开展线上业务。经备案登记的跨境电商经营主体，按照《浙江省跨境电子商务管理暂行办法》等有关规定，可享受有关优惠政策。

4. 培养外贸业务培训师资

选拔一批优秀外贸成长政策导师和外贸成长业务导师，建立一对多、微信群的“师徒制”联系，进行日常业务辅导和外贸小微企业孵化。2017—2020年，全省累计线下培训和“师徒制”培养企业4.4万家。

5. 建立外贸企业网络培训系统

省级开发电脑端和手机端网络培训系统，设置管理和使用权限。由各市、县摸底企业名单，分发账号，组织和管理企业线上培训。“十三五”期间，外贸企业网络培训系统已建立外贸基础、外贸实务、政策（申报流程）、经营管理、宏观经济等方面课程，供企业随时点播学习。

（三）提升外贸主体竞争力

全面实施对外贸易主体培育行动，利用国际、国内两种资源，开拓国际、国内两个市场，增强企业国际竞争力，推动浙江省外贸稳步发展。

1. 提高外贸规模企业自主品牌国际化程度

紧紧围绕外贸高质量和创新发展目标，浙江省加快培育外贸自主品牌，提升外贸企业自主品牌国际化程度。鼓励企业创立自主品牌，支持有实力的企业收购国外品牌，大力培育行业、区域性品牌，推动企业开展国外商标、专利注册，提升全省出口产品竞争力。至“十三五”期末，浙江省自主品牌产品出口占比已达14.4%。

2. 培育加工贸易创新示范企业

为适应新一轮对外开放发展，2016年8月，浙江省制定实施《关于促进加工贸易创新发展的实施意见》，积极培育符合产业政策导向、创新发展、转型升级效果明显的加工贸易示范企业，对制造水平提升明显、总部要素集聚、经营管理规范、示范带动作用突出的加工贸易企业，给予优先政策支持及贸易便利化等先行先试措施。“十三五”期间，浙江省培育百家符合产业政策导向、创新发展效果明显的加工贸易创新发展示范企业，引导加工贸易整体提升。

3. 做好外贸企业AEO认证

杭州海关积极推进外贸骨干企业信用体系建设，加大外贸企业培训力度，开展AEO外贸企业认证。截至“十三五”末，共培育AEO高级认证企业209家。

（四）优化外贸主体发展环境

浙江省积极推动外贸领域“最多跑一次改革”，降低企业制度性交易成本，优化营商环境。

1. 推进外贸企业“证照联办”

2017年，积极推进外贸企业“证照联办”改革，实行“一窗受理、集成服务”工作模式。简化一窗受理，按照能整合的尽量整合、能简化的尽量简化的原则，实行“一套材料、一表登记”改革，实现申请人仅需提交一套申请材料就能办理全部申请事项。实施联合审批，按照“先照后证”的登记模式，充分运用商务、贸促会的网上申报系统和海关的电子口岸系统进行申报，明确各部门办理时间，确保7个工作日内由综合窗口统一出件。

2. 开展“外贸一证通”改革

为进一步简化和便利外贸企业注册，2017年9月27日，在温州召开浙江省外贸企业“证照联办”工作现场会，推动“外贸一证通”改革，跨部门优化流程、精简材料，实行“一窗受理、一套材料、一网审核、一窗出证”。将《报检企业备案登记表》等4张表格，精简为1张《“外贸一证通”备案登记表》，申报材料从21份精简到6份，审批时间从10个工作日压缩到4个工作日，企业获得感进一步增强。

3. 优化外贸管理服务

按照转变政府职能要求，强化服务意识，积极推动外贸领域“最多跑一次改革”和“国际贸易单一窗口”建设，把加强管理和审批相结合，在加强进出口许可证商品、关税配额商品、两用物项和技术（包括敏感物项和易制毒化学品）、机电产品进口和国际招投标管理的同时，更加注重为企业提供优质高效的服务，按时办理配额、许可证发放，积极促进外贸企业健康发展。

三、“十四五”期间浙江省外贸主体培育展望

“十四五”期间，外贸主体培育仍具有坚实基础，但也面临严峻挑战。浙江省将准确把握外贸发展趋势，实施新一轮外贸主体培育计划，在政策引导、金融服务、优化营商环境等方面加大支持，进一步壮大外贸主体队伍，实现外贸稳定持续发展。

（一）培育具有全球竞争力的龙头企业

以市场为导向，培育一批具有较强创新能力和国际竞争力的龙头企业。引导企业创新对外合作方式，优化资源、品牌和营销渠道，推动外贸龙头企业国际化发展。加大AEO外贸骨干企业培育力度，AEO企业数量较“十三五”期间明显增加。

（二）增强中小企业贸易竞争力

开展中小外贸企业成长行动计划。打造适合外贸小微企业需要的各类服务平台，继续加强线上线下培训，大力培育外贸小微企业上规模。推进中小企业“抱团出海”行动，鼓励形成一批竞争力强的“小巨人”企业。

（三）提升协同发展水平

发挥行业龙头企业引领作用，探索组建企业进出口联盟，促进中小企业深度融入供应链。支持龙头企业搭建资源和能力共享平台。引导企业与境外产业链上下游企业加强供需保障的互利合作。

（四）主动服务企业

建立和完善重点外贸企业联系服务机制。发挥贸促机构、行业商协会作用，共同推动解决企业遇到的困难和问题，进一步优化外贸经营主体。

（韩　杰　倪洪中　潘　中　宋建丽　曾王栋）

改革创新：改革引领　创新驱动

改革开放以来，浙江率先推进市场化改革、率先构建开放型经济体制，成功实现了从资源小省到外贸大省的历史性跨越。“十三五”期间，面对日趋复杂的国内外经贸环境，浙江立足于改革开放再出发的新时代要求，聚焦先行先试、数字赋能，坚持向改革要动力、向创新要活力，为外贸稳中提质持续注入新增量。

一、对外贸易体制机制改革纵深推进

（一）聚焦以油气为核心的大宗商品贸易体制改革

2017年3月15日，国务院正式印发《中国（浙江）自由贸易试验区总体方案》，赋予了“国际大宗商品贸易自由化先导区”的战略定位。“十三五”期间，浙江依托自贸试验区的高能级开放平台，走出了一条无中生“油”、聚“气”发展的差异化、特色化改革创新之路。

1. 探索形成一批含金量十足的制度创新成果

2017年挂牌成立后三年间，浙江自贸试验区累计形成123项制度创新成果，主要集中在推进油气产业链高质量发展、创新贸易监管与服务模式、优化营商环境、事中事后监管、深化金融领域开放创新等五个方面。[1]据第三方评

[1] 根据毕马威企业咨询（中国）有限公司《中国（浙江）自由贸易试验区三周年制度创新成果第三方评估报告》。

估分析，其中全国首创类的制度创新成果达58项，实现了多个“第一家”“第一单”“第一例”的突破。三年间，浙江自贸试验区共有27项制度创新举措在国家层面复制推广，为推进油气领域改革、拓展综合海事服务、大宗商品贸易金融便利化等充分发挥了“试验田”作用。

2. 油气“131”全产业链纵深推进

着力建设“一中心三基地一示范区”[1]，一批全球瞩目的重大产业项目相继落地。如世界单体工业投资规模最大的民营石化项目——浙石化4000万吨炼化一体化项目，一期2000万吨已于2019年成功投产。浙江自贸试验区重点在油品非国营贸易领域开展先行先试，浙石化成为全国具备原油、成品油和低硫燃料油等油品进出口资质的重点民营企业。2017—2020年，浙江油品进出口总量达1.05亿吨，进出口值达2938.0亿元，油品出口值跃居全国第二。舟山港保税船用燃料油供应能力跃升全国第一、全球第八。

3. 赋权扩区揭开“2.0版”建设新篇章

2020年，浙江自贸试验区建设取得重大历史性突破。3月，国务院印发《关于支持中国（浙江）自由贸易试验区油气全产业链开放发展若干措施的批复》，支持进一步深化油气全产业链探索。8月，国务院印发《浙江自由贸易试验区扩展区域方案》，新增宁波、杭州、金义三个片区，扩展区域119.5平方千米。赋权扩区后，浙江自贸试验区功能定位也拓展至大宗商品资源配置基地、新型国际贸易中心、国际航运和物流枢纽、数字经济发展示范区和先进制造业集聚区五个方面，开启了新一轮改革创新发展的新征程。

（二）聚焦服务中小微企业的大众贸易创新

2011年，国务院批准开展义乌国际贸易综合改革试点。“十三五”期间，试点第二个、第三个三年实施计划深入推进，主要改革目标圆满完成。2018年1月，浙江省委在试点深入推进的基础上，部署建设义乌国际贸易综合改革试验区，推动由“点”向“区”转变深化，进一步在空间区域、管理体制和开发模式、规划布局、资源要素配置等方面强化创新。

---

[1] “一中心三基地一示范区”，即国际油品交易中心、国际海事服务基地、国际油品储运基地、国际石化基地、大宗商品跨境贸易人民币国际化示范区。

1. 深化市场采购贸易机制创新

聚焦小商品贸易参与主体多、商品种类繁杂、多批次小批量、拼箱组货运输等特点，浙江省义乌市自2013年起在全国率先试行市场采购贸易方式并持续不断深入探索，为中小微外贸企业低门槛、便利化地参与国际贸易，在全球组织进口、出口和转口贸易构建新渠道和新方式。2016年11月，国家发改委、商务部等八部委联合发文，支持优化市场采购管理流程，完善监管政策。2018年3月，八部委再次联合发文，同意义乌开展市场采购进口贸易机制创新。据此，市场采购报关流程进一步简化，贸易便利化水平进一步提升。“十三五”期间，义乌市场采购出口累计达10327.8亿元，占同期义乌出口总值的78.1%。实现市场采购和保税货物集拼转口、“义新欧”中欧班列转口、退运货物等转口模式突破。

2. 积极融入国内国际双循环

国际贸易综合改革试点加速了传统商品市场的规模化、国际化、现代化步伐，实现市场从商品供应者向综合服务者转变。目前义乌市场经营面积达640余万平方米，商位7.5万个，汇集了国内26个大类210多万种商品以及来自107个国家和地区的约15万种源头商品，构建起主体集聚、融合发展、辐射全球的流通渠道。线下市场与线上市场相结合，跨境电商、直播电商等新业态为贸易流通模式的创新注入了新动能。2020年，义乌快递业务量达到71.7亿件，居全国城市第一，约占当年全国快递总量的十二分之一。国际邮件互换局在“十三五”期间业务量累计超2.6亿件，覆盖全球127个国家和地区。同时，积极加快布局迪拜站、非洲站等“一带一路”境外站，成为中国商品走向全球市场、全球商品进入中国市场的“桥头堡”。

3. “放管服”改革向纵深推进

2019年2月，义乌国际贸易综合改革试验区管委会作为浙江省人民政府派出机构正式揭牌成立，浙江省委省政府明确在省级权限范围内赋予义乌改革开放最大自主权，支持进行管理体制创新。2020年1月，义乌国际贸易综合改革试验区管委会正式公布首批行使的135项省级经济社会管理权限。同时，在全国率先开展“互联网+监管”改革，为破解“多头监管、标准不一”难题形成制度性解决方案。通过深入实施简政放权、放管结合、优化服务的各项举措，营商环境持续优化，市场活力不断增强。“十三五”期间，义乌市场主体年均增长超20%，2020年总量突破70万户，占全省的十二分之一，深化商事登记制度改革获国务院通报表彰。

（三）聚焦服务贸易创新发展

2018年7月，国务院在全国17个地区开展了深化服务贸易创新发展试点，杭州市入围其中。围绕完善管理体制、健全促进机制、创新发展模式等方面，积极探索、先行先试，在高起点上不断推进服务贸易新发展。2020年，杭州市服务贸易规模达2813.3亿元，占当年全省服务贸易总额的65.7%，三年年均增长8.8%。市场主体不断壮大，培育形成国家级数字服务出口基地、文化出口基地以及一批文化出口重点企业和重点项目。特色领域亮点纷呈。杭州数字服务贸易额增长81.5%，对全省数字贸易增长的贡献度达90%以上。“创新网展贸、服务新模式”“推行跨境电商进口B2C包裹退货新模式”“探索‘杭信贷’融资闭环模式”等2批6个案例在全国推广。

1. 创新服务贸易国际化人才服务机制

实施“高层次人才特殊支持计划”，遴选和培育服务贸易领域的领军人才和青年拔尖人才。实施服务贸易人才培育工程，建立“中非桥”跨境贸易服务平台，依托高校资源开展人才培训和服务。杭州市高层次人才引进成效明显，国际化创新氛围更趋浓厚，服务贸易人才培养体系不断完善，为服务贸易创新发展打下坚实的基础。

2. 创新在线数字展览模式

搭建“浙江数字服务贸易云展会”平台，助力服务贸易企业开展精准营销、开拓国际市场。“云展会”平台汇聚了西班牙巴塞罗那展览中心、法国励德展览集团、德国科隆展览集团等一批全球龙头会展资源，开设数字城市服务、动漫游戏、中医药服务、影视文化、数字教育、智慧零售、IT通信技术、国际物流和数字金融等服务贸易多个领域行业主题展。

3. 探索“杭信贷”融资闭环模式

打造“信保+银行授信+风险担保”的“杭信贷”融资闭环模式，为中小微企业提供纯信用、免抵押、全担保的融资服务。“杭信贷”业务实行本金全兜底、融资无抵押，具有授信额度高、放款速度快的特点。

二、外贸新业态新模式成形成势

（一）市场采购贸易方式领跑全国

在义乌先行先试的基础上，商务部等七部委陆续将市场采购复制推广至全国31个市场。2018年9月和2020年9月，浙江温州（鹿城）轻工产品交易中心和湖州（织里）童装及日用消费品交易管理中心、绍兴柯桥中国轻纺城、台州路桥日用品及塑料制品交易中心相继入选国家第四批和第五批市场采购贸易方式试点。省内试点扩大至6个，数量与规模居全国首位。“十三五”期间，全省市场采购出口值从2016年的1863.3亿元增长至2020年的2977.5亿元，贡献了全省15%的出口增量。市场采购不仅为外贸稳增长注入了新动能，而且成为拉动地方开放型经济发展的重要平台。

“十三五”期间浙江市场采购出口情况表

单位：亿元，%

年份	出口总值	同比	试点地区
2020 年	2977.5	14.6	义乌、温州鹿城、绍兴柯桥、台州路桥、湖州吴兴
2019 年	2597.9	27.4	义乌、温州鹿城
2018 年	2039.4	7.7	义乌、温州鹿城
2017 年	1894.2	1.7	义乌、海宁
2016 年	1863.3	5.5	义乌、海宁

注：2018 年海宁退出试点。

1. 提升通关便利化规范化水平

坚持按照“在发展中规范，在规范中发展”的原则，推动监管制度更好适应新型贸易的发展。义乌抓住市场采购贸易链条中的关键环节，建立实施“组货人”制度，累计申报组货票数122万票，在便利化管理的同时提升贸易真实性，免税管理、收结汇更加规范。温州市启用市场采购贸易组货拼箱中心，构建自动接单、拼单数据系统，实现线上申报、线下仓储配送无缝对接，为外贸企业节省了近70%的时间成本，降低了约30%的运输成本。

2. 扩大释放试点红利

各类开放平台的集成，为浙江深化贸易制度创新、模式创新、业态创新和推进外贸高质量发展创造了有利契机。2020年，义乌市创设了“市场采购+

跨境电商”出口新模式，实现出口超过4亿美元，空运模式出口较2019年增长了2.3倍。鹿城区集装箱运输、报关代理、货运代理企业分别增长77%、1.2倍和2.6倍，催生了一批货代、报关、物流、金融、财会、翻译等专业服务和代理机构。有序推进市场采购在义乌国际贸易综合改革试验区和温州市域范围内复制推广，联动出口值超过50亿美元，有效提升了全域市场的开放度和吸引力。

3. 优化市场采购全链条服务

各试点所在地积极延伸贸易上下游服务，加强仓储、物流、金融等软环境建设。构建形成“1039+海、陆、空、铁”的立体国际物流网络，“义新欧”中欧班列、海外仓、航空货运等成为市场采购出口的新通道。2020年，“义新欧”中欧班列累计开行1399列；温州港开通6条、每周12班的近洋航线，年集装箱吞吐量突破百万标箱。义乌在全国首推市场采购出口信用险，统一为7万多家市场采购贸易出口企业和商户提供信用险全覆盖保障，有效解决了“多品种、多批次、小批量”的外贸企业的出口风险保障难题。

（二）跨境电商高速发展

“十三五”期间，浙江跨境电商实现了年均41.9%的高速增长（海关跨境电商管理平台统计数据），进出口规模居全国第二，呈现迅猛增长态势。尤其是2020年，受新冠肺炎疫情影响、平台建设完善等多重因素提振，跨境电商进出口规模达到491.1亿元，其中出口同比增长4.4倍。

1. 跨境电商综试区实现省域基本全覆盖

“十三五”期间，宁波、义乌、温州、绍兴、湖州、嘉兴、衢州、台州和丽水相继被列入第二至第五批全国跨境电商综试区，全省总数达到10个。另外，舟山自贸试验区亦同等享受跨境电商综试区政策。浙江在全国率先实现综试区的全覆盖。

2. 产业集群试点齐头并进

浙江具有良好的跨境电商产业基础和产业集群优势，首创产业集群跨境电商试点工作。先后于2016年、2019年启动了两批共51个省级产业集群跨境电商发展试点，累计培育跨境电商自主品牌超过1200个，鼓励产业集群加快出海、优化服务、融合发展和提升氛围，推动传统外贸企业加快数字化转型，取得了显著成效。各地市也积极深化开展产业集群跨境电商试点。以湖州为例，全市推进跨境电商产业集群“1+1”培育模式，在省级试点的基础上，每个区县至少推动一个特色产业集群加快发展B2B2C模式并形成优势，加速产业延伸和服务共享。

2. 跨境电商平台能级不断提升

“浙系”市场占有率和竞争力平台不断增强。“速卖通”“Lazada”“集酷”“Club Factory”等跨境电商出口平台，已成为俄罗斯、东南亚、中东、非洲、英国等国家和地区最大或领先的移动购物平台。“网易考拉”和“天猫国际”两大跨境进口平台的进口零售额占全国总额的50%以上，“单创”“海带网”“海拍客”等进口平台初露锋芒。“连连”“PingPong”等已成为我国跨境支付的主要平台。许多企业还自建行业性跨境电商平台和独立站，销售额在亿元以上有上百个。

（三）外综服企业培育有序推进

外综服企业历经从“初生”到“成长”，主体规模日渐壮大，监管机制日趋完善，发展逐渐步入正轨。

1. 梯次培育渐成体系

“十二五”期末，浙江省商务厅根据《浙江省重点培育外贸综合服务企业认定和管理办法》，认定了13家省级重点培育外综服企业，形成了外综服队伍基础。2017年，省级重点培育外综服企业进一步扩充至20家。此后，为进一步推动外综服企业健康有序发展，浙江省根据外综服企业业务规模、出口成熟度、风控体系、信用等级等情况，构建了试点企业、成长型企业和示范型企业，形成了省、市、县分级认定的培育体系。2019年6月，浙江省对外贸易综合服务企业联盟正式成立，为加强行业自律、提升服务水平、促进全省外贸发展建立了有效平台。至2020年，全省外综服企业合计达87家，其中示范企业、成长型企业、试点企业分别为37家、12家、38家。

2. 政策协同强化支持

2018年，浙江省商务厅联合七部门出台了《关于加快外贸综合服务企业健康发展有关工作的通知》，提出了专业化、本土化、规范化、跨境化、品牌化的发展方向，商务、海关、税务、外汇管理等政府部门以及信用保险、进出口银行等金融机构均提出了支持外综服企业发展的便利化举措，推动外综服企业成为外贸稳定增长的有力支撑。

3. 服务能力不断增强

随着国家对外综服企业的定义逐渐清晰、监管逐渐完善，其服务能力也逐步向上下游延伸。在报关报检、物流、仓储、信用保险、结算、退税等基础上，衍生出办理融资、国际营销、外贸知识与风险意识培训等增值服务，为中小微外贸企业降低经营成本、增强竞争能力起到了重要促进作用。

此外，浙江积极探索离岸贸易、数字贸易等新型贸易方式。2020年，全省离岸转手买卖收支总额达到129.54亿美元，约占当年全国总额的十分之一；发布了全国首个省级数字贸易先行示范区建设方案，围绕数字贸易新基建、新业态、新场景、新能级和新体系等“五新”内容细化明确了23条建设任务；台州市、宁波市、义乌市先后获批开展二手车出口试点，出口规模居全国前列。

三、“十四五”期间浙江省外贸改革创新展望

当前，国际贸易环境发生了深刻复杂的变化，全球经济发展呈现诸多不确定性。但同时，我国数字时代步入发展新阶段，新产业、新模式、新业态不断涌现，为浙江外贸发展增添新动能。以“重要窗口”建设为机遇，浙江外贸正处于向高质量发展转型的关键期，浙江外贸的改革创新空间正在不断拓展。

（一）推进外贸创新发展

浙江将大力推进市场采购贸易、跨境电商、外综服、数字贸易、保税维修、海外仓等“6+X”新业态、新模式，加快打造以平台交易、资源配置、模式创新和规则制定等功能为核心，具有辐射全国影响全球能力的新型贸易中心，助力构建以国内大循环为主体、国内国际双循环相互促进的新发展格局。力争到2025年，浙江省新型贸易规模和发展质量居全国前列，新业态、新模式、新技术、新组织形式集聚创新能力持续增强，成为数字化转型的战略支点和国际商业变革的战略枢纽，成为引领全国贸易高质量发展的重要力量。

（二）坚持制度引领，改革突破

针对浙江推进新型贸易发展存在的主要问题和瓶颈障碍，把制度创新作为发展的重中之重。对标国际先进规则，加强制度创新和改革系统集成，彰显全面深化改革和扩大开放试验田作用。

（三）坚持创新驱动，数字赋能

以数字化改革为引领，加快数字贸易发展，推动传统贸易数字化。推广数字技术、数字工具的应用，推动外贸全流程各环节优化提升。提升传统外贸数字化水平，开展智能化、个性化、定制化生产，提升传统品牌价值。

（四）坚持内外统筹，协调发展

继续巩固新型贸易在国内的领先地位，助力中小微企业奋力开拓国际市场，融入与服务新发展格局。支持平台企业加快国际化进程，成为“买全球、卖全球”的重要国际平台。加快跨境电商综试区的探索创新，并把成熟经验推广复制到各类产业集群。

（五）坚持政府推动，市场主导

既要充分发挥企业的市场主体作用，加快技术创新、产品创新、模式创新和管理创新，又要发挥各级政府在监管服务方面的作用，以“最多跑一次”改革为牵引，推进治理体系和治理能力现代化，激发市场主体创新活力和潜能，拓展创新空间。

（金　鑫　刘　佳）

贸易救济：四体联动　维护权益

“十三五”期间，浙江省对外贸易迎来了崭新的机遇和长足的发展。与此同时，贸易保护主义持续升温，“逆全球化”趋势导致全球经贸摩擦加剧。面对日趋严峻的贸易摩擦形势，浙江省强化“四体联动”[1]应对，建立健全预警机制和法律服务体系，统筹运用政府交涉、法律抗辩、产业对话等多种方式，充分发挥贸易救济在稳外贸促发展中的作用，维护全省产业安全和出口稳定。

一、“十三五”期间浙江省贸易救济概述

（一）“十三五”期间贸易摩擦案件涉案情况

浙江省作为外贸大省，开放型经济发展走在全国前列。“十三五”期间，浙江外贸从高速增长转向高质量发展，迅速形成多个“领先”。在外贸取得长足发展的同时，浙江省也面临着日益严峻的国际贸易摩擦形势。2016—2020年，浙江共遭遇来自美国、欧盟、印度等35个国家和地区提起的反倾销、反补贴、保障措施、“337调查”等贸易摩擦案件763起，涉案金额242.1亿美元。

[1] “四体联动”机制是中国在应对贸易摩擦领域比较成熟的经验，指的是商务部、地方商务主管部门、行业商协会和涉案企业“四体”相互协同的高效应对机制。

表 1 "十三五"期间浙江贸易摩擦案件基本情况

年份	涉及国家 / 地区（个）	案件数（个）	同比（%）
2016 年	25	133	40.0
2017 年	22	116	12.8
2018 年	25	133	14.7
2019 年	25	156	17.3
2020 年	29	225	44.2
合计	35	763	—

图 1 "十三五"期间对浙江发起贸易摩擦案件的国家和地区

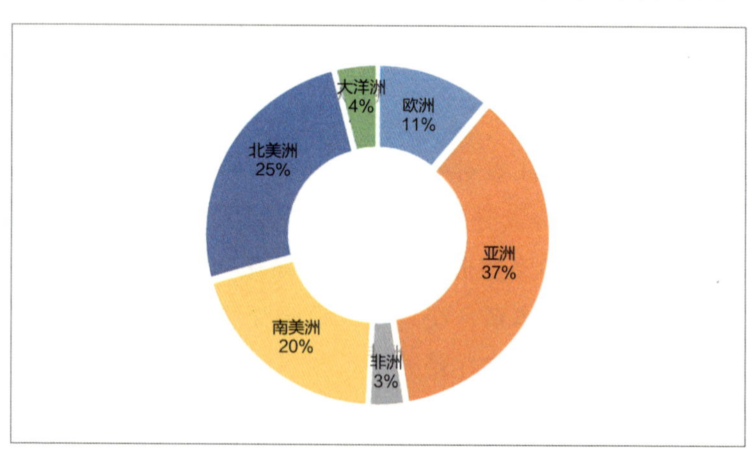

图 2 "十三五"期间浙江贸易摩擦案件涉及行业情况

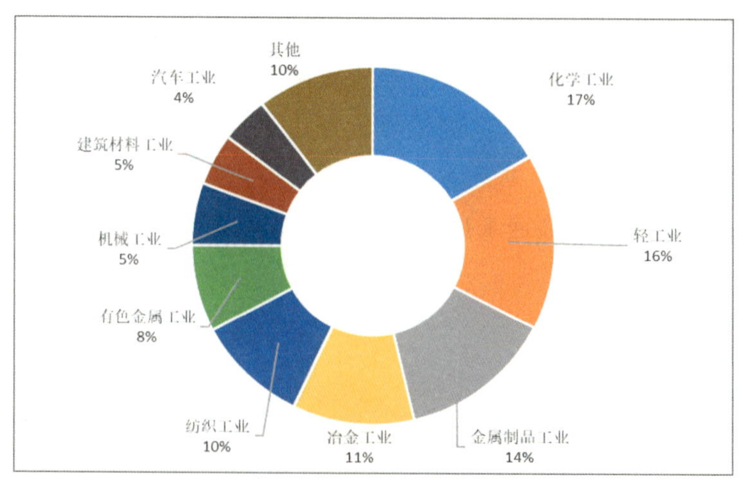

总体而言，“十三五”期间，案件数量呈逐年快速增长态势，贸易摩擦已从产品、行业和产业层面扩大，有的甚至已经上升至规则和体制层面并呈现政治化倾向。特别是2018年以来，在中美经贸摩擦持续升级的背景下，全球贸易保护主义加剧，许多国家纷纷加强了对本国企业的保护措施。浙江面临的对外贸易形势越加严峻复杂。

（二）分国别、分行业等结构分析

“十三五”期间，浙江省遭遇的贸易摩擦案件主要呈现以下特点。

1. 涉及1亿美元以上大案要案数量大幅增加

“十三五”期间，浙江省遭遇的贸易摩擦案件涉案金额超过1亿美元的案件共54起，案件数量接近“十一五”期间和“十二五”期间总和（33起）的1.6倍，增长237.5%；涉案总额168.7亿美元，增长233.8%。

2. 美国贸易保护主义加剧，是案件主要发起国

“十三五”期间，浙江省遭遇由美国发起的贸易摩擦案件共162起，平均每年32起，涉案金额95.3亿美元。美国是浙江省遭遇产品立案数量最多、涉案企业数量最多、涉案金额最高的国家。“十三五”期间，美国发起原审案件比“十二五”期间增加69起，同比增长127.8%；涉案金额高达78.45亿美元，同比增加486.4%。

3. 发展中国家发起案件数及涉案金额不断上升

2016—2020年，浙江省遭遇发展中国家发起案件436起，占遭遇案件总数的近六成；遭遇发展中国家案件涉案金额从2016年的10.3亿美元增加至2020年的51.3亿美元，达到历史最高值。印度是对浙江省发起调查数量最多、涉案金额最高的发展中国家，发起贸易摩擦案件129起，涉案金额60.1亿美元。

4. 案件性质以反倾销为主，保障措施案件大幅增多

2016—2020年，浙江遭遇的贸易摩擦案件类型中，七成是反倾销调查，共563起，涉案金额149.4亿美元。保障措施案件数量不断上升，涉案金额达26.56亿美元。很多发展中国家倾向于采取保障措施调查，原因在于与“双反”相比，保障措施立案程序简单，便于在短时间内阻止进口急增。

5. 化学工业、轻工业和金属制品工业为涉案主要产业

从贸易摩擦案件数量看，2016—2020年，浙江省涉及的行业以化学工业（占总额的16.6%）、轻工业（15.9%）和金属制品工业（13.8%）居多，占遭遇案件总数的近五成。

（三）进口贸易救济案件发起情况

进口贸易救济调查是支持新兴产业健康发展，防止其受国外进口产品冲击的有效手段。“十三五”期间是浙江省在应对国际贸易摩擦实践中逐步成熟的时期，浙江外贸企业利用贸易救济维护自身权益的意识日益增强，能主动运用对外贸易救济的法律武器，抵制倾销进口产品的不公平竞争，维护产业利益。截止到2020年底，在我国实施贸易救济措施案件中，浙江有23家企业发起或参与发起39起贸易救济案件，其中原审案21起，复审案18起，涉及化工、纺织、造纸、电子信息等行业。

图3　2016—2020 年浙江进口贸易救济措施案件情况图

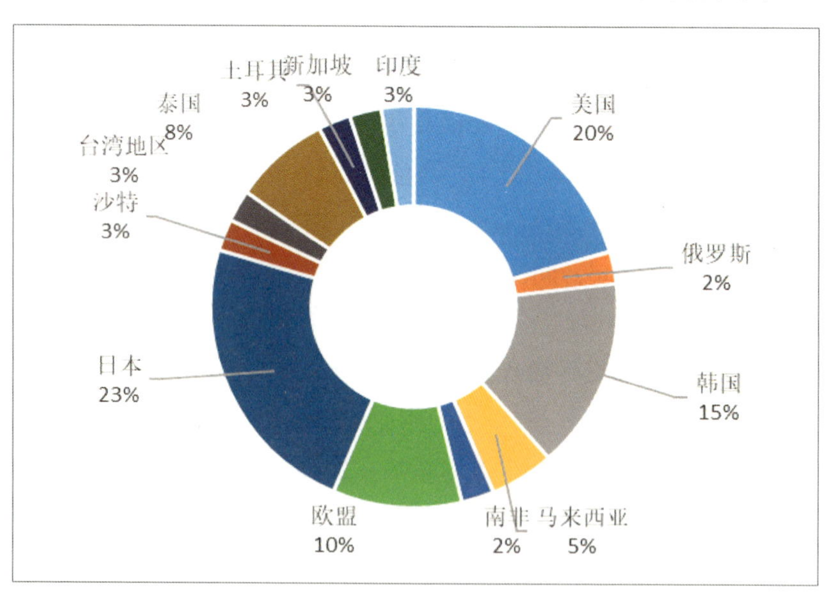

二、“十三五”期间浙江省贸易救济应对工作举措

“十三五”期间，浙江贸易救济工作找准贸易救济工作新任务新要求，积极推进外贸高质量发展。

（一）建章立制夯实工作基础

“十三五”期间，浙江针对涉及重点行业、重点企业的贸易摩擦案件，抓好企业排查和应对指导工作，精准支持，建章立制，落实好三个载体。

1. 落实做好品牌工作，即“浙”里有“援”法律服务机制

“十三五”期间，浙江一以贯之，强化“浙”里有“援”法律服务系列活动的持续深入，律师驻点服务、法律微课堂、援企现场行、法律服务月、云上大讲堂等系列活动将法律服务以品牌化方式进行拓展和深化。浙江省外经贸法律服务律师团从最初的40名发展到“十三五”期末的100余名，服务领域涵盖国际贸易救济、国际贸易与WTO、跨境争议解决、知识产权、商事诉讼与仲裁、境外投资与并购等外经贸全流程，为全省外经贸企业提供了面对面的“外经贸法律大讲堂”系列讲座和个性化法律问题咨询服务，收到了显著效果。

2. 落地落细工作机制，即“四体联动”机制

强化商务部、地方商务主管部门、行业商协会和涉案企业“四体联动”协同发力。浙江在贸易摩擦案件应对中积极寻求商务部的指导和支持。积极推动地方政府部门完善贸易救济工作机构，建立健全公平贸易工作机制，在原有浙江省出口反补贴应对工作联席会议基础上，于2017年建立了浙江省贸易救济工作联席会议制度。各级商务主管部门在“四体联动”工作机制中切实发挥了组织、指导和协调作用。浙江通过建立联络、互访和贸易促进机制，进一步展开与中国轻工商会、机电商会、制笔协会等全国性行业商协会关于贸易摩擦应对和贸易促进方面的密切协作。其中2020年，浙江省商务厅与中国五矿化工进出口商会签订协议，深入推进五矿化工产品贸易摩擦应对和贸易促进方面的密切协作。在“四体联动”工作机制的作用下，浙江在贸易摩擦案件应对中取得了良好成绩，为浙江企业、浙江外贸发展做出了积极贡献。

3. 巩固提升工作基础，即行业预警点的建设，作为分析研判的基础

充分运用自2007年起依托全省行业协会建立的外贸预警网络，把对外贸易预警点作为做好贸易救济工作的重要载体。2020年，浙江预警体系和法律服务机制得到商务部贸易救济调查局发文肯定，进行全国推广。

（二）健全预警完善监测网络

1. 完善制度规范管理，全面推进预警体系建设

“十三五”期间，浙江不断完善对外贸易预警体系建设，逐步由块到面、由多到精、由示范到推广。2018年，出台《浙江省对外贸易预警点管理办法》等规范性文件，加强对预警点的科学化管理。2018年起，对省级预警点开展整合提升工作，优化预警点行业布局。“十三五”期间，通过评审新设4家预警点，整合撤销16家。截至2020年底，全省共有省级预警点104个，市级预警点25个，服务纺织、服装、机电、轻工、钢铁以及初级产品等诸多行业，基本覆盖全省传统优势产业、特色块状及产业集聚区。

2. 丰富预警服务内容，发挥外贸风险防范作用

一是及时发布预警信息。2016年，搭建外贸预警服务平台作为预警信息报送、审核、发布的专报系统。“十三五”期间，平台共发布预警信息54000余条，帮助企业防范规避外贸风险。二是组织协调案件应诉。“十三五”期间，预警点不断提升案件协调能力，比如，杭州太阳能光伏预警点帮助担当强制应诉企业赢得美国光伏组件“双反”第五次复审最低税率，为重返美国市场做出行业贡献。三是发挥行业自律作用。2017年，浙江省磁性材料预警点为企业查询国际专利，搭建规避国际专利纠纷的优质服务平台。2019年，新设浙江省技术性贸易壁垒预警点，发挥信息通报评估专业优势，帮助企业规避风险。2020年以来，浙江积极推动技术性贸易壁垒预警点对标商务部国家级应对贸易摩擦工作站要求，加强对国外重大技术性贸易措施的跟踪、研判、预警、评议和应对，妥善化解贸易摩擦，切实维护企业合法权益。

3. 强化贸易摩擦应对，适应新形势，展现新作为

“十三五”期间，浙江面临的对外贸易形势更加严峻复杂，预警点发挥了重要作用。一是发挥后盾作用，抱团应对中美经贸摩擦。2018年，余杭家纺、嘉兴紧固件等预警点委派合作律师代表浙江行业赴美参加301调查听证会并强力发声，成功将产品排除出美国征税清单。二是发挥抓手作用，助力外贸企业共抗新冠肺炎疫情。2020年，浙江组织全省104家预警点对数万家联系企业开展调研工作，编写行业进出口动态分析报告，及时发布各国贸易限制、管控措施等预警信息28000余条。三是发挥宣传作用，积极推广预警工作经验。“十三五”期间，《人民日报》、新华社、《国际商报》等国内主流媒体对浙江省预警点建设工作给予积极报道。2018年，获得中央电视台“创新发展，笃定前行”专题宣传报道。2020年，受到商务部贸易救济局充分肯定，印发《浙江省预警和法律服务工作典型案例》供全国各省区市商务主管部门参考借鉴。

（三）品牌先行，强化法律服务

1. 打造团队，夯实法律服务基础

2016年，浙江建立涉外法律服务律师名录库。2019年，重组建立浙江省外经贸法律服务律师团队伍，将律师信息印制成册发放给企业，在省外贸预警服务平台建立律师名录库方便企业查询。2020年，浙江升级加码，组建百名涉外律师服务团，并制定律师服务团行动指南，明确成员律师的职责和要求。

2. 打造载体，坚守法律服务初心

自2010年起，浙江省每年举办外经贸法律服务月活动，至2020年已连续举办11年。在2016—2020年里，浙江共有超过154人次的省内外律师、专家为累计超过10000家外经贸企业提供了超过110场“外经贸法律大讲堂”系列讲座和个性化法律问题咨询服务。2018年编纂了《将法律服务进行到底——浙江外经贸法律服务指南》供企业参考借鉴。

3. 打造品质，提升法律服务实效

2018年，美国挑起的中美经贸摩擦持续升级，浙江积极参与防范化解中美经贸摩擦风险攻坚战，通过法律服务机制帮助对美出口企业维护正当权益。一是体系化统筹协调合力应对。2018年率先建立中美经贸摩擦应对工作机制，对全省涉美出口100万美元以上企业实施分类分级调研走访，出台应对贸易摩擦确保外贸稳定增长10条意见。2020年，成立中美经贸摩擦应对工作专项小组，制定《加强中美经贸摩擦应对工作总体方案》，组织开展中美经贸摩擦百日攻坚行动。二是常态化紧跟形势分析研判。持续跟踪梳理美国“301调查”清单及关税豁免情况，组织对美出口企业开展关税评议和排除工作。指导浙企赴美参加听证会积极抗辩，成功将产品排除出清单。三是精准化提供企业法律指导。2019年，制定《做好涉美“黑名单”优质企业帮扶工作方案》，建立优质企业联系库，实地走访并召开座谈会，鼓励企业通过法律途径申辩。经过协调指导，截至2020年底，浙江3家未经证实的实体清单企业均已全部移除。

4. 打造品牌，创新法律服务形式

2020年新冠肺炎疫情初始，浙江迅速开展“浙”里有“援”法律援企专项行动。一是靠前服务，解决企业法律需求。组织百名涉外律师服务团律师、专家分组入驻全省各市外贸预警点微信群为企业提供专业指导，共答复解决2600余个法律问题，服务延伸惠及16000余家企业，发布法律答疑等信息54篇，阅读量超过5万。发布《“新型冠状病毒肺炎疫情”背景下浙江企业应对外贸出口合同纠纷的法律指南》，为企业提供应对建议。二是创新服务，加大企业培训力度。创新开设10课时“云”上法律系列微课堂，帮助企业直观了解法规、政策和应对策略。举办“云”上大讲堂法律风险防范系列专题讲座，外贸企业1900余人通过钉钉群参加培训。三是线上服务，提供企业精准指导。2020年，开发建设浙江省贸易救济精准服务平台，通过外贸预警、案件响应、法律服务、应诉反馈完成贸易救济服务企业的闭环管理。设立“浙”里有“援”外经贸法律援助呼叫中心，组建律师、专家团队志愿驻守呼叫中心，提供线上法律服务。

（四）对标国际，持续推进合规工作

“十三五”期间，浙江以干在实处、走在前列、勇立潮头的拼劲，坚守世界贸易体制规则，从制度安排、机制建设、工作层面，持续推动贸易政策合规和企业合规工作，在拟定贸易政策中进行合规性评估，加强与《世界贸易组织协定》等国际经贸条约、协定之间衔接，不断提高国际贸易规则意识。同时，针对经济全球化背景下合规新挑战，充分理解和认识合规作为企业生命线的根本价值，积极推进企业合规管理体系建设。

1. 进一步推进贸易政策合规评估

根据浙江省政府办公厅以及本省贸易救济工作联席会议办公室印发的《浙江省贸易政策合规工作实施办法（试行）》规定，强化浙江各地各部门在拟定贸易政策过程中合规性评估环节，加强贸易政策通报等透明度义务履行，真正落实分级管理、专人负责。

2. 实现部门间贸易政策合规评估办理“最多跑一次”

将贸易政策合规性审查事项列入“浙江省商务厅部门间办事事项目录”，明确申请材料和具体流程，实现部门间贸易政策合规评估办理“最多跑一次”，提高办理效率。

3. 组建全省外经贸合规专家库，作为政府工作有力支撑

浙江于2020年启动建设贸易政策合规专家库项目，完善浙江省贸易政策合规性评估法律专家支持体系。重点围绕贸易政策合规性浙江贸易政策合规方式从事后清理为主逐渐转变成事前评估把关、事中沟通完善的方式为主，以此进一步提高本省对外开放政策的稳定性、透明度和可预见性。

4. 统筹提升全省企业整体合规水平

统筹浙江省发改委、省经信厅、省商务厅、省科技厅、省新闻办、中信保浙江分公司、中国进出口银行浙江省分行等单位企业服务平台，加大合规资讯服务和对口指导。组织三期“云上”企业合规大讲堂，邀请机构专家、涉外律师讲

解合规的概念、内容和要求，企业代表分享合规经验。开设企业合规信息服务专栏。依托省外贸公共服务平台和“订单+清单”系统，建立企业合规栏目，发布全球经贸规则、合规动态和预警信息，浙江企业合规意识和能力不断提升。

三、“十三五”期间浙江省贸易救济工作主要成果

“十三五”期间，在各级商务部门、行业商协会、预警点、企业等的协同努力下，浙江应对贸易摩擦案件取得积极成效，保住了浙江省产业的重要出口市场，展现出新时代浙江“重要窗口”的担当和作为。

1. 应对中美经贸摩擦方面

2016—2020年，巨化集团公司积极应对美国“HFC”制冷剂反倾销案，获得氢氟烃产品无损害的重大胜利。这是美国总统特朗普上台后发起的反倾销调查中，全国第一起以无损害结案的美国对华反倾销调查。该案经过阻击立案、奋力抗辩、科学反驳三个环节，在巨化集团主导的强力抗辩之下，美国商务部最终于2020年8月15日做出反规避否定性裁决。杭州骑客智能科技有限公司、浙江瑞星化油器制造公司等企业积极应诉美国“337”调查案，最终赢得胜诉判决。在美国对华不锈钢啤酒桶“双反”案中，浙江强制应诉企业宁波铭匠扎啤设备有限公司开展有效应对，在全国统一税率高达77.13%的情况下获得反倾销单独零税率。

2. 应对欧盟案件方面

2016年，浙江参与中国诉欧盟紧固件贸易争端历经七年取得最后胜利，紧固件反倾销措施争端案执行之诉上诉机构支持了中方的立场和主张，再次裁定欧方对中国产品维持至今的反倾销措施违反世贸规则，成为中国诉欧盟完胜第一案。在杭州宝晶生物化学股份有限公司应诉欧盟酒石酸反倾销案中，欧委会最终以无损害终止该案的调查，企业以完胜获得了第三次企业市场经济地位和零税率。在欧盟对华钢制轮毂反倾销调查中，浙江欧星环美汽车部件有限公司精准应对，在初裁阶段即成功将企业出口欧盟的产品排除出调查范围，成为被免征高额税率的钢制轮毂生产企业。

3. 亚洲市场方面

2016—2020年，印度对华光伏电池及组件反倾销调查案等11起案件取得了终止调查的好成绩，我国保住了6.7亿美元的市场份额；印度对华尼龙长丝沙线反倾销措施等3个措施被取消，原涉案金额约1.2亿美元，措施取消后我国有望

进一步扩大市场份额；推动浙江省相关产业在印度二氨基二苯乙烯和土耳其化纤毯等反倾销调查案中获得无损害结案的好结果。积极应诉巴基斯坦对我国铅笔发起的反倾销调查案，庆元铅笔企业浙江“贝斯特”与其贸易公司成为我国铅笔企业中唯一一家在巴基斯坦税率低至4.92%的企业。

4. 其他市场方面

浙江光伏企业积极应对澳大利亚光伏产品反倾销调查，并最终以澳方终止调查结案。该案也是国外对华光伏产品系列案件中唯一一个以两次终止调查结案的案件。在巴西尼龙线第一次反倾销日落复审调查案中，义乌“华鼎”获得单独零税率，浙江“锦事”及浙江“嘉华”、义乌“福瑞”分获167.98美元/吨和475.05美元/吨，远低于全国统一税率2409.11美元/吨。哥伦比亚对华碳钢焊接管反倾销调查案等5起案件以零税率终裁。江山龙腾笔业斩获反倾销案全国最低税率，抓住机遇扩大对巴西出口，成功转化胜诉红利，赢得出口机会。

以上案件表明，在当前贸易摩擦呈现出形式多样，中美贸易摩擦将长期而复杂，全球新冠肺炎疫情反复与产业链价值链重构，摩擦国别扩散和救济措施叠加的趋势下，企业只有积极面对，通过不断地应诉和抗辩，冲出重围，才能保住并扩大市场份额，真正地在竞争激烈而残酷的国际市场上站稳脚跟，做大做强。

四、“十四五”期间浙江省贸易救济工作展望

“十四五”期间，浙江外贸将继续保持稳定向上的趋势，与之对应的贸易摩擦数量也将继续保持上升态势。基于“十三五”期间的情况，预计“十四五”期间70%或以上的对华贸易救济调查案件将涉及浙江省，贸易摩擦的严峻形势不会发生根本改变。为保护产业安全，促进出口稳定，浙江将在提升“四体联动”机制，形成精准闭环贸易救济工作体系，强化案件应对全链条管理，探索全方位预警体系建设和试点贸易调整援助，强化专业能力和队伍建设等方面下功夫，推动企业积极应对贸易摩擦案件，充分运用国际通行规则维护自身权益，确保浙江省贸易救济工作走在全国前列，率先成为做强贸易摩擦救济的展示窗口，推动贸易摩擦要案大案应对全覆盖、重点行业外贸预警全覆盖、优质企业合规全覆盖、重点产业维护权益全覆盖。

（韩　杰　朱　颖　钱　瑾　徐嘉遥）

自贸协定：求同存异　互惠互利

通过签订自贸协定，缔约方相互取消绝大部分货物的关税和非关税壁垒，取消绝大多数服务部门的市场准入限制，从而促进商品、服务和资本、技术、人员等生产要素的自由流动，实现优势互补，促进共同发展。浙江高度重视自贸协定的宣传和应用，促进外贸企业享受自贸协定带来的政策优惠和贸易便利化。

一、“十三五”期间浙江省与已签署自贸协定地区之间的进出口情况

“十三五”期间，中国在坚定维护多边贸易体制的同时，加快自贸协定谈判，新签署了RCEP以及与格鲁吉亚、马尔代夫、毛里求斯、柬埔寨等5个自贸协定，结束与智利、新加坡、新西兰等3国自贸协定升级谈判，开展与巴基斯坦自贸协定第二阶段谈判，积极推动中日韩、中国—海合会、中国—挪威等10个自贸协定谈判。截至2020年底，中国已与26个国家和地区签署19个自贸协定，自贸伙伴遍及亚洲、欧洲、拉丁美洲、大洋洲和非洲。

目前，中国正在进行自贸协定谈判的有：中国—海合会、中日韩、中国—斯里兰卡、中国—以色列、中国—挪威、中国—摩尔多瓦、中国—巴拿马、中国—韩国自贸协定第二阶段、中国—巴勒斯坦、中国—秘鲁自贸协定升级等10个。

正在研究的有：中国—哥伦比亚、中国—斐济、中国—尼泊尔、中国—巴布亚新几内亚、中国—加拿大、中国—孟加拉国、中国—蒙古、中国—瑞士自

贸协定升级联合研究等。同时，中国正式申请加入CPTPP。

表 1　2020 年浙江与已签署自贸协定地区进出口表

单位：亿元

序号	自贸协定	签署时间	对成员国进出口	对成员国出口	自成员国进口
1	亚太贸易协定	2001 年 5 月 23 日	2744.7	1773.5	971.2
2	中国—东盟	2002 年 11 月 4 日	4428.7	2888.9	1539.8
3	内地与港澳更紧密经贸关系安排	2003 年	378.4	342.5	35.9
4	中国—智利	2005 年 11 月 18 日	492.5	249.9	242.6
5	中国—巴基斯坦	2006 年 11 月 24 日	240.4	210.3	30.1
6	中国—新西兰	2008 年 4 月 7 日	139.1	66.2	72.8
7	中国—新加坡	2008 年 10 月 23 日	405.7	256.7	149.0
8	中国—秘鲁	2009 年 4 月 28 日	231.4	132.7	98.7
9	中国—哥斯达黎加	2010 年 4 月 8 日	20.7	20.5	0.2
10	海峡两岸经济合作框架协议	2010 年 6 月 29 日	742.8	255.4	487.4
11	中国—冰岛	2013 年 4 月 15 日	1.3	1.0	0.3
12	中国—瑞士	2013 年 7 月 6 日	78.8	47.9	30.9
13	中国—韩国	2015 年 6 月 1 日	1416.2	722.3	693.9
14	中国—澳大利亚	2015 年 6 月 17 日	1168.1	542.8	625.3
15	中国—格鲁吉亚	2017 年 5 月 13 日	31.6	30.8	0.8
16	中国—马尔代夫	2017 年 11 月 29 日	2.0	2.0	0
17	中国—毛里求斯	2019 年 10 月 1 日	10.3	9.8	0.5
18	中国—柬埔寨	2020 年 10 月 1 日	108.4	102.7	5.7
19	RCEP	2020 年 11 月 15 日	8767.7	5162.3	3605.4

2020年，中国与已签署19个自贸协定的国家和地区的货物贸易进出口总值为32.2万亿元。目前已签订的自贸协定覆盖了浙江省近三分之一的对外贸易，浙江省自贸协定原产地证的签发数量和签发金额均居全国前列。

二、“十三五”期间浙江省参与 RCEP 情况

（一）浙江与RCEP成员国间进出口贸易日趋活跃

从占比来看，浙江对RCEP成员国出口、进口均超过对欧盟、美国出口和进口，占全省比重均最大。2020年，浙江对RCEP成员国市场出口5162.3亿元，

占当年全省出口的比重达到20.5%，超过浙江省出口欧盟、美国占比（分别为18.6%、18.5%），是浙江省最大出口市场；自RCEP成员国市场进口3605.4亿元，占当年全省进口的比重达到41.6%，远高于欧盟、美国占比（分别为9.6%、5.5%），是浙江最大进口市场。

从行业来看，2020年，纺织品、塑料制品、服装及衣着附件是浙江出口RCEP成员国前三大商品，金属矿及矿砂、基本有机化学品和初级形状的塑料是浙江自RCEP成员国进口前三大商品。

表2　2020年浙江省对RCEP成员国进出口前三位商品情况表

单位：亿元

序号	出口商品	总值	进口商品	总值
1	纺织纱线织物及其制品	636.7	金属矿及矿砂	411.2
2	塑料制品	298.7	基本有机化学品	314.2
3	服装及衣着附件	282.7	初级形状的塑料	286.8

近年来，浙江对RCEP成员国出口、进口均实现稳步提升。2020年浙江对RCEP成员国出口比重较2011年提升了3.8个百分点，对美国市场出口比重提升了1.7个百分点，对欧盟出口比重下降了5.1个百分点；自RCEP成员国进口比重提升了5.0个百分点，而自美国、欧盟进口比重分别下降了2.9和2.0个百 分点。

（二）浙江与RCEP成员国间投资合作日趋频繁

1. RCEP区域是浙江省对外投资合作的主要目的地

浙江省企业在RCEP区域累计投资2192个项目（截至2020年底，下同），中方投资备案额343.2亿美元，占浙江对外投资总额的36.9%。

2. 对RCEP区域投资合作以东盟为主

浙江省企业对东盟投资1446个项目，中方投资备案额305.6亿美元，占区域投资额的89.0%；日韩澳新投资746个项目，中方投资备案额37.7亿美元，占区域投资额的11.0%。浙江省承包工程企业在RCEP区域完成营业额16.5亿美元，其中，东盟国家完成营业额13.8亿美元，占83.6%，印尼、越南、马来西亚营业额超2亿美元。

3. 对RCEP区域投资以绿地投资形式为主

截至2020年底，浙江省企业对RCEP区域累计投资绿地项目2046个，中方投资备案额286.2亿美元，占区域投资额的83.4%；并购项目146个，中方投资备案额57.1亿美元，占区域投资额的16.6%。

4. RCEP成员国是浙江省利用外资的重要来源地

截至目前，RCEP成员国在浙江累计投资280.7亿美元，占全省利用外资总额的6%。日本、新加坡、韩国等RCEP成员国是浙江外资的重要来源地。

（三）浙江与RCEP成员国间服务贸易日趋活跃

据2020年浙江省服务贸易数据显示，15个RCEP缔约国中，新加坡、日本、澳大利亚、韩国分别居浙江省服务贸易前十大国际市场的第三、第五、第八和第九位；出口增长较快的是新加坡、韩国、澳大利亚，分别增长4.1倍、71.8%和31.6%，尤其是新加坡出口增速最快，是浙江省服务贸易第一大出口市场。

（四）浙江省落实RCEP工作

1. 高度重视RCEP等自贸协定的宣讲工作

2020年11月19日，RCEP签署4天后，浙江省商务厅、杭州海关、浙江省贸促会正式建立自贸协定实施联合工作机制，在杭州启动RCEP浙江省自贸协定首次培训宣讲，并储备一批种子宣讲师。此项工作得到商务部的高度肯定。为了辅导浙江省外贸企业用足用好RCEP等自贸协定优惠政策，省商务厅、省贸促会等在各市、县开展自贸协定宣介活动，首场RCEP地方培训于2020年11月24日在海宁举办。同时，制定并滚动推进专项培训计划，谋划省级层面RCEP高级培训、市县商务系统RCEP专题培训，指导企业掌握最新政策内容，开展线上线下RCEP培训200余场，培训企业3.6万家以上。

2. 积极推进RCEP工作

积极组建RCEP工作专班，各省级有关部门协调配合，按照国务院常务会议关于RCEP工作的部署，在货物贸易、服务贸易、知识产权保护、贸易投资自由化便利化等协议方面抓好落实。杭州海关继续深化改革创新，强化监管，优化服务，提升通关一体化水平，编制了“十四五”期间自贸协定享惠指南，对RCEP项下关税税率进行汇编，提高浙江省自贸协定实施水平。

三、“十三五”期间浙江省利用自贸协定原产地证情况

（一）杭州海关关于自贸协定原产地证宣传推广情况

“十三五”期间，浙江省大力推进双边和区域优惠贸易协定实施，期间累计为3.4万家浙江出口企业签发原产地证书506.1万份，签证金额达到1830.8亿美元，其中，共签发自贸协定优惠原产地证书266.2万份，签证金额达910.9亿美元。自贸协定优惠原产地证书签证量连续5年保持两位数增长。据测算，共为出口货物在进口国享受关税减免约490.1亿元；进口方面，优惠贸易协定项下享惠进口货值达1447.6亿元，税款减免94.6亿元。

2016年，杭州海关实现出口原产地签证无纸化和全国范围“通报通签”。2017年，全面推进优惠贸易协定项下进口申报无纸化。2018年，实现了商务部门对外贸易经营者备案与原产地企业备案“两证合一”。2019年，推广原产地证书自助打印，现已有16种原产地证书实现自助打印功能。2020年，全面推广出口原产地证书智能审核，完成由证书“人工审核”到“系统审核”的转换，审核时长压缩至几分钟。

为使进出口企业充分享受自贸协定红利，杭州海关自2016年起持续开展“自由贸易协定实施成长计划”活动，编制《自由贸易协定关税减免手册》，签署《自由贸易协定实施联合工作机制合作备忘录》，在政策宣讲、企业培训、签证便利化等方面加强合作，凝聚部门力量，全力提升企业政策知晓率。据统计，杭州关区原产地签证备案企业从2016年的4.19万家增至2020年的17.77万家，增长4.2倍。

（二）浙江省贸促会关于原产地证书宣传推广情况

“十三五”期间，浙江省贸促会不断完善全省的签证网络，5年新增12家签证机构，目前浙江省共有40家贸促系统签证机构。通过每年组织开展签证业务培训，提升签证人员的专业素养，做好新增签证人员的报备工作。通过每年组织企业开展原产地证宣传推广培训，尤其是加强宣传推广各自贸协定项下优惠原产地证的业务推广，提升浙江省外贸企业对自贸协定的利用率。针对义乌市场采购的外贸模式，为义乌市率先争取到市场采购模式下“双抬头”原产地证改革试点，提升浙江省国际贸易便利化水平。同时贯彻“最多跑一次”改革，加强宣传原产地证自助打印功能，方便企业足不出户办证。特别是新冠肺

炎疫情期间，在全省贸促系统推行“免费申请、从简审批、网上办理”服务方式，落实稳企业稳外贸举措。2020年，浙江省贸促系统签发原产地证91.5万份，其中一般原产地证71万份，优惠原产地证20.5万份。

在抓好RCEP落实的同时，浙江密切关注CPTPP的签署及有关协定内容。尤其是2020年以来，中国政府和国家领导人多次提出中国将积极考虑加入CPTPP。当前，商务部正在对CPTPP的所有条款进行评估、研究和深入的分析，与CPTPP中的一些缔约国进行了非正式接触，并向CPTPP秘书处正式提出申请。

浙江省积极开展对CPTPP的前瞻性研究，省商务厅在前期学习研究相关经贸规则的基础上，制定了《浙江省商务厅对标CPTPP工作方案》，重点从智库研究、宣传培训、合作交流、在自贸试验区先行先试等方面着手，对标国际最高经贸规则，加快打造国内国际双循环的重要战略枢纽，同时在更高层级能够形成有效的工作机制，积极开展有关试点。

（韩 杰 陈志成 陆 军 李 琳 徐 虎）

财税金融：金融活水　有力支撑

财税金融支持是稳定外贸增长的重要举措和有力支撑。“十三五”期间，浙江省外贸取得斐然成绩离不开财税金融系统的大力支持。

一、财政助力外贸发展

“十三五”期间，浙江省财政厅认真对标国际贸易规则要求，发挥“四两拨千斤”的作用，加强浙江外贸公共服务的财政保障。

浙江省财政厅积极向上争取船用燃料油出口退税、综保区增值税一般纳税人资格试点、市场采购贸易方式和跨境电商进出口等多项支持外贸发展的税收政策。在出口退税政策调整和关税税则调整过程中，积极反映浙江省企业诉求，全力争取政策支持。浙江省财政厅与浙江省商务厅共同落实好商务部支持中小企业开拓国际市场政策，支持中小外贸企业参加国际性专业展会，积极开拓国际市场，为浙江省外贸发展营造良好财政政策环境。

二、税收支持助力外贸增长

高效发挥出口退税职能作用。“十三五”期间，浙江省办理出口退（免）税合计11082.2亿元，保持全国第3位，为浙江省保持出口竞争力提供了有力的税收政策支持。在全国率先落实国际航行船舶加注燃料油出口退税政策，“十三五”期间累计办理燃料油退税4391.4万元。

提升出口退税便利化程度。浙江省税务系统按照“严控风险、企业自愿”的原则，全面推广无纸化退税。目前，浙江省无纸化管理企业退税额占比在99%以上，出口退（免）税事项已实现“零次跑”全覆盖。新冠肺炎疫情期间，浙江省所有企业出口退税申报事项均可在网上办理，对新开展进出口贸易企业首次退（免）税申报等风险可控的出口业务，在限额范围内先行办理退（免）税，待疫情结束后再补办实地核查手续。

出口退税信息化建设提质增效。2017年底，浙江省税务局在全省创新推广“互联网+便捷退税”系统，实现出口退（免）税申报网络化、数据处理智能化、申报审核衔接无缝化，国家税务总局已将此项目列入全国推广项目。2019年9月20日，“单一窗口”出口退税功能在浙江省成功上线，率先成为全国两个试点之一。截至目前，浙江省企业正常出口退税的平均办理时间缩短至5个工作日以内，远快于全国平均水平。

三、地方金融监管助力外贸金融服务

积极助力构建外贸发展金融服务体系。浙江省地方金融监管局会同中国人民银行杭州中心支行、浙江银保监局等相关部门，积极推动全省金融系统对企业进出口业务加大支持力度，强化金融保障，降低融资成本。如新冠肺炎疫情期间，推动落实中国进出口银行浙江省分行和中国银行浙江省分行关于应急专项贷款的投放工作。浙江出口信保累计承保支持浙江省进出口、对外投资等经贸合作金额达369.7亿美元，有力支持企业用好国际市场和国际资源。

加强金融惠企政策宣传。积极推动金融机构加强稳外贸金融政策宣传力度，依托“三服务”，组织实施线上线下金融服务对接会等活动。加大在线宣传，对企业申请贷款路径进行详细解读。加强工作对接，深入推进政银合作，如中国银行浙江省分行已与多个城市签订全面战略合作协议，凸显了金融惠企政策的本地化特色。

积极推进外贸融资方式创新。杭州市结合本地实际创新推出“杭信贷”，宁波市推出“甬贸贷”融资产品。“杭信贷”产品通过强化政银企保四方联动，浙江信保提供保险风险保障，引入融资担保提供增信，并由合作银行快速放贷。宁波、温州、嘉兴、湖州、金华、衢州等地积极开展试点工作，并取得初步成效。

四、人民银行（外汇管理局）强化外贸金融支撑

服务实体经济持续加强。2018年以来，中国人民银行杭州中心支行（省外汇管理局）在全省开展“优化外汇金融服务助推浙江外贸高质量发展”系列活动，全力支持稳外贸稳外资。不断强化企业防范汇率风险业务指导，2020年全省避险产品签约额同比增幅超50%，工作经验在全国推广。深化外汇“最多跑一次”改革，在全国率先推动外汇业务在线办理，好评率维持100%。“十三五”期间，浙江省跨境人民币业务稳步发展，累计办理跨境人民币结算3.5万亿元，业务规模和服务范围均居全国前列。

深化金融改革稳步推进。2018年11月，在全国首批开展货物贸易外汇收支便利化试点，最大程度简化外汇结算手续。2016年以来，推动市场采购业务在全省多地蓬勃发展，收汇金额超千亿美元，出口收汇率持续提高。2019年以来，在全国率先开展跨境电商银行“系统直连”结算试点，推动商户资金结算成本下降三分之二。

外汇市场营商环境持续优化。不断完善外汇管理“宏观审慎+微观监管”两位一体管理框架，联合公安等部门开展打击地下钱庄、非法网络炒汇和跨境赌博专项整治系列行动，持续严厉打击虚假、欺骗性交易和非法套利等外汇违规行为，有效维护浙江省外汇市场良好经营秩序。“十三五”期间，共破获地下钱庄、跨境赌博等案件100余起，外汇市场营商环境持续优化。

进出口银行创新金融服务。中国进出口银行浙江省分行搭建的“云上口行”智能平台为服务对外经贸提供重要技术支持。出台有关政策，实现对辖区内各地市小微金融服务全覆盖。截至2021年5月末，分行累计投放小微转贷款超300亿元，余额和支持户数分别在系统内占比近20%和30%，稳居全国进出口银行系统内第一。

五、银保监强化外贸金融保障

强化外贸领域金融保障。截至“十三五”期末，浙江银保监局辖内银行业贸易融资余额达2378.8亿元，较“十三五”期初增长109.2%。推动银行机构落实好延期还本付息、“双保”应急融资等惠企政策，2020年辖内银行业累计向9739户中小企业发放应急贷款127亿元，有效缓解包括外贸企业在内的各类中

小微企业融资困难。

强化外贸领域风险保障。“十三五”期间，辖内保险公司积极服务浙江省企业，累计出口信用保险承保金额达3545.5亿美元、已决赔款金额达7.3亿美元。指导保险机构有效利用海外渠道优势，帮助企业充分了解买方资信状况，实现风险防控关口前移，优化买方资信调查等综合服务。督促银行机构加强汇率避险产品和服务的有效供给，为企业提供一揽子汇率风险管理方案，加强汇率风险管理。

提升外贸金融服务实效。浙江银保监局引导辖内银行保险机构加大出口信用保险保单融资业务推进力度，凝聚银保助企合力。2020年，浙江省保单融资承保规模达35.2亿美元，同比增长75%。引导银行机构积极对接浙江省商务厅“订单+清单”监测系统，精准匹配外贸企业融资需求。同时，举办“稳外贸稳外资”金融服务对接活动，搭建银企交流平台，为外经贸企业提供更多境外金融服务与信息便利。

六、出口信保助推外贸提质

全力保障企业经营稳定。浙江出口信保充分发挥出口信用保险独特的“逆周期”调节作用，为浙江企业提供了强有力的保障与支持。“十三五”期间，累计为超3万家企业提供了出口信用保险服务支持，渗透率从2015年末的23%提升至2020年末的26.3%，高于全国平均水平。五年间累计为浙江省出口企业挽回损失17.8亿美元，其中直接支付赔款6.5亿美元，保障了企业正常的生产经营。

全力推进普惠金融。浙江出口信保联合商务部门积极搭建小微企业出口信用保险统保平台，不断提升小微企业出口信用保险覆盖面。“十三五”期间，小微企业统保平台区县覆盖率已达97.5%，基本实现全覆盖；出口信用保险服务小微企业超2.6万家，帮助小微企业获取融资5.7亿美元，支付小微企业赔款近8567万美元。

全力支持融资畅通。“十三五”期间，浙江出口信保积极发挥出口信用保险的风险缓释和融资增信功能，创新保单融资模式，搭建14个融资平台，其中“杭信贷”入选国家深化服务贸易“最佳实践案例”。

七、“十四五”期间浙江省财税金融支持外贸展望

围绕构建新发展格局，浙江省将促进财税政策与金融政策、产业政策、投资政策、区域政策等协同发力，跨周期调节的政策体系更加健全，资源配置更加优化，政策导向更加精准，服务浙江外贸的能力进一步提升。

（韩　杰　陈志成　陆　军　李　琳　徐　虎）

外贸服务：综合施策　精准帮扶

“十三五”期间，浙江省围绕推进对外贸易量稳质升发展，着力构建可持续的外贸综合管理服务体系，持续加强外贸工作的统筹协调，狠抓促进外贸发展政策的落实，强化综合施策协同联动，构建完善便利化营商环境，数字化推进外贸综合管理服务平台建设，精准有效实现企业帮扶，为外贸发展创造了良好的条件。

一、构建完善统分结合的外贸工作机制

“十三五”期间，浙江省高度重视外贸工作，持续加强对外贸工作的组织规划和领导，不断迭代升级工作机制，创新工作思路举措，丰富工作方法和工作载体，打造了一支政企联动的外贸主力军队伍，服务保障全国大局能力进一步增强。

（一）建立健全全省外贸工作机制

为适应外贸形势需要、统筹推进全省外贸工作，2016年8月，省政府办公厅发文成立浙江省外贸工作领导小组，协调15个职能部门，负责全省外贸发展的研究部署、规划落实、政策制定、组织管理等工作。省分管领导任组长，领导小组办公室设在省商务厅。作为浙江省首个外贸工作机制，领导小组定期召开联络会议，密切关注并协同解决外贸发展面临的困难和问题，建

立定期通报和约谈机制，开展专项督查，为外贸协调发展、实现回稳向好提供了有力支撑。

2019年4月，为应对不断升级的中美经贸争端，根据省政府主要领导指示，省商务厅牵头成立了经贸摩擦应对工作小组，成员包括16个省级部门，以及地市商务主管部门负责人和相关专家。工作小组多渠道搜集分析经贸摩擦对企业、产业的影响，研究出台相应帮扶措施，妥善应对经贸摩擦风险。至“十三五”期末，浙江省对美国进出口首次突破5000亿元大关，对美国出口值、增速均创新高，进口恢复至2018年水平。

（二）机制化常态化推进外贸发展

2020年3月，面对新冠肺炎疫情的严重冲击和异常复杂的国际形势，浙江省迭代升级原有工作机制，率先在全国构建了由省分管领导牵头、37个职能部门组成的省出口专班机制（稳外贸稳外资协调机制），省市县联动、政银企协同推进稳住外贸外资基本盘各项工作。浙江省外贸、外资增长在3月即扭负转正，外贸企业复工复产、金融服务稳外贸、首创“一国一品”线上展、畅通跨境物流等经验做法在全国推广。稳外贸成为浙江省落实“六稳”“六保”任务，实现“两手硬、两战赢”的重要抓手。

随着国内新冠肺炎疫情的全面受控，省出口专班逐步常态化运行，进一步完善月度会商、专题研究、任务交办、通报考核、信息共享、督查激励等机制，密切研判外贸形势变化，实行重点工作项目化、清单化闭环管理，协调应对和解决跨境物流运输不畅、汇率波动风险、外贸中小微企业融资难融资贵等问题，有效缓解了一批外贸企业面临的突出困难，提振企业发展信心和国际市场预期，推动浙江省外贸量稳质升发展。

（三）完善促进外贸发展政策体系

“十三五”期间，浙江省针对外贸主体壮大、多元化国际市场开拓、产业链供应链畅通、新业态新模式培育、贸易结构优化等发展需求，围绕财政、物流、信贷、税务、信保等方面出台实施一系列政策举措，着力保持政策稳定性、连续性、可持续性，政策针对性、满意度持续提升，为浙江外贸在整体形势遇冷的情况下保持强劲活力提供了有力支撑。

二、提升以大通关、大平台建设为核心的贸易便利化水平

“十三五”期间，浙江省着力优化营商环境，全面实施“单一窗口”和通关一体化，口岸功能布局日益优化，查验基础设施不断完善，口岸信息化、智能化建设持续加强。

（一）高效推进口岸营商环境健康发展

“十三五”期间，浙江省先后出台《浙江省口岸管理和服务办法》《浙江省口岸监管一体化工作方案》等系列政策措施，填补了浙江省口岸管理的法规空白，明确全面实施通关一体化改革等26项具体改革举措，进一步提升口岸通关效率和跨境贸易便利化水平。杭州、宁波同步开展跨境贸易便利化专项行动，在全国海关首创集装箱跨关区国际中转业务。完善收费目录清单制度，精简收费项目，降低收费水平。网上公示口岸各环节作业时限，推动港口码头操作标准化建设和港口作业收费透明化。至“十三五”期末，浙江省整体通关时间进口、出口分别为36.33小时、2.62小时，进口整体通关时间在长三角地区保持领先。宁波港集装箱边境合规成本中进口为901元，出口为702元，在全国十大海运口岸中处于最低水平。

（二）大力推进口岸信息一体化建设

积极推进国际贸易“单一窗口”数字化转型，为企业提供国际贸易相关的政务、物流、金融、税务、数据等各类服务600余项，各项主要功能应用率达100%。推进功能创新，浙江省船舶联合登临检查、通关物流全程评估、“义新欧”铁路申报等功能纳入国家试点。实现进出口设备交接单、装箱单、提货单无纸化，进口、出口设备交接单无纸化覆盖率分别达99%、95%。装箱单、提货单无纸化系统顺利上线运行。开发上线“杭州海关AEO企业培育系统”，实现企业认证申报“零跑腿”、材料上报“无纸化”，整体培育和认证时间较以往缩短一半以上。加强长三角“单一窗口”互联互通和整合共建研究。

三、“精密智控”推进外贸综合数字化服务平台建设

（一）搭建“订单+清单”监测预警管理系统

为及时准确地跟踪外贸企业经营情况、科学研判未来外贸走势，2018年，在省政府主要领导的亲自谋划和部署推动下，浙江省建设并启用了外贸“订单

+清单”监测预警管理系统。整合监测分析、疫情服务、企业问题快速响应、精准预警、政策推进等功能，将服务前移至企业订单环节，依托“订单数据每周归集、出口形势每月分析、五色清单每季发布”的工作体系，实现出口预测预判、订单监测分析、分级分类预警。系统一期建设于2019年完成，基本实现出口企业全覆盖、订单类型全覆盖，实现分类分级预警功能；开发完成移动端应用，实现“掌上看、掌上办”。

新冠肺炎疫情期间，“订单+清单”系统进一步发挥“精密智控”作用，加快区块链和人工智能技术应用，推动形成业务闭环。至“十三五”期末，系统上线7万家外贸企业，填报率、响应率分别达到92.7%、99.2%，通过应急响应机制联合办结问题诉求2720条，完成率达100%。同时，系统以金融服务为突破口，开发完善金融、汇率、信保、物流、贸易救济等惠企服务板块，商务、海关、人行、信保、中国进出口银行等单位已实现数据共享和业务协同，为外贸形势研判和综合施策提供重要参考依据。

（二）打造“品浙行”对外贸易公共服务平台

为深入推进数字化政府建设、助力外贸企业实现业务全流程数字化，2017年，浙江省开发上线“品浙行”对外贸易公共服务平台，通过“线上系统+线下服务”的模式，提供对外贸易预警、管理和促进等服务。其中，以“贸e资链”“贸e视链”“贸e展链”三套线上系统，配套线下采购服务、会展服务、国际营销，年均完成80个展会评估，承担112个对外贸易预警点的信息化服务，完成全省约18万家进出口备案企业与平台15327家服务企业的画像精准匹配。依托“贸e智链”“贸e仓链”两套线上系统，与税务、信保等部门及金融机构建立系统直连，为企业线上出口退税、信保、报关、融资提供一站式服务。2018年，“品浙行”作为“深化‘放管服’改革，构建高效服务体系”优秀案例，列入国家审计署关于国家重大政策措施落实情况跟踪审计结果的公告，并在全国推广。

四、“十四五”期间浙江省外贸综合管理服务展望

当前，外贸发展环境更趋严峻复杂，贸易营商环境有待进一步改善、政策体系有待进一步优化。“十四五”期间，浙江省将认真贯彻落实上级决策部署和相关政策文件精神，以数字化改革为牵引，着力建设完善现代化外贸

治理体系，不断提高管理服务能力水平，更好地发挥外贸畅通要素流动的载体作用、创新发展的带动作用、畅通双循环的桥梁作用，奋力建设外贸高质量发展的“重要窗口”。

（一）进一步强化综合施策协同联动

坚持省出口专班常态化运行。建立重点工作清单，推动项目化、清单化闭环管理，协同应对汇率风险、国际物流、经贸摩擦等外贸发展面临的重大问题。强化专班工作队伍建设。保持外贸政策稳定性、连续性、可持续性，出台落实推进贸易高质量发展三年行动计划，加强贸易政策与产业、财政、金融、科技等政策融合，优化政策支持体系。

（二）进一步提升贸易便利化水平

加快国际贸易“单一窗口”功能全链条拓展，推动全省数字口岸一体化。进一步压缩整体通关时间，推动规范和降低进出口环节合规成本。优化退税服务，加快出口退税速度。深入推进贸易外汇收支便利化试点，进一步推广跨境人民币结算。

（三）以数字化改革推进外贸治理现代化

推进外贸“订单+清单”监测预警系统迭代升级，探索建设“外贸大脑”。应用数字技术，推动外贸管理服务的核心业务流程再造、高效协同，建设“海外智慧物流平台（海外仓在线服务）”等一批标志性场景应用。

（韩　杰　倪洪中　陈志成　李　琳）

“十四五”展望：继往开来　再创佳绩

一、“十四五”期间浙江省外贸发展面临的形势

（一）国际环境

1.机遇

科技发展不断加速。当前，以大数据、物联网等为代表的信息技术，以基因工程等为代表的生命科学和生物技术，以纳米技术、新能源等为代表的新型材料技术不断改变着产业结构和工业结构，进一步拓展贸易领域，优化贸易结构，提高产品附加值，对国际贸易产生深远影响。

区域合作不断加快。为应对全球经济风险并促进经济增长，区域间合作不断加快。如2020年以来，《日美贸易协定》《美墨加协定》《欧盟越南自贸协定》相继生效，RCEP的签署间接实现了中日韩开展自由贸易，《中欧投资协定》已签署。当前，中国正加快与日本、挪威、以色列等国的自贸协定谈判进程，并正式申请加入CPTPP，区域合作一体化趋势加快。从浙江来看，2020年，浙江与各自贸协定缔约国间进出口达2.1万亿元，与东盟、日韩、欧盟加强合作将进一步带来利好。

经济发展不断向好。从主要经济体来看，2021年4月，美国对外贸易大增42.8%，德国对非欧盟国家出口增长35.6%，中国进出口单月增长26.6%，增长势头强劲。世界银行组织在2021年1月发布的《全球经济展望》报告中表示，

假设新冠肺炎疫苗在一年中广泛推广，预计2021年全球经济将增长4%。自2020年底以来，波罗的海干散货指数（BDI）[1]总体呈明显上涨运行态势，反映当前国际贸易不断向好。

中国经济不断增长。国际货币基金组织（IMF）2021年4月初发布最新一期《世界经济展望》，预测2021年中国经济将增长8.4%，相较1月的预测上调了0.3个百分点，高于美国、日本、德国等发达经济体，也高于东盟、俄罗斯、巴西等新兴市场和发展中经济体，展现出强劲的发展动力。同时，IMF还预测，在2021—2026年期间，中国对全球经济增长的贡献率将超过四分之一。

2. 挑战

新冠肺炎疫情影响仍将客观存在。世界卫生组织总干事谭德塞在2020年上半年一场例行发布会上表示，新冠肺炎疫情将持续存在。目前疫苗虽然在全球广泛接种，但全球接种进展极不平衡，德尔塔病毒造成疫情反复，境外展会被取消或延期，人员流动受限，对国际贸易产生很大影响。目前来看，新冠肺炎疫情影响在“十四五”期间可能仍然存在，成为影响全球经济复苏的主要不确定性因素。

对美欧贸易仍存较大不确定性。中美经贸摩擦仍然是制约中美贸易增长的不确定因素，美对华加征的关税、实体清单等依然存在，美国前任政府对华施压的措施还没有显现完全解除的迹象，新的施压措施仍有出台。中欧已签署的投资协定最后落地生效，还需要欧洲议会以及27个成员国共同批准。近期欧盟对华态度有所反复，部分中东欧国家对华关系有所摇摆，外部环境面临诸多不确定性。

外贸困难因素仍然长期存在。当前国际物流不畅，航运价格持续高位，浙江至美东线、美西线、欧洲等部分航线价格成倍上涨，海运集装箱船“一舱难求”的局面依然紧迫，企业库存压力加大，经营风险上升。同时，原材料价格、人民币升值、劳动力成本上涨造成企业出口综合成本上升，企业利润空间进一步受到挤压。在“十四五”期间，这些外贸困难因素预计将长期存在。

（二）国内环境

1. 机遇

国内疫情控制较好。中国抗击新冠肺炎疫情取得重大成果，率先实现生

[1] 波罗的海干散货指数（BDI）是目前世界上衡量国际海运情况的权威指数，是反映国际间贸易情况的领先指数。

产和生活的正常化。2021年前三季度，全国GDP达到82.3万亿元，同比增长9.8%，主要经济指标实现恢复性增长，国民经济呈现持续稳定恢复态势。这不仅增强了世界经济复苏的信心，还凸显了中国制度的优势，提升了中国国际影响力和道德感召力。同时疫情冲击快速缩小了中美之间的产出差距并产生强大的惯性，进一步扩大了中国已有的大市场效应。

对外开放持续扩大。党的十九大以来，我国对外开放由商品和要素流动型开放向规则等制度型开放转变。近年来，中国出台了一系列新的对外开放举措，签署了RCEP及申请加入CPTPP，积极对标最高国际经贸规则。同时，作为中国改革开放的试验区，自贸试验区充分发挥先行先试的引领作用，从2013年8月中国（上海）自由贸易试验区正式挂牌至今，中国已先后分六批累计设立21个自贸试验区，其中浙江自贸试验区扩区后，4个片区以开放创新引领经济高质量发展，发挥先行先试的引领作用。

科技创新助推发展。中国科技事业加速发展，创新环境不断优化，创新能力显著增强。同时，国家高度重视科技的研发及科技人才的培育。在线科技、人工智能、大数据等数字化技术加快运用，将持续驱动新产业、新业态、新模式加速成长。浙江数字化改革持续推进，数字经济蓬勃发展，为外贸可持续发展提供强劲动力。

外贸队伍素质不断提升。“十三五”期间，浙江外贸队伍素质显著增强，打造了一支由优秀外贸企业负责人、业务员、各级政府工作人员等组成的外贸主力军队伍，紧跟形势变化，创新应对举措，通力协作，克难攻坚，在外贸发展实践中不断锤炼战略定力，提升能力水平，推动全省外贸稳中提质。

2. 挑战

中国经济社会发展水平与长期发展目标、发达国家仍有一定差距。“十三五”期间，中国经济持续稳定增长，全面建成了社会主义小康社会，打赢了脱贫攻坚战，但是与共同富裕的目标仍有一定差距。在人均收入、人均基础设施、社会福利等方面与发达国家还有一定的差距。尽管中国创新能力在不断增强，但与发达国家在科技、高水平教育等领域的差距依然不小，有些可能还会延续相当长的时间。

经济发展内生动力仍需持续培育，自主创新能力相对不强。拉动中国经济增长的“三驾马车”还有不少不确定性，除投资拉动相对稳定可控外，出口受大环境影响存在较大的不确定性，消费总体不旺。同时，中国关键核心技术受制于人的局面尚未根本改变，创造新产业、引领未来发展的科技储备远远不够，产业还处于全球价值链中低端。浙江省高新产品出口和自主品牌出口占比还不高，仍需加大培育力度，加快发展。

生态环境仍然面临重重挑战。中国在获得巨大经济发展的背后，付出了巨大的资源成本、环境成本和生态成本。从总体上看，中国生态环境质量持续好转，但中国仍是世界人口最多的国家，资源相对紧缺、生态基础薄弱的基本国情并未改变。中国力争2030年前实现碳达峰，2060年前实现碳中和的目标，是一个长期任务，需要持续努力，久久为功。

二、“十四五”期间浙江省对外贸易发展目标及重点工作方向

（一）对外贸易发展目标

“十四五”期末，浙江省国际贸易总值预计达到4.6万亿元，出口占全国份额稳步提高，进口规模不断扩大。贸易结构与效益明显提升，内外贸一体化水平显著提升，高能级开放平台对畅通“双循环”的支撑作用明显增强，全球数字贸易中心基本形成。到2025年，浙江省将奋力建设外贸高质量发展的“重要窗口”，率先打造成为国内国际双循环的战略枢纽。

（二）重点工作方向

围绕新发展阶段、新发展理念、新发展格局，全力稳住外贸基本盘，加快贸易创新发展，着力强化科技创新、产业创新、制度创新和业态模式创新，着力推进商品结构、市场布局、贸易方式和经营主体优化，着力深化开放平台、营商环境和治理体系建设，率先形成贸易与产业投资深度融合、货物贸易与服务贸易协调发展、进口出口并重、线上线下互促的贸易高质量发展格局，推动建设国际贸易枢纽。

1. 加快创新驱动，增强贸易新优势

推动传统产业数字化、融合化、绿色化、国际化，保持劳密产品出口领先优势，提升高新产品出口比重。加快云计算、大数据、人工智能、区块链等新一代信息技术运用。建设“产业大脑”和“未来工厂”，汇集资源要素、生产制造、贸易流通等数据，构建智能化、个性化、定制化的柔性快反供应链体系。增强浙江出口商品质量优势，以标准创新、品牌创新推动质量变革。大力

发展绿色贸易。

2. 创新开拓方式，优化市场布局

滚动开展拓市场百日攻坚行动，深入实施“万企百展”行动，推进线上线下融合办展参展，持续深化“一国一品一展”浙江出口网上交易会办展新模式。稳定美国、欧盟、日本等传统市场占比，提升东盟、“一带一路”沿线国家等新兴市场比重，打造国际贸易枢纽。鼓励外贸企业在境外设立分支机构。扩大境外营销服务网点覆盖范围，积极创建国家级国际营销服务公共平台。抓好RCEP的落实落地，加强与自贸协定缔约国的贸易合作，提升自贸协定利用水平。

3. 创新发展新业态新模式，做大数字贸易和服务贸易

加快推进跨境电商、市场采购、外综服、海外仓和保税维修等新业态新模式发展。完善跨境电商发展支持政策，统筹推进全省域跨境电商综试区改革创新。推进浙江省海外仓高质量发展专项行动，逐步扩大海外仓规模，建设海外仓服务在线，打造海外智慧物流平台。提升市场采购贸易方式便利化水平。进一步支持外综服企业健康发展。探索有条件的企业在综保区外开展保税维修试点，提升保税维修业务发展水平。探索离岸贸易、转口贸易。打造数字贸易先行示范区，举办全球数字贸易博览会。大力推进服务贸易发展。

4. 加强分类指导，优化市场主体

深入实施新一轮外贸主体培育和提升计划，研究认定一批大型龙头和骨干外贸企业名单，建立培育工作机制。开展中小外贸企业成长行动计划，推进中小企业“抱团出海”。培育和集聚一批融合生产研发、贸易成交和金融结算中心的国际贸易总部企业。加快培育本土跨国企业，利用全球产业布局优势带动对外贸易发展。

5. 着力扩大进口，推动进口创新发展

推进宁波、义乌等国家进口促进创新示范区建设，大力建设省级进口贸易促进创新示范区。开展进口促进系列活动，进一步提高办会、参会成效。鼓励先进技术关键装备和零部件进口。鼓励能源等资源类产品、优质消费品、国内紧缺农产品进口。

6. 开展双向投资，推动经贸联动发展

稳定和扩大利用外资，提升制造业和高新技术产业外资企业在出口中的比重。推进境外经贸合作区示范提升，增强双向贸易服务功能，进一步布局物流型境外经贸合作区。深化联盟拓市活动，在加快建筑业“走出去”的基础上，拓宽数字经济、智慧城市、新能源、电力等对外承包工程领域，带动浙江省相关装备和零部件出口。

7. 突出特色发展，推进重大贸易平台建设

推进自贸试验区创新发展。着力打造以油气为核心的大宗商品资源配置基地，做大做强能源进出口贸易、转口贸易和离岸贸易。加快数字自贸区建设，深化长三角自贸试验区联动，构建“自贸试验区+联动创新区”的自贸发展新格局。推进中国—中东欧国家经贸合作示范区建设，办好中国—中东欧博览会。深化世贸组织改革和国际经贸规则研究，对标国际最高经贸规则，全力争取先行先试。

8. 优化发展环境，完善保障体系

实施外贸小微企业信用贷款支持计划。加强浙江省金融综合服务平台与“订单+清单”系统的业务协同，优化融资增信。深入推进全省数字口岸一体化，全面实现五大开放港口通关全流程无纸化，巩固压缩通关时效。进一步清理规范口岸收费，力争海运口岸收费降至全国最低水平，不断提升贸易便利化水平。

“十四五”期间，浙江省将继续深入实施“品质浙货 行销天下”工程，推进外贸高质量发展

9. 强化风险意识，提升防范能力

扩大短期出口信用保险覆盖面，优化承保和理赔条件。优化提升小微企业政府统保平台建设，加快实现省域全覆盖。深化“浙”里有“援”法律服务、“四体联动”机制和行业预警点建设三大工作载体建设，积极应对经贸摩擦。制定实施浙江省外经贸企业合规体系建设三年行动计划，推进企业合规工作。

10. 聚力整体智治，提升外贸数字化治理能力

强化出口专班机制和队伍建设，坚持专班常态化运行。进一步完善政策体系，保持外贸政策连续性和稳定性，开展精准帮扶。推进“订单+清单”系统迭代升级，强化大数据应用，完善订单监测预警体系和出口预判模型。谋划数字化改革应用场景——外贸大脑，应用数字技术，推动外贸管理服务的核心业务流程再造、高效协同。

（韩　杰　倪洪中　陆海生　陈志成　徐　虎）

后记

本书由浙江省商务厅、杭州海关牵头，于2021年4月启动，协调各相关单位共同写作完成。联合写作模式不仅有利于全方位审视、多维度解析，使本书的客观性、专业性、权威性有了重要保障，而且促进部门之间深度交流、携手共进。双方主要领导高度重视，分管领导主持并参与了本书的写作。本书得到了省政府办公厅（省口岸办）、省经信厅、省财政厅、省交通运输厅、省税务局、省地方金融监管局、省贸促会、人行杭州中心支行（省外汇管理局）、浙江银保监局、进出口银行浙江省分行、出口信用保险浙江分公司、省海港集团、省机场集团等有关单位的大力支持，有的参与了写作，有的为本书提供了宝贵素材。全省商务系统、杭州海关相关人员踊跃参与本书的调研、写作、研讨和修改，付出了辛勤劳动，贡献了宝贵智慧。除本书中署名的作者外，参与编辑、修改或提供资料的人员还有余永胜、罗传杭、贾春仙、马伟峰、汤浩锋、曹晨旸、于然、朱曼亭、潘建松、李林伶、严沁、王维松、屠超杰、罗荆、王婧文、武俊奎、车琰、刘斌渊、王延、陈绍双、刘洪君、龚成、肖涛、周丞、徐春晓、王从波等。为本书提供各类统计表格的人员有：刘易宣、王海涛、王月娟、彭芳、陈丹青、林炜杰、方正。陈志成、陆海生、金一兵、陆军、李琳、徐虎、冯春鸣、郎杭俊、万一书、屠秋枰对全书进行统稿。在写作和出版过程中，省商务厅和杭州海关各有关部门为本书的写作给予了全力支持，特别是西泠印社出版社为本书的出版给予了大力支持。长兴县商务局、建德市商务局等单位为本书写作提供了便利。在此，谨向所有给予本书热情帮助支持的单位和个人表示衷心感谢！

由于本书写作时间紧、任务重，以及受作者知识能力、政策水平、经历经验等制约，难免存在一些不足之处，恳请广大读者批评指正。

浙江省商务厅　中华人民共和国杭州海关

2021年11月10日

附　表

表 1　2011—2020 年浙江省进出口统计表

单位：亿元，%

年份	进出口总值	同比	出口总值	同比	进口总值	同比
“十二五”期间	103991.0	49.3	77608.7	54.7	26382.3	35.4
2011 年	20085.2	16.8	14047.7	14.7	6037.5	21.9
2012 年	19725.5	−1.8	14177.0	0.9	5548.5	−8.1
2013 年	20843.4	5.7	15439.7	8.9	5403.8	−2.6
2014 年	21810.2	4.6	16790.8	8.8	5019.4	−7.1
2015 年	21526.6	−1.3	17153.5	2.2	4373.2	−12.9
“十三五”期间	141001.9	35.6	106526.9	37.3	34475.0	30.7
2016 年	22208.9	3.2	17666.1	3.0	4542.8	3.9
2017 年	25605.1	15.3	19439.5	10.0	6165.6	35.7
2018 年	28511.6	11.4	21174.5	8.9	7337.1	19.0
2019 年	30838.2	8.2	23076.3	9.0	7761.9	5.8
2020 年	33838.3	9.7	25170.6	9.1	8667.7	11.7

表 2 2011—2020 年浙江省进出口统计表

单位：亿美元，%

年份	进出口总值	同比	出口总值	同比	进口总值	同比
“十二五”期间	16594.0	71.3	12392.7	77.7	4201.3	54.8
2011 年	3093.8	22.0	2163.5	19.9	930.4	27.4
2012 年	3124.0	1.0	2245.2	3.8	878.8	–5.5
2013 年	3357.9	7.5	2487.5	10.8	870.4	–1.0
2014 年	3550.4	5.7	2733.3	9.9	817.1	–6.1
2015 年	3467.8	–2.3	2763.3	1.1	704.5	–13.8
“十三五”期间	20824.8	25.5	15734.2	27.0	5090.6	21.2
2016 年	3366.0	–2.9	2678.6	–3.1	687.4	–2.4
2017 年	3779.1	12.3	2867.9	7.1	911.1	32.5
2018 年	4323.6	14.4	3210.4	11.9	1113.2	22.2
2019 年	4472.2	3.4	3346.0	4.2	1126.2	1.2
2020 年	4883.9	9.2	3631.3	8.5	1252.6	11.2

表 3 2015—2020 年东部沿海主要省市进出口统计表

单位：万亿元，%

年份	省市	进出口值	同比	占比	出口值	同比	占比	进口值	同比	占比
2015 年	全国	24.55	−7.1	100.0	14.12	−1.9	100.0	10.43	−13.3	100.0
	广东省	6.35	−3.9	25.9	4.00	0.7	28.3	2.36	−10.9	22.6
	江苏省	3.39	−2.2	13.8	2.10	0.1	14.9	1.28	−5.7	12.3
	上海市	2.79	−2.6	11.4	1.22	−5.8	8.6	1.57	0.0	15.1
	浙江省	2.15	−1.3	8.8	1.72	2.2	12.2	0.44	−12.9	4.2
	山东省	1.49	−12.1	6.1	0.89	0.6	6.3	0.60	−26.1	5.8
	福建省	1.05	−3.8	4.3	0.70	0.3	5.0	0.35	−11.2	3.3
2016 年	全国	24.34	−0.9	100.0	13.84	−2.0	100.0	10.50	0.6	100.0
	广东省	6.31	−0.7	25.9	3.95	−1.1	28.6	2.36	0.0	22.5
	江苏省	3.36	−0.7	13.8	2.10	0.1	15.2	1.26	−2.2	12.0
	上海市	2.87	2.7	11.8	1.21	−0.5	8.7	1.66	5.2	15.8
	浙江省	2.22	3.2	9.1	1.77	3.0	12.8	0.45	3.9	4.3
	山东省	1.55	3.5	6.4	0.90	1.2	6.5	0.64	7.1	6.1
	福建省	1.03	−1.3	4.3	0.68	−2.3	4.9	0.35	0.7	3.3
2017 年	全国	27.81	14.3	100.0	15.33	10.8	100.0	12.48	18.9	100.0
	广东省	6.82	8.0	24.5	4.22	6.8	27.5	2.60	10.2	20.8
	江苏省	4.00	19.0	14.4	2.46	16.8	16.0	1.54	22.6	12.3
	上海市	3.22	12.5	11.6	1.31	8.4	8.6	1.91	15.5	15.3
	浙江省	2.56	15.3	9.2	1.94	10.0	12.7	0.62	35.7	4.9
	山东省	1.79	15.8	6.4	1.00	10.1	6.5	0.80	23.9	6.4
	福建省	1.16	12.0	4.2	0.71	4.1	4.6	0.45	27.5	3.6
2018 年	全国	30.50	9.7	100.0	16.41	7.1	100.0	14.09	12.9	100.0
	广东省	7.16	5.0	23.5	4.27	1.2	26.0	2.89	11.2	20.5
	江苏省	4.38	9.5	14.4	2.67	8.4	16.2	1.71	11.2	12.2
	上海市	3.40	5.5	11.2	1.37	4.2	8.3	2.03	6.4	14.4
	浙江省	2.85	11.4	9.3	2.12	8.9	12.9	0.73	19.0	5.2
	山东省	1.93	7.7	6.3	1.06	6.1	6.4	0.87	9.7	6.2
	福建省	1.23	6.6	4.0	0.76	7.1	4.6	0.47	5.8	3.4

续表

年份	省市	进出口值	同比	占比	出口值	同比	占比	进口值	同比	占比
2019 年	全国	31.56	3.5	100.0	17.24	5.0	100.0	14.33	1.7	100.0
	广东省	7.15	–0.2	22.6	4.34	1.7	25.2	2.81	–2.8	19.6
	江苏省	4.34	–0.9	13.7	2.72	2.1	15.8	1.62	–5.7	11.3
	上海市	3.41	0.1	10.8	1.37	0.4	8.0	2.03	–0.1	14.2
	浙江省	3.08	8.2	9.8	2.31	9.0	13.4	0.78	5.8	5.4
	山东省	2.05	6.1	6.5	1.11	5.3	6.5	0.93	6.9	6.5
	福建省	1.33	7.8	4.2	0.83	8.8	4.8	0.50	6.2	3.5
2020 年	全国	32.20	2.0	100.0	17.93	4.0	100.0	14.28	–0.4	100.0
	广东省	7.09	–0.9	22.0	4.35	0.2	24.3	2.74	–2.5	19.2
	江苏省	4.45	2.6	13.8	2.74	0.8	15.3	1.71	5.6	12.0
	上海市	3.49	2.4	10.8	1.37	0.0	7.7	2.11	4.0	14.8
	浙江省	3.38	9.7	10.5	2.52	9.1	14.0	0.87	11.7	6.1
	山东省	2.21	8.1	6.9	1.31	17.3	7.3	0.91	–2.9	6.4
	福建省	1.41	5.8	4.4	0.85	2.3	4.7	0.56	11.6	3.9

表4 2015—2020年浙江省主要出口商品统计表

单位：亿元，%

主要商品	2015年			2016年			2017年		
	出口值	同比	占比	出口值	同比	占比	出口值	同比	占比
总出口	17153.5	2.2	100.0	17666.1	3.0	100.0	19439.5	10.0	100.0
机电产品	7070.9	4.5	41.2	7319.9	3.5	41.4	8211.5	12.2	42.2
电工器材	598.0	3.8	3.5	631.2	5.6	3.6	709.9	12.5	3.7
家用电器	447.7	2.3	2.6	475.1	6.1	2.7	532.7	12.1	2.7
通用机械设备	487.3	2.7	2.8	505.9	3.8	2.9	568.3	12.3	2.9
汽车零配件	442.2	−0.8	2.6	472.6	6.9	2.7	541.9	14.6	2.8
灯具、照明装置及其零件	396.2	11.3	2.3	422.6	6.7	2.4	365.9	−13.4	1.9
机械基础件	315.2	−2.6	1.8	327.7	3.9	1.9	389.0	18.7	2.0
电子元件	279.7	46.9	1.6	240.2	−14.1	1.4	265.0	10.3	1.4
集成电路	21.3	60.6	0.1	14.3	−32.8	0.1	14.9	4.3	0.1
音视频设备及其零件	171.7	21.1	1.0	213.6	24.4	1.2	264.1	23.6	1.4
手用或机用工具	159.5	16.4	0.9	172.4	8.1	1.0	188.3	9.2	1.0
计量检测分析自控仪器及器具	116.4	11.2	0.7	122.1	4.9	0.7	138.7	13.6	0.7
医疗仪器及器械	69.4	13.4	0.4	81.5	17.4	0.5	88.8	9.0	0.5
自动数据处理设备及其零部件	82.0	−17.8	0.5	91.5	11.6	0.5	107.9	18.0	0.6
劳动密集型产品	6591.4	0.7	38.4	6712.7	1.8	38.0	7139.3	6.4	36.7
纺织纱线、织物及其制品	2233.7	−2.7	13.0	2273.5	1.8	12.9	2438.1	7.2	12.5
服装及衣着附件	1929.6	−2.7	11.2	1886.3	−2.2	10.7	1889.8	0.2	9.7
塑料制品	864.5	15.1	5.0	914.7	5.8	5.2	984.6	7.6	5.1
家具及其零件	634.7	4.2	3.7	660.6	4.1	3.7	765.5	15.9	3.9
鞋靴	558.7	−0.5	3.3	546.0	−2.3	3.1	553.8	1.4	2.8
玩具	128.3	20.7	0.7	181.1	41.1	1.0	240.4	32.8	1.2
箱包及类似容器	298.4	3.6	1.7	307.0	2.9	1.7	326.7	6.4	1.7
高新技术产品	1042.9	9.6	6.1	1110.5	6.5	6.3	1263.1	13.7	6.5
计算机与通信技术	354.0	2.9	2.1	398.4	12.5	2.3	469.8	17.9	2.4
生命科学技术	270.3	8.2	1.6	289.7	7.2	1.6	323.4	11.6	1.7

续表

主要商品	2015 年			2016 年			2017 年		
	出口值	同比	占比	出口值	同比	占比	出口值	同比	占比
电子技术	194.4	39.6	1.1	188.6	−3.0	1.1	222.4	17.9	1.1
计算机集成制造技术	88.9	6.2	0.5	105.9	19.2	0.6	120.6	13.9	0.6
光电技术	86.0	−4.5	0.5	65.9	−23.3	0.4	69.7	5.8	0.4
材料技术	25.8	4.7	0.2	38.8	50.7	0.2	34.9	−10.0	0.2
生物技术	12.4	25.1	0.1	10.7	−13.8	0.1	10.7	−0.2	0.1
航空航天技术	6.8	7.5	0.0	7.6	10.3	0.0	7.2	−4.1	0.0
其他技术	4.4	14.4	0.0	4.9	11.2	0.0	4.4	−10.8	0.0
基本有机化学品	332.3	−4.9	1.9	342.2	3.0	1.9	396.6	15.9	2.0
钢材	256.4	−6.9	1.5	269.1	5.0	1.5	298.2	10.8	1.5
农产品	313.8	−4.1	1.8	324.0	3.3	1.8	347.5	7.2	1.8
纸浆、纸及其制品	208.0	15.0	1.2	229.8	10.5	1.3	255.1	11.0	1.3
视频摄录设备	95.3	53.6	0.6	128.9	35.3	0.7	166.4	29.1	0.9

续表

主要商品	2018 年			2019 年			2020 年		
	出口值	同比	占比	出口值	同比	占比	出口值	同比	占比
总出口	21174.5	8.9	100.0	23076.3	9.0	100.0	25170.6	9.1	100.0
机电产品	8979.3	9.4	42.4	9887.1	10.1	42.8	11355.5	14.9	45.1
电工器材	768.7	8.3	3.6	826.7	7.5	3.6	908.3	9.9	3.6
家用电器	608.9	14.3	2.9	689.8	13.3	3.0	851.4	23.4	3.4
通用机械设备	628.6	10.6	3.0	723.2	15.1	3.1	807.5	11.6	3.2
汽车零配件	598.1	10.4	2.8	626.3	4.7	2.7	613.7	−2.0	2.4
灯具、照明装置及其零件	382.2	4.5	1.8	417.7	9.3	1.8	521.7	24.9	2.1
机械基础件	458.4	17.8	2.2	463.8	1.2	2.0	477.4	2.9	1.9
电子元件	323.9	22.2	1.5	428.6	32.3	1.9	460.2	7.4	1.8
集成电路	14.4	−3.5	0.1	19.1	32.9	0.1	35.9	87.9	0.1
音视频设备及其零件	300.4	13.7	1.4	294.7	−1.9	1.3	328.2	11.4	1.3
手用或机用工具	201.4	7.0	1.0	223.5	10.9	1.0	253.6	13.5	1.0
计量检测分析自控仪器及器具	152.2	9.8	0.7	172.6	13.4	0.7	222.1	28.7	0.9
医疗仪器及器械	100.8	13.5	0.5	121.6	20.6	0.5	160.0	31.6	0.6
自动数据处理设备及其零部件	116.9	8.3	0.6	121.9	4.3	0.5	157.2	28.9	0.6
劳动密集型产品	7672.5	7.5	36.2	8285.9	8.0	35.9	8451.6	2.0	33.6
纺织纱线、织物及其制品	2661.4	9.2	12.6	2913.6	9.5	12.6	3175.0	9.0	12.6
服装及衣着附件	1964.7	4.0	9.3	1998.9	1.7	8.7	1763.3	−11.8	7.0
塑料制品	1084.1	10.1	5.1	1259.6	16.2	5.5	1459.3	15.9	5.8
家具及其零件	847.3	10.7	4.0	873.5	3.1	3.8	1026.6	17.5	4.1
鞋靴	566.2	2.2	2.7	601.1	6.2	2.6	447.8	−25.5	1.8
玩具	256.2	6.6	1.2	329.6	28.6	1.4	399.9	21.3	1.6
箱包及类似容器	356.7	9.2	1.7	381.5	6.9	1.7	278.5	−27.0	1.1
高新技术产品	1408.3	11.5	6.7	1605.0	14.0	7.0	2025.4	26.2	8.0
计算机与通信技术	488.3	3.9	2.3	490.2	0.4	2.1	683.2	39.4	2.7
生命科学技术	356.1	10.1	1.7	403.9	13.4	1.8	563.2	39.4	2.2
电子技术	286.2	28.7	1.4	389.2	36.0	1.7	403.0	3.5	1.6
计算机集成制造技术	150.3	24.6	0.7	175.8	17.0	0.8	205.5	16.9	0.8

续表

主要商品	2018 年			2019 年			2020 年		
	出口值	同比	占比	出口值	同比	占比	出口值	同比	占比
光电技术	69.9	0.3	0.3	77.1	10.2	0.3	93.0	20.6	0.4
材料技术	33.1	–5.4	0.2	40.9	23.8	0.2	43.0	5.1	0.2
生物技术	13.8	29.5	0.1	16.0	15.8	0.1	18.5	15.3	0.1
航空航天技术	6.0	–16.7	0.0	7.3	21.5	0.0	10.7	45.7	0.0
其他技术	4.6	4.5	0.0	4.5	–1.0	0.0	5.3	17.9	0.0
基本有机化学品	459.4	15.8	2.2	482.3	5.0	2.1	511.9	6.1	2.0
钢材	326.6	9.5	1.5	331.7	1.6	1.4	372.0	12.1	1.5
农产品	375.1	8.0	1.8	368.8	–1.7	1.6	341.8	–7.3	1.4
纸浆、纸及其制品	266.2	4.3	1.3	323.0	21.4	1.4	336.1	4.0	1.3
视频摄录设备	190.7	14.6	0.9	202.7	6.3	0.9	217.8	7.4	0.9

表 5 2015—2020 年浙江省主要进口商品统计表

单位：亿元，%

主要商品	2015 年			2016 年			2017 年		
	进口值	同比	占比	进口值	同比	占比	进口值	同比	占比
总进口	4373.2	−12.9	100.0	4542.8	3.9	100.0	6165.6	35.7	100.0
初级产品	1676.0	−14.8	38.3	1831.6	9.3	40.3	2602.4	42.1	42.2
机电产品	820.0	−7.9	18.7	851.4	3.8	18.7	1064.7	25.0	17.3
电子元件	219.9	21.8	5.0	212.4	−3.4	4.7	270.8	27.5	4.4
集成电路	150.3	13.8	3.4	168.7	12.3	3.7	222.4	31.8	3.6
自动数据处理设备及其零部件	16.6	23.9	0.4	19.1	15.0	0.4	38.9	103.8	0.6
通用机械设备	33.1	−28.7	0.8	32.4	−1.9	0.7	41.7	28.6	0.7
计量检测分析自控仪器及器具	40.8	−7.7	0.9	51.0	24.9	1.1	57.5	12.7	0.9
汽车零配件	17.5	3.5	0.4	17.0	−2.9	0.4	21.4	25.9	0.3
液晶显示板	80.0	−32.1	1.8	65.7	−17.8	1.4	65.9	0.2	1.1
电工器材	52.0	−4.4	1.2	50.8	−2.3	1.1	53.9	6.1	0.9
金属矿及矿砂	297.5	−38.4	6.8	388.3	30.5	8.5	591.6	52.3	9.6
铁矿砂及其精矿	221.4	−42.5	5.1	295.2	33.4	6.5	420.4	42.4	6.8
铜矿砂及其精矿	38.7	8.0	0.9	55.8	44.3	1.2	104.3	86.7	1.7
高新技术产品	472.1	−6.4	10.8	527.6	11.8	11.6	690.7	30.9	11.2
电子技术	202.8	8.5	4.6	216.1	6.6	4.8	275.4	27.4	4.5
计算机与通信技术	34.2	2.4	0.8	44.8	30.9	1.0	71.9	60.7	1.2
生命科学技术	80.8	4.9	1.8	100.1	23.9	2.2	138.7	38.5	2.3
计算机集成制造技术	49.6	−20.4	1.1	72.6	46.4	1.6	103.5	42.5	1.7
光电技术	92.5	−30.2	2.1	81.1	−12.3	1.8	83.0	2.4	1.3
材料技术	4.3	−11.9	0.1	4.3	−1.7	0.1	5.1	20.6	0.1
航空航天技术	6.7	15.3	0.2	7.5	13.1	0.2	12.7	68.6	0.2
其他技术	0.3	−13.7	0.0	0.5	58.0	0.0	0.3	−42.5	0.0
生物技术	0.9	−3.8	0.0	0.7	−27.5	0.0	0.1	−81.1	0.0
消费品	241.7	38.1	5.5	309.5	28.1	6.8	445.5	43.9	7.2
初级形状的塑料	373.0	−7.3	8.5	375.1	0.6	8.3	500.6	33.5	8.1

续表

主要商品	2015 年			2016 年			2017 年		
	进口值	同比	占比	进口值	同比	占比	进口值	同比	占比
基本有机化学品	614.0	–24.7	14.0	590.8	–3.8	13.0	790.8	33.9	12.8
二甲苯	175.4	–34.3	4.0	155.4	–11.4	3.4	190.5	22.6	3.1
乙二醇	98.7	–11.9	2.3	69.4	–29.7	1.5	125.7	81.1	2.0
农产品	330.4	9.5	7.6	371.5	12.4	8.2	441.9	19.0	7.2
鲜、干鲜水果及坚果	5.0	136.1	0.1	2.9	–42.1	0.1	2.5	–13.0	0.0
粮食	96.3	38.5	2.2	110.6	14.8	2.4	128.3	16.1	2.1
大豆	74.9	37.4	1.7	94.7	26.4	2.1	107.4	13.4	1.7
肉类（包含杂碎）	5.0	37.7	0.1	6.4	27.7	0.1	8.5	32.5	0.1
乳品	32.9	–31.9	0.8	42.4	29.1	0.9	46.5	9.6	0.8
原油	71.9	–24.4	1.6	43.6	–39.4	1.0	62.1	42.5	1.0
未锻轧铜及铜材	122.0	–25.2	2.8	112.6	–7.7	2.5	187.7	66.7	3.0
成品油	166.9	–27.6	3.8	163.6	–2.0	3.6	252.5	54.3	4.1

续表

主要商品	2018 年			2019 年			2020 年		
	进口值	同比	占比	进口值	同比	占比	进口值	同比	占比
总进口	7337.1	19.0	100.0	7761.9	5.8	100.0	8667.7	11.7	100.0
初级产品	3031.1	16.5	41.3	3282.6	8.3	42.3	3675.0	12.0	42.4
机电产品	1272.6	19.5	17.3	1370.8	7.7	17.7	1455.9	6.2	16.8
电子元件	304.5	12.4	4.1	372.3	22.3	4.8	349.4	–6.1	4.0
集成电路	256.1	15.1	3.5	322.0	25.7	4.1	304.8	–5.3	3.5
自动数据处理设备及其零部件	58.2	49.7	0.8	82.7	42.2	1.1	94.5	14.2	1.1
通用机械设备	60.2	44.4	0.8	85.2	41.5	1.1	86.6	1.6	1.0
计量检测分析自控仪器及器具	65.0	13.2	0.9	72.1	10.8	0.9	79.7	10.6	0.9
汽车零配件	42.8	99.9	0.6	49.2	15.1	0.6	76.1	54.6	0.9
液晶显示板	66.2	0.4	0.9	61.9	–6.5	0.8	67.3	8.7	0.8
电工器材	64.8	20.1	0.9	69.1	6.7	0.9	64.9	–6.2	0.7
金属矿及矿砂	666.9	12.7	9.1	901.1	35.1	11.6	1039.0	15.3	12.0
铁矿砂及其精矿	444.5	5.7	6.1	615.6	38.5	7.9	740.7	20.3	8.5
铜矿砂及其精矿	123.6	18.6	1.7	157.7	27.5	2.0	182.1	15.5	2.1
高新技术产品	782.3	13.3	10.7	894.4	14.3	11.5	914.3	2.2	10.5
电子技术	310.1	12.6	4.2	377.6	21.7	4.9	355.6	–5.8	4.1
计算机与通信技术	80.6	12.1	1.1	113.2	40.4	1.5	197.3	74.3	2.3
生命科学技术	137.1	–1.2	1.9	160.6	17.1	2.1	133.0	–17.2	1.5
计算机集成制造技术	134.7	30.2	1.8	124.7	–7.4	1.6	107.8	–13.6	1.2
光电技术	90.8	9.4	1.2	89.0	–2.0	1.1	98.2	10.4	1.1
材料技术	6.0	17.3	0.1	9.3	54.9	0.1	10.9	16.6	0.1
航空航天技术	22.0	73.2	0.3	19.4	–11.9	0.2	10.8	–44.3	0.1
其他技术	0.3	–2.2	0.0	0.4	66.3	0.0	0.5	14.7	0.0
生物技术	0.7	454.3	0.0	0.3	–63.3	0.0	0.2	–35.6	0.0
消费品	564.8	26.8	7.7	713.3	26.3	9.2	845.8	18.6	9.8
初级形状的塑料	588.7	17.6	8.0	655.1	11.3	8.4	667.2	1.9	7.7
基本有机化学品	977.4	23.6	13.3	867.2	–11.3	11.2	666.8	–23.1	7.7

续表

主要商品	2018 年			2019 年			2020 年		
	进口值	同比	占比	进口值	同比	占比	进口值	同比	占比
二甲苯	309.4	62.4	4.2	303.3	–2.0	3.9	204.0	–32.7	2.4
乙二醇	173.6	38.0	2.4	133.5	–23.1	1.7	112.5	–15.7	1.3
农产品	484.3	9.6	6.6	556.8	15.0	7.2	632.4	13.6	7.3
鲜、干鲜水果及坚果	13.8	451.9	0.2	68.3	395.1	0.9	79.5	16.4	0.9
粮食	106.8	–16.7	1.5	66.3	–37.9	0.9	64.4	–2.9	0.7
大豆	90.4	–15.9	1.2	55.2	–38.9	0.7	51.9	–6.1	0.6
肉类（包含杂碎）	14.2	67.9	0.2	21.6	52.1	0.3	63.9	195.6	0.7
乳品	39.5	–15.0	0.5	43.7	10.7	0.6	52.8	20.8	0.6
原油	34.4	–44.6	0.5	221.1	542.6	2.8	539.3	143.9	6.2
未锻轧铜及铜材	266.0	41.7	3.6	269.4	1.3	3.5	496.9	84.5	5.7
成品油	454.4	80.0	6.2	394.4	–13.2	5.1	254.1	–35.6	2.9

表 6 2015—2020 年浙江省主要进出口国别（地区）统计表

单位：亿元

国别（地区）	2015 年			2016 年			2017 年		
	进出口	出口	进口	进出口	出口	进口	进出口	出口	进口
亚洲	8446.6	6041.4	2405.2	8617.4	6161.6	2455.8	9920.4	6576.8	3343.5
日本	1230.1	736.9	493.2	1243.4	747.4	496.0	1463.0	804.4	658.6
韩国	754.4	400.2	354.3	850.4	445.1	405.3	1035.3	502.2	533.1
印度	651.5	598.5	53.0	677.0	627.0	50.0	834.8	736.4	98.3
越南	378.6	301.7	76.8	451.2	362.2	89.0	537.3	407.1	130.2
印度尼西亚	362.5	259.9	102.6	450.1	316.9	133.2	546.6	352.9	193.7
泰国	349.4	248.8	100.6	364.7	266.7	98.0	408.8	271.6	137.2
马来西亚	334.9	244.3	90.6	345.6	240.2	105.4	400.3	249.5	150.8
中国台湾	687.6	195.0	492.6	622.7	177.0	445.7	721.5	193.0	528.5
沙特阿拉伯	366.1	240.4	125.7	329.5	214.8	114.7	398.6	206.6	192.1
阿联酋	490.2	443.8	46.4	430.6	385.3	45.3	421.8	333.1	88.7
新加坡	280.0	169.6	110.5	210.5	113.0	97.4	267.3	107.7	159.6
中国香港	346.7	335.4	11.3	275.3	265.5	9.8	248.0	239.2	8.8
非洲	1621.6	1434.9	186.8	1538.0	1389.4	148.6	1744.3	1474.2	270.1
南非	265.5	195.1	70.4	233.6	173.0	60.6	283.9	201.3	82.7
欧洲	4992.2	4357.6	634.6	5316.6	4598.5	718.1	6038.4	5108.2	930.2
德国	867.2	704.7	162.5	897.3	723.3	173.9	994.1	779.7	214.5
俄罗斯	478.4	418.4	60.1	542.6	444.9	97.7	653.1	544.5	108.6
英国	727.8	671.9	55.8	763.1	701.1	62.0	802.7	718.7	84.0
意大利	415.5	361.3	54.2	436.0	375.3	60.7	491.9	415.4	76.5
荷兰	421.7	374.8	46.9	437.5	390.2	47.3	496.4	433.1	63.3
法国	393.6	313.4	80.2	417.4	326.9	90.5	496.3	370.9	125.4
西班牙	337.7	312.1	25.6	362.3	336.8	25.4	407.6	368.5	39.1
捷克	37.6	31.7	5.9	42.1	36.4	5.6	50.9	43.2	7.7
拉丁美洲	1885.7	1546.9	338.9	1891.6	1520.5	371.1	2232.4	1753.6	478.8
巴西	497.6	366.6	131.0	483.4	323.3	160.1	622.2	408.3	213.9
墨西哥	346.2	328.0	18.1	352.3	325.4	26.9	411.8	371.1	40.7
智利	264.7	194.5	70.2	291.1	203.2	87.9	359.9	235.2	124.7

续表

国别（地区）	2015 年			2016 年			2017 年		
	进出口	出口	进口	进出口	出口	进口	进出口	出口	进口
北美洲	3800.5	3331.1	469.4	4010.0	3542.2	467.8	4643.3	4032.3	611.0
美国	3420.3	3041.3	379.0	3630.7	3249.5	381.2	4195.9	3698.1	497.9
加拿大	380.0	289.7	90.4	379.0	292.4	86.6	447.2	334.0	113.1
大洋洲	779.8	441.7	338.1	834.5	453.9	380.7	1025.6	494.1	531.6
澳大利亚	601.2	337.7	263.5	642.5	339.5	303.1	835.0	388.3	446.7
新西兰	88.7	47.7	41.0	98.6	50.6	48.1	109.3	54.8	54.5
东盟	2043.5	1501.2	542.2	2201.9	1614.4	587.5	2579.1	1741.9	837.1
欧盟	4300.0	3761.1	538.9	4531.3	3947.0	584.3	5092.7	4326.2	766.5
中东欧 17 国	541.1	507.2	33.8	629.1	594.0	35.1	753.7	703.3	50.3
“一带一路”沿线国家	6627.3	5539.7	1087.6	6931.4	5769.6	1161.8	7987.3	6298.9	1688.4

续表

国别（地区）	2018 年			2019 年			2020 年		
	进出口	出口	进口	进出口	出口	进口	进出口	出口	进口
亚洲	10998.8	6947.7	4051.1	12424.9	8072.6	4352.3	13496.8	8611.7	4885.1
日本	1581.6	837.4	744.1	1596.0	873.3	722.8	1615.6	941.9	673.6
韩国	1206.5	551.2	655.3	1276.1	608.2	667.9	1416.2	722.3	693.9
印度	959.0	833.9	125.1	1073.9	924.6	149.4	1042.0	774.8	267.2
越南	620.1	476.2	143.9	777.9	614.1	163.8	1015.7	697.2	318.5
印度尼西亚	695.6	434.1	261.5	792.6	527.2	265.4	785.6	471.1	314.5
泰国	507.7	317.2	190.5	617.8	388.6	229.2	777.3	504.8	272.5
马来西亚	538.4	262.0	276.4	639.5	312.0	327.5	761.9	403.4	358.4
中国台湾	783.6	211.8	571.8	784.0	248.8	535.3	742.8	255.4	487.4
沙特阿拉伯	430.1	192.2	238.0	620.5	300.5	320.0	736.6	342.2	394.4
阿联酋	417.7	295.6	122.1	516.1	393.7	122.3	604.9	400.4	204.5
新加坡	323.4	127.7	195.6	359.4	172.8	186.7	405.7	256.7	149.0
中国香港	276.5	248.7	27.7	324.8	272.0	52.9	373.1	337.3	35.8
非洲	1985.2	1659.9	325.3	2290.0	1958.4	331.6	2360.7	2010.6	350.2
南非	315.7	216.3	99.5	356.7	233.5	123.2	319.2	213.6	105.6
欧洲	6638.8	5528.3	1110.4	7122.9	6016.4	1106.5	7794.9	6562.7	1232.2
德国	1122.3	840.3	282.0	1139.2	901.4	237.8	1292.3	1036.5	255.8
俄罗斯	718.7	589.9	128.8	812.6	652.8	159.8	903.2	684.5	218.7
英国	751.4	660.0	91.4	818.7	725.7	93.1	895.5	815.3	80.2
意大利	549.4	452.5	96.9	577.6	483.2	94.3	635.9	539.3	96.6
荷兰	531.9	475.5	56.4	548.6	500.0	48.6	635.7	594.6	41.0
法国	521.7	392.4	129.3	581.5	436.5	145.0	611.8	477.7	134.2
西班牙	449.1	393.7	55.4	473.9	421.0	53.0	489.2	420.1	69.1
捷克	61.4	52.4	9.0	69.5	59.4	10.1	82.6	71.9	10.7
拉丁美洲	2623.9	1986.6	637.3	2909.5	2122.3	787.1	2994.9	2149.6	845.4
巴西	748.5	463.4	285.1	885.9	529.7	356.2	877.4	503.3	374.1
墨西哥	504.3	449.1	55.2	552.2	484.5	67.8	550.5	499.0	51.6
智利	415.4	259.9	155.5	429.6	245.9	183.7	492.5	249.9	242.6
北美洲	5117.2	4507.7	609.6	4781.7	4322.2	459.5	5743.8	5133.0	610.7

续表

国别（地区）	2018年			2019年			2020年		
	进出口	出口	进口	进出口	出口	进口	进出口	出口	进口
美国	4618.6	4148.6	470.0	4267.7	3948.4	319.3	5144.9	4668.4	476.4
加拿大	498.1	358.6	139.5	513.3	373.5	139.8	598.4	464.3	134.0
大洋洲	1147.3	544.3	603.1	1295.9	584.3	711.6	1438.7	703.0	735.8
澳大利亚	943.9	437.2	506.7	1059.9	456.7	603.2	1168.1	542.9	625.3
新西兰	118.1	61.1	57.0	133.7	64.3	69.4	139.1	66.3	72.8
东盟	3158.9	2022.0	1136.9	3798.8	2521.4	1277.4	4428.7	2888.9	1539.8
欧盟	5567.6	4662.2	905.3	5887.0	5015.0	872.0	6417.8	5507.6	910.2
中东欧17国	912.5	850.3	62.2	990.2	920.9	69.3	1010.8	936.0	74.8
“一带一路”沿线国家	8958.2	6814.8	2143.4	10460.5	7962.8	2497.7	11573.2	8351.2	3222.0

表 7 2015—2020 年浙江省主要进出口贸易方式（业态）统计表

单位：亿元

贸易方式（业态）	2015 年			2016 年			2017 年		
	进出口	出口	进口	进出口	出口	进口	进出口	出口	进口
一般贸易	16581.0	13354.5	3226.4	17425.4	13936.8	3488.6	20297.4	15502.0	4795.4
市场采购	1760.3	1760.3	0.0	1863.2	1863.2	0.0	1894.2	1894.2	0.0
加工贸易	2480.8	1815.0	665.8	2301.9	1693.9	608.0	2552.8	1834.4	718.4
保税物流	661.4	199.9	461.4	575.3	148.1	427.2	803.0	175.0	628.0
跨境电商	85.3	29.1	56.2	125.1	40.8	84.4	191.0	28.2	162.8
贸易方式（业态）	2018 年			2019 年			2020 年		
	进出口	出口	进口	进出口	出口	进口	进出口	出口	进口
一般贸易	22518.9	16959.9	5559.0	24209.2	18251.3	5957.9	26729.3	19854.1	6875.2
市场采购	2039.4	2039.4	0.0	2597.9	2597.9	0.0	2977.5	2977.5	0.0
加工贸易	2686.5	1874.1	812.4	2554.3	1774.1	780.1	2578.7	1783.2	795.5
保税物流	1208.3	263.8	944.6	1315.8	328.3	987.4	1407.1	448.6	958.5
跨境电商	275.5	39.6	235.9	297.4	23.5	273.9	490.7	126.9	363.7

表 8　2015—2020 年浙江省主要进出口贸易主体统计表

单位：亿元

年份	民营企业			外商投资企业			国有企业		
	进出口	出口	进口	进出口	出口	进口	进出口	出口	进口
2015 年	14748.6	12560.2	2188.4	5218.5	3513.3	1705.3	1559.0	1079.5	479.4
2016 年	15703.7	13379.7	2324.0	4965.8	3321.4	1644.5	1538.3	964.4	573.9
2017 年	18135.9	14950.5	3185.4	5481.0	3435.4	2045.7	1975.2	1052.8	922.4
2018 年	20425.2	16523.3	3901.9	5733.3	3507.1	2226.2	2346.0	1142.6	1203.4
2019 年	22598.5	18415.7	4182.9	5687.8	3475.0	2212.8	2469.5	1118.9	1350.5
2020 年	25633.0	20672.7	4960.3	5431.4	3372.4	2059.1	2732.7	1095.0	1637.8

表 9　2015—2020 年浙江省进出口运输方式统计表

单位：亿元

年份	水路运输			航空运输			铁路运输		
	进出口	出口	进口	进出口	出口	进口	进出口	出口	进口
2015 年	19749.5	15902.8	3846.7	1286.2	821.1	465.1	89.1	77.0	12.1
2016 年	20294.0	16356.0	3937.9	1383.7	844.6	539.1	128.5	113.4	15.1
2017 年	23257.0	17919.3	5337.7	1662.5	970.0	692.5	215.1	185.6	29.5
2018 年	25815.2	19463.1	6352.1	1855.3	994.9	860.4	267.0	237.6	29.5
2019 年	27608.1	21014.3	6593.8	2062.8	1088.6	974.2	343.8	313.3	30.6
2020 年	29487.9	22124.8	7363.1	2756.1	1778.9	977.2	568.7	504.2	64.5

年份	公路运输			邮件运输			其他运输		
	进出口	出口	进口	进出口	出口	进口	进出口	出口	进口
2015 年	242.2	195.9	46.3	28.6	28.3	0.3	131.0	128.3	2.7
2016 年	263.7	217.5	46.2	35.7	35.2	0.4	103.3	99.3	4.0
2017 年	276.0	208.2	67.8	20.2	19.7	0.4	174.3	136.6	37.7
2018 年	320.0	227.0	92.9	28.6	28.2	0.4	225.4	223.7	1.7
2019 年	458.5	309.8	148.8	79.1	65.7	13.4	285.9	284.7	1.2
2020 年	575.8	322.8	252.9	38.5	30.0	8.5	411.4	409.9	1.5

表 10　2015—2020 年浙江省各市进出口统计表

单位：亿元

各市	2015 年			2016 年			2017 年		
	进出口	出口	进口	进出口	出口	进口	进出口	出口	进口
宁波市	6206.9	4420.7	1786.2	6264.5	4358.8	1905.7	7598.3	4983.2	2615.1
杭州市	4128.1	3105.0	1023.1	4487.3	3313.5	1173.7	5086.0	3450.7	1635.3
金华市	3044.4	2958.5	85.9	3186.0	3110.5	75.5	3404.8	3311.0	93.8
义乌市	2124.3	2101.9	22.4	2229.4	2201.5	27.9	2339.3	2304.4	34.9
嘉兴市	1928.3	1422.4	506.0	2068.1	1549.7	518.4	2469.8	1775.9	693.9
绍兴市	1854.7	1683.4	171.3	1820.9	1686.2	134.7	1997.5	1851.9	145.6
温州市	1208.0	1061.7	146.2	1193.2	1060.3	132.9	1327.0	1157.7	169.3
台州市	1313.3	1168.1	145.1	1310.6	1169.2	141.5	1578.5	1379.3	199.2
舟山市	727.0	384.6	342.4	696.8	413.9	282.9	783.6	384.3	399.4
湖州市	633.2	549.3	83.9	674.0	594.3	79.7	772.2	681.5	90.7
衢州市	272.2	202.8	69.4	281.4	201.0	80.5	364.2	259.0	105.2
丽水市	210.5	196.9	13.6	225.9	208.8	17.2	223.1	205.0	18.1

续表

各市	2018 年			2019 年			2020 年		
	进出口	出口	进口	进出口	出口	进口	进出口	出口	进口
宁波市	8574.5	5549.5	3025.0	9169.1	5969.9	3199.2	9806.1	6404.7	3401.4
杭州市	5246.5	3417.0	1829.5	5603.9	3618.9	1985.0	5953.8	3690.0	2263.8
金华市	3768.9	3658.2	110.7	4219.4	4034.7	184.7	4866.1	4612.1	254.1
义乌市	2560.0	2521.6	38.5	2968.8	2868.9	99.9	3129.1	3005.5	123.7
嘉兴市	2820.4	2016.9	803.6	2831.8	2106.1	725.7	3051.7	2272.3	779.4
绍兴市	2240.1	2046.1	194.1	2458.8	2250.9	207.9	2578.1	2386.0	192.0
温州市	1506.7	1302.1	204.6	1901.9	1685.2	216.7	2189.2	1877.3	312.0
台州市	1737.2	1531.8	205.4	1700.2	1565.1	135.1	1898.2	1760.3	137.9
舟山市	1135.9	425.4	710.5	1371.4	501.1	870.3	1660.1	588.6	1071.5
湖州市	884.7	771.0	113.8	940.0	838.6	101.5	1132.0	1025.6	106.5
衢州市	349.6	230.8	118.7	346.6	238.4	108.2	359.8	253.4	106.4
丽水市	247.1	225.9	21.2	295.0	267.4	27.6	343.2	300.3	42.9

表 11　2015—2020 年浙江省自贸试验区和海关特殊监管区域进出口统计表

单位：亿元

年份	自贸试验区			海关特殊监管区域		
	进出口	出口	进口	进出口	出口	进口
2015 年	–	–	–	905.1	444.5	460.6
2016 年	–	–	–	729.5	288.6	440.9
2017 年	301.1	124.5	176.6	990.8	322.6	668.2
2018 年	556.0	183.6	372.3	1234.1	350.9	883.2
2019 年	821.5	223.2	598.3	1475.8	421.0	1054.8
2020 年	1137.7	269.1	868.6	1903.5	537.3	1366.2